普法六五 住房城乡建设系统“六五”普法知识读本

CHENGXIANG GUIHUA YU JIANSHE
FAGUI ZHISHI DUBEN

城乡规划与建设法规知识读本

住房和城乡建设部法规司 编

知识产权出版社
全国百佳图书出版单位

内容提要

本书深入透彻地介绍了城乡规划与建设领域的基本概念、概况、法律法规体系、重点内容,层次清晰、内容丰富,并附有最新的城乡规划与建设领域的法律、行政法规和部门规章,具有较强的实用性、权威性。不仅是住房城乡建设系统普法知识读本,也是住房城乡建设系统行政执法人员必备的工具书。

责任编辑:彭小华　　**责任校对**:韩秀天
执行编辑:雷春丽　　**责任出版**:卢运霞

图书在版编目(CIP)数据

城乡规划与建设法规知识读本/住房和城乡建设部法规司编. —北京:知识产权出版社,2012.1
ISBN 978-7-5130-0953-9

Ⅰ.①城…　Ⅱ.①住…　Ⅲ.①城乡规划-法规-基本知识-中国②城乡建设-法规-基本知识-中国　Ⅳ.①D922.297

中国版本图书馆 CIP 数据核字(2011)第 235481 号

住房城乡建设系统"六五"普法知识读本

城乡规划与建设法规知识读本

住房和城乡建设部法规司　编

出版发行:知识产权出版社

社　址:北京市海淀区马甸南村 1 号	**邮　编**:100088
网　址:http://www.ipph.cn	**邮　箱**:bjb@cnipr.com
发行电话:010-82000860 转 8101/8102	**传　真**:010-82005070/82000893
责编电话:010-82000860 转 8115	**责编邮箱**:pengxiaohua@cnipr.com
印　刷:保定市中画美凯印刷有限公司	**经　销**:新华书店及相关销售网点
开　本:880mm×1230mm　1/32	**印　张**:13
版　次:2012 年 1 月第 1 版	**印　次**:2012 年 1 月第 1 次印刷
字　数:420 千字	**定　价**:35.00 元

ISBN 978-7-5130-0953-9/D·1364(3836)

目　录

部门规章

第一章 城乡规划与建设概述

第一节 城乡规划管理概述

一、城乡规划的概念

城乡规划是各级政府统筹安排城乡发展建设空间布局，保护生态和自然环境，合理利用自然资源，维护社会公正与公平的重要依据，具有重要公共政策的属性。根据《中华人民共和国城乡规划法》（以下简称《城乡规划法》），城乡规划是以促进城乡经济、社会全面协调可持续发展为根本任务，促进土地科学使用为基础，促进人居环境根本改善为目的，涵盖城乡居民点的空间布局规划。

《城乡规划法》中所称的城乡规划，包括城镇体系规划、城市规划、镇规划、乡规划和村庄规划。城市规划、镇规划分为总体规划和详细规划。详细规划分为控制性详细规划和修建性详细规划。

这部法律确定的城乡规划体系，突出体现了一个特点，即一级政府、一级规划、一级事权。规划作为政府的职能，第一不能超越其行政辖区，第二不能超越法定的行政事权。如果把城镇看做空间上的一个点，把国家、省、县看做空间上的一个面，则可把城市、镇、乡、村庄的规划理解为对点上建设的管理，把国家、省、县的规划理解为是从面的层次上协调若干点上的建设开发活动。两方面的职责都是不可缺少的。

上级政府与下级政府之间，也同样存在点与面的关系。市县政府需要协调乡镇的发展，省（自治区）政府需要协调市县的发展，中央政府需要协调各省区的发展。各级政府都要从实施科学管理的需要出发，制定和实施本级政府的规划。国家、省、县要制定协调多个次一级行政地域单元空间发展的城镇体系规划，城市、镇、乡、村庄要制定本行政区域的总体规划和详细规划。

二、城乡规划管理的主要内容

（一）城乡规划法规体系

《城乡规划法》是在总结《中华人民共和国城市规划法》（以下简称《城市规划法》）实施经验的基础上，根据新形势需要而制定的。它的颁布实施是统筹城乡建设和发展，确立更加科学的规划体系和严格规划实施制度的新依据，对完善城乡规划法规体系将起到积极的促进作用。城乡规划法规体系主要分为以下几个层次。

法律：《城乡规划法》。

行政法规：《村庄和集镇规划建设管理条例》、《风景名胜区条例》和《历史文化名城名镇名村保护条例》。

部门规章：《城市国有土地使用权出让转让规划管理办法》、《建制镇规划建设管理办法》、《城市规划编制单位资质管理规定》、《城市绿线管理办法》、《外商投资城市规划服务企业管理规定》、《城市抗震防灾规划管理规定》、《城市紫线管理办法》、《城市黄线管理办法》、《城市蓝线管理办法》、《城市规划编制办法》、《省域城镇体系规划编制审批办法》、《城市、镇控制性详细规划编制审批办法》等。

地方性法规、地方政府规章：全国31个省、直辖市、自治区都正在或已经制定实施《城乡规划法》的办法或城乡规划条例；各地又根据各自的实际情况，制定颁布了有关的政府规章。

（二）城乡规划的原则

城乡规划工作必须遵循城乡建设和发展的客观规律，立足国情，面对现实，面向未来，因地制宜，统筹兼顾，综合部署；必须坚持以经济建设为中心，科学确定城市和村镇的性质、发展方向、规模和布局，统筹安排各项基础设施建设；必须坚持科学发展观和可持续发展战略，合理和节约利用土地资源；必须坚持先规划后建设，正确处理近期建设与长远发展、局部利益与整体利益、经济发展与环境保护、现代化建设与历史文化保护等的关系；必须坚持依法管理，逐步实现城乡规划的法制化。

（三）城乡规划的管理体制

城乡规划管理体制是国家和地方人民政府城乡规划主管部门机构

的设置、职权的划分与运行等各种制度的总称。《城乡规划法》第11条对我国城乡规划管理体制作出了明确规定，其中，城乡规划主管部门包括：国务院城乡规划主管部门，根据职能分工由住房和城乡建设部承担；省、自治区城乡规划主管部门，根据职能分工由省、自治区住房和城乡建设厅承担；直辖市城乡规划主管部门，根据职能分工一般由各市规划局承担；市的城乡规划主管部门，根据职能分工一般由市规划局承担；县的城乡规划主管部门，根据职能分工由县规划局或者承担城乡规划职能的建设局承担。

贯彻落实《城乡规划法》，要求县级以上地方人民政府必须明确具体的城乡规划主管部门，以保证城乡规划的制定、实施、修改、监督检查等各方面的职能依法有效行使。

三、城乡规划立法概况

（一）《城乡规划法》

20世纪90年代，我国改革开放不断深入、社会主义市场经济体制逐步建立，城乡建设和发展速度较快，计划经济体制下颁布实施的《城市规划法》的缺陷和不足日益显现，难以适应城乡建设发展的需要和规划工作依法行政的基本要求。对《城市规划法》进行修订，被提上了议事日程。1999年12月召开的全国城乡规划工作会议上，温家宝同志明确提出加快修订《城市规划法》的要求。

1999年下半年，建设部开始着手《城市规划法》的修订工作，启动有关研究等前期准备工作，于2000年8月成立了城乡规划法起草领导小组和起草工作小组。2001年7月完成了《城乡规划法（征求意见稿）》的起草工作，并将《城乡规划法（征求意见稿）》发各省、自治区、直辖市规划行政主管部门征求意见。

2002年10月，根据国务院《关于加强城乡规划监督管理的通知》（国发〔2002〕13号）的精神，起草工作小组对《城乡规划法（征求意见稿）》作了完善，形成《城乡规划法（修订送审稿）》，于2003年5月上报国务院。

国务院法制办收到《城乡规划法（修订送审稿）》后，反复征求了各部委和地方人民政府以及科研机构的意见，进行了多次调研，并专门召开了专家论证会和有关部门的协调会。2006 年 12 月 22 日经国务院第 157 次常务会议讨论通过后，《城乡规划法（草案）》提请全国人大常委会审议。

2007 年 4 月，十届全国人大常委会第二十七次会议对《城乡规划法（草案）》进行了第一次审议。2007 年 8 月 24 日，十届全国人大常委会第二十九次会议对《城乡规划法（草案）》进行了第二次审议。2007 年 10 月 28 日，第十届全国人民代表大会常务委员会第三十次会议审议通过《城乡规划法》，中华人民共和国主席胡锦涛签署第 74 号主席令，公布《城乡规划法》自 2008 年 1 月 1 日起施行。

《城乡规划法》对城乡规划的制定、实施、修改、监督检查和法律责任作了规定，共分为 7 章 70 条。

第 1 章“总则”共 11 条。包括：立法目的，适用范围，城乡规划和规划区的概念，制定和实施城乡规划的原则和要求，城乡规划与国民经济和社会发展规划、土地利用总体规划的关系，城乡规划编制和管理经费来源，单位和个人对于经依法批准的城乡规划的知情权、查询权和对违反城乡规划行为的举报和控告权，鼓励采用先进的科学技术以增强城乡规划科学性和实施监管的效能，城乡规划管理体制等。

第 2 章“城乡规划的制定”共 16 条。包括：全国城镇体系规划、省域城镇体系规划的编制和审批程序，城市、镇总体规划的编制和审批程序，城市、镇总体规划的内容、强制性内容和期限，城市、镇控制性详细规划的编制、审批和备案程序及修建性详细规划的编制，乡规划、村庄规划的编制和审批程序，乡规划、村庄规划的编制原则和主要内容，首都的总体规划、详细规划的特殊需要，城乡规划编制单位的资质条件，编制城乡规划的标准和基础资料，城乡规划草案的公告、公开征求意见及专家和有关部门审查等。

第 3 章“城乡规划的实施”共 18 条。包括：城乡规划实施的原则，城市、镇及乡、村庄建设和发展的原则，城市新区的开发、建设与旧城区的改建，历史文化名城、名镇、名村及风景名胜区的保护，城市地下空间的开发和利用，城市、镇近期建设规划的制定、期限和备案，城乡规划确定的禁止擅自改变用途的基础设施、公共服务设施用地和生态环境用地，选址意见书、建设用地规划许可证、建设工程规划许可证、乡村建设规划许可证的核发及不得在城乡规划确定的建设用地范围以外作出规划许可，建设单位变更规划条件的批准程序，临时建设的批准程序，城乡规划主管部门对建设工程是否符合规划条件进行核实以及建设单位在竣工验收后报送有关资料等。

第 4 章“城乡规划的修改”共 5 条。包括：城乡规划的实施评估，城乡规划修改的权限和程序，城市、镇总体规划强制性内容修改的权限、程序，近期建设规划的修改备案，控制性详细规划的修改程序，修改规划给规划许可相对人的合法权益造成损失的补偿，修建性详细规划、建设工程设计方案的总平面图的修改以及因修改给利害关系人合法权益造成损失的补偿等。

第 5 章“监督检查”共 7 条。包括：县级以上人民政府及其城乡规划主管部门对城乡规划编制、审批、实施、修改的监督检查，地方人大常委会或者乡、镇人民代表大会对城乡规划的实施情况的监督，城乡规划主管部门对城乡规划的实施情况进行监督检查时有权采取的措施及监督检查情况和结果的处理，上级人民政府城乡规划主管部门对有关城乡规划主管部门的行政处罚的监督等。

第 6 章“法律责任”共 12 条。包括：有关人民政府及城乡规划主管部门在编制城乡规划方面的法律责任，城乡规划主管部门违法核发选址意见书、建设用地规划许可证、建设工程规划许可证、乡村建设规划许可证的法律责任，有关部门违法审批建设项目、出让或划拨国有土地使用权的法律责任，城乡规划编制单位超越资质等级许可的范围承揽规划编制工作的法律责任及违反国家有关标准编制城乡规划的法律责任，未取得建设工程规划许可证或者未按照建设工程规划许可证的规定进行建设的法律责任，未依法取得乡村建设规划许可证或者未按照许可证的规定进行建设的法律责任，违法进行临时建设的法律责任，建设单位未按时报送有关竣工验收资料等情况的法律责任，县级以上地方人民政府对违法建设的行政强制执行，构成犯罪的刑事责任等。

第7章“附则”共1条。规定了本法施行的具体时间，《城市规划法》同时废止。

(二)《村庄和集镇规划建设管理条例》

1993年，经国务院第三次常务会议审议通过，国务院以第116号令发布了《村庄和集镇规划建设管理条例》。该条例是我国第一部关于村庄和集镇规划建设管理方面的行政法规，对我国村庄和集镇规划建设管理的方针政策、工作重点和范围、管理程序等涉及村庄和集镇建设的重大问题作出了原则规定。《村庄和集镇规划建设管理条例》既是制定村庄和集镇规划建设管理规章、办法的依据，也是村庄和集镇规划建设管理的主要法律依据。它的颁布实施，对于依法加强村庄和集镇建设的管理，保障村庄和集镇建设的健康发展具有十分重要的作用。目前，全国大多数省（区、市）制定了村庄和集镇规划建设管理的地方性法规和规章。应该说，我国的村庄和集镇规划建设管理已逐步走上了法制化的轨道。

1.《村庄和集镇规划建设管理条例》的主体架构

《村庄和集镇规划建设管理条例》分7章，共48条。第1章“总则”，确定了立法目的，规定了《村庄和集镇规划建设管理条例》的适用范围，明确了村庄和集镇规划建设的基本方针和管理体制。第2章“村庄和集镇规划的制定”，规定了编制村庄和集镇规划的主要内容、编制原则，确定了村庄和集镇规划的编制、调整和修改变更的审批程序。第3章“村庄和集镇规划的实施”，规定了村庄、集镇进行农民住宅、乡镇企业、村镇公共设施及公益事业的建设程序。第4章“村庄和集镇建设的设计、施工管理”，规定了村庄、集镇内建筑的设计和施工应当遵循的原则、程序和对建筑的质量要求，以及各类建设的开工程序和竣工验收制度。第5章“房屋、公共设施、村容镇貌和环境卫生管理”，对村庄、集镇的房屋产权、产籍的管理和村庄、集镇内基础设施、公共设施的建设、使用及维护等作了规定，同时还对如何维护村容镇貌和环境卫生作了规定。第6章“罚则”，对违反《村庄和集镇规划建设管理条例》的行为应当受到的处罚作了规定。第7章“附则”，主要规定了《村庄和集镇规划建设管理条例》的解释机关和实施日期。

2.《村庄和集镇规划建设管理条例》的适用范围

《村庄和集镇规划建设管理条例》第2条规定："制定和实施村庄、集镇规划，在村庄、集镇规划区内进行居民住宅、乡（镇）村企业、乡（镇）村公共设施和公益事业等的建设，必须遵守本条例。但是，国家征用集体所有的土地进行的建设除外。"从这一条规定中可以看出，《村庄和集镇规划建设管理条例》的适用范围从地域上说是村庄和集镇规划区；从行为适用上看是约束进行居民住宅、乡（镇）村企业、乡（镇）村公共设施和公益事业等的建设行为，而不适用于国家征用集体所有的土地进行建设的行为。这里，还应当明确该条例中的有关概念：

（1）村庄。《村庄和集镇规划建设管理条例》所称的村庄，是指农村村民居住和从事各种生产的聚居点。

（2）集镇。《村庄和集镇规划建设管理条例》所称的集镇，是指乡、民族乡人民政府所在地和经县级人民政府确认由集市发展而成的作为农村一定区域经济、文化和生活服务中心的非建制镇。集镇由两部分组成，一部分是乡、民族乡人民政府所在地，这是不用批准的，即乡、民族乡人民政府所在地是当然的集镇；另一部分是要经县级人民政府批准确认，由集市发展而成的有一定设施和比较集中的乡镇企业、成为农村中一定区域内的经济、文化和生活服务中心的非建制镇。集镇和建制镇的区别在于建制镇居于城市的范畴，国家对建制镇的设立在非农业人口或人口总数上是有规定的，只有在非农业人口或人口总数上达到国家规定的标准时，才能由国家有关部门按照一定的审批程序批准为建制镇。

（3）村庄、集镇规划区。《村庄和集镇规划建设管理条例》所称村庄、集镇规划区，是指村庄、集镇建成区和因村庄、集镇建设及发展需要实行规划控制的区域。村庄、集镇规划区的具体范围，在村庄、集镇总体规划中划定。这里所说的"因村庄、集镇建设及发展需要实行规划控制的区域"主要是指与村庄和集镇生产、生活密切相关的地域，如水源地、交通枢纽、电力和通信走廊等重要基础设施的控制地段及作为村庄和集镇一部分的风景名胜旅游区、历史文化遗存地区、生产基地等。

3.《村庄和集镇规划建设管理条例》的基本原则

《村庄和集镇规划建设管理条例》第 4 条规定："村庄、集镇规划建设管理，应当坚持合理布局、节约用地的原则，全面规划，正确引导，依靠群众，自力更生，因地制宜，量力而行，逐步建设，实现经济效益、社会效益和环境效益的统一。"

（1）村庄、集镇的建设不仅关系到广大农民生活的各个方面，而且关系到农民从事生产的实践活动。也就是说，村庄、集镇建设包含了生产和生活两大类活动。因此，只有全面规划、正确引导，才能统筹安排好村庄、集镇内的生产建筑、公共建筑和农民住宅的建设，把村庄、集镇建设纳入科学的、有计划的发展轨道。

（2）我国几千年来在小农经济基础上建立的村镇大都没有规划，以农民自发建设为主，造成了土地浪费和布局不合理等诸多问题。随着农村经济的发展和农房建设水平的不断提高，传统小农经济的建设方式已经不能适应形势发展的需要；因此，必须由各级政府组织农民按照规划的要求和节约用地的原则，进行相对集中的建设，合理配套公共设施。只有这样，才能做到合理用地、节约用地，才能有利于各项基础设施和公共设施的配套建设，才能逐步改善农村人居环境。

（3）我国农村地大面广，村庄、集镇建设量大面广，各地区的经济发展不平衡，各地的地理条件、气候条件和自然资源、风俗习惯等也不尽相同，国家现在也没有足够的财力来解决村庄、集镇建设问题。进行村庄、集镇建设主要依靠农村集体经济和农民自己的力量。因此，在村庄和集镇建设中，在建设的速度、规模、标准等方面都要区别对待，坚持因地制宜、量力而行、逐步建设的方针，在不同的条件下有不同的要求，在一定时期内逐步发展。

（4）进行村庄、集镇建设，应当树立长远的、发展的观点，不能片面追求某一方面的效益而忽视其他方面的效益。一些地区只追求经济效益而忽视了社会效益和环境效益，造成基础设施不配套或者污染严重，破坏了环境，其结果不仅不能促进村庄、集镇的发展，反而起到了相反的作用。因此，在村庄、集镇建设中只有坚持经济效益、社会效益和环境效益的统一，才有可能使村庄、集镇建设协调发展。

4.《村庄和集镇规划建设管理条例》确定的管理体制

按照《村庄和集镇规划建设管理条例》的规定，村庄、集镇规划建设管理工作的管理体制是：国务院住房和城乡建设主管部门主管全国的村庄、集镇规划建设管理工作；县级以上地方人民政府建设行政主管部门主管本行政区域内的村庄、集镇规划建设管理工作；乡级人民政府负责本行政区域内的村庄、集镇规划建设管理工作。鉴于全国村庄和集镇面广量大，住房和城乡建设部作为国务院村镇建设行政主管部门，除研究制定村镇建设的方针政策和起草行政法规并监督检查其实施、组织编制村镇建设的中长期发展规划和年度工作计划外，重要的工作是通过村镇建设试点，指导和推动村镇规划的编制、实施和通用设计图的设计及推广工作，指导村镇的统一开发、综合建设和房产管理，分类指导全国村镇建设的人才培训、科学研究和适用技术的推广应用。

县级以上地方人民政府建设行政主管部门贯彻执行党和国家的有关法律、法规和政策，抓好村镇的规划、设计工作，管理村镇内的各项建设用地，组织村镇内的建设工程施工，做好质量监督工作并负责村镇建设的各种力量的培训工作。

乡（镇）人民政府负责本行政区域内的村镇建设，应当做好以下工作：负责村镇规划的实施和管理，控制建筑红线，制止违章建筑；做好各项建筑的设计和施工管理工作；搞好村容镇貌、环境卫生和绿化管理工作；搞好村镇道路、桥梁等基础设施的建设和管理工作；收集管理本乡（镇）建设档案。

5.《村庄和集镇规划建设管理条例》与相关法律的关系

（1）《村庄和集镇规划建设管理条例》与《城乡规划法》的关系。2007 年 10 月 28 日，第十届全国人民代表大会常务委员会第三十次会议审议通过《城乡规划法》，自 2008 年 1 月 1 日起实施。《城乡规划法》第 2 条明确规定城乡规划，包括城镇体系规划、城市规划、镇规划、乡规划和村庄规划。城市规划、镇规划分为总体规划和详细规划。详细规划分为控制性详细规划和修建性详细规划。并且增加了城乡协调和镇乡村庄规划的相关内容，为农村地区的规划建设依法管理提供了法律保障，为稳步推进城乡统筹规划提供了法律依据。由于《城乡规划法》对镇、乡和村庄规划编制和实施作出了与《村庄和集镇规划建设管理条例》不同的制度设计和适用规定，按照法律冲突适用的一般原则，应当以《城乡规划法》的规定为准。这是因为：一是从法律效力上说，法律效力高于行政法规。《城乡规划法》是全国人民代表大会颁布实施的法律，《村庄和集镇规划建设管理条例》是国务院颁布实施的行政法规，因此，《城乡规划法》法律效力高于《村庄和集镇规划建设管理条例》。二是，从实施时间上说，《城乡规划法》颁布时间在《村庄和集镇规划建设管理条例》之后，按后法优于前法的原则，《城乡规划法》与《村庄和集镇规划建设管理条例》冲突部分，应适用《城乡规划法》。但是《村庄和集镇规划建设管理条例》是关于村镇建设管理的全面性法规，除了规划编制和实施内容外，还包括村镇建设设计施工管理、房屋和公共设施管理、村镇镇貌和环境卫生管理等内容，对于这方面的内容，按特别法优于一般法的原则，应适用《村庄和集镇规划建设管理条例》。

（2）《村庄和集镇规划建设管理条例》与《中华人民共和国建筑法》（以下简称《建筑法》）的关系。1997 年 11 月 1 日第八届全国人民代表大会常务委员会第二十八次会议审议通过《建筑法》，2011 年 4 月 22 日第十一届全国人民代表大会常务委员会第二十次通过了对《建筑法》的修正案，自 2011 年 7 月 1 日起施行。在适用范围上，《建筑法》第 2 条规定："在中华人民共和国境内从事建筑活动，实施对建筑活动的监督管理，应当遵守本法。本法所称建筑活动，是指各类房屋建筑及其附属设施的建造和与其配套的线路、管道、设备的安装活动。"该法第 83 条第 3 款规定："抢险救灾及其他临时性房屋建筑和农民自建低层住宅的建筑活动，不适用本法。"据此，建设部《关于加强村镇建设工程质量安全管理的若干意见》（建质〔2004〕216 号）规定，对于建制镇、集镇规划区内的所有公共建筑工程、居民自建两层（不含两层）以上，以及其他建设工程投资额在 30 万元以上或者建筑面积在300平方米以上的所有村镇建设工程、村庄建设规划范围内的学校、幼儿园、卫生院等公共建筑，应严格按照国家有关法律、法规和工程建设强制性标准实施监督管理。对于建制镇、集镇规划区内建设工程投资额30万元以下且建筑面积300平方米以下的市政基础设施、生产性建筑，居民自建两层（含两层）以下住宅和村庄建设规划范围内的农民自建两层（不含两层）以上住宅的建设活动由各省、自治区、直辖市结合本地区的实际，制定相应的管理办法。

（3）《村庄和集镇规划建设管理条例》与《中华人民共和国土地管理法》（以下简称《土地管理法》）的关系。《土地管理法》是一部关于调整基于土地而形成的各种社会关系的法律规范的总和。《村庄和集镇规划建设管理条例》与《土地管理法》有着密切的关系。《土地管理法》对村庄、集镇建设制定规划并按规划进行作出了法律的规定，《村庄和集镇规划建设管理条例》则提出和确定了编制村镇规划的原则、内容、阶段、编制机关的职责和规划的编制、调整及作出变更的审批程序。《村庄和集镇规划建设管理条例》从某种程度上对《土地管理法》进行了细化，使《土地管理法》关于村镇建设要制定规划、按规划进行建设的相关规定得以落实。《村庄和集镇规划建设管理条例》还进一步明确了土地管理和规划管理的协调和工作程序，进一步明确了土地管理部门和建设管理部门之间的分工和协作关系。例如《村庄和集镇规划建设管理条例》第18条第1款第（1）项明确规定："需要使用耕地的，经乡级人民政府审核、县级人民政府建设行政主管部门审查同意并出具选址意见书后，方可依照《土地管理法》向县级人民政府土地管理部门申请用地，经县级人民政府批准后，由县级人民政府土地管理部门划拨土地……"可以说，《村庄和集镇规划建设管理条例》十分明确地规定了土地管理和规划管理的工作程序。

（三）《风景名胜区条例》

风景名胜区是风景名胜资源比较集中，环境优美，具有一定规模和范围，具有观赏、文化或科学价值，可供广大人民群众游览、休息或进行科学、文化活动的区域，是国家珍贵的自然与历史文化遗产。随着我国改革开放的不断深入和风景名胜区事业的不断发展，为了解决风景名胜区事业发展中的新问题，加强对风景名胜资源的保护，合理利用风景名胜资源，建立和完善风景名胜区管理制度，国务院于2006年9月19日颁布了《风景名胜区条例》，并于2006年12月1日起实施。该条例分7章，共52条。第1章是总则，第2章是设立，第3章是规划，第4章是保护，第5章是利用和管理，第6章是法律责任，第7章是附则。《风景名胜区条例》以“科学规划、统一管理、严格保护、永续利用”为指导思想，对《风景名胜区管理暂行条例》确立的行之有效的制度予以保留，同时通过设立新的制度，切实解决风景名胜区管理中出现的新情况、新问题，保持了法规制度的连续性和稳定性，在规范风景名胜区管理程序和各有关利益主体权利义务的同时，增强了《风景名胜区条例》的可操作性。

（四）《历史文化名城名镇名村保护条例》

为了进一步加强我国历史文化遗产保护，继承和弘扬中华民族优秀传统文化，推动社会主义先进文化建设，我国陆续制定了一系列法律、法规、行政规章、技术规范和行政措施，并在实践中不断补充完善。

1994年国务院批转了建设部和国家文物局《关于审批第三批国家历史文化名城和加强保护管理请示的通知》。为切实贯彻落实国务院通知精神，建设部、国家文物局于1994年9月5日发布了《历史文化名城保护规划编制要求》，作为国家历史文化名城保护的依据。

2002年10月第九届全国人大常委会第三十次会议修订通过《中华人民共和国文物保护法》。随后，2003年5月13日国务院第八次常务会议通过了一部行政法规，即《中华人民共和国文物保护法实施条例》。

2005年7月建设部发布了《历史文化名城保护规划规范》。这是国务院公布第一批国家历史文化名城23年以后，为编制历史文化名城保护规划制定的国家标准。

2005年12月22日国务院专门下发了《关于加强文化遗产保护

的通知》(国发〔2005〕42号)。2007年12月29日第十届全国人大常委会第三十一次会议决定修改并重新公布了《文物保护法》。2008年4月22日国务院第三次常务会议还通过了又一部关于历史文化遗产保护的行政法规，即《历史文化名城名镇名村保护条例》，从而使我国历史文化遗产保护的法规体系得到了进一步完善。

2008年4月22日颁布了《历史文化名城名镇名村保护条例》，并于2008年7月1日起实施。该条例分6章，共48条。第1章是总则，第2章是申报与批准，第3章是保护规划，第4章是保护措施，第5章是法律责任，第6章是附则。该条例的实施进一步加强了对历史文化名城、名镇、名村的保护，有利于保持和延续传统格局和历史风貌，维护历史文化遗产的真实性和完整性。

第二节　城市建设管理概述

一、城市建设管理的主要内容

城市是我国经济、政治、科学、技术、文化、教育的中心，具有强大的辐射力和吸引力，是国民经济发展的支柱力量。城市基础设施是城市赖以生存和发展的基本物质条件，城市基础设施的建设管理是城市人民政府的重要职责。城市供水、排水和污水处理、燃气、集中供热、城市道路和公共交通、环境卫生和垃圾处理以及园林绿化等市政公用事业是城市主要的基础设施，是城市经济和社会发展的主要载体和基础条件。市政公用事业发展水平直接关系广大人民群众的生产生活及公共利益，关系我国城镇化和工业化的发展进程。

二、我国城市建设管理基本情况

近年来，我国各级政府高度重视城市建设管理工作，不断加大资金投入和改革力度，城市建设成就显著。城市基础设施日臻完善，市政公用事业的供给能力和服务水平明显提高，城市综合承载力不断增强，人居环境不断改善，有力地保障了城市经济社会的发展和人民生活水平的提高。

（一）城市供水、供气、供热等行业服务能力不断提高

2010年全国城市总共有657个设市城市，供水管道长度近54万千米，用水普及率96.68%；燃气普及率92.04%；城市道路长度29.4万千米，面积52亿平方米；集中供热面积43.6亿平方米。市政公用事业服务标准不断完善，城市供水、供气、供热的安全保障进一步加强，市政公用事业应急服务能力不断提高。

（二）城市污水和垃圾处理能力进一步增强

城市污水处理厂、污水管网等设施建设力度不断加大。截至目前，全国九成以上的设市城市和一半以上的县建成了污水处理厂，总数量达到2496座。城市生活垃圾处理设施建设不断加快，2010年全国无害化生活垃圾处理厂628座，无害化处理率为77.94%。同时生活垃圾收运和处理服务逐步向县城和乡镇延伸，形成了“村收集、镇（乡）转运、市（县）处理”的体系。

（三）城市综合交通体系逐步形成，轨道交通快速发展

近年来，我国城市交通基础设施建设和服务水平取得显著进展，基本形成了以公共交通为主导的城市综合交通体系。全国共230多个城市设置了公交优先车道或专用车道，公交线网覆盖面不断增大。公共交通信息化、智能化建设快速发展。城市轨道交通进入快速发展时期，截至2010年年底，已有12个城市建成城市轨道交通，总长1428.87千米。

（四）创新城市管理模式，城市管理水平明显提高

始终坚持“以人为本”的城市管理理念，不断提高城市管理水平。城市管理逐步实现由粗放、低效向精准、高效转变。形成了全社会参与的城市管理新局面，市政公用基础设施综合服务功能得到有效发挥，服务质量不断提高。数字化城市管理信息平台为我国奥运会、残奥会、世博会的安全顺利举办提供了重要保障。目前正在研究将数字化城市管理平台功能向地下管线、城市安全等领域拓展和延伸，促进城市安全运行。

（五）开展城市环境综合整治，提高人居环境质量

城镇人居环境建设工作不断加强，通过开展城市环境综合整治，

城市市容环境日益整洁。节约型、生态型、功能完善型园林绿化建设深入开展。截至2010年年底，全国城市建成区绿地率达到34.5%，人均公园绿地面积11.2平方米，在减小城市热岛效应、城市空气和水体污染等方面发挥了重要作用。

以国家园林城市、中国人居环境奖创建活动为激励手段，推动人居环境建设开展。截至2010年，已命名183个国家园林城市和7个国家园林城区、63个国家园林县城和15个国家园林城镇。25个城市获得了“中国人居环境奖”，321个项目获得了“中国人居环境范例奖”，经住房和城乡建设部推荐，有12个城市获得了“联合国人居奖”，极大地鼓舞和推动了我国人居环境建设工作。

（六）风景名胜区管理体系基本建立，世界遗产保护成效明显

风景名胜区是风景名胜资源比较集中，环境优美，具有一定规模和范围，具有观赏、文化或科学价值，可供广大人民群众游览、休息或进行科学、文化活动的区域，是国家珍贵的自然与历史文化遗产。为了做好风景名胜区资源保护和利用工作，国务院先后于1982年、1988年、1994年、2002年、2004年、2006年以及2009年分七批审定公布了208处国家级风景名胜区。截至2010年年底，我国现有国家级风景名胜区208处，省级风景名胜区701处，合计面积超过国土面积的2%。

先后有泰山、黄山、武夷山、九寨沟等31处国家级风景名胜区先后列入《世界遗产名录》。建立了我国遗产申报管理的国家遗产名录、世界遗产预备名单、世界遗产名录三级申报和管理体系，进一步完善了我国自然遗产、自然与文化双遗产申报和保护机制。

第三节　村镇建设管理概述

一、村镇规划建设管理面临的新形势及其新发展

（一）城乡关系的根本性变化——进入到城乡统筹推进城镇化和新农村建设的发展新阶段

（1）城镇化健康发展，新农村建设不断深入。改革开放后，我

国城镇化进入健康快速发展的新阶段，大中小城市和小城镇协调发展、城镇化与新农村建设相互促进，城镇化在引领国家发展、繁荣农村经济、促进农民转移和加强农村基础设施建设中的作用进一步增强。城镇化率从1978年的17.92%上升至2010年的49.68%，目前已有6.7亿人居住在城镇。

（2）城市支持农村、工业反哺农业的机制正在形成。党的十六大以来，党中央、国务院明确要求把“三农”工作作为全党全国工作的“重中之重”。十六届四中全会提出我国现在总体上已到了以工促农、以城带乡发展阶段，十六届五中全会作出了建设社会主义新农村的重大战略决策，十七大报告提出形成城乡经济社会发展一体化新格局的工作要求，十七届三中全会作出深化农村改革发展的重要决定。通过调整国民收入分配格局和实施一系列“多予、少取、放活”的政策措施，形成了以工促农、以城带乡、城乡统筹发展的新机制、新格局。

农村人口向城镇持续转移，农村聚落形态不断变化。城市经济的发展和就业岗位的大幅增加，为农村劳动力向城市和非农产业转移提供了条件，形成了农村劳动力转移就业、本地就业和回乡创业相结合的有序转移就业新局面。近些年，农村常住户中外出务工的劳动力人数始终保持在1.2亿人以上，跨省流动的在6000万人，工资性收入对农民增收的贡献率已经上升到41.5%。与此同时，农村的自然村和行政村数量减少。2010年年底，全国行政村（村委会驻地）从1990年的100.1万个减少到59.5万个。

（二）村镇建设法规体系的形成——农村建设纳入依法规划、依法管理的渠道

国家高度重视村镇建设的立法工作，先后出台了《村庄和集镇规划建设管理条例》、《建制镇规划建设管理办法》、《村镇规划编制办法（试行）》和《村镇规划标准》等法规、规章和标准。住房和城乡建设部先后下发《关于村庄整治工作的指导意见》、《关于村庄整治中规范农宅拆迁保护农民权益的意见》、《关于推进县域村庄整治联系点工作的指导意见》等文件，颁布《村庄整治技术规范》，指导

各地初步建立了农村人居环境治理的有序推进、防偏纠偏和持续改善三方面机制。2008 年 1 月 1 日实施的《城乡规划法》增加了城乡协调和镇乡村庄规划的相关内容，为农村地区规划建设的依法管理提供了法律保障。各地也制定了一批地方性法规。截至 2009 年年底，有 1945 个建制镇新编制了规划，全国建制镇规划覆盖率由 2008 年的 84% 提高到 85%；有 1171 个乡新编制了规划，全国乡规划覆盖率由 2008 年的 54% 提高到 58%；有 4.2 万个行政村新编制了规划，行政村规划覆盖率由 2008 年的 39% 提高到 46%；有 7.3 万个自然村新编制了规划，自然村规划覆盖率由 2008 年的 16% 提高到 18%。

（三）农民住房质量的明显改变——农民主要依靠自己的力量解决居住问题

我国数亿农民在国家政策的支持下，通过自筹资金、自主修建、自我管理、自家使用，主要依靠自己的力量实现了“住有所居”的基本目标。1957 年和 1980 年，全国农房年末实有建筑面积分别为 61.3 亿平方米和 98.3 亿平方米，农民人均住房使用面积分别为 11 平方米和 11.6 平方米，砖木结构所占比例不足 20%。2009 年，人均住房面积建制镇为 32.05 平方米，乡为 28.79 平方米，村为 30.77 平方米。近几年，每年农村房屋竣工面积都在 7 亿平方米左右。现有住房建筑中 90% 以上是永久性、半永久性住房建筑结构，砖混及以上结构的农房占 60% 以上，农房安全居住水平有了根本性转变。农村地区住房存量资产大幅度增加，取得了令世人瞩目的建设成就。

国家、地方政府和农村集体经济通过灾后重建、大型水利工程生态移民定居点建设、农村五保户集中供养和农村残疾人住房改造等，加大对农村困难住户住房建设的帮扶力度。2009 年，中央安排 40 亿元补助资金（含中央预算内投资 15 亿元），支持试点范围内 79.4 万贫困户开展危房改造，其中严寒和寒冷地区 1.5 万农户结合农村危房改造开展建筑节能示范，中央补助标准为每户平均 5000 元，在此基础上对建筑节能示范户每户再增加 2000 元补助。2010 年，中央安排 75 亿元补助资金（含中央预算内投资 25 亿元），支持试点范围内 120 万农村贫困户开展危房改造，中央补助标准为每户平均 6000 元，在此基础上对陆地边境县（团场）贫困农户、建筑节能示范户每户再增加2000元补助。2011年中央安排补助资金166亿元，支持中西部地区全部县（市、区、旗）的265万农村贫困户完成危房改造。

（四）农村人居生态环境的改善——村镇基础设施建设不断加强，农民生活品质逐步提高

改革开放以来，农房建设和农村道路、供电、供水、垃圾污水处理，以及农村家庭沼气等基础设施建设加快发展。自党的十六大提出建设社会主义新农村以来，住房和城乡建设部在深入调研和总结先行地区实践经验的基础上，全面部署了稳步推进村庄整治、改善农村人居环境的工作，截至2009年年底，全国已有13.6万多个村庄开展了村庄整治工作。1984年年底全国通电村庄所占比例仅为45.6%，自来水受益人口只占农村总人口的4.9%。截至2009年，全国行政村中，实现集中供水的占49.9%，有垃圾集中堆放点的占35.0%，对生活污水和垃圾进行处理的村庄比例分别为4.9%和17.7%，村庄基础设施配置逐步完善。村庄里建成一大批科技、教育、文化、卫生、体育等公共设施，农村人居环境有了质的提高。

（五）小城镇的迅猛发展——城镇功能不断完善、集聚效益逐步显现

党中央、国务院历来十分重视小城镇发展与建设。十六大报告中指出："坚持大中小城市和小城镇协调发展，走中国特色的城镇化道路。"2005年，中央一号文件明确要求着力发展县城和在建制的重点镇。2008年，中共十七届三中全会通过的《中共中央关于推进农村改革发展若干重大问题的决定》指出："坚持走中国特色城镇化道路，发挥好大中城市对农村的辐射带动作用，依法赋予经济发展快、人口吸纳能力强的小城镇相应行政管理权限，促进大中小城市和小城镇协调发展，形成城镇化和新农村建设互促共进机制。"近年来，小城镇的平均人口规模增加、综合承载力显著增强，集聚效益逐步显现，城镇功能逐步由乡村型服务功能向复合型服务功能转变，在城镇化发展中的作用进一步提升。全国建制镇由1979年的2851个增加到2010年的19410个；建制镇人口由1978年的0.4亿人增加到2009年

的1.38亿人；全国建制镇（不含县城关镇）平均人口规模接近万人，在长江三角洲、珠江三角洲等城镇密集地区甚至出现了一批5~20万人口的小城镇。2004年建设部会同国家发展和改革委员会等6部门，确定了1887个重点扶持发展的全国重点小城镇，有力地推动了小城镇的率先发展，也为促进县域经济发展和小城镇改革夯实了基础，提供了新的路径。加大历史文化名镇名村保护利用的工作力度，促进村镇旅游资源开发利用。2010年3月，住房和城乡建设部与国家旅游局共同下发《关于公布全国特色景观旅游名镇（村）示范名单（第一批）的通知》（建村〔2010〕36号），确定了第一批105个全国特色景观旅游名镇（村），提出了保护村庄布局脉络、保护乡村风貌的要求。

第二章 城乡规划管理

第一节 城乡规划的制定

一、城镇体系规划的编制和审批

(一) 编制全国城镇体系规划的重要意义

全国城镇体系规划是统筹安排全国城镇发展和城镇空间布局的宏观性、战略性的法定规划，是国家制定城镇化政策、引导城镇化健康发展的重要依据，也是编制、审批省域城镇体系规划和城市总体规划的依据。

制定全国城镇体系规划，有利于坚持有中国特色的城镇化道路。城镇化是一个国家经济结构、社会结构、人口结构、空间结构发生深刻变革的过程，是国家走向工业化、现代化的必经历史阶段。我国正处于城镇化快速发展时期，并在未来一段时间内仍将保持城镇化发展动力。发达国家的经验证明，城镇化快速发展阶段也是发展与保护矛盾最尖锐的时期。我国人口多、底子薄、发展不平衡，如何在实现经济增长、社会发展的同时，保护好资源、环境，缓解城乡和区域差异的问题，促进城乡协调健康有序发展至关重要。制定全国城镇体系规划，就是从全国层面对城镇的长远发展和整体布局进行统筹安排，更好地配置资源和生产要素，形成协调发展的城镇体系和合理的城镇空间格局，引导国家城镇化发展的规模、速度、节奏与我国人口资源环境相适应，与经济社会发展水平相协调。

制定全国城镇体系规划，有利于加强中央政府对城镇发展的宏观调控。改革开放以来，城镇在我国经济发展、社会进步和综合国力提高等方面的地位越来越突出，作用不断增强。但同时，由于对城镇化发展的客观规律性和我国城镇发展的特殊性缺乏深入理解认识和系统研究，近年来一些地方在城镇规划建设中也出现了脱离当地经济发展水平和资源环境条件，片面追求规模与速度等问题。制定全国城镇体系规划，就是要全面贯彻落实科学发展观和构建社会主义和谐社会的要求，端正城镇化和城镇发展的指导思想，强化国家对城镇化和城镇发展的宏观调控，有针对性地加强对各地城镇发展的分区、分类指引，提出资源生态环境保护的原则和要求，解决我国城镇化发展过程中的现实问题。

制定全国城镇体系规划，有利于坚持依法行政。按照进一步完善社会主义市场经济体制的要求，在发挥市场的基础性作用的同时，要坚持一级政府、一级事权的原则，提高执政能力，完善管理手段。《城乡规划法》强调了城乡规划的公共政策属性，进一步明确了城乡规划是对应于不同层级政府事权的完整体系。当前，在我国现有的规划体系中存在国家规划缺位，省域城镇体系规划和城市总体规划缺乏上位规划指导的问题。《城乡规划法》第 12 条进一步明确了全国城镇体系规划的法定地位和作用，有利于加强中央政府规划管理的责任、明晰各级政府的规划管理事权、发挥好各级规划部门对城乡建设活动的综合调控作用。

（二）全国城镇体系规划的编制组织和审批

依据《城乡规划法》第12 条的规定，住房和城乡建设部会同国务院有关部门组织编制全国城镇体系规划，报国务院审批。

全国城镇体系规划涉及经济、社会、人文、资源环境、基础设施等相关内容，需要各相关部门的共同参与。由国务院城乡规划主管部门牵头组织，国务院相关部门参加全国城镇体系规划的编制，有利于在规划编制过程中统筹城镇发展与资源环境保护、基础设施建设的关系。充分协调相关部门的意见，使全国城镇体系规划与其他国家级相关规划的衔接，在部门间建立政策配合、行动协同的机制，强化国家对城镇化和城镇发展的宏观调控。

全国城镇体系规划确定的重点城镇群，跨省界城镇发展协调地区，重要江河流域、湖泊地区和海岸带等在提升国家参与国际竞争的能力、协调区域发展和资源保护方面具有重要的战略意义。根据实施全国城镇体系规划的需要，国家可以组织制定上述地区的城镇协调发展规划，组织制定重要流域和湖泊的区域城镇供水、排水规划，切实发挥全国城镇体系规划指导省域城镇体系规划、城市总体规划编制的法定作用。

（三）省域城镇体系规划的编制组织和审批

依据《城乡规划法》第 13 条的规定，省域城镇体系规划的内容包括：城镇空间布局和规模控制，重大基础设施的布局，为保护生态环境、资源等需要严格控制的区域。这是法律对省域城镇体系规划的基本要求，是省、自治区政府组织制定城乡规划、组织基础设施建设的依据。

省域城镇体系规划要立足省、自治区政府的事权，明确本省、自治区城镇发展战略，明确重点地区的城镇发展、重要基础设施的布局和建设、生态建设和资源保护要求；明确需要由省、自治区政府协调的重点地区（跨市县的城镇密集地区）和重点项目，并提出协调的原则、标准和政策。为省、自治区政府审批城市总体规划、县域城镇体系规划和基础设施建设提供依据。

依据《城乡规划法》第 13 条的规定，省、自治区人民政府负责组织省域城镇体系规划的编制。省、自治区人民政府在组织编制省域城镇体系规划的过程中，要坚持“政府组织、部门合作、专家领衔、科学决策”的规划编制原则，由城乡规划主管部门牵头组织发展改革部门、国土资源管理部门以及交通、环境等相关部门共同编制，并广泛征求各级地方政府和专家的意见。

《城乡规划法》规定省域城镇体系规划由国务院审批，并明确了省域城镇体系规划的报批程序。首先，规划在上报国务院前，须经本级人民代表大会常务委员会审议，审议意见和根据审议意见修改规划的情况应随上报审查的规划一并报送。其次，规划上报国务院后，由国务院授权国务院城乡规划主管部门负责组织相关部门和专家进行审查。为了做好审查工作，国务院城乡规划主管部门将组织专家组在规划上报前期介入规划编制过程。专家组将在规划的大纲阶段和规划成果阶段，就规划内容和组织工作进展的情况向相应地方政府提出书面审查意见。最后，规划编制需有公众参与。省域城镇体系规划报送审批前，组织编制机关应当依法将规划草案予以公告，采取论证会、听证会或者其他方式征求专家和公众的意见，并在报送审批的材料中附具意见采纳情况及理由。

1994 年，建设部发布了《城镇体系规划编制审批办法》（建设部令第 36 号）对于规范城镇体系规划编制和审批，加强规划建设与管理发挥了重要作用。2008 年 1 月 1 日《城乡规划法》施行后，立法依据发生了变化，《城镇体系规划编制审批办法》的内容已不适应《城乡规划法》的要求。经征求国家发展和改革委员会、环境保护部等国务院有关部门、地方有关部门的意见后，住房和城乡建设部修订了《城镇体系规划编制审批办法》，于 2010 年 4 月 25 日发布了《省域城镇体系规划编制审批办法》。主要修订了四个方面的内容。

（1）关于调整范围。由于全国、市域、县域城镇体系规划的编制审批要求分别在《城乡规划法》、《城市规划编制办法》（建设部令第 146 号）、《县域村镇体系规划编制暂行办法》（建规〔2006〕183 号）作了规定，删除了《城镇体系规划编制审批办法》中关于全国、市域、县域城镇体系规划的规定，只对省域城镇体系规划的编制审批作了规定，名称也相应改为《省域城镇体系规划编制审批办法》。

（2）关于城乡统筹。把城乡统筹作为编制省域城镇体系规划的基本原则，明确了省域城镇体系规划的作用之一就是“省、自治区人民政府实施城乡规划管理，合理配置省域空间资源，优化城乡空间布局，统筹基础设施和公共设施建设的基本依据”，并在《省域城镇体系规划编制审批办法》第 3 章关于省域城镇体系规划的内容和成果要求中，增加了农村居民点布局，重点镇、中心村基础设施和基本公共服务设施配置，以及对农村居民点建设和环境综合整治的要求等内容。

（3）关于规划编制审批程序。明确了省域城镇体系规划的制定和修改程序。编制主体是省、自治区人民政府，而规划组织编制的具体工作由省、自治区人民政府城乡规划主管部门负责。同时，根据《城乡规划法》的要求，明确了规划编制过程中公众参与、部门协调和人大审议的程序要求，规定了规划纲要和规划成果阶段要进行充分论证，并征求下一级地方人民政府的意见。

(4) 关于规划编制阶段和内容。提出了省域城镇体系规划编制应分为规划纲要和规划成果两个阶段，并分别组织审查。规划纲要阶段侧重于分析现状，对重大问题进行论证，明确规划的原则和重点，研究提出主要的规划观点，为编制规划成果提供基础。纲要阶段的审查不要求提供规划文本，主要是针对规划综合报告提出的基本思路、原则、主要目标等规划基本结论提出审查意见。规划成果应在规划纲要的基础上，按照规划纲要的审查意见，编制完成规划文本、图纸等具有法律效力的规划文件。成果阶段的审查侧重于规划的规定性、政策性，以及上报成果的规范性要求等。同时，还规定了省域城镇体系规划的强制性内容，并对规划的期限和成果表达形式提出了要求。

二、城市、镇规划的编制和审批

(一) 总体规划

1. 城市总体规划的主要内容

根据城市经济社会发展需求和人口、资源情况以及环境承载能力，合理确定城市的性质、规模；综合确定土地、水、能源等各类资源的使用标准和控制指标，节约和集约利用资源；划定禁止建设区、限制建设区和适宜建设区，统筹安排城乡各类建设用地；合理配置城乡各项基础设施和公共服务设施，完善城市功能；贯彻公交优先原则，提升城市综合交通服务水平；健全城市综合防灾体系，保证城市安全；保护自然生态环境和整体景观风貌，突出城市特色；保护历史文化资源，延续城市历史文脉；合理确定分阶段发展方向、目标、重点和时序，促进城市健康有序发展。编制城市总体规划成果前，首先要编制城市总体规划纲要。

规划中涉及规划区范围、建设用地规模、基础设施和公共服务设施用地、水源地和水系、基本农田和绿化用地、环境保护、自然与历史文化遗产保护、防灾减灾等内容应作为规划的强制性内容。

2. 城市总体规划的组织编制和审批

依据《城乡规划法》第 14 条的规定，城市人民政府负责组织编制城市总体规划。城市人民政府在组织编制城市总体规划的过程中，要坚持“政府组织、专家领衔、部门合作、公众参与、科学决策”的规划编制组织原则，在政府的统一领导下，由城乡规划主管部门牵头组织发展改革部门、国土资源管理部门以及基础设施、生态环境保护等相关部门，共同编制。对涉及城市发展目标与空间布局、资源与环境保护、区域与城乡统筹等重大专题的咨询和论证，应当聘请相关领域的资深专家领衔担任专题负责人。要重视发挥专家作用，加强对总体规划纲要、成果等环节的技术把关。在规划修编工作的各个阶段，都要充分征求有关部门和单位的意见。广泛征求公众的意见，推进科学民主决策。要采取多种方式，广泛听取社会各界意见，扩大公众参与程度，增强规划修编工作的公开性和透明度。

根据《城乡规划法》的规定，城市总体规划采取分级审批，并明确了规划的报批程序。直辖市的城市总体规划由直辖市人民政府报国务院审批。省、自治区人民政府所在地的城市以及国务院确定的城市的总体规划，由省、自治区人民政府审查同意后，报国务院审批。其他城市的总体规划，由城市人民政府报省、自治区人民政府审批。审批过程中应注重以下事项。

(1) 有关城市人民政府在拟编制城市总体规划之前，应就原规划执行情况、修编的理由、范围，书面报告规划审批机关，经规划审批机关同意后，方可编制规划。

(2) 规划在上报规划审批机关前，须经本级人民代表大会常务委员会审议，审议意见和根据审议意见修改规划的情况应随上报审查的规划一并报送。

(3) 规划上报规划审批机关后，由审批机关授权有关城乡规划主管部门负责组织相关部门和专家进行审查。为了做好审查工作，负责组织审查的城乡规划主管部门将组织专家组在规划上报前先期介入规划编制过程，一方面依据全国城镇体系规划、省域城镇体系规划，明确上位规划对相应地方城镇发展布局的要求；另一方面依据《城市规划编制办法》等部门规章指导地方在编制过程中科学合理地把握规划的内容、深度，按规定的程序做好规划的协调。专家组将在规划的纲要阶段和规划成果阶段，就规划内容和组织工作的情况向相应地方政府提出书面审查意见。在审批机关审批规划时，有关部门及专家组的审查意见将作为重要的参考依据。

（4）明确规划编制须有公众参与。城市总体规划报送审批前，组织编制机关应当依法将总体规划草案予以公告，采取论证会、听证会或者其他方式征求专家和公众的意见，并在报送审批的材料中附具意见采纳情况及理由。

依据《城乡规划法》第4条的规定，县级以上地方人民政府应当根据当地经济社会发展的实际，在城市总体规划、镇总体规划中合理确定城市、镇的发展规模、步骤和建设标准。根据这一规定，除了由国务院审批总体规划的城市外，其他城市、镇的总体规划的发展规模，按照《城乡规划法》规定的审批权限，由县级以上地方人民政府审定。

3. 镇总体规划的内容

镇是连接城乡的纽带和桥梁，是我国城乡居民点体系的重要组成部分，也是我国农村地区的基层政权组织。2000年中共中央、国务院《关于促进小城镇健康发展的若干意见》（中发〔2000〕11号）发布后，镇发展进一步加快，成为统筹城乡、协调区域发展的重要环节。镇的功能由乡村服务型向复合型转变，大量农村富余劳动力“离土离乡”跨区域转移就业，成为吸纳流动人口的新载体。在经济发达的城镇密集地带和大城市郊区，镇直接参与中心城市的经济社会发展和产业分工，既承接了大城市的功能疏散，也创造了新的就业机会和市场需求，延伸了以大城市为中心的产业链、形成了区域的产业集群优势、提高了城镇群的综合承载能力，同时缓解了大城市人口和产业过度集聚的压力，形成了与资源环境更加协调的产业布局和城镇体系。

镇总体规划是对镇区行政区内的土地利用、空间布局以及各种建设的综合部署，是管制空间资源开发、保护生态环境和历史文化遗产、创造良好生活生产环境的重要手段，在指导镇的科学建设和有序发展，充分发挥规划的协调和社会服务等方面具有先导作用。镇总体规划包括县人民政府所在地镇的总体规划和其他镇的总体规划。

（1）县人民政府所在地镇的总体规划。县人民政府所在地镇对全县经济、社会以及各项事业的建设发展具有统领作用，其性质职能、机构设置和发展要求都与其他镇不同，为充分发挥其对促进县域经济发展，统筹城乡建设，加快区域城镇化进程的突出作用，县人民政府所在地镇的总体规划应按照省（自治区、直辖市）域城镇体系规划以及所在市的城市总体规划提出的要求，对县域镇、乡和所辖村庄的合理发展与空间布局、基础设施和社会公共服务设施的配置等内容提出引导和调控措施。县人民政府所在地镇的总体规划包括县域村镇体系和县城区规划两层内容。

①县域村镇体系规划。主要内容包括：综合评价县域的发展条件；制定县域城乡统筹发展战略，确定县域产业发展空间布局；预测县域人口规模，确定城镇化战略；划定县域空间管制分区，确定空间管理策略；确定重点发展的中心镇；确定村庄布局基本原则和分类管理策略，统筹配置区域基础设施和社会公共服务设施；制定交通、给水、排水、电力、邮政、教科文卫等专项规划。

②县城区规划。主要内容包括：分析确定县城性质、职能和发展目标，预测县城人口规模；划定禁止建设区、限制建设区和适宜建设区，制定空间管理措施；确定各类用地的空间布局；确定绿地系统、河湖水系、历史文化、地方传统特色等保护内容、要求，划定各类保护范围，提出保护措施；确定交通、给水、排水、电力、邮政、教科文卫等基础设施和公共服务设施的建设目标和总体布局；确定综合防灾和公共安全保障体系的规划原则、建设方针和措施；确定空间发展时序，提出规划实施步骤、措施和政策建议。

（2）其他镇的总体规划。其他镇总体规划分为镇区规划与镇域规划两层内容。

①镇区规划。编制镇区规划，应依据自身区位、资源特点，统筹考虑镇域生态环境与三大产业发展要求，合理配置基础设施与公共服务设施，不断增强镇区对周边农村地区的综合服务能力，满足进镇农民的发展要求，促进镇区经济社会协调发展。镇区规划内容包括：确定建设用地的空间布局，提出土地使用强度管制区划和相应的控制指

标（建筑密度、建筑高度、容积率、人口容量等）；确定镇区对外交通设施和道路交通设施布局（黄线）；确定供水、排水、供电、邮政、通信、广播电视、燃气、供热、环卫等重大市政工程设施布局（黄线）；确定教育、文体、科技和医疗卫生等重要公共服务设施的布局；确定生态环境保护与优化目标，提出污染控制与治理措施；确定绿地系统（绿线）、河湖水塘（蓝线）、历史文化（紫线）、地方传统特色等的保护内容及要求，划定绿线、蓝线、紫线等各类保护范围；提出人居环境改善、进城定居农民建房等内容及要求；确定消防、防洪、抗震等防灾减灾设施布局（黄线）；提出实施规划的措施和有关建议。土地使用强度管制区划、道路交通设施与市政工程设施、公共服务设施、环境与历史文化遗产保护、防灾减灾（四线）等为镇区规划的强制性内容。镇区规划期限一般为15～20年。镇区规划成果应包括规划文本、规划图纸及附件。在规划文本中应当明确表述规划的强制性内容。

②镇域规划。为统一规划镇域的山、水、林、田、路、房等，加强对镇域范围内公共设施、道路交通系统、市政工程以及农业生产等设施的统筹安排与建设，2010年住房和城乡建设部下发了《关于印发〈镇（乡）域规划导则（试行）〉的通知》（建村〔2010〕184号），规定镇（乡）域规划是《城乡规划法》规定的镇规划和乡规划的一种形式，其规划区范围覆盖镇（乡）行政辖区的全部，鼓励有条件的镇和乡组织编制镇（乡）域规划。编制镇（乡）域规划应该以镇（乡）行政地域为规划范围，落实县域镇村体系规划对本镇（乡）发展要求，加强基础设施的服务与引导作用，保障公共服务设施配置，促进生态环境保护和资源集约利用，全面履行镇（乡）人民政府在城乡建设、社会管理、公共服务方面的职能。镇（乡）域规划的内容包括：依据县域镇村体系规划，综合分析镇（乡）域发展条件，提出镇（乡）域发展战略；提出镇（乡）域产业发展目标，确定产业发展空间布局，统筹配置生产基础设施；制定镇（乡）域空间管制区划，划定镇（乡）域范围内禁止建设、限制建设、适宜建设和需要连片整治的区域，并提出相应的管制措施；明确镇区

（乡驻地）人口规模、建设用地标准和规划区范围；确定镇（乡）域内中心村和基层村的层次、人口规模、建设用地标准，确定镇（乡）域内保留发展和撤并的农村居民点，提出村庄建设控制标准、村庄集约建设的分阶段方案和实施措施；确定镇（乡）域内居住用地及其中的农村宅基地，道路交通设施、市政工程设施、公共服务设施、生产设施、公墓等建设用地规模，农田、山地、林地、水域等非建设用地范围；确定镇（乡）域生态环境保护与优化目标，提出镇（乡）域污染控制与治理措施，提出村庄生活污染治理要求；确定综合防灾与公共安全保障体系，提出防洪、消防、人防、抗震、地质灾害防护等规划原则和建设方针，提出城镇特色、村庄风貌和历史文化遗产等保护要求和具体安排，提出近期镇（乡）级基础设施和公共服务设施建设时序、空间布局和服务标准，提出实施规划的措施和有关建议等等。其中，关于镇（乡）域空间管制分区、镇区（乡驻地）规划区范围、道路交通设施、市政工程设施、集体经营性建设用地范围和使用强度控制指标、综合防灾减灾防疫、生态环境与历史文化遗产保护等为镇（乡）域规划的强制性内容。

4. 镇总体规划的组织编制和审批

依据《城乡规划法》第15条的规定，县人民政府组织编制县人民政府所在地镇的总体规划，报上一级人民政府审批。其他镇的总体规划由镇人民政府组织编制，报上一级人民政府审批。

为保证规划的公平、公正和公开，维护公众利益，镇总体规划在报送审批前，组织编制机关应该依法将规划草案予以公告，并采取论证会、听证会或者其他方式征求专家和公众意见。公告的时间不得少于30日。组织编制机关应当充分考虑专家和公众的意见，并在报送审批的材料中附具意见采纳情况及理由。

县人民政府所在地镇总体规划在报送上一级人民政府审批前，应当先经本级人民代表大会常务委员会审议，审议意见交由本级人民政府研究处理。其他镇总体规划在报送审批前，应当先经镇人民代表大会审议，审议意见交由本级人民政府研究处理。镇总体规划批准前，审批机关应当组织专家和有关部门进行审查。

（二）控制性详细规划

《城乡规划法》规定，城市或县人民政府所在地镇的控制性详细规划，由城市或县人民政府的城乡规划主管部门组织编制，经本级人民政府批准后，报本级人民代表大会常务委员会和上一级人民政府备案。其他镇的控制性详细规划由镇人民政府组织编制，报上一级人民政府审批。控制性详细规划报送审批前，组织编制机关应当依法将规划草案予以公告，并采取论证会、听证会或者其他方式征求专家和公众的意见，并在报送审批的材料中附具意见采纳情况及理由。控制性详细规划是城市规划、镇规划实施管理的最直接法律依据，是国有土地使用权出让、开发和建设管理的法定前置条件。依法制定和实施控制性详细规划，是城市、镇政府的职责，是城乡规划主管部门一项重要的日常法定工作，任何地方不得以任何理由拖延或拒绝编制控制性详细规划。控制性详细规划一经批准，就对社会具有广泛约束力，城乡规划部门必须严格按规划实施管理，建设单位必须严格按规划实施建设，各相关利益群体必须服从规划管理。任何单位和个人不经法定程序，不得随意修改经批准的控制性详细规划。

《城乡规划法》要求，控制性详细规划应覆盖城市总体规划期限内确定的建设用地。因涉及20年的建设周期，不少地段的建设存在较大的不确定性，所以控制性详细规划的编制应分轻重缓急，并对内容深度有所区别。2011年1月1日起施行的住房和城乡建设部令第7号《城市、镇控制性详细规划编制审批办法》对城市、镇控制性详细规划的编制和审批作了详细规定。

（三）修建性详细规划

《城乡规划法》规定，城市、县人民政府城乡规划主管部门和镇人民政府可以组织编制重要地块的修建性详细规划。这就是说，只有城市、镇的重要地段（如历史文化街区、景观风貌区、中心区、交通枢纽等）可以由政府组织编制，其他地区的修建性详细规划组织编制主体是建设单位。各类修建性详细规划由城市、县人民政府城乡规划主管部门依法负责审定。根据各地多年的实践，重要地段的修建性详细规划通常应当报城市或县人民政府审批。各地可以根据实际情况，制定修建性详细规划审批管理的具体办法。

三、乡、村庄规划的编制和审批

乡是我国农村地区的基层政权组织。村庄是农村居民生活和生产的聚居点。近年来，随着各地贯彻落实党中央、国务院提出的一系列解决“三农”问题的政策措施，农民收入实现了较快增长，农民的思想观念和生活方式发生了重大变化，农村经济社会发展取得了巨大的成就。但与实现全面建设小康社会的目标相比，农村各项事业的发展还存在较大差距，农民的生活质量不高、农村面貌依然落后。乡规划和村庄规划是做好农村地区各项建设工作的先导和基础，是各项建设管理工作的基本依据，对改变农村落后面貌，加强农村地区生产生活服务设施、公益事业等各项建设，推进社会主义新农村建设，统筹城乡发展，构建社会主义和谐社会具有重大意义。

《城乡规划法》明确了乡规划和村庄规划的编制组织、编制内容等，将城镇体系规划、城市规划、镇规划、乡规划和村庄规划统一纳入一个法律管理，确立了乡和村庄规划的法律地位，为真正实现统筹城乡发展，充分发挥城乡规划在引导城镇化健康发展、促进城乡经济社会可持续发展中的统筹协调和综合调控作用确定了法律基础。同时，《城乡规划法》第 3 条第 2 款还规定：“县级以上地方人民政府根据本地农村经济社会发展水平，按照因地制宜、切实可行的原则，确定应当制定乡规划、村庄规划的区域……”并鼓励、指导上述规定以外的区域的乡、村庄制定和实施乡规划、村庄规划。

（一）乡规划和村庄规划的编制原则

制定乡和村庄规划，应当以科学发展观为指导，以建设和谐社会和服务农业、农村和农民为基本目标，坚持因地制宜、循序渐进、统筹兼顾、协调发展的基本原则，合理确定乡和村庄的发展目标与实施措施，节约和集约利用资源，保护生态环境，促进城乡可持续发展。制定与实施乡和村庄规划，首先，应贯彻实事求是、因地制宜的思想，从农村实际出发，尊重农民意愿，科学引导，体现地方和农村特色；其次，要坚持以促进生产发展、服务农业为出发点，处理好社会主义新农村建设与工业化、城镇化快速发展之间的关系，加快农业产业化发展，改善农民生活质量与水平；再次，保护耕地与自然资源，贯彻“节水、节地、节能、节材”的建设要求，科学、有效、集约利用资源，保障构建和谐社会总体目标的实现；最后，加强农村基础设施、生产生活服务设施建设以及公益事业建设的引导与管理，促进农村精神文明建设，培育新型农民，综合提升农村可持续发展实力。

（二）乡规划和村庄规划的内容

编制乡规划，应首先依据经过法定程序批准的省域城镇体系规划以及所在市、县的城市总体规划，结合乡的经济社会发展水平，对乡的各项建设作出统筹布局与安排。

乡规划分为乡域规划和乡驻地规划两个层面的规划内容。2010年，住房和城乡建设部下发了《关于印发〈镇（乡）域规划导则（试行）〉的通知》规定，有条件的镇和乡，应编制镇（乡）域规划。

1. 乡域规划的内容

分析自然条件、资源基础和发展潜力，提出乡域城乡统筹发展战略，确定乡发展定位和社会经济发展目标；分析农村人口转移趋势和流向，预测乡域人口规模；明确乡域产业结构调整目标、产业发展方向和重点，提出三次产业发展的主要目标和发展措施。划定乡域山区、水面、林地、农地、草地、城镇建设、基础设施等用地空间的范围，确定相关生态环境、土地和水资源、能源、自然与文化遗产等方面的保护与利用目标和要求，综合分析用地条件，划定乡域内禁建区、限建区和适建区的范围，提出乡域空间管制原则和措施。提出乡域居民点集中建设、协调发展的总体方案和村庄整合的具体安排，构建乡政府驻地、中心村、基层村三级体系。提出垃圾处理目标，划定垃圾集中处理和分散处理的区域及方式。提出污水处理目标，划定污水集中处理和分散处理的区域及方式。积极推进城乡基本公共服务均等化，合理配置公共设施，统筹公共设施用地布局。

2. 乡驻地规划的内容

乡驻地规划应当调查乡的区域地位、自然条件、产业结构、各类资源、生态环境、历史文化传统、建设现状等情况；统筹乡域山、水、林、田、路、房布局，明确产业发展空间布局，确定乡域内保留发展和撤并的农村居民点，确定乡域建设用地规模；提出村庄建设标准、村庄集约建设的分阶段方案和实施措施；确定基础设施和公共服务设施的布点与配置标准，提出综合防灾与公共安全保障措施；标定基本农田，划定农村原生态聚落区、生态环境、自然和历史文化资源保护等需要严格控制的区域以及需要村庄连片整治的区域。

3. 村庄规划的内容

编制村庄规划，首先要依据经过法定程序批准的镇规划或乡规划，同时也要充分考虑所在村庄的实际情况，在此基础上，对村庄的各项建设作出具体安排。

村庄规划应当合理配置规划区内各类生产要素，综合利用村内闲置地和整治节余的土地，划定宅基地四至边界，标定基本农田的范围，统筹村域内各类生产和经营性服务设施用地范围；提出农村住宅建设要求；提出村庄整治和危房改造措施；配套基础设施和公共服务设施。对村庄分期建设时序进行安排，提出3~5年内近期建设项目的具体安排，并对近期建设的工程量、总造价、投资效益等进行估算和分析，提出保障规划实施的措施和建议。规模较小的村，可以根据当地实际简化部分规划内容。

村庄规划的成果应当包括规划图纸与必要的说明。在一些经济较为发达和规模较大的村庄，也可以根据村庄发展建设的实际需要，组织编制部分专项规划，包括道路交通专项规划、各项工程设施布局专项规划、环境卫生专项规划、防灾专项规划等，这些专项规划的成果，在图纸比例上，也应注意与村庄现状分析图保持一致。

（三）乡规划和村庄规划的组织编制与审批

1. 乡规划的组织编制与审批

乡规划由乡人民政府组织编制。乡规划在报送审批前应当依法将规划草案予以公告，并采取论证会、听证会或者其他方式征求专家和公众的意见。公告的时间不得少于30日。组织编制机关应当充分考虑专家和公众的意见，并在报送审批的材料中附具意见采纳情况及理由。乡规划应当由乡人民政府先经本级人民代表大会审议，然后将审议意见和根据审议意见修改的情况与规划成果一并报送上一级人民政府审批。

2. 村庄规划的编制组织与审批

村庄规划应当以行政村为单位，由所在地的镇或乡人民政府组织编制。村民委员会应当指定人员参与规划编制过程，并协助做好规划相关工作。为了保证规划的可操作性，规划编制人员在进行现状调查、取得相关基础资料后，采取座谈、走访等多种方式，征求村民的意见。村庄规划应进行多方案比较并向村民公开。县级人民政府住房和城乡建设主管部门应组织专家和相关部门对村庄规划进行技术审查。根据我国现实的村民自治体制，村庄规划成果完成后，必须经村民会议或者村民代表会议讨论同意，方可由所在地的镇或者乡人民政府报上一级人民政府审批。

（四）乡规划和村庄规划的修改

乡规划和村庄规划经批准后，应当严格执行，不得随意改变。确需修改的，应当办理报批手续。

1. 修改的原则

修改乡规划和村庄规划必须遵循以下原则：（1）保持规划的延续性原则。修改乡规划和村庄规划不是对原规划的重新编制，而是对原规划中某些内容进行变更；因此，修改规划应与原规划的基本原则保持一致，维护规划的延续性，便于规划管理工作的顺利进行。（2）坚持与编制规划同等对待的原则。修改规划作为原规划的补充和优化，不是重新编制，但其部分内容的修改往往牵动全局，特别是性质、强制性内容等的修改；因此，修改规划应与编制规划同等对待，乡规划和村庄规划编制中的基本原则在修改规划中也同样适用。对于因上级人民政府制定的城乡规划发生变更，提出修改规划要求的，应依据新的城乡规划进行修改。（3）坚持从实际出发的原则。对于因国务院批准重大建设工程确需修改规划的，应从实际出发，科学预测因重大建设工程造成的影响与带来的机遇，合理确定发展规模、各项建设标准以及定额指标等，防止过高标准建设造成的资源浪费及环境破坏。同时，应根据建设工程的发展，确定规划实施程序。

2. 修改程序

（1）提出报告。组织编制机关向原审批机关提出关于修改乡规划和村庄规划的报告是规划修改工作的第一个重要环节。提出修改报告有利于防止随意、盲目修改规划，保证规划兼顾公众利益，维护规划的严肃性。修改报告中对原规划实施情况进行总结，有利于全面检查原规划的优点与不足，为下一步的修改提供有益的借鉴与方向。

（2）上报审批。为保证规划管理的延续性，以及修改后规划的科学性、权威性和严肃性，修改后的镇规划、乡规划和村庄规划必须依照相应的编制规划的审批程序进行报批。

四、历史文化名城名镇名村保护规划的编制和审批

保护规划是做好历史文化名城、名镇、名村保护和管理工作的重要依据。《历史文化名城名镇名村保护条例》第3章作了专门规定，可以从以下几个方面把握。

（一）保护规划编制与期限

历史文化名城批准公布后，历史文化名城人民政府应当组织编制历史文化名城保护规划；历史文化名镇、名村批准公布后，所在地县级人民政府应当组织编制历史文化名镇、名村保护规划。保护规划应当自历史文化名城、名镇、名村批准公布之日起1年内编制完成。

历史文化名城保护详细规划通常是针对历史文化街区等特殊地段编制的规划，也称重点保护区域详细规划。

历史文化名城、名镇保护规划的规划期限应当与城市、镇总体规划的规划期限相一致，历史文化名村保护规划的规划期限应当与村庄规划的规划期限相一致。

保护规划报送审批前，保护规划的组织编制机关应当广泛征求有关部门、专家和公众的意见；必要时，可以举行听证会。保护规划报送审批文件中应当附具意见采纳情况和理由；经听证的，还应当附具听证笔录。

（二）保护规划审批及备案

保护规划由省、自治区、直辖市人民政府审批。

保护规划的组织编制机关应当将依法批准的历史文化名城保护规

划和中国历史文化名镇、名村保护规划，报国务院住房城乡建设主管部门和国务院文物主管部门备案。

（三）保护规划公布和修改

保护规划的组织编制机关应当及时公布经依法批准的保护规划。

经依法批准的保护规划，不得擅自修改；确需修改的，保护规划的组织编制机关应当向原审批机关提出专题报告，经同意后，方可编制修改方案。修改后的保护规划，应当按照原审批程序报送审批。

第二节 城乡规划的实施

一、城乡发展和建设的指导思想

从整体上讲，我国城乡发展和建设必须以邓小平理论和“三个代表”重要思想为指导，全面落实科学发展观，促进和谐社会建设，实施可持续发展战略，要坚持实事求是、讲求实效、量力而行、逐步推进的总体思路。

在今后相当长一段时期内，我国城乡发展和建设应当遵循以下原则：（1）城市的发展和建设应当统筹兼顾周边农村经济社会发展、村民生产与生活的需要。（2）城市的发展和建设应优先考虑基础设施及公共服务设施建设，坚持新区开发与旧城改建的协调发展。（3）镇的发展和建设应当结合农村经济发展和产业结构调整；（4）乡村的发展与建设应当从实际出发、因地制宜。

当前，城市发展和建设，应当以改善人居环境，完善城市综合服务功能为重点，按照财力、物力的可能，确定合理的建设规模和发展速度，充分考虑面向中低收入家庭的住房建设、必要的市政基础设施和文化设施建设等；镇的发展和建设，应当以发展县城和规模较大的镇为重点，充分考虑与镇发展密切相关的区域基础设施建设，为镇的发展创造良好的区域条件和投资环境；乡村的发展和建设，应当以着力加强农民最急需的生活基础设施建设为重点，扎实稳步地推进村庄治理，改善人居环境，要注意防止大拆大建，加重农民负担。

二、城乡规划实施管理制度

《城乡规划法》规定，我国城镇规划实施管理实行“一书两证”（选址意见书、建设用地规划许可证和建设工程规划许可证）的规划管理制度，我国乡村规划管理实行乡村建设规划许可证制度。

法律规定的选址意见书、建设用地规划许可证、建设工程规划许可证、乡村建设规划许可证构成我国城乡规划实施管理的主要法定手段和形式。城乡规划许可是城乡规划主管部门应建设单位或个人的申请，通过颁发规划许可证等形式，依法赋予该单位或个人在城乡规划区内获取土地使用权、进行建设活动的法律权利的行政行为。

城乡规划实施管理制度的建立，对引导、协调和控制各类实施城乡规划的活动，保障城乡规划得到有效实施，维护公共利益和社会秩序，以及保护公民、法人和其他组织的合法权益等，都具有十分重大的意义。

由于各地情况有所不同，因而应当根据本地实际，依据《城乡规划法》的规定，在相应的地方法规中明确核发选址意见书、建设用地规划许可证、建设工程规划许可证、乡村建设规划许可证的具体程序，以保证城乡规划管理制度的有效落实。

三、建设项目选址的规划管理

《城乡规划法》第36条第1款规定：“按照国家规定需要有关部门批准或者核准的建设项目，以划拨方式提供国有土地使用权的，建设单位在报送有关部门批准或者核准前，应当向城乡规划主管部门申请核发选址意见书。”其中，按照国家规定需要有关部门批准或者核准的建设项目是指列入国务院《关于投资体制改革的决定》之中的项目。另外，国务院办公厅《关于加强和规范新开工项目管理的通知》（国办发〔2007〕64号）中强调要依法加强和规范新开工项目管理，严格规范了投资项目新开工条件，表明在建设项目可行性研究阶段，国家对建设项目选址的宏观管理主要是通过计划管理、规划管理、土地管理和环境管理来实现的。其中，规划管理主要体现为建设项目的规划选址审批制度。对未取得规划选址审批文件的项目，国家发展改革委员会等部门不得予以审批或核准。符合《城乡规划法》

的规定应当申请选址意见书的或按照国务院办公厅《关于加强规范新开工项目管理的通知》的规定需要国家发展和改革委员会批准或核准的建设项目，都应当申请核发选址意见书。

随着国家投资体制和政府行政管理体制改革的深化，空间管理的作用越发重要，2002 年国务院下发的《关于加强城乡规划监督管理的通知》（国发〔2002〕13 号）明确要求："区域重大基础设施建设，必须符合省域城镇体系规划确定的布局和原则。"省域城镇体系规划的实施主体是省级人民政府及其授权的城乡规划主管部门，具有区域性影响的重大建设项目和跨城市行政区的能源管道、引水工程、公路、铁路等线性基础设施建设项目，需要从区域全局发展的角度确定建设项目区位，应由省级城乡规划主管部门依据省域城镇体系规划提出选址要求。

重大建设项目大多具有区域性影响，属于国家规定需要有关部门批准或者核准的，一般多以划拨方式提供国有土地使用权。省级城乡规划主管部门对建设项目的选址管理，为各省（自治区、直辖市）有效实施省域城镇体系规划提供了重要的保证手段。对于需要有关部门进行批准或核准，以划拨方式取得用地使用权的建设项目，从实施城乡规划的要求看，城乡规划管理首先应对其用地情况按照批准的城乡规划进行确认或选择，保证建设项目的选址、定点符合城乡规划，只有有利于城乡统筹发展和城乡各项功能协调的建设项目，才能办理相关规划审批手续。

选址意见书作为法定审批项目和划拨土地的前置条件，省、市、县人民政府城乡规划主管部门收到申请后，应根据有关法律、法规、规章和依法制定的城乡规划，在法定的时间内对其申请作出答复。对于符合城乡规划的选址，应当颁发建设项目选址意见书；对于不符合城乡规划的选址，应当说明理由，给予书面答复。对于跨行政区域的建设项目可以向上级城乡规划主管部门申请办理选址意见书，国家级的重大建设项目可向省级城乡规划主管部门申请办理选址意见书。

四、建设用地规划管理

（一）在划拨用地的情况下，建设用地规划许可证的办理程序

目前，我国建设单位土地使用权的获得方式有两种：土地使用权无偿划拨和有偿出让。依据《中华人民共和国城市房地产管理法》（以下简称《城市房地产管理法》）第23条的规定，土地使用权划拨是指县级以上人民政府依法批准，在土地使用者缴纳补偿、安置等费用后将该幅土地交付其使用，或者将土地使用权无偿交付给土地使用者使用的行为。该法第24条规定，划拨用地共包括四大类：国家机关用地和军事用地，城市基础设施用地和公益事业用地，国家重点扶持的能源、交通、水利等基础设施用地，以及法律、行政法规规定的其他用地。由此可见，划拨土地主要用于保障社会公共事业用地。社会公共事业与广大群众的切身利益息息相关，与全社会的公共利益紧密相连，它的建设需要大量资金的投入，建成后投资方却难以获得丰厚利润，因此鲜有企业能够承担且愿意承担公共事业的建设。由国家无偿划拨公共事业建设用地，则可以确保社会公共事业用地的需要，节省建设投资成本，保障社会公共事业的顺利建成。

法定的划拨用地的建设用地规划许可证办理程序是：建设单位在取得人民政府城乡规划主管部门核发的建设项目选址意见书后，建设项目经有关部门批准、核准、备案后，向城市（县）人民政府城乡规划主管部门送审建设工程设计方案，申请建设用地规划许可证。城市、县人民政府城乡规划主管部门应当审核建设单位申请建设用地规划许可证的各项文件、资料、图纸等是否完备，并依据控制性详细规划，审核建设用地的位置、面积及建设工程总平面图，确定建设用地范围。对于具备相关文件且符合城乡规划的建设项目，应当核发建设用地规划许可证；对于不符合法定要求的建设，应当说明理由，给予书面答复。

建设单位只有在取得建设用地规划许可证，明确建设用地范围及界线之后，方可向县级以上地方人民政府土地主管部门申请用地，经县级以上地方人民政府审批后，由土地主管部门划拨土地。

（二）在土地有偿使用的情况下，建设用地规划许可证的办理程序

依据《城市房地产管理法》第8条的规定，土地使用权出让，是指国家将国有土地使用权在一定年限内出让给土地使用者，由土地使用者向国家支付土地使用权出让金的行为。土地使用权出让可以采取招标、拍卖、挂牌出让或者双方协议的方式。根据现行法规政策的规定，凡商业、旅游、娱乐和商品住宅等各类经营性用地，必须以招标、拍卖或者挂牌方式出让。土地使用权出让制度的实施，适应了社会主义市场经济制度的要求，有利于通过市场竞争机制优化土地资源配置、实现土地的经济价值，从而提高土地使用效率，增加国家财政收入。

通过国有土地使用权有偿出让方式取得土地的建设单位办理建设用地规划许可证的程序是：在国有土地使用权出让前，城市、镇人民政府城乡规划主管部门应当依据控制性详细规划，提出出让地块的位置、使用性质、开发强度等规划条件，作为国有土地使用权有偿出让合同的附件，在签订国有土地使用权有偿出让合同后，持建设项目的批准、核准、备案文件和国有土地使用权有偿出让合同，向城市、县人民政府城乡规划主管部门申请办理建设用地规划许可证。城市、县人民政府城乡规划主管部门，应当审核建设单位申请建设用地规划许可证的各项文件、资料、图纸等是否完备，并依据依法批准的控制性详细规划，对国有土地使用权出让合同中规定的规划设计条件进行核验，审核建设用地的位置、面积及建设工程总平面图，确定建设用地范围。对于具备相关文件且符合城乡规划的建设项目，应当核发建设用地规划许可证；对于不符合法定要求的建设项目，应当说明理由，给予书面答复。

五、建设工程规划管理

建设工程的种类繁多、性质各异，但归纳起来可以分为建筑工程、市政交通工程和市政管线工程三大类。建筑工程具有不可移动的特点，在建成后，若出现频繁改建或者必须拆除等情况，会对国家、集体和个人造成重大损失；市政交通工程的位置与功能在城乡规划中

都有明确的定位，只有严格依据规划实施建设，才可能充分发挥其在整体交通系统中应有的功能；市政管线工程的施工会对道路交通、相邻管线、行道树等产生较大影响，需要通过规划对各类管线进行综合协调，才可能最大限度地减少矛盾。通过对建设工程的规划许可，一是可以确认城市中有关建设活动符合法定规划的要求，确保建设主体的合法权益；二是可以作为建设活动进行过程中接受监督检查时的法定依据；三是可以作为城乡建设档案的重要内容。因此，在建设工程规划管理中，对于建筑物、构筑物、道路、管线和其他工程的建设活动，依据经法定程序批准的城乡规划，依法严格实施建设工程规划许可，是保障城乡规划有效实施的前提，防止对城乡建设健康、有序发展构成不利影响的屏障。

建设单位或者个人办理建设工程规划许可证，应当按照法律的规定，向所在城市、县人民政府城乡规划主管部门或者经省级人民政府确定的镇人民政府提出申请，并提交使用土地的有关证明文件、建设工程设计方案图纸，需要编制修建性详细规划的还应当提供修建性详细规划及其他相关材料。城市、县人民政府城乡规划主管部门收到建设单位或个人申请后，应在法定期限内对申请人的申请及提交的资料进行审核。审核具体内容包括：一是审核申请人是否符合法定资格，申请事项是否符合法定程序和法定形式，申请材料、图纸是否完备等；二是依据控制性详细规划、相关的法律法规以及其他具体要求，对申请事项的内容进行审核；三是依据控制性详细规划对修建性详细规划进行审定。对于符合条件的申请，颁发机关要及时给予审查批准，并在法定的期限内颁发建设工程规划许可证；经审查认为不合格并决定不予许可的，应说明理由，并给予书面答复。

修建性详细规划分为两种情况，一种是指城镇中的历史文化街区、重要的景观风貌区、重点发展建设区等城市重要地段，由所在地人民政府决定，城乡规划主管部门组织编制，报人民政府审定；另一种是指可能涉及周边单位或者公众切身利益，必须进行严格控制的成片开发建设地段，由城乡规划主管部门决定并对其进行审定。

六、乡村建设规划管理

乡村建设规划许可证是建设单位或个人在乡、村庄规划区内进行乡镇企业、乡村公共设施和公益事业建设，办理用地审批手续前，经城市、县人民政府确认建设项目性质、位置和范围符合乡规划、村庄规划的法定凭证。核发乡村建设规划许可证的目的在于确保乡、村庄规划区内的土地利用符合乡规划、村庄规划，维护建设单位按照规划使用土地的合法权益，为土地管理部门在乡、村庄规划区内行使权属管理职能提供必要的法律依据。在乡、村庄规划区内使用原有宅基地进行农村村民住宅建设的规划管理办法，由省、自治区、直辖市制定。在乡、村庄规划区内进行乡镇企业、乡村公共设施和公益事业建设以及农村村民住宅建设，不得占用农用地；确需占用农用地的，应当依据《土地管理法》有关规定办理农用地转用审批手续后，由城市、县人民政府城乡规划主管部门核发乡村建设规划许可证。建设单位或者个人在取得乡村建设规划许可证后，方可办理用地审批手续。

（一）乡镇企业、乡村公共设施和公益事业建设

《城乡规划法》第 41 条第 1 款对建设单位或个人在乡、村庄规划区内进行乡镇企业、乡村公共设施和公益事业建设的建设用地规划审批的法定程序进行了规定，在乡、村庄规划区内进行乡镇企业、乡村公共设施和公益事业建设的，建设单位或者个人应当向乡、镇人民政府提出申请，由乡、镇人民政府报城市、县人民政府城乡规划主管部门核发乡村建设规划许可证。

（1）建设申请。有关建设单位或者个人应向城市、县人民政府城乡规划主管部门提出申请建设的要求。

（2）建设申请的审核。城市、县人民政府城乡规划主管部门对于建设申请进行审核，确定建设工程的性质、规模等是否符合乡、村庄规划布局和发展要求；对于建设工程涉及相关行政主管部门业务的（如乡镇企业、交通、环境保护、防灾、文物保护等），应根据实际情况和需要，征求有关行政主管部门的意见，并进行综合协调；根据乡、村庄规划要求确定具体的建设地点和用地范围。

（3）提出规划设计的技术条件。在对建设申请进行审核后，城

市、县人民政府城乡规划主管部门应根据建设工程所在地的乡、村庄规划的要求，提出具体的规划设计的技术条件，作为进行工程设计的重要依据。

（4）核发乡村建设规划许可证。城市、县人民政府城乡规划主管部门对于批准的建设申请，向建设单位或者个人核发乡村建设规划许可证。

乡、村庄建设管理中，应严格保护耕地，在乡、村庄规划区内进行乡镇企业、乡村公共设施和公益事业建设以及农村村民住宅建设，不得占用农用地；确需占用农用地的，应当依据《土地管理法》有关规定办理农用地转用审批手续后，由城市、县人民政府城乡规划主管部门核发乡村建设规划许可证。

建设单位或者个人在取得乡村建设规划许可证后，方可向城市、县人民政府土地管理部门申请办理用地审批手续。

（二）农村村民住宅建设

在乡、村庄规划区内使用原有宅基地进行农村村民住宅建设的，不涉及用地性质的调整，管理程序相对简单，并且受各地经济发展、社会、文化、自然等因素的影响，农村村民住宅建设情况不尽相同；因此，其规划管理办法可由省、自治区、直辖市制定，以体现因地制宜、差异性管理的要求。

七、“四线”管理制度

（一）《城市绿线管理办法》

为建立并严格实行城市绿线管理制度，加强城市生态环境建设，创造良好的人居环境，促进城市可持续发展，建设部制定了《城市绿线管理办法》，2002年9月9日建设部第63次常务会议审议通过，自2002年11月1日起施行，2011年1月26日住房和城乡建设部9号令修订。

1. 定义

城市绿线，是指城市各类绿地范围的控制线。本办法所称城市，是指国家按行政建制设立的直辖市、市、镇。

2. 主管部门

国务院住房城乡建设行政主管部门负责全国城市绿线管理工作。省、自治区人民政府住房城乡建设行政主管部门负责本行政区域内的城市绿线管理工作。城市人民政府规划、园林绿化行政主管部门，按照职责分工负责城市绿线的监督和管理工作。

3. 绿线的划定

（1）城市规划、园林绿化等行政主管部门应当密切合作，组织编制城市绿地系统规划。城市绿地系统规划是城市总体规划的组成部分，应当确定城市绿化目标和布局，规定城市各类绿地的控制原则，按照规定标准确定绿化用地面积，分层次合理布局公共绿地，确定防护绿地、大型公共绿地等的绿线。

（2）控制性详细规划应当提出不同类型用地的界线、规定绿化率控制指标和绿化用地界线的具体坐标。

（3）修建性详细规划应当根据控制性详细规划明确绿地布局，提出绿化配置的原则或者方案、划定绿地界线。

4. 绿线内建设的要求

（1）城市绿线范围内的公共绿地、防护绿地、生产绿地、居住区绿地、单位附属绿地、道路绿地、风景林地等，必须按照《城市用地分类与规划建设用地标准》、《公园设计规范》等标准，进行绿地建设。

（2）城市绿线内的用地，不得改作他用，不得违反法律法规、强制性标准以及批准的规划进行开发建设。

（3）有关部门不得违反规定，批准在城市绿线范围内进行建设。因建设或者其他特殊情况，需要临时占用城市绿线内用地的，必须依法办理相关审批手续。

（4）在城市绿线范围内，不符合规划要求的建筑物、构筑物及其他设施应当限期迁出。

（5）任何单位和个人不得在城市绿地范围内进行拦河截溪、取土采石、设置垃圾堆场、排放污水以及其他对生态环境构成破坏的活动。

（6）近期不进行绿化建设的规划绿地范围内的建设活动，应当进行生态环境影响分析，并按照《城乡规划法》的规定，予以严格控制。

（7）居住区绿化、单位绿化及各类建设项目的配套绿化都要达到《城市绿化规划建设指标的规定》的标准。各类建设工程要与其配套的绿化工程同步设计、同步施工、同步验收，达不到规定标准的，不得投入使用。

（二）《城市紫线管理办法》

为了加强对城市历史文化街区和历史建筑的保护，建设部制定了《城市紫线管理办法》，2003 年 11 月 15 日建设部第 22 次常务会议审议通过，自 2004 年 2 月 1 日起施行，2011 年 1 月 26 日住房和城乡建设部 9 号令修订。

1. 定义

城市紫线，是指国家历史文化名城内的历史文化街区和省、自治区、直辖市人民政府公布的历史文化街区的保护范围界线，以及历史文化街区外经县级以上人民政府公布保护的历史建筑的保护范围界线。紫线管理是划定城市紫线和对城市紫线范围内的建设活动实施监督、管理。

2. 主管部门

国务院住房城乡建设行政主管部门负责全国城市紫线管理工作。省、自治区人民政府住房城乡建设行政主管部门以及市、县人民政府城乡规划行政主管部门负责本行政区域内的城市紫线管理工作。

3. 划定紫线应当遵循的原则

（1）历史文化街区的保护范围应当包括历史建筑物、构筑物和其风貌环境所组成的核心地段，以及为确保该地段的风貌、特色完整性而必须进行建设控制的地区。

（2）历史建筑的保护范围应当包括历史建筑本身和必要的风貌协调区。

（3）控制范围清晰，附有明确的地理坐标及相应的界址地形图。

（4）城市紫线范围内文物保护单位保护范围的划定，依据国家有关文物保护的法律、法规。

4. 城市紫线范围内禁止进行的活动

(1) 违反保护规划的大面积拆除、开发。

(2) 对历史文化街区传统格局和风貌构成影响的大面积改建。

(3) 损坏或者拆毁保护规划确定保护的建筑物、构筑物和其他设施。

(4) 修建破坏历史文化街区传统风貌的建筑物、构筑物和其他设施。

(5) 占用或者破坏保护规划确定保留的园林绿地、河湖水系、道路和古树名木等。

(6) 其他对历史文化街区和历史建筑的保护构成破坏性影响的活动。

5. 紫线的调整与撤销

(1) 历史文化名城和历史文化街区保护规划一经批准，原则上不得调整。确需调整的，由所在城市人民政府提出专题报告，经省、自治区、直辖市人民政府城乡规划行政主管部门审查同意后，方可组织编制调整方案。调整保护规划审批后应当报历史文化名城批准机关备案，其中国家历史文化名城报国务院住房城乡建设行政主管部门备案。

(2) 历史文化街区和历史建筑已经破坏，不再具有保护价值的，有关市、县人民政府应当向所在省、自治区、直辖市人民政府提出专题报告，经批准后方可撤销相关的城市紫线。撤销国家历史文化名城中的城市紫线，应当经国务院住房城乡建设行政主管部门批准。

6. 紫线范围内建设的要求

(1) 历史文化街区内的各项建设必须坚持保护真实的历史文化遗存、维护街区传统格局和风貌、改善基础设施、提高环境质量的原则。历史建筑的维修和整治必须保持原有外形和风貌，保护范围内的各项建设不得影响历史建筑风貌的展示。

(2) 在城市紫线范围内确定各类建设项目，必须先由市、县人民政府城乡规划行政主管部门依据保护规划进行审查，组织专家论证并进行公示后核发选址意见书。

（3）在城市紫线范围内进行新建或者改建各类建筑物、构筑物和其他设施，对规划确定保护的建筑物、构筑物和其他设施进行修缮和维修以及改变建筑物、构筑物的使用性质，应当依照相关法律、法规的规定，办理相关手续后方可进行。

（4）城市紫线范围内各类建设的规划审批，实行备案制度。省、自治区、直辖市人民政府公布的历史文化街区，报省、自治区人民政府住房城乡建设行政主管部门或者直辖市人民政府城乡规划行政主管部门备案。其中国家历史文化名城内的历史文化街区报国务院住房城乡建设主管部门备案。

（5）在城市紫线范围内进行建设活动，涉及文物保护单位的，应当符合国家有关文物保护的法律、法规的规定。

（三）《城市黄线管理办法》

为了加强城市基础设施用地管理，保障城市基础设施的正常、高效运转，保证城市经济、社会健康发展，建设部制定了《城市黄线管理办法》，于2005年11月8日经建设部第78次常务会议讨论通过，自2006年3月1日起施行，2011年1月26日住房和城乡建设部9号令修订。

1. 定义

城市黄线，是指对城市发展全局有影响的、城市规划中确定的、必须控制的、城市基础设施用地的控制界线。

2. 列入黄线控制的城市基础设施

（1）城市公共汽车首末站、出租汽车停车场、大型公共停车场；城市轨道交通线、站、场，车辆段，保养维修基地；城市水运码头；机场；城市交通综合换乘枢纽；城市交通广场等城市公共交通设施。

（2）取水工程设施和水处理工程设施等城市供水设施。

（3）排水设施，污水处理设施，垃圾转运站、垃圾码头、垃圾堆肥厂、垃圾焚烧厂、卫生填埋场（厂），环境卫生车辆停车场和修造厂，环境质量监测站等城市环境卫生设施。

（4）城市气源和燃气储配站等城市供燃气设施。

（5）城市热源、区域性热力站、热力线走廊等城市供热设施。

（6）城市发电厂、区域变电所（站）、市区变电所（站）、高压线走廊等城市供电设施。

（7）邮政局、邮政通信枢纽、邮政支局；电信局、电信支局；卫星接收站、微波站；广播电台、电视台等城市通信设施。

（8）消防指挥调度中心、消防站等城市消防设施。

（9）防洪堤墙、排洪沟与截洪沟、防洪闸等城市防洪设施。

（10）避震疏散场地、气象预警中心等城市抗震防灾设施。

（11）其他对城市发展全局有影响的城市基础设施。

3. 主管部门

国务院住房城乡建设主管部门负责全国城市黄线管理工作，县级以上地方人民政府住房城乡建设主管部门负责本行政区域内城市黄线的规划管理工作。

4. 城市黄线划定的原则

（1）与同阶段城市规划内容及深度保持一致。

（2）控制范围界定清晰。

（3）符合国家有关技术标准、规范。

5. 黄线的划定

（1）城市黄线应当在制定城市总体规划和详细规划时划定。

（2）编制城市总体规划，应当根据规划内容和深度要求，合理布置城市基础设施，确定其用地位置和范围，划定其用地控制界线。

（3）编制控制性详细规划，应当依据城市总体规划，划定城市基础设施用地界线，规定城市黄线范围内的控制指标和要求，并明确城市黄线的地理坐标。

（4）修建性详细规划应当依据控制性详细规划，按不同项目具体落实城市基础设施用地界线，提出城市基础设施用地配置原则或者方案，并标明城市黄线的地理坐标和相应的界址地形图。

（5）城市黄线作为城市规划的强制性内容，与城市规划一并报批。

（6）城市黄线经批准后，应当与城市规划一并由直辖市、市、县人民政府予以公布，但法律、法规规定不得公开的除外。

（7）城市黄线一经批准，不得擅自调整。确需要调整城市黄线的，应当组织专家论证，依法调整城市规划，并相应调整城市黄线。调整后的城市黄线，应当随调整后的城市规划一并报批。

6. 在城市黄线内进行建设的要求

（1）在城市黄线内进行建设活动，应当贯彻安全、高效、经济的方针，处理好近期与远期的关系，根据城市发展的实际需要，分期有序地实施。

（2）在城市黄线内进行建设，应当符合经批准的城市规划。

（3）在城市黄线内进行建设，应当向住房城乡建设主管部门（城乡规划主管部门）申请办理城市规划许可，并依据有关法律、法规办理相关手续。迁移、拆除城市黄线内城市基础设施的，应当依据有关法律、法规办理相关手续。

（4）因建设或其他特殊情况需要临时占用城市黄线内土地的，应当依法办理相关审批手续。

7. 在城市黄线范围内禁止进行下列活动

（1）违反城市规划要求，进行建筑物、构筑物及其他设施的建设。

（2）违反国家有关技术标准和规范进行建设。

（3）未经批准，改装、迁移或拆毁原有城市基础设施。

（4）其他损坏城市基础设施或影响城市基础设施安全和正常运转的行为。

（四）《城市蓝线管理办法》

为了加强对城市水系的保护与管理，保障城市供水、防洪防涝和通航安全，改善城市人居生态环境，提升城市功能，促进城市健康、协调和可持续发展，建设部制定了《城市蓝线管理办法》，2005 年 11 月 28 日经建设部第 80 次常务会议讨论通过，自 2006 年 3 月 1 日起施行，2011 年 1 月 26 日住房和城乡建设部 9 号令修订。

1. 定义

城市蓝线，是指城市规划确定的江、河、湖、库、渠和湿地等城市地表水体保护和控制的地域界线。

2. 主管部门

国务院住房城乡建设主管部门负责全国城市蓝线管理工作。县级以上地方人民政府住房城乡建设主管部门（城乡规划主管部门）负责本行政区域内的城市蓝线管理工作。

3. 编制各类城市规划，应当划定城市蓝线

城市蓝线由直辖市、市、县人民政府在组织编制各类城市规划时划定。城市蓝线应当与城市规划一并报批。

4. 划定城市蓝线的原则

（1）统筹考虑城市水系的整体性、协调性、安全性和功能性，改善城市生态和人居环境，保障城市水系安全。

（2）与同阶段城市规划的深度保持一致。

（3）控制范围界定清晰。

（4）符合法律、法规的规定和国家有关技术标准、规范的要求。

5. 蓝线的划定和调整

（1）在城市总体规划阶段，应当确定城市规划区范围内需要保护和控制的主要地表水体，划定城市蓝线，并明确城市蓝线保护和控制的要求。

（2）在控制性详细规划阶段，应当依据城市总体规划划定的城市蓝线，规定城市蓝线范围内的保护要求和控制指标，并附有明确的城市蓝线坐标和相应的界址地形图。

（3）城市蓝线一经批准，不得擅自调整。确实需要调整城市蓝线的，应当依法调整城市规划，并相应调整城市蓝线。调整后的城市蓝线，应当随调整后的城市规划一并报批。调整后的城市蓝线应当在报批前进行公示。

6. 城市蓝线内禁止的活动

（1）违反城市蓝线保护和控制要求的建设活动。

（2）擅自填埋、占用城市蓝线内水域。

（3）影响水系安全的爆破、采石、取土。

（4）擅自建设各类排污设施。

（5）其他对城市水系保护构成破坏的活动。

7. 在城市蓝线内进行建设的要求

（1）在城市蓝线内进行建设，必须符合经批准的城市规划。在城市蓝线内新建、改建、扩建各类建筑物、构筑物、道路、管线和其他工程设施，应当依法向建设主管部门（城乡规划主管部门）申请办理城市规划许可，并依照有关法律、法规办理相关手续。

（2）需要临时占用城市蓝线内的用地或水域的，应当报经直辖市、市、县人民政府建设主管部门（城乡规划主管部门）同意，并依法办理相关审批手续；临时占用后，应当限期恢复。

八、历史文化名城名镇名村保护措施

（一）历史文化名城保护规划

历史文化名城是我国历史文化遗产的重要组成部分，是中华民族悠久历史、灿烂文化、文明历程和光荣革命传统的真实载体，是城市发展的珍贵记忆，是宝贵的不可再生的文化遗产。保护利用好这一历史文化遗产，对传承祖国优秀文化，教育激励人民群众的民族精神和爱国主义热情，提高人民群众的文化品位，促进精神文明的建设具有重要作用。

历史文化名城由国务院批准公布。

历史文化名城的城市总体规划，应当编制专门的历史文化名城保护规划。历史文化名城保护规划通常分为总体规划层次和详细规划层次。

历史文化名城保护规划的主要内容包括：名城保护的总体目标、保护原则、传统格局和历史风貌保护的总体要求；历史文化遗产保护层次（通常分为文物保护单位和历史建筑、历史文化街区和历史文化名城三个层次）和重点保护内容的确定、各层次遗产的保护范围以及保护措施和建设控制要求；城市建设中风貌延续的总体要求；城市非物质文化遗产保护的要求；结合地方实际提出保护规划的实施措施；提出合理调整历史城区职能、控制人口容量、疏解城区交通、改善市政设施，以及规划的分期实施及管理的建议。

历史文化名城保护规划的规划期限应当与城市总体规划的规划期

限相一致。

历史文化名城保护详细规划通常是针对历史文化街区等特殊地段编制的规划。

历史文化街区是指经省、自治区、直辖市人民政府批准公布的保存文物特别丰富、历史建筑集中成片、能够较完整和真实地体现传统格局和历史风貌，并具有一定规模的区域。同时还应该具备以下特征：有比较完整的历史风貌；构成历史风貌的历史建筑和历史环境要素基本上是历史存留的原物；用地面积不小于1公顷；街区内文物古迹和历史建筑的用地面积宜达到保护区内建筑总用地的60%以上。其他编制详细规划的地段通常包括因风貌保护要求需要提出特殊建设要求的地段。

历史文化名城保护详细规划应包括以下主要内容：控制性详细规划阶段主要确定保护范围的用地范围和界线；保护的目标和原则，保护对象等；用地性质调整要求；保护范围内合理的人口和建筑容量；建筑高度控制、空间景观要求；公共服务设施分布和各项市政工程设施等规划；提出建（构）筑物和历史环境要素（围墙、石阶、铺地、驳岸、树木等）维修、改善和整治的规定；提出用地和建筑管理的技术规定。

在修建性详细规划阶段，主要确定保护范围内的建（构）筑物的保护与整治方案，包括平面布置、立面整治方案布置、绿化布置、市政基础设施布置等。

（二）历史文化名镇、名村保护规划

历史文化名镇保护规划与镇总体规划的深度相一致，重点保护的地区应当进行深化。历史文化名村保护规划的深度要求与村庄规划相一致，其保护和控制范围的深度应能够指导保护与建设。

历史文化名镇名村保护规划应当包括以下内容：明确历史文化价值和特色；确定保护原则、内容与重点；提出总体保护策略和镇域保护要求；提出与名镇名村密切相关的地形地貌、河湖水系、自然生态等景观和环境的保护措施；确定保护范围，包括核心保护范围和建设控制地带界线，制定相应的保护控制措施；提出保护范围内建筑物、构筑物和历史环境要素的分类保护整治要求；提出保护范围内建筑物、构筑物和历史环境要素的分类保护整治要求；提出延续传统文化、保护非物质文化遗产的规划措施；提出改善基础设施、公共服务设施、生产生活环境的规划方案，保护规划分期实施方案，提出规划实施管理措施。

历史文化名镇保护规划，应当对所在行政范围内的有历史文化价值的村、文物古迹和风景名胜等提出保护要求。历史文化名镇名村保护规划应提出总体保护策略和规划措施，包括新旧区关系、道路交通设施、基础设施改善措施、消防设施、防洪设施、危险设施调整措施、环境污染治理措施等。

历史文化名镇名村保护规划，应当对核心保护范围提出保护要求与控制措施，包括提出街巷保护要求与控制措施；对保护范围内的建筑物、构筑物按照文物保护单位、历史建筑、传统风貌建筑、其他建筑等四类进行分类保护；对基础设施和公共服务设施的新建、扩建活动，提出规划控制措施。

历史文化名镇名村保护规划，应当对建设控制地带内的新建、扩建、改建和加建等活动，在建筑高度、体量、色彩等方面提出规划控制措施。

历史文化名镇名村保护规划的近期规划措施，应当包括：抢救已处于濒危状态的文物保护单位、历史建筑、重要历史环境要素；对已经或可能对历史文化名镇名村保护造成威胁的各种自然、人为因素提出规划治理措施；提出改善基础设施和生产、生活环境的近期建设项目。

第三节　城乡规划的修改

一、城乡规划定期评估

城乡规划是政府指导和调控城乡建设发展的基本手段之一，也是政府在一定时期内履行经济调节、市场监管、社会管理和公共服务职能的重要依据。城乡规划一经批准，即具有法律效力，必须严格遵守和执行。一方面，在城乡规划实施期间，需要结合当地经济社会发展的情况，定期对规划目标实现的情况进行跟踪评估，及时监督规划的执行情况，及时调整规划实施的保障措施，提高规划实施的严肃性；另一方面，对城乡规划进行全面、科学的评估，有利于及时研究规划实施中出现的新问题，及时总结和发现城乡规划的优点和不足，为继续贯彻实施规划或者对其进行修改提供可靠的依据，提高规划实施的科学性，从而避免一些地方政府及其领导人违反法定程序，随意干预和变更规划。因此，依据《城乡规划法》第46条的规定，省域城镇体系规划、城市总体规划、镇总体规划的组织编制机关，应当组织有关部门和专家定期对规划实施情况进行评估。

《城乡规划法》对定期评估城乡规划的实施作了以下规定：一是明确了规划评估的范围，省域城镇体系规划、城市总体规划、镇总体规划应当依法进行定期评估；二是对规划评估的方式作了规定，要求省域城镇体系规划、城市总体规划、镇总体规划的组织编制机关，应当组织有关部门和专家定期对规划实施情况进行评估，并采取论证会、听证会或者其他方式征求公众意见；三是对规划评估结果的处置作了规定，要求省域城镇体系规划、城市总体规划、镇总体规划的组织编制机关应当分别向本级人民代表大会及其常务委员会、镇人民代表大会和原审批机关提出评估报告并附具征求公众意见的情况。

对城乡规划实施进行定期评估，是修改城乡规划的前置条件。通过规划评估，可以总结城乡规划实施的经验、发现问题，为修改城乡规划奠定良好的基础。根据《城乡规划法》第47条的规定，如果省域城镇体系规划、城市总体规划、镇总体规划经评估确需修改的，其组织编制机关方可按照规定的权限和程序修改规划。

二、修改城乡规划的条件

在城乡规划的实施过程中，城乡规划主管部门需要协调处理多方面的关系，如城乡规划的严肃性与实施环境的复杂性、多变性之间的矛盾，城乡近期建设和远期发展的矛盾，整体利益与局部利益的矛盾，经济发展和保护历史文化遗产的矛盾等。其中，妥善处理城乡规划的严肃性与实施环境的复杂性、多变性之间的矛盾尤为重要。

城乡规划一经批准便具有法律效力，在城乡规划实施过程中必须严格执行，以保证城乡建设的有序、协调和可持续发展。但是在城乡规划实施过程中，影响城乡建设和发展的各种因素总是不断发展变化的。对于这些因素的发展变化，有些是可以预料的，可以在城乡规划制定阶段，通过规划编制，采取相应的措施予以应对或解决；有些虽已预料，但在实施规划的过程中，发现原有的应对措施不尽完善；有些因素则是无法预料到的，这就使得城乡规划的实施会面临许多新的情况，产生许多新的问题。城乡规划在实施过程中做局部的调整或修改，不仅是可能的，而且是必要的。这就要求在城乡规划管理的过程中，必须坚持科学的态度，采取科学的方法，提出切实可行的应对方案。从这层意义上说，城乡规划修改体现了城乡规划管理的动态性，不仅是对城乡规划的进一步深化，也是对城乡规划的优化与完善。

依据《城乡规划法》的规定，对于依法批准的省域城镇体系规划、城市总体规划、镇总体规划，不得随意进行调整与修改。同时，在维护规划实施严肃性的前提下，《城乡规划法》考虑到规划实施的动态过程以及实施的复杂性，对规划修改的条件作出了规定，当出现下列五种情况之一时，可以依法进行规划修改。

（1）上级人民政府制定的城乡规划发生变更，提出修改规划要求的。这是因为，城乡规划的制定必须以上级人民政府依法制定的城乡规划为依据，必须在规划中落实上级人民政府在上位规划中提出的控制要求。而当上级人民政府制定的规划发生变更时，就应当根据情况及时调整或修改相应的下位规划，否则，就会造成上下位规划之间的脱节，导致规划实施的失控。

（2）行政区划调整需修改规划的。行政区划是国家的结构体制安排，是国家根据政权建设、经济建设和行政管理的需要，遵循有关法律规定，充分考虑政治、经济、历史、地理、人口、民族、文化、风俗等客观因素，按照一定的原则，将全国领土划分为若干层次和大小不同的行政区域，并在各级行政区域设置相关的地方机关，实施行政管理。城乡规划的编制和实施，与行政区划及城乡建制有着密切的关系。依据《城乡规划法》的规定，地方城乡规划主管部门只能在政府行政管辖区域内依法行使城乡规划的实施管理职能。因此，行政区划的调整将会影响城乡规划的实施。从保障城乡规划依法实施的角度出发，应该在行政区划调整后，及时根据情况作出规划修改。

(3) 因国务院批准重大建设工程确需修改规划的。国务院批准的重大建设工程项目，是从国家经济社会发展全局考虑进行选址建设的。毫无疑问，这些重大建设项目对国家的发展具有举足轻重的作用，同时也会对项目所在地的区域发展带来重要影响。从城乡规划的角度而言，要认真研究重大建设工程对城镇发展、用地布局以及基础设施的影响问题，做好协调工作。例如，大型工业企业选址就涉及城镇的交通运输、能源供应、污染物排放与处理、生活居住等设施的衔接，其布点与城镇的发展方向、用地布局和环境质量有着密切关系，有时甚至会造成城镇性质与布局结构的重大变更，对城镇发展产生深远的影响。因此，对于国务院批准的重大建设工程，应根据情况作出相应的规划修改。

(4) 经评估确需修改规划的。地方人民政府在实施省域城镇体系规划、城市总体规划、镇总体规划的过程中，如果发现规划规定的某些基本目标和要求已经不能适应城市经济建设和社会发展的需要，如由于产业结构的重大调整或者经济社会发展方面的重大变化，造成城市发展目标和空间布局等的重大变更，要通过认真的规划评估，来确认是否有必要对规划进行修改。如果规划评估认为，确有必要对原规划作出相应修改的，要依法进行修改。

(5) 城乡规划的审批机关认为应当修改规划的其他情形。城乡规划审批机关从统筹全局和区域发展的需要出发，认为确有必要对有关城乡规划进行调整的，应责成有关地方人民政府组织规划的修改工作。

三、修改城乡规划的程序

(一) 修改城市总体规划、镇总体规划应当遵循的原则和程序

城市总体规划、镇总体规划是城镇发展建设的基本依据，一经批准，就具有法定效力，任何单位和个人不得随意修改，以维护城市规划的权威性、严肃性。同时，为了应对城镇发展建设过程中出现的新

情况、新问题，也有必要对总体规划的修改作出相应规定，以进一步改进和完善规划内容，提高规划的可操作性。《城乡规划法》对修改城市总体规划、镇总体规划的条件和程序作出了明确规定。一是明确了总体规划修改的前提条件。依据《城乡规划法》第47条的规定，当有上级人民政府制定的城乡规划发生变更、行政区划调整、国务院批准重大建设工程、经评估确需修改规划的以及城乡规划的审批机关认为应当修改规划五种情形之一的，组织编制机关方可按照规定的权限和程序修改城市总体规划。二是明确了总体规划修改的程序。在修改城市总体规划、镇总体规划前，组织编制机关应对原规划的实施情况进行总结和评估。然后向原规划审批机关提交总结报告，对拟修改的内容及调整预案作出说明，经原审批机关同意后，方可进行规划的修改工作。修改后的城市、镇总体规划在履行法律规定的审查、公告、人大审议等程序后，报原审批机关审批。三是对修改规划强制性内容的程序作了特别规定。要修改的城市、镇总体规划涉及强制性内容的，编制组织单位必须先向原审批机关提出修改规划强制性内容的专题报告，对修改规划强制性内容的必要性作出专门说明，经原批准机关审查同意后，方可进行修改工作。

（二）修改乡规划、村庄规划应当遵守的程序

乡规划、村庄规划经批准后，应当严格执行，不得随意改变。

修改乡规划、村庄规划必须依照相应的编制规划审批程序进行报批。乡、镇人民政府组织修改乡规划、村庄规划，报上一级人民政府审批。修改后的村庄规划在报送审批前，应当经村民会议或村民代表会议讨论同意。

（三）修改近期建设规划必须遵循的原则和程序

近期建设规划是对已经依法批准的城市、镇总体规划的分阶段实施安排和行动计划。

修改近期建设规划，首先必须符合城市、镇总体规划。近期建设规划内容的修改，只能在总体规划的内容限定范围内，对实施时序、分阶段目标和重点等进行调整。在实际工作中，绝不能通过对近期建设规划的修改，变相修改城市总体规划的内容。任何超出依法批准的

城市、镇总体规划内容的近期规划内容，不具有法定效力。

近期建设规划的修改由城市、县、镇人民政府组织进行。修改后的近期建设规划要依法报城市、镇总体规划批准机关备案。

（四）修改详细规划必须遵循的原则和程序

1. 关于控制性详细规划的修改

控制性详细规划是城市、镇实施规划管理最直接的法律依据，更是国有土地使用权出让、开发和建设的法定前置条件，直接决定着土地的市场价值，决定着利益相关人的切身利益。任何单位和个人，不得擅自修改控制性详细规划的内容。

修改控制性详细规划的，必须严格按法定程序进行。根据《城乡规划法》的规定，修改控制性详细规划的，组织编制机关应当对修改的必要性进行论证，征求规划地段内利害关系人的意见，并向原审批机关提出专题报告，经原审批机关同意后，方可编制修改方案。修改后的控制性详细规划，经本级人民政府批准后，报本级人民代表大会常务委员会和上一级人民政府备案。控制性详细规划的修改必须符合城市、镇的总体规划。控制性详细规划修改涉及城市总体规划、镇总体规划强制性内容的，应当按法律规定的程序先修改总体规划。

2. 关于修建性详细规划的修改

要认识两个方面的因素，一是修建性详细规划是控制性详细规划的进一步落实，其修改必须符合控制性详细规划的要求，不得涉及对控制性详细规划内容的修改，否则修改的内容不具有法定效力；二是经批准的修建性详细规划在实施或部分实施时，尤其是在出售和设施开始使用后，修建性详细规划的修改必将对相关人群造成影响。近年来，各地因修建性详细规划修改引发的诉讼不在少数，反映出市民的维权意识不断增强，从而要求城乡规划主管部门在实际工作中，对修改修建性详细规划这项工作要特别慎重，更要防止变相修改依法批准的控制性详细规划的不良倾向。《城乡规划法》第50条规定了修改修建性详细规划的程序。经依法审定的修建性详细规划、建设工程设计方案的总平面图不得随意修改；确需修改的，城乡规划主管部门应当采取听证会等形式，听取利害关系人的意见。

第四节 监督检查

一、城乡规划工作的行政监督

行政监督根据监督部门和监督任务的不同，有不同的分类方法以及监督检查的侧重点。在《城乡规划法》中，对于城乡规划工作行政监督的规定包括两个层面的内容。

（1）县级以上人民政府及其城乡规划主管部门对下级政府及其城乡规划主管部门执行城乡规划编制、审批、实施、修改情况的监督检查。也就是通常所说的政府层级监督检查。例如，城乡规划督察员制度，即由上级人民政府或其城乡规划主管部门向下级人民政府或其城乡规划主管部门派驻规划督察员，对城乡规划的编制、审批、实施管理工作进行全面督察。目的是强化城乡规划工作的事前和事中监督，形成快速反馈和及时处置的督察机制，及时发现、制止和查处违法违规行为，保证城乡规划和有关法律法规的有效实施，推动地方政府和规划主管部门依法行政，促进党政领导干部在城乡规划决策方面的科学化和民主化；2005 年开始，建设部、监察部共同开展的城乡规划效能监察工作，着力解决城乡规划工作中存在的滥用职权，不严格执行城乡规划的有关法律法规，规划许可工作拖沓、推诿、扯皮和违规办事，以及城乡规划实施缺乏有效的事前、事中监督，失职、渎职等问题，以促进城乡规划依法行政。这些都属于此类监督检查的范畴。

（2）县级以上地方人民政府城乡规划主管部门对城乡规划实施情况进行的监督检查，即通常所说的对管理相对人的监督检查。包括严格验证有关土地使用和建设申请的申报条件是否符合法定要求，有无弄虚作假；复验有关用地的坐标、面积等与建设用地规划许可证规定是否相符；对已领取建设工程规划许可证并放线的建设工程，履行验线手续，检查其坐标、标高、平面布局等是否与建设工程规划许可证相符；建设工程竣工验收前，检查核实有关建设工程是否符合规划设计条件等；各地普遍开展的查处违法建设的行动等，这些都属于此类监督检查的范畴。

县级以上人民政府城乡规划主管部门实施行政监督检查权，其基本前提是必须严格遵循依法行政的原则，具体包括三个方面。

（1）监督检查的内容要合法。即监督检查的内容必须是城乡规划法律、法规中规定要求当事人遵守或执行的行为。如城乡规划编制与审批，城乡规划修改，规划实施中的行政许可等内容与程序是否合法。非违反城乡规划法律、法规的行为，则不属于县级以上人民政府城乡规划主管部门监督检查的内容。

（2）监督检查的程序要合法。即按照法律、法规的要求和程序进行有关监督检查工作。如城乡规划监督检查人员履行监督检查职责时，应当出示统一制发的城乡规划监督检查证件；城乡规划监督检查人员提出建议或处理意见要依法并符合法定程序等。对于违反法律规定进行监督检查的，被检查的单位和个人有权拒绝接受和进行举报。

（3）监督检查采取的措施要合法，即只能采取城乡规划法律、法规允许采取的措施，采取措施超出城乡规划法律、法规允许的范围，给当事人造成财产损失的，要依法赔偿；构成犯罪的，要依法追究刑事责任。

二、公众对城乡规划工作的监督

城乡规划的严肃性体现在已经批准的城乡规划必须遵守和执行，公众监督是保障城乡规划严肃性的重要途径之一。按照《城乡规划法》的规定，县级以上人民政府及其城乡规划主管部门的监督检查，县级以上地方各级人民代表大会常务委员会或者乡、镇人民代表大会对城乡规划工作的监督检查，其基本情况和处理结果都应当依法公开，供公众查阅和监督。

将监督检查情况和处理结果公开，对于保障行政相对人、利害关系人和公众的知情权，加强对行政机关的监督具有重要意义。首先，将监督检查情况和处理结果予以公开，可以使社会公众了解权力机关、行政机关的执法及监督过程和理由，从而有利于社会公众对权力机关、行政机关的行为进行监督；其次，对于行政相对人、利害关系人来说，监督检查情况和处理结果公开，有助于其了解权力机关、行政机关监督检查的情况，以决定是否对自身权益采取相关保护措施，寻求相应的司法救济；最后，对于公众来说，监督检查情况和处理结果公开，使其可以了解自己需要的信息，知道什么是法律允许的、什么是法律禁止的，以保障自己的行为在法律允许的范围内。

一般情况下，有关城乡规划编制、审批、实施、修改的监督检查情况和处理结果，都应当依法公开。但同时《城乡规划法》也规定，遇有按照相关法律规定不得公开的情形，则不能公开。这种情形包括以下方面。

（1）涉及国家秘密的。依据《中华人民共和国保守国家秘密法》（以下简称《保守国家秘密法》）的规定，国家秘密是关系国家的安全和利益，依照法定程序确定，在一定时间内只限一定范围的人员知悉的事项。国家秘密包括下列秘密事项：国家事务的重大决策中的秘密事项；国防、外交等活动中的秘密事项；国民经济和社会发展中的秘密事项；科学技术中的秘密事项等。《中华人民共和国行政许可法》（以下简称《行政许可法》）明确规定，行政许可的实施和结果，涉及国家秘密的，不能公开。由于国家秘密涉及国家的安全和国家利益，因而《城乡规划法》规定的监督检查情况和处理结果涉及国家秘密的，根据《保守国家秘密法》的规定不能公开。

（2）涉及商业秘密的。依据《中华人民共和国反不正当竞争法》的规定，商业秘密是指不为公众所知悉，能为权利人带来经济利益、具有实用性并经权利人采取保密措施的技术信息和经营信息。商业秘密通常表现为新技术、新方法、新工艺、新材料、新配方、新流程以及情报、经验、技巧、规程、报表、名单、计划和数据等。商业秘密必须具有经济价值，即能够为权利人带来实际的或潜在的经济利益和竞争优势。这是商业秘密与政治秘密、个人隐私等其他秘密最为显著的区别。对权利人而言，对商业秘密的保护维持了商业秘密的秘密状态，直接目的就是谋求经济上的利益。国家对商业秘密的保护，其目的是维护权利人的经济利益和社会的经济秩序。对于商业秘密的保护，各国主要以合同法、侵权行为法、反不正当竞争法和刑法等有关法律予以保护。我国《行政许可法》明确规定，行政许可的实施和结果，涉及商业秘密的，不能公开。因此，《城乡规划法》规定的监督检查情况和处理结果如涉及商业秘密的，则依法不能予以公开。

第五节　法律责任

一、违反《城乡规划法》的法律责任

（一）违法编制、审批、修改城乡规划的责任

1. 有关人民政府违反《城乡规划法》的行为及所应承担的法律责任

根据《城乡规划法》第 58 条、第 59 条的规定，有关人民政府违反《城乡规划法》的规定，有下列行为之一的，应当承担行政法律责任。行政法律责任是指违法行为人因实施违反法律规定的行为而引起的，由行政机关依法给予制裁的，并且必须承担的法律后果。行政法律责任分为行政处罚和行政处分。行政处分是指国家机关、企事业单位依法给隶属于它的具有轻微违法行为的人员的一种制裁性处理。处分对象是违法部门的直接负责的主管人员和其他直接责任人员，即在单位违法行为中负有直接领导责任的人员，包括违法行为的决策人，事后对单位违法行为予以认可和支持的领导人员，由于疏于管理或放任，因而对单位违法行为负有不可推卸责任的领导人员，以及直接实施单位违法行为的人员。行政处分的种类，按照《中华人民共和国公务员法》（以下简称《公务员法》）的规定，包括：警告、记过、记大过、降级、撤职、开除六种。同时，按照《公务员法》的规定，公务员在受处分期间不得晋升职务和级别，其中受记过、记大过、降级、撤职处分的，不得晋升工资档次；受处分的期间为：警告，6 个月；记过，12 个月；记大过，18 个月；降级、撤职，24 个月。

（1）依法应当编制城乡规划而未组织编制，或者未按法定程序编制、审批、修改城乡规划。编制城乡规划是各级政府的职责，各级政府应当依照《城乡规划法》的规定编制城乡规划。《城乡规划法》第 3 条对城市规划、镇规划和乡规划、村庄规划提出不同要求。对城

市规划、镇规划，《城乡规划法》规定，城市和镇应当依照《城乡规划法》制定城市规划和镇规划。城市、镇规划区内的建设活动应当符合规划要求。对乡规划、村庄规划，《城乡规划法》则规定，县级以上地方人民政府根据本地农村经济社会发展水平，按照因地制宜、切实可行的原则，确定应当制定乡规划、村庄规划的区域。在确定区域内的乡、村庄，应当依照《城乡规划法》制定规划，规划区内的乡、村庄建设应当符合规划要求。有关人民政府依法应当编制城乡规划而未组织编制的，应当承担《城乡规划法》规定的行政法律责任。

《城乡规划法》第12～16条、第22条、第26～27条分别对全国城镇体系规划、省域城镇体系规划、城市总体规划、镇总体规划和乡规划、村庄规划的编制、审批程序和征求意见程序做了规定。《城乡规划法》第19～21条、第34条分别对城市、镇的控制性详细规划以及近期建设规划的编制、审批程序做了规定。《城乡规划法》第46～50条分别对省域城镇体系规划、城市总体规划、镇总体规划和控制性详细规划、修建性详细规划、近期建设规划的修改程序做了规定。

各级政府是城乡规划编制、修改的主体，上级政府是城乡规划审批的主体，有关人民政府必须严格遵守《城乡规划法》规定的职权和程序编制、审批、修改城乡规划。有关人民政府未按法定程序编制、审批、修改城乡规划，应承担行政法律责任。此规定对行政领导随意编规划、改规划的行为进行了约束，有利于增加规划的严肃性、权威性。

（2）委托不具有相应资质等级的单位编制城乡规划。各级政府是组织编制城乡规划的机关，但承担具体城乡规划编制工作的机构需要有专业技术知识，《城乡规划法》规定，这种专业技术机构要具备一定的资质才能被许可从事城乡规划编制工作。《城乡规划法》第24条规定，城乡规划组织编制机关应当委托具有相应资质等级的单位承担城乡规划的具体编制工作。

对依法应当编制城乡规划而未组织编制，未按法定程序编制、审批、修改城乡规划的，或者委托不具有相应资质等级的单位编制城乡规划的，对有关人民政府，由上级人民政府责令改正，通报批评；对有关人民政府负责人和其他直接责任人员依法给予处分。这里所讲的“处分”是行政法律责任的一种。上级人民政府发现下级人民政府有依法应当编制城乡规划而未组织编制，未按法定程序编制、审批、修改城乡规划的，委托不具有相应资质等级的单位编制城乡规划的行为的，以行政命令的方式责令其改正，并通报批评。违法的城乡规划组织编制机关在接到责令改正的通知后，必须立即改正违法行为。对有关人民政府负责人和其他直接责任人员依法给予行政处分。

2. 城乡规划主管部门违反《城乡规划法》的行为及所应承担的法律责任

根据《城乡规划法》第 60 条的规定，城乡规划主管部门违反《城乡规划法》的规定，有下列行为之一的，应承担行政法律责任。

（1）未依法组织编制城市的控制性详细规划、县人民政府所在地镇的控制性详细规划。《城乡规划法》第 19 条规定，城市人民政府城乡规划主管部门根据城市总体规划的要求，组织编制城市的控制性详细规划。该法第 20 条规定，县人民政府城乡规划主管部门组织编制县人民政府所在地镇的控制性详细规划。城市人民政府城乡规划主管部门未组织编制城市的控制性详细规划、县人民政府城乡规划主管部门未组织编制县人民政府所在地镇的控制性详细规划的，应当承担行政法律责任。

（2）超越职权或者对不符合法定条件的申请人核发选址意见书、建设用地规划许可证、建设工程规划许可证、乡村建设规划许可证。《城乡规划法》第 36 条规定，按照国家规定需要有关部门批准或者核准的建设项目，以划拨方式提供国有土地使用权的，建设单位在报送有关部门批准或者核准前，应当向城乡规划主管部门申请核发选址意见书。《城乡规划法》第 37 ~ 38 条规定，在城市、镇规划区内以划拨方式提供国有土地使用权的建设项目，经有关部门批准、核准、备案后，建设单位应当向城市、县人民政府城乡规划主管部门提出建设用地规划许可申请，由城市、县人民政府城乡规划主管部门依据控制性详细规划核定建设用地的位置、面积、允许建设的范围，核发建设用地规划许可证。在城市、镇规划区内以出让方式取得国有土地使用权的建设项目，在签订国有土地使用权出让合同后，建设单位应当持建设项目的批准、核准、备案文件和国有土地使用权出让合同，向城市、县人民政府城乡规划主管部门领取建设用地规划许可证。《城乡规划法》第40条规定，在城市、镇规划区内进行建筑物、构筑物、道路、管线和其他工程建设的，建设单位或者个人应当向城市、县人民政府城乡规划主管部门申请办理建设工程规划许可证。申请办理建设工程规划许可证，应当提交使用土地的有关证明文件、建设工程设计方案等材料。需要建设单位编制修建性详细规划的建设项目，还应当提交修建性详细规划。对符合控制性详细规划和规划条件的，由城市、县人民政府城乡规划主管部门核发建设工程规划许可证。《城乡规划法》第41条规定，在乡、村庄规划区内进行乡镇企业、乡村公共设施和公益事业建设的，建设单位或者个人应当向乡、镇人民政府提出申请，由乡、镇人民政府报城市、县人民政府城乡规划主管部门核发乡村建设规划许可证。在乡、村庄规划区内进行乡镇企业、乡村公共设施和公益事业建设以及农村村民住宅建设，不得占用农用地；确需占用农用地的，应当依照《土地管理法》的有关规定办理农用地转用审批手续后，由城市、县人民政府城乡规划主管部门核发乡村建设规划许可证。

在受理申请人的城乡规划许可申请后，城乡规划主管部门应当进行认真审查，符合规定条件的，应当作出准予规划许可的决定，如果不符合条件，应当作出不予许可的决定，并说明不予许可的理由和依据。城乡规划主管部门必须在自己的职权范围内实施规划许可，对于不属于自己职权范围内的事项，不得实施行政许可。如果超越职权或者对不符合法定条件的申请人核发选址意见书、建设用地规划许可证、建设工程规划许可证、乡村建设规划许可证的，属违法行为，应承担行政法律责任。

（3）对符合法定条件的申请人未在法定期限内核发选址意见书、建设用地规划许可证、建设工程规划许可证、乡村建设规划许可证。根据《行政许可法》的规定，行政机关对行政许可申请进行审查后，除当场作出行政许可决定的情形外，应当在法定期限内按照规定程序作出行政许可决定。行政机关在经过审查后，对于符合条件的申请人不仅应当准予行政许可，还应当在法定的期限内作出准予行政许可的决定。除可以当场作出行政许可决定的情形外，行政机关应当自受理行政许可申请之日起20日内作出行政许可的决定。如果20日内不能作出决定，经本行政机关负责人批准，可以延长10日，并应当将延长期限的理由告知申请人。行政许可采取统一办理或者联合办理、集中办理的，办理的时间不得超过45日；45日内不能办结的，经本级人民政府负责人批准，可以延长15日，并应当将延长期限的理由告知申请人。行政机关作出准予行政许可决定的，应当自作出决定之日起10日内向申请人颁发、送达行政许可证件。县级以上人民政府城乡规划主管部门对符合法定条件的申请人未在法定期限内核发选址意见书、建设用地规划许可证、建设工程规划许可证、乡村建设规划许可证的，应承担行政法律责任。

（4）未依法对经审定的修建性详细规划、建设工程设计方案的总平面图予以公布，或者批准修改修建性详细规划、建设工程设计方案的总平面图前未采取听证会等形式听取利害关系人的意见。《城乡规划法》第40条、第50条规定，城乡规划主管部门应当依法将经审定的修建性详细规划、建设工程设计方案的总平面图予以公布，经依法审定的修建性详细规划、建设工程设计方案的总平面图不得随意修改；确需修改的，城乡规划主管部门应当采取听证会等形式，听取利害关系人的意见。违反上述规定的，即构成违法，应当承担行政法律责任。

（5）发现未依法取得规划许可或者违反规划许可的规定在规划区内进行建设的行为，而不予查处或者接到举报后不依法处理。这里规定的是城乡规划主管部门的行政不作为，即城乡规划主管部门应当履行自己的职责而不予履行的行为。行政不作为在很大程度上影响政府职能的正常发挥。行政不作为虽然不如超越职权、滥用职权的行政违法行为的表现形式明显，但是其危害性却不可低估，例如会导致一些违法建设成为既成事实，加大采取整改措施和处罚的难度等，并且会严重破坏政府部门在人民群众心目中的形象，因此应当承担相应的法律责任。《城乡规划法》赋予了城乡规划主管部门对城乡规划的实施情况进行监督检查并采取行政措施的权力，城乡规划主管部门应当履行职责；同时对群众举报或者控告违反城乡规划的行为，应当及时受理并组织核查、处理。如果发现未依法取得规划许可或者违反规划许可的规定在规划区内进行建设的行为，而不予查处或者接到举报后不依法处理的，是渎职行为，必须追究相应人员的法律责任。

有上述违法行为之一的，由本级人民政府或者上级人民政府城乡规划主管部门或者监察机关依据职权责令改正，对镇人民政府或者县级以上人民政府城乡规划主管部门通报批评；对直接负责的主管人员和其他直接责任人员依法给予处分。追究法律责任的机关有三个：一是本级人民政府，二是上级人民政府城乡规划主管部门，三是监察机关。本级人民政府和上级人民政府城乡规划主管部门对有关城乡规划主管部门的工作负有领导和监督责任，一旦发现有违法行为，本级人民政府或者上级人民政府城乡规划主管部门均有权予以处理。监察机关是人民政府行使监察职能的机关，依法对行政机关、国家公务员和行政机关任命的其他人员实施监察。根据《中华人民共和国行政监察法》的规定，监察机关有权依法检查行政机关及其工作人员遵守和执行法律、法规和人民政府的决定和命令中的问题，并有权根据检查、调查结果，作出监察决定或者对行政机关提出监察建议。据此，对行政机关及其工作人员是否严格执法，是监察机关行使监察权的重要内容之一。

3. 相关行政部门违反《城乡规划法》的行为及所应承担的法律责任

根据《城乡规划法》第 61 条的规定，县级以上人民政府有关部门违反《城乡规划法》的规定，有下列行为之一的，应承担行政法律责任。

（1）对未依法取得选址意见书的建设项目核发建设项目批准文件。《城乡规划法》第 36 条规定，按照国家规定需要有关部门批准或者核准的建设项目，以划拨方式提供国有土地使用权的，建设单位在报请有关部门批准或者核准前，应当向城乡规划主管部门申请核发选址意见书。这里讲的核发建设项目批准文件的部门，是指除城乡规划主管部门外主要负责有关建设项目审批的部门。

（2）未依法在国有土地使用权出让合同中确定规划条件或者改变国有土地使用权出让合同中依法确定的规划条件。《城乡规划法》第38条规定，在城市、镇规划区内以出让方式提供国有土地使用权的，在国有土地使用权出让前，城市、县人民政府城乡规划主管部门应当依据控制性详细规划，提出出让地块的位置、使用性质、开发强度等规划条件，作为国有土地使用权出让合同的组成部分。未确定有关规划条件的地块，不得出让国有土地使用权。城市、县人民政府城乡规划主管部门不得在建设用地规划许可证中，擅自改变作为国有土地使用权出让合同组成部分的规划条件。同时，《城乡规划法》第39条规定，规划条件未纳入国有土地使用权出让合同的，该国有土地使用权出让合同无效。由此，城市、县人民政府城乡规划主管部门和其他有关部门未依法在国有土地使用权出让合同中确定规划条件或者改变国有土地使用权出让合同中依法确定的规划条件的，应承担行政法律责任。

（3）对未依法取得建设用地规划许可证的建设单位划拨国有土地使用权。《城乡规划法》第37条规定，建设单位在取得建设用地规划许可证后，方可向县级以上地方人民政府土地主管部门申请用地，经县级以上人民政府审批后，由土地主管部门划拨土地。土地主管部门对未依法取得建设用地规划许可证的建设单位划拨国有土地使用权的，应承担行政法律责任。

县级以上人民政府有关部门违反《城乡规划法》的规定，有上述行为之一的，由本级人民政府或者上级人民政府有关部门责令改正，对县级以上人民政府有关部门通报批评；对直接负责的主管人员和其他直接责任人员，依法给予处分。

4. 城乡规划编制单位违反《城乡规划法》的行为及所应承担的法律责任

根据《城乡规划法》第62条的规定，城乡规划编制单位违反《城乡规划法》的规定，有下列行为之一的，应承担法律责任。

（1）超越资质等级许可的范围或者未依法取得资质证书承揽城乡规划编制工作，或者以欺骗手段取得资质证书承揽城乡规划编制工作。《城乡规划法》第24条规定，城乡规划组织编制机关应当委托具有相应资质等级的单位承担城乡规划的具体编制工作。法律不允许城乡规划编制单位超越资质等级许可的范围或者未依法取得资质证书而承揽城乡规划编制工作，更不允许以欺骗手段取得资质证书承揽城乡规划编制工作。

（2）违反国家有关标准编制城乡规划。《城乡规划法》第24条规定，编制城乡规划必须遵守国家有关标准。国家有关标准是城乡规划编制的技术标准和规范，城乡规划编制单位必须遵守。

（3）城乡规划编制单位取得资质证书后，经原发证机关检查不再符合法定的相应资质条件，不能继续承揽城乡规划编制工作或者按原资质等级许可的范围承揽城乡规划编制工作，应当按期改正而不改正。

城乡规划编制单位实施上述违法行为，根据《城乡规划法》的规定，应承担相应的行政法律责任、民事法律责任。城乡规划编制单位所应承担的行政法律责任的形式主要是行政处罚。行政处罚是指有行政处罚权的行政机关或者法律、法规授权的组织，对违反行政法律规范和依法应当给予处罚的行政相对人所实施的法律制裁行为。行政处罚的种类包括：警告、罚款、没收违法所得和非法财物、责令停产停业、暂扣或者吊销许可证（执照）、行政拘留和法律法规规定的其他行政处罚。城乡规划编制单位还要承担相应的民事法律责任。民事法律责任通常也称民事赔偿责任，是指公民、法人或者其他组织因违反合同或者不履行其他义务，或者由于过错侵害国家、集体财产或者他人财产权利、人身权利所应当承担的法律后果。承担民事损害赔偿责任，一般应当具备以下条件：一是行为人的不正当行为给他人的正常活动造成了实际损失；二是违法行为人造成的损害与其不正当行为有因果关系；三是符合有关法律应当给予赔偿的情形。赔偿责任可以由城乡规划主管部门以调解的方式要求违法行为人承担，受害人也可以提起民事诉讼，请求人民法院判决违法行为人承担赔偿责任。

城乡规划编制单位超越资质等级许可的范围承揽城乡规划编制工

作的，由其所在的城市、县人民政府城乡规划主管部门责令限期改正，处合同约定的规划编制费1倍以上2倍以下的罚款；情节严重的，责令停业整顿，由原发证机关降低资质等级或者吊销资质证书；造成损失的，依法承担赔偿责任。对未取得资质证书承揽城乡规划编制工作的，由县级以上地方人民政府城乡规划主管部门责令停止违法行为，按照对超越资质等级许可的范围承揽城乡规划编制工作的罚款处罚和承担赔偿责任。对以欺骗手段取得资质证书承揽城乡规划编制工作的，由原发证机关吊销资质证书，按照对超越资质等级许可的范围承揽城乡规划编制工作的罚款处罚和承担赔偿责任。

城乡规划编制单位违反国家有关标准编制城乡规划的，由其所在的城市、县人民政府城乡规划主管部门责令限期改正，处合同约定的规划编制费1倍以上2倍以下的罚款；情节严重的，责令停业整顿，由原发证机关降低资质等级或者吊销资质证书；造成损失的，依法承担赔偿责任。

城乡规划编制单位取得资质证书后，不再符合相应的资质条件的，由原发证机关责令期限改正；逾期不改正的，降低资质等级或者吊销资质证书。

（二）违法建设行为的责任

1. 未取得建设工程规划许可证或者违反建设工程规划许可证的规定进行建设，所应承担的法律责任

根据《城乡规划法》的规定，建设工程规划许可证是经城乡规划主管部门依法审核，建设工程符合城乡规划要求的法律凭证。《城乡规划法》第64条对未取得建设工程规划许可证或者违反建设工程规划许可证的规定进行建设所应承担的行政法律责任做了规定。

对违法建设追究行政法律责任的方式是行政处罚，根据违法建设行为的不同阶段和情节轻重，由县级以上地方人民政府城乡规划主管部门采取下列行政措施和进行行政处罚。

（1）责令停止建设。城乡规划主管部门发现建设单位未取得建设工程规划许可证或者违反建设工程规划许可证的规定进行开发建设的，首先应立即发出停止违法建设活动通知书，责令其立即停止违法

建设活动，防止违法建设给规划实施带来更多不利影响。

（2）责令限期改正，并处罚款。对责令停止的违法建设，还可以采取改正措施消除对规划实施的影响的，由城乡规划主管部门责令建设单位在规定的期限内采取改正措施。“责令限期改正”不属于行政处罚，而是行政机关在实施行政处罚时必须采取的行政措施。《行政处罚法》规定，行政机关实施行政处罚时，应当责令当事人改正或者限期改正违法行为。对于行政管理相对人实施的违法行为，行政机关应当追究其相应的法律责任，给予行政处罚，但不能简单地一罚了事，而应当要求当事人改正其违法行为，不允许其违法状态继续存在下去。“责令限期改正”，指除要求违法行为人立即停止违法行为外，还必须限期采取改正措施，消除其违法行为造成的危害后果，恢复合法状态，即建设工程恢复到符合建设工程规划许可证的规定。对于未取得建设工程规划许可证但又符合详细规划的要求而进行建设的，建设单位应当按照《城乡规划法》的规定补办建设工程规划许可证；对已经建成的应当予以改建使其符合城乡规划；不能通过改建达到符合城乡规划要求的，应当予以拆除。在“责令限期改正”的同时，并处建设工程造价 5% 以上 10% 以下的罚款。这里规定的作为罚款计算基数的工程造价，可以考虑以下规定：对未取得建设工程规划许可证的为工程全部造价，对未按照建设工程规划许可证的规定进行建设的为工程违规部分的造价。

（3）限期拆除。违法建设无法采取改正措施消除对规划实施的影响的，由城乡规划主管部门通知有关当事人，在规定的期限内无条件拆除违法建筑物。

（4）没收实物或者违法收入，可以并处罚款。对已形成的违法建筑，已无法采取措施消除对规划实施的影响，但又不宜拆除的，由城乡规划主管部门没收该违法建筑或者违法收入。城乡规划主管部门在没收违法建筑或者违法收入的同时，根据违法行为的具体情节，可以并处建设工程造价 10% 以下的罚款。

实践中违法建设的情况比较复杂，有的可以通过采取补救措施予以改正；有的需要全部或者部分拆除；有的改正或者拆除难度较大、社会成本较高，如何进行处罚需要综合考虑，既要严格执法，防止“以罚款代替没收或拆除”，又要从实际情况出发，区分不同情况。但对违法建设的处罚必须坚持让违法成本高，使违法者无利可图的原则，这样才能有效地遏制违法建设，保障城乡规划的顺利实施，为城镇的发展提供一个良好的建设环境与建设秩序。

2. 建设单位未按《城乡规划法》的规定报送竣工材料所应承担的法律责任

《城乡规划法》第 45 条规定，建设单位应当在竣工验收后 6 个月内向城乡规划主管部门报送有关竣工验收资料。竣工资料包括该工程的审批文件和该建设工程竣工时的总平面图、各层平面图、立面图、剖面图、设备图、基础图和城乡规划主管部门指定需要的其他图纸。竣工资料是城乡规划主管部门进行具体的规划管理过程中需要查阅的重要资料，建设单位必须依照《城乡规划法》的规定报送竣工资料。否则，应依据《城乡规划法》第 67 条的规定，追究违法行为人的行政法律责任。

依据《城乡规划法》第 67 条的规定，违反《城乡规划法》第 45 条的规定，建设单位未在建设工程竣工验收后 6 个月内向城乡规划主管部门报送有关竣工验收资料的，首先由其所在地城市、县人民政府城乡规划主管部门责令限期补报；逾期不补报的，处 1 万元以上 5 万元以下的罚款。

3. 乡村违法建设所应承担的法律责任

乡村建设规划许可证是在乡、村庄规划区内进行乡村建设活动的法律凭证，未依法取得乡村建设规划许可证或者未按照乡村建设规划许可证的规定进行建设的，属违法建设。《城乡规划法》第 41 条规定，在乡、村庄规划区内进行乡镇企业、乡村公共设施和公益事业建设的，建设单位或者个人应当向乡、镇人民政府提出申请，由乡、镇人民政府报城市、县人民政府城乡规划主管部门核发乡村建设规划许可证。在乡、村庄规划区内进行乡镇企业、乡村公共设施和公益事业建设以及农村村民住宅建设，不得占用农用地；确需占用农用地的，应当依照《土地管理法》的有关规定办理农用地转用审批手续后，由城市、县人民政府城乡规划主管部门核发乡村建设规划许可证。建设单位或者个人在取得乡村建设规划许可证后，方可办理用地审批手续。

《城乡规划法》第65条规定，在乡、村庄规划区内未依据《城乡规划法》取得乡村建设规划许可证或者未按照乡村建设规划许可证的规定进行建设的，由乡、镇人民政府责令停止建设、限期改正；逾期不改正的，可以拆除。

4. 关于对违法建设的行政强制执行

行政强制执行是指公民、法人或者其他组织不履行行政机关依法所作的行政处理决定中规定的义务，有关行政机关依法强制其履行义务。《城乡规划法》第68条规定，城乡规划主管部门作出责令停止建设或者限期拆除的决定后，当事人不停止建设或者逾期不拆除的，建设工程所在地县级以上地方人民政府可以责成有关部门采取查封施工现场、强制拆除等措施。

"查封施工现场"，即县级以上地方人民政府责成有关部门张贴封条或者采取其他必要措施，将违法建设的施工现场进行封存，未经许可，任何单位和个人都不得启封、动用。查封施工现场时，应当遵守必要的程序：经过建设工程所在地县级以上地方人民政府的批准；应当通知被查封施工现场的单位负责人员到场；对被查封施工现场的设施、设备、器材应当清点、登记，并在法定期限内及时作出处理决定。

"强制拆除"是一种行政强制措施，县级以上地方人民政府依法行使强制执行权，强制执行的具体工作可以由县级以上地方人民政府责成有关部门负责。

《行政诉讼法》规定，公民、法人或者其他组织对具体行政行为在法定期间不提起诉讼又不履行的，行政机关可以申请人民法院强制执行，或者依法强制执行。城乡规划主管部门作出责令停止建设或者限期拆除的决定后，当事人在法定期间有权提出行政复议或直接向法院提起诉讼，行政复议或行政诉讼期间不影响执行。依据《城乡规划法》的规定，城乡规划主管部门作出责令停止建设或者限期拆除的决定后，当事人不执行决定、不停止建设或者逾期不拆除的，建设工程所在地县级以上地方人民政府可以责成有关部门采取查封施工现场、强制拆除等措施。采取查封施工现场、强制拆除等措施对当事人的影响很大，应当慎重。2011 年 6 月 30 日公布的《中华人民共和国行政强制法》（以下简称《行政强制法》）将于 2012 年 1 月 1 日起实施，地方政府应当依照《行政强制法》的规定行使行政强制执行权，侵害当事人合法权益的，也要承担相应的法律责任。

5. 违反《城乡规划法》的规定应承担的刑事法律责任

刑事责任，是指具有刑事责任能力的人实施了刑事法律所禁止的行为（犯罪行为）而必须承担的法律义务。刑事责任是最严厉的法律责任。有关人民政府的负责人和其他直接责任人员、城乡规划主管部门等有关部门负责的主管人员和其他直接责任人员、城乡规划编制单位、建设单位，违反《城乡规划法》的规定，构成犯罪的，依法追究其刑事责任。刑事责任主要涉及渎职罪和破坏市场经济秩序罪。

二、违反《村庄和集镇规划建设管理条例》的法律责任

（一）违法建设行为所应承担的法律责任

根据《村庄和集镇规划建设管理条例》的有关规定，对村庄、集镇规划区内各类违法建设活动进行处罚，不仅是保障村庄和集镇建筑工程质量的需要，也是依法管理村庄和集镇建筑设计与施工、建立良好建设秩序的需要。根据《村庄和集镇规划建设管理条例》的规定，县级人民政府住房城乡建设行政主管部门和乡级人民政府对违法建设行为进行的处罚主要包括以下几种。

（1）违反《村庄和集镇规划建设管理条例》第 26 条的规定，未向乡级人民政府或者县级以上人民政府建设行政主管部门提出开工申请，或者未取得开工批准文件擅自开工建设的，乡级人民政府或者县级人民政府建设行政主管部门应当责令当事人限期改正，并按照第 26 条规定的程序补办手续，并可处以罚款。

（2）对于未取得相应的设计资质（格）证书，承担建筑跨度、跨径和高度超过规定范围的工程以及两层以上住宅的设计任务，或者不符合设计资质（格）证书规定的经营范围承担设计任务的，县级

人民政府建设行政主管部门应责令其停止设计，限期改正，并可处以罚款；已设计出的图纸，不得使用；对于限期内不予改正或者经多次教育仍不改正等情节严重的，县级人民政府建设行政主管部门要提请原发证机关吊销设计资质（格）证书。

(3) 对于未取得施工资质等级证书承担施工任务的，县级人民政府建设行政主管部门应责令停止施工，并处以罚款；造成重大责任事故、构成犯罪的，应移送司法机关依法追究刑事责任。

(4) 对于未按资质等级证书规定的经营范围承担施工任务的，县级人民政府建设行政主管部门应根据实际情况，责令停止施工，限期改正，并可处以罚款；对于限期内不予改正，或者经多次教育仍不改正，造成重大责任事故的，由县级人民政府建设行政主管部门提请原发证机关吊销资质等级证书。

(5) 对于违反有关技术规定施工的，县级人民政府建设行政主管部门应根据情况责令停止施工，限期改正，并可处以罚款；对违反有关技术规定施工，给已建成的建筑物、构筑物或者其他设施的安全构成重大威胁或者造成建筑物、构筑物或者其他设施发生倒塌的，由县级人民政府建设行政主管部门提请原发证机关吊销施工资质证书。

(6) 在施工过程中，使用不符合工程质量要求的建筑材料和建筑构件，或者未按设计图纸施工，或者擅自修改设计图纸的，县级人民政府建设行政主管部门应根据情况，责令停止施工，限期改正，并可处以罚款；造成已建成的建筑物、构筑物或者其他设施发生倒塌的，由县级人民政府建设行政主管部门提请原发证机关吊销施工资质证书。

(7) 擅自在村庄、集镇规划区内的街道、广场、市场和车站等场所修建临时建筑物、构筑物和其他设施，或者批准临时建设而进行永久性、半永久性建筑物、构筑物和其他设施建设的，由乡级人民政府责令限期拆除，并可处以罚款。

（二）损坏房屋、公共设施、破坏村容镇貌和环境卫生所应承担的法律责任

村庄、集镇的房屋、公共设施对于维持村庄、集镇居民正常的生

产、生活必不可少，一旦遭到损坏，将给居民的生产生活造成严重影响。脏乱差的环境，既有悖于农村精神文明建设，也有损于居民的身心健康。《村庄和集镇规划建设管理条例》第39条规定，对于损坏房屋和公共设施、破坏村容镇貌和环境卫生的行为要进行处罚，这有利于保障房屋、公共设施的安全和正常使用，有利于维持村庄、集镇的环境卫生。

（1）损坏村庄和集镇的房屋、公共设施的，乡级人民政府应责令停止侵害，并根据实际情况，处以罚款。造成损失的，应当责令赔偿损失。

（2）乱堆粪便、垃圾、柴草，破坏村容镇貌和环境卫生的，乡级人民政府应责令停止侵害，并可处以罚款。造成损失的，应当责令赔偿。

（三）村庄、集镇建设管理人员所应承担的法律责任

《村庄和集镇规划建设管理条例》第43条规定："村庄、集镇建设管理人员玩忽职守、滥用职权、徇私舞弊的，由所在单位或者上级主管部门给予行政处分；构成犯罪的，依法追究刑事责任。"村庄、集镇建设管理人员必须按照法定程序，严格执法，如果不能秉公执法，给村庄、集镇规划建设管理工作造成损失的，要承担相应的法律责任。

三、违反《历史文化名城名镇名村保护条例》的法律责任

为了切实加强对历史文化名城、名镇、名村的保护，有效遏制破坏历史文化遗产的违法行为，《历史文化名城名镇名村保护条例》明确规定了政府及其有关主管部门的法律责任，对破坏传统格局和历史风貌的行为设定了严格的法律责任，并注重行政处罚种类和法律责任的多样化。

（一）有关政府部门的法律责任

1. 主管部门

国务院住房城乡建设主管部门、国务院文物主管部门和县级以上地方人民政府及其有关主管部门的工作人员违反《历史文化名城名镇名村保护条例》的规定，不履行监督管理职责，发现违法行为不

予查处或者有其他滥用职权、玩忽职守、徇私舞弊行为，构成犯罪的，依法追究刑事责任；尚不构成犯罪的，依法给予处分。

2. 地方政府

地方人民政府未组织编制保护规划的；未按照法定程序组织编制保护规划的；擅自修改保护规划的；未将批准的保护规划予以公布的，由上级人民政府责令改正，对直接负责的主管人员和其他直接责任人员，依法给予处分。

城市、县人民政府因保护不力，导致已批准公布的历史文化名城、名镇、名村被列入濒危名单的，由上级人民政府通报批评；对直接负责的主管人员和其他直接责任人员，依法给予处分。

3. 地方政府主管部门

省、自治区、直辖市人民政府确定的保护主管部门或者城市、县人民政府城乡规划主管部门，未按照保护规划的要求或者未按照法定程序履行《历史文化名城名镇名村保护条例》第 25 条、第 28 条、第 34 条、第 35 条规定的审批职责的，由本级人民政府或者上级人民政府有关部门责令改正，通报批评；对直接负责的主管人员和其他直接责任人员，依法给予处分。

（二）违法行为的法律责任

1. 违法破坏行为所应承担的法律责任

对在历史文化名城、名镇、名村保护范围内开山、采石、开矿等破坏传统格局和历史风貌的；占用保护规划确定保留的园林绿地、河湖水系、道路等的；修建生产、储存爆炸性、易燃性、放射性、毒害性、腐蚀性物品的工厂、仓库等的，由城市、县人民政府城乡规划主管部门责令停止违法行为、限期恢复原状或者采取其他补救措施；有违法所得的，没收违法所得；逾期不恢复原状或者不采取其他补救措施的，城乡规划主管部门可以指定有能力的单位代为恢复原状或者采取其他补救措施，所需费用由违法者承担；造成严重后果的，对单位并处 50 万元以上 100 万元以下的罚款，对个人并处 5 万元以上 10 万元以下的罚款；造成损失的，依法承担赔偿责任。

在历史建筑上刻画、涂污等行为，由城市、县人民政府城乡规划主管部门责令恢复原状或者采取其他补救措施，处50元的罚款。

损坏或者擅自迁移、拆除历史建筑的，由城市、县人民政府城乡规划主管部门责令停止违法行为、限期恢复原状或者采取其他补救措施；有违法所得的，没收违法所得；逾期不恢复原状或者不采取其他补救措施的，城乡规划主管部门可以指定有能力的单位代为恢复原状或者采取其他补救措施，所需费用由违法者承担；造成严重后果的，对单位并处20万元以上50万元以下的罚款，对个人并处10万元以上20万元以下的罚款；造成损失的，依法承担赔偿责任。

擅自设置、移动、涂改或者损毁历史文化街区、名镇、名村标志牌的，由城市、县人民政府城乡规划主管部门责令限期改正；逾期不改正的，对单位处1万元以上5万元以下的罚款，对个人处1000元以上1万元以下的罚款。

对历史文化名城、名镇、名村中的文物造成损毁的，依照文物保护法律、法规的规定给予处罚；构成犯罪的，依法追究刑事责任。

2. 违法建设行为所应承担的法律责任

未经城乡规划主管部门会同同级文物主管部门批准，改变园林绿地、河湖水系等自然状态的；进行影视摄制、举办大型群众性活动的；拆除历史建筑以外的建筑物、构筑物或者其他设施的；对历史建筑进行外部修缮装饰、添加设施以及改变历史建筑的结构或者使用性质的；其他影响传统格局、历史风貌或者历史建筑的，由城市、县人民政府城乡规划主管部门责令停止违法行为、限期恢复原状或者采取其他补救措施；有违法所得的，没收违法所得；逾期不恢复原状或者不采取其他补救措施的，城乡规划主管部门可以指定有能力的单位代为恢复原状或者采取其他补救措施，所需费用由违法者承担；造成严重后果的，对单位并处5万元以上10万元以下的罚款，对个人并处1万元以上5万元以下的罚款；造成损失的，依法承担赔偿责任。

第三章 村镇建设管理

第一节 村庄和集镇建设的设计、施工管理

一、村庄和集镇建设的设计管理

建筑设计是对拟建建筑进行技术和经济的全面安排，是对建筑工程进行规划的一个过程。进行建筑设计，必须根据建筑物的使用要求，完整地表现建筑物的外形、内部空间布局、结构构造状况以及建筑群体的组成和建筑物与周围环境的相互关系等。做好村庄和集镇建设的建筑设计工作，对于确保广大人民群众的生命财产安全，节约建设投资，保证建筑工程质量，改变村庄和集镇建筑设计中存在的布局不合理、使用功能差、造型呆板单调、缺乏地方特色等问题，具有重要意义。

（一）村庄和集镇建筑设计的原则

（1）符合实用、经济、安全和美观的原则。

（2）遵守国家和地方有关村庄、集镇建筑的各项设计指标、设计规范和技术指标。

（3）遵守设计程序。村庄、集镇建筑工程设计一般分为两个阶段：一是扩大初步设计。该阶段要具体确定设计原则、建设规模和建设方案。对于生产企业，还必须准备设备订货、确定投资限额、进行施工图准备和为施工图设计提供可靠的依据。初步设计要确定整体布局、建筑物平面布置、结构形式和建筑造型，还要确定主要设备、工程概算、主要经济技术指标等。二是施工图设计。施工图设计必须满足施工需要。图纸必须齐全、说明准确清楚、图面清晰工整，以保证施工单位能够看清看懂。在进行施工图设计之前，必须核实设计基础资料、施工条件和建筑材料供应情况。

（4）符合村庄、集镇规划的要求。各项单体建筑的性质、功能、

位置、朝向、间距、层数、体量、建筑密度、空间布局、标高、净空、立面造型、外部装修及色彩等都必须符合村庄、集镇规划的基本要求，同时还要符合防火、防疫、环境保护、绿化美化等要求，努力提高环境质量。

（二）村庄和集镇建筑设计管理的内容

（1）建筑的规划管理。建筑规划管理的主要内容是按照村庄、集镇规划的要求，对规划区内的各项建筑工程（包括各类建筑物、构筑物）的性质、规模、位置、标高、高度、体量、体型、朝向、间距、建筑密度、容积率、建筑色彩和风格等进行审查和规划控制。

（2）建筑设计图纸的审查。村庄和集镇建筑设计图纸的审查包括审查承担设计任务的单位是否符合国家有关建筑设计队伍的管理规定，是否越级设计或无证设计；设计方案是否符合国家和地方的各项建筑设计指标，是否符合国家和地方有关节约资源、抗御灾害的规定，是否符合建筑物所在村庄或者集镇规划的要求等。设计图纸经过审查批准后，方可进行施工。设计图纸批准后，需要对建筑物的平面布置、建筑面积、建筑结构等进行修改的，必须经原设计批准机关的同意，未经批准不得擅自更改。设计图纸未经批准，建设单位或者个人不得开工。禁止施工单位承接设计图纸未经批准的建筑工程。

（3）标准设计和通用设计的管理。包括拟订标准设计或通用设计的计划，并组织其推广和应用。其中通用设计、标准设计统称建筑标准设计。我国建筑标准设计分为两级：一级是全国通用建筑标准设计；二级是省、自治区、直辖市通用建筑标准设计。两级通用建筑标准设计分别由国务院住房城乡建设主管部门和省、自治区、直辖市建设行政主管部门审查、批准、颁布。

（4）按照国家有关规定监督管理村庄和集镇建筑设计队伍。

（5）组织拟订、审批、颁布村庄和集镇的建筑设计标准规范，以及各种概预算定额等技术经济定额指标，并对其进行管理。

二、村庄和集镇建设的施工管理

施工是建设的主要阶段，是把建筑设计蓝图变为现实的过程。建筑施工质量直接关系建设项目的使用效果，影响村庄和集镇建设的总体水平。

（一）村庄和集镇建设施工管理的内容

1. 施工单位管理

承担村庄、集镇规划区内建筑工程施工任务的单位，必须具有相应的施工资质等级证书，并按照规定的经营范围承担施工任务。

2. 建筑市场管理

包括制定建筑市场管理办法，建立公平竞争的市场环境，审核工程发包条件与承包方的资质等级，监督检查建筑市场管理法规和工程建设标准的执行情况，依法查处违法行为，尤其是无证或越级承担施工任务的行为，维护建筑市场秩序等。

3. 施工质量监督检查

监督检查的主要内容包括村庄、集镇规划区内居民住宅，乡（镇）村企业、乡（镇）村公共设施和公益事业等建设以及建筑构件、建设工程所用建筑材料等。禁止将不合格的原材料和构配件用于工程建设。

（二）村庄和集镇建设开工申请审批

为确保村庄和集镇建设工程的质量和安全，提高村庄和集镇建设的整体水平，监督建设单位土地的使用情况，《村庄和集镇规划建设管理条例》规定实行建设工程开工申请和工程准建制度。这项制度是依法管理村庄和集镇建设的重要措施。

1. 乡（镇）村企业、公共设施、公益事业建设开工申请审批程序

《村庄和集镇规划建设管理条例》第 26 条第 1 款规定："乡（镇）村企业、乡（镇）村公共设施、公益事业等建设，在开工前，建设单位和个人应当向县级以上人民政府建设行政主管部门提出开工申请，经县级以上人民政府建设行政主管部门对设计、施工条件予以审查批准后，方可开工。"因此，乡（镇）村企业、乡（镇）村公共设施和公益事业等建设，在开工前，应当向县级以上人民政府建设行政主管部门提出开工申请，经县级以上人民政府建设行政主管部门对其设计、施工等建设条件予以审查批准，取得开工批准文件后，方可

开工。其具体程序如下。

（1）开工申请。建设单位和个人向县级以上人民政府建设行政主管部门申请开工时，应当具备以下条件：①建筑设计图纸已经落实（包括委托设计单位设计的图纸、选用的通用设计图纸或标准设计图纸）；②征地拆迁手续已经完成（包括已依法取得的土地使用证件）；③施工单位已经确定；④资金、物资和为施工服务的市政公用设施已经落实；⑤其他应当具备的条件已经落实。

（2）开工申请审查。县级以上人民政府建设行政主管部门受理开工申请后，应当进行审查。审查内容包括：确定建设项目是否办理了规划审批手续和用地批准手续；是否具有符合规定的建筑设计图纸，建筑设计图纸是否符合有关技术要求、标准；是否符合村庄或集镇规划设计要求；施工队伍是否落实，施工队伍是否持有相应的资质（格）证书；建设资金是否落实等。

（3）批准开工。对开工申请进行审查后，对于符合规定条件的，由县级以上人民政府建设行政主管部门核发开工批准文件，批准开工。

2. 住宅建设开工申请审批程序

《村庄和集镇规划建设管理条例》第26条第2款规定："农村居民住宅建设开工的审批程序，由省、自治区、直辖市人民政府规定。"其具体程序如下。

（1）开工申请。建设单位和个人向乡级人民政府提出开工申请。申请开工时，应当具备以下条件：①住宅设计图纸已经落实（包括委托设计单位设计的图纸、选用的通用住宅设计图纸或标准设计图纸）；②征地拆迁手续已经完成（包括已依法取得的土地使用证件）；③施工单位已经确定（确定的施工单位必须有资质（格）证书）；④其他法律、法规规定应当具备的条件已经落实。

（2）开工申请审查。乡级人民政府对于住宅开工申请进行审查，确定住宅工程是否办理了规划审批手续和用地批准手续，是否具有符合规定的建筑设计图纸，建筑设计图纸是否符合有关规划设计要点的要求，施工队伍是否落实，施工队伍和建筑工匠是否持有相应的资质

（格）证书等。

（3）批准开工。在对开工申请进行审查后，对于符合规定条件的，由乡级人民政府批准其申请。

（三）村庄和集镇建设工程竣工验收

《村庄和集镇规划建设管理条例》第27条规定：“县级人民政府建设行政主管部门，应当对村庄、集镇建设的施工质量进行监督检查。村庄、集镇的建设工程竣工后，应当按照国家的有关规定，经有关部门竣工验收合格后，方可交付使用。”按照这一规定，村庄和集镇的建设工程竣工后必须经过验收，验收合格后方可交付使用。县级人民政府建设行政主管部门主要监督检查该建设工程是否符合村庄、集镇规划设计要求，是否符合有关工程质量验评标准。监督检查具体包括以下几个方面。

（1）平面布局。监督检查竣工房屋及其他工程的用地范围、位置、坐标、建筑间距、平面形式、管线走向及管位、出入口布置、与周围建筑物或者构筑物的平面关系等是否符合村庄或集镇规划的要求。

（2）空间布局。监督检查竣工房屋及其他工程的地下设施与地面设施的关系，层数、建筑密度、容积率、建筑高度、与周围建筑物或构筑物等的空间关系是否符合村庄或集镇规划设计的要求。

（3）建筑造型。监督检查竣工房屋及其他工程的建筑造型、风格、色彩、体量、与周围环境的协调等是否符合村庄、集镇规划的要求。

（4）工程质量。监督检查竣工房屋及其他工程的有关技术经济指标、建设标准、工程结构与工程施工质量是否符合规划和工程技术标准、验评标准的要求。

（5）配套设施。监督检查竣工房屋及其他工程的道路、给排水、供电、围墙、绿化等配套设施是否符合村庄或集镇规划的要求，并检查其施工用临时建筑、施工现场是否按规定拆除和清理。

第二节 房屋、公共设施及其他设施管理

一、村庄和集镇房屋管理

随着农村经济的迅速发展，农民建设家园的热情高涨。自20世纪80年代以来，50%以上的农户建了新房。截至2009年年底，全国村庄实有住房建筑面积237亿平方米，混合结构以上住房143亿平方米，人均住房建筑面积30.76平方米。管理好村庄和集镇房屋，对于保障和维护房屋所有权人的合法权益、保障人民安居乐业、促进农村经济社会发展，具有十分重要的意义。

（一）村庄和集镇房屋产权产籍管理

《村庄和集镇规划建设管理条例》第28条规定："县级以上人民政府建设行政主管部门，应当加强对村庄、集镇房屋的产权、产籍的管理，依法保护房屋所有人对房屋的所有权。具体办法由国务院建设行政主管部门制定。"根据该规定，县级以上人民政府建设行政主管部门应当切实履行法定职责，加强村庄、集镇房屋的产权、产籍管理，依法保护房屋所有人的房屋所有权。

2008年，住房和城乡建设部颁布了《房屋登记办法》（建设部令第168号），针对国有土地上房屋登记和集体土地上房屋登记在登记程序、收件要求、审核条件等方面的差异性，专门将集体土地上房屋登记和国有土地上房屋登记加以区分，设专章予以规定。这不仅体现了城乡统筹发展的新格局，使得层次更分明、条理更清晰，同时也有利于规范集体土地上房屋登记工作，切实保障农民房屋权益。

1. 登记范围

《房屋登记办法》第82条规定："依法利用宅基地建造的村民住房和依法利用其他集体所有建设用地建造的房屋，可以依照本办法的规定申请房屋登记。法律、法规对集体土地范围内房屋登记另有规定的，从其规定。"《土地管理法》第43条第1款规定："任何单位和个人进行建设，需要使用土地的，必须依法申请使用国有土地；但是，兴办乡镇企业和村民建设住宅经依法批准使用本集体经济组织农

民集体所有的土地的，或者乡（镇）村公共设施和公益事业建设经依法批准使用农民集体所有的土地的除外。”也就是说，集体所有土地只能进行村民住宅、乡镇企业、乡（镇）村公共设施和公益事业建设，其他建设都不允许。集体土地上可以登记的房屋分为两大类：一是村民住宅，包括农村村民在宅基地新建、改建、扩建和重建的房屋。二是利用其他集体所有建设用地建造的房屋，包括乡镇企业、乡（镇）村公共设施和公益事业建造的房屋。

2. 集体土地上房屋登记的特殊规定

（1）所有权初始登记。农村集体土地上房屋与城市国有土地上房屋相比，具有几个独有的特征：一是房屋所有人身份有限制，一般是该农村集体经济组织成员。宅基地使用权是一种带有身份性质的财产权，与农村集体经济组织成员的资格联系在一起，只有集体经济组织成员身份才能享有宅基地使用权，申请宅基地建造房屋。二是房屋宅基地使用权取得的无偿性和限制性，宅基地采用限额审批制度，一户一宅，不得非法转让。三是房屋流通的限制性，集体土地上房屋一般只能出让给同一农村集体经济组织内的农民。因此，集体土地上房屋与国有土地上房屋所有权初始登记收件资料有所差别。《房屋登记办法》第83条规定：“因合法建造房屋申请房屋所有权初始登记的，应当提交下列材料：（一）登记申请书；（二）申请人的身份证明；（三）宅基地使用权证明或者集体所有建设用地使用权证明；（四）申请登记房屋符合规划的证明；（五）房屋测绘报告或者村民住房平面图；（六）其他必要材料。申请村民住房所有权初始登记的，还应当提交申请人属于房屋所在地农村集体经济组织成员的证明。农村集体经济组织申请房屋所有权初始登记的，还应当提交经村民会议同意或者由村民会议授权经村民代表会议同意的证明材料。”

（2）抵押登记。《房屋登记办法》第88条规定：“依法以乡镇、村企业的厂房等建筑物设立抵押，申请抵押权登记的，应当提交下列材料：（一）登记申请书；（二）申请人的身份证明；（三）房屋所有权证书；（四）集体所有建设用地使用权证明；（五）主债权合同和抵押合同；（六）其他必要材料。”尽管房屋所有权与宅基地使用权是两种不同的权利，但是由于房屋是不能脱离土地而单独存在的，因此对一个特定的房屋而言，其占有范围内的宅基地使用权和房屋所有权不能分开单独设立抵押权。由于《中华人民共和国物权法》（以下简称《物权法》）限制了宅基地使用权的抵押，故在宅基地上建设房屋的所有权也不能设定抵押。乡镇、村企业并非指在乡镇、村地域范围内兴办的企业，有严格的法律界定。按照《中华人民共和国乡镇企业法》的规定，乡镇企业必须是农村集体经济组织或者农民投资为主，在乡镇（包括所辖村）举办的承担支援农业义务的企业。

（3）转移登记。目前，国家政策、法律和法规对集体土地上房屋转移有严格的限制条件。集体土地上房屋所有权转移受到限制主要是由宅基地为集体所有的性质所决定。宅基地使用权是一种带有身份性质的财产权，与农村集体经济组织成员的资格联系在一起的，集体土地上房屋的受让人必须为本集体经济组织成员。国务院办公厅《关于加强土地转让管理严禁炒卖土地的通知》（国办发〔1999〕39号）和国务院《关于深化改革严格土地管理的决定》（国发〔2004〕28号）均明确禁止农村房屋向城市居民流转，农民的住宅不得向城市居民出售，也不得批准城市居民占用农民集体土地建住宅，有关部门不得为违法建造和购买的住宅发放土地使用证和房产证。《房屋登记办法》第87条规定："申请农村村民住房所有权转移登记，受让人不属于房屋所在地农村集体经济组织成员的，除法律、法规另有规定外，房屋登记机构应当不予受理。"

（4）登记公告。《房屋登记办法》第84条规定："办理村民住房所有权初始登记、农村集体经济组织所有房屋所有权初始登记，房屋登记机构受理登记申请后，应当将申请登记事项在房屋所在地农村集体经济组织内进行公告。经公告无异议或者异议不成立的，方可予以登记。"公告是村民住房所有权初始登记、农村集体经济组织所有房屋所有权初始登记的必经程序，未经公告，登记部门不得登记发证。公告的形式有多种，比如报纸刊载、电视公告、广播公告、网络公告、现场张贴公示等等。从方便申请人登记，降低登记成本的角度出发，村民住房所有权初始登记、农村集体经济组织所有房屋所有权初始登记可以采取以在房屋所在地集体经济组织内部张贴公示的形式为主要的公告方式。公告期限由各地根据本地实际情况制定具体规定，当地没有规定的，登记机构可以根据案情复杂难易情况灵活掌握。

（二）农村危房改造试点

2009 年，住房和城乡建设部会同国家发展和改革委员会、财政部开展了扩大农村危房改造试点工作，先后下发了《关于 2009 年扩大农村危房改造试点的指导意见》（建村〔2009〕84 号）、《关于做好 2010 年扩大农村危房改造试点工作的通知》（建村〔2010〕63 号）、《关于做好 2011 年扩大农村危房改造试点工作的通知》（建村〔2011〕62 号）等政策文件，明确了指导思想、基本原则、补助对象和标准、建设标准等内容。

1. 指导思想和基本原则

农村危房改造试点以解决农村困难群众的基本居住安全问题，改善农村困难群众生活条件，推动农村基本住房安全保障制度建设为目标。农村危房改造遵循以下原则：一是因地制宜，量力而行，从当地经济社会发展水平出发，科学合理编制农村危房改造规划和年度计划；二是突出重点，厉行节约，帮助贫困危房户改造建设最基本的安全、经济、适用、节能、节地、卫生的农房，防止大拆大建和形象工程；三是坚持农民自主、自愿，政府引导、扶持，落实地方责任，中央适当补助；四是整合资源，规划先行，加强相关惠农支农政策衔接；五是规范程序，严格管理，坚持公开、公平、公正。

2. 试点范围和目标任务

2008 ~2011 年，农村危房改造试点范围逐步扩大，中央任务量和补助资金逐年增加。试点范围从贵州省扩展到中西部地区全部县（市、区、旗），其中优先完成陆地边境县（团场）边境一线贫困农户危房改造，支持东北、西北、华北等“三北”地区和西藏自治区试点范围内农户结合危房改造开展建筑节能示范。中央补助资金从 2 亿元增长到 166 亿元（含中央预算内投资），任务量从 4 万户增长到 265 万户。4 年累计安排中央补助资金 283 亿元，支持试点地区 468. 4 万农村贫困户开展危房改造。其中安排陆地边境县（团场）边境一线32万贫困农户危房改造，支持东北、西北、华北等“三北”地区和西藏自治区试点范围内13.5万农户结合危房改造开展建筑节能示范。

3. 补助对象和标准

中央扩大农村危房改造试点补助对象重点是居住在危房中的农村分散供养五保户、低保户、贫困残疾人家庭和其他贫困户。从2010年开始，中央户均补助标准从5000元提高到6000元，在此基础上对陆地边境县（团场）边境一线贫困农户、建筑节能示范户每户再增加2000元补助。为切实帮助居住危房的贫困农户解决住房安全问题，政策明确要求各省（自治区、直辖市）要从当地农村经济社会发展水平和财力状况的实际出发，在确保完成危房改造任务的前提下，依据农村危房改造方式、建设标准、成本需求和补助对象自筹资金能力等不同情况，合理确定不同地区、不同类型、不同档次的分类补助标准。

4. 改造方式和建设标准

农村危房是指依据《农村危险房屋鉴定技术导则（试行）》鉴定属于整栋危房（D级）或局部危房（C级）。拟改造属整栋危房（D级）的应拆除重建，属局部危房（C级）的应修缮加固。重建房屋原则上以农户自建为主，农户自建确有困难且有统建意愿的，地方政府要发挥组织、协调作用，帮助农户选择有资质的施工队伍统建。陆地边境一线农村危房改造重建以原址翻建为主，确需异址新建的，应靠紧边境、不得后移。翻建新建或修缮加固住房建筑面积原则上控制在40～60平方米以内。各地可组织技术力量编制可分步建设的农房设计方案并出台相关配套措施，引导农户先建40～60平方米的基本安全房，同时又便于农民富裕后向两边扩建或者向上加盖。地方政府要积极引导，防止出现群众盲目攀比超标准建房的问题。

5. 工程质量安全管理

地方各级尤其是县级住房和城乡建设部门要组织技术力量，对危房改造施工现场开展质量安全巡查与指导监督，及时发现和纠正主要结构和部件施工中存在的问题；加强农村危房改造竣工质量安全检查，对检查不合格的限期整改；开设危房改造咨询窗口，面向农民提供危房改造技术服务和工程纠纷调解服务。农村危房改造要严格执行农房抗震安全基本要求。承担施工任务的农村建筑工匠要对新建农房的抗震设计或旧房的修缮加固方案进行技术把关，对农户自购建筑材料给予建议。乡镇建设管理员要加强农房设计图纸审查，并对施工过程进行逐户现场检查。县级住房和城乡建设部门要加强对乡镇建设管理员和农村建筑工匠的培训与管理，提高其农房建设抗震设防技术知识水平和业务素质；编印和发放农房抗震设防手册或挂图，向广大农民宣传和普及抗震设防常识。

6. 农村危房改造资金筹集和管理

农村危房改造资金以农民自筹为主，中央和地方政府补助为辅，并鼓励通过银行信贷和社会捐赠等多渠道筹集。中央安排的扩大农村危房改造试点补助资金根据试点地区农户数、危房数、地区财力差别、上年地方补助资金落实情况、试点工作绩效等因素进行分配。按照政策要求，各地应采取积极措施，整合相关项目和资金，将抗震安居、游牧民定居、自然灾害倒损农房恢复重建、贫困残疾人危房改造、扶贫安居等资金与农村危房改造资金有机衔接，通过政府补助、银行信贷、社会捐助、农民自筹等多渠道筹措扩大农村危房改造试点资金。地方各级财政要将扩大农村危房改造试点地方补助资金和项目管理等工作经费纳入财政预算，省级财政应切实加大资金投入力度。

7. 编制规划和实施方案

根据农村危房改造政策文件要求，各地要按照《农村危险房屋鉴定技术导则（试行）》，组织专业人员开展农村危房调查。省级住房城乡建设、发展改革、财政等部门要按照政策要求，组织编制农村危房改造规划和实施方案，在综合考虑实际需求、管理能力、用工量、建材供应与运输等因素的基础上，将改造任务合理细化分解落实到各试点县（团场），并及时报住房和城乡建设部、国家发展和改革委员会、财政部备案。

8. 农户档案管理

为加强监管，住房和城乡建设部建立农村危房改造农户档案信息系统，并印发了《关于建设全国扩大农村危房改造试点农户档案管理信息系统的通知》（建村函〔2009〕168 号）。明确要求各地完善危房改造农户纸质档案，实行一户一档，批准一户、建档一户，规范有关信息管理。农户纸质档案必须包括档案表、农户申请、审核审批、公示、协议等材料，其中档案表必须按照信息系统公布的最新样表制作。在此基础上，建立健全农户纸质档案表信息化录入制度，确保农户档案及时、全面、真实、完整、准确录入系统。改造后农户住房产权归农户所有，并根据实际做好产权登记。

9. 建筑节能示范

农房建筑节能示范是危房改造试点的一项重要内容。目前，建筑节能示范已在“三北”地区和西藏自治区实施。根据《关于建设全国扩大农村危房改造试点农户档案管理信息系统的通知》的要求，结合危房改造开展建筑节能示范的地区应点面结合、同步推进。各试点县要按照农村危房改造政策文件的要求安排一定数量且相对集中的示范点（村），有条件的县每个乡镇要安排一个示范点（村）。建筑节能示范要严格执行《严寒和寒冷地区农村住房节能技术导则（试行）》，加强专家组对口指导，实行逐户验收。建筑节能示范户录入信息系统的“改造中照片”必须反映主要建筑节能措施施工现场。要组织农村建筑工匠和农民学习节能技术和建造管理，做好宣传推广。

10. 信息报告制度

为及时掌握各地农村危房改造进度，农村危房改造试点实行月报制度。省级住房城乡建设部门要于每月 5 日前将上月危房改造进度情况报住房和城乡建设部。省级发展改革、财政部门要按照有关要求，及时汇总并上报有关农村危房改造的计划落实、资金筹集、监督管理等情况。各地要组织编印农村危房改造工作信息，将建设成效、经验做法、存在问题和工作建议等以简报、通报等形式，定期或不定期上报。

二、村庄和集镇公共设施的管理

村庄和集镇的公共设施是村庄和集镇居民生产、生活的重要基础条件，《村庄和集镇规划建设管理条例》第29条规定："任何单位和个人都应当遵守国家和地方有关村庄、集镇的房屋、公共设施的管理规定，保证房屋的使用安全和公共设施的正常使用，不得破坏或者损毁村庄、集镇的道路、桥梁、供水、排水、供电、邮电、绿化等设施。"为避免村庄和集镇公共设施遭到破坏或者损毁，必须加强村庄和集镇公共设施的管理。加强村庄和集镇公共设施管理的内容包括：禁止未经批准开挖和占用村庄和集镇的道路，以保证其通畅；经批准占用、开挖的道路，应当设置安全防护设施，确保行人、车辆的安全；不准损坏桥梁设施；禁止在供水和排水管道上圈占用地或兴建建筑物、构筑物，向排水明沟、检查井、雨水口内倾倒垃圾、粪便、渣土等杂物。

三、临时建设的管理

临时建设是指结构简易的临时性建筑物、构筑物和其他设施。临时建设对村庄、集镇规划的实施、村庄和集镇的容貌以及环境卫生都会产生重要影响。《村庄和集镇规划建设管理条例》第32条规定："未经乡级人民政府批准，任何单位和个人不得擅自在村庄、集镇规划区内的街道、广场、市场和车站等场所修建临时建筑物、构筑物和其他设施。"因此，任何单位和个人在村庄、集镇规划区内的临时建设都应当征得乡级人民政府的同意，并且必须按批准使用期限拆除。对于擅自在村庄、集镇规划区内的街道、广场、市场和车站等场所修建临时建筑物、构筑物和其他设施的，乡级人民政府应责令限期拆除，并可给予罚款的处罚。

四、文物古迹、古树名木、风景名胜及各项设施的管理

《村庄和集镇规划建设管理条例》第34条规定："任何单位和个人都有义务保护村庄、集镇内的文物古迹、古树名木和风景名胜、军事设施、防汛设施，以及国家邮电、通信、输变电、输油管道等设施，不得损坏。"根据这一规定，村庄和集镇在文物古迹、古树名木、风景名胜等的保护方面应当做好以下几项工作：

（1）在编制村庄、集镇规划时，要将文物古迹、古树名木、风景名胜等的保护措施纳入规划，确定其保护范围和控制建设地带。

（2）新建项目选址，要避开文物古迹、古树名木、风景名胜等集中的地区。现已占用的，要有计划地迁出；一时不能迁出的，也要有严格的保护措施，严禁乱拆、乱挖、乱建，污染环境的要迅速治理，并应创造条件及早迁出。

（3）在临近文物古迹、古树名木、风景名胜地区建设时，必须注意保护周围环境风貌。建设项目的性质、规模、高度、体量、造型、色彩等方面要注意同周围的环境相协调，设计方案要征得规划部门和文物古迹、古树名木、风景名胜保护部门的同意。

（4）在勘察、建设、维修和拆迁施工中发现文物古迹应该采取保护措施，并及时报告文物管理部门处理，不得隐瞒或私自处置；在文物古迹、风景名胜周围进行施工时，施工单位要制定保护措施以防止损毁、破坏文物古迹和风景名胜。经批准迁移的文物古迹，要有切实措施，保证不改变文物的原貌。

（5）为确保国民经济的正常运行和国家安全，在建设过程中，要保护好国家邮电通信、输变电、输油管道和军事、防汛等设施。

第三节　改善农村人居生态环境

一、村容镇貌和环境卫生管理

《村庄和集镇规划建设管理条例》第33条规定："任何单位和个人都应当维护村容镇貌和环境卫生，妥善处理粪堆、垃圾堆、柴草堆，养护树木花草，美化环境。"我国绝大多数村庄和集镇的容貌和环境卫生都比较差，加强村庄和集镇的景观建设和环境卫生管理，对于改善居民生产、生活环境，保障居民身体健康，改变农村面貌具有重要的意义。

村庄和集镇容貌建设和环境卫生管理的主要内容包括六个方面。

（1）加强村庄和集镇的环境规划。制定村庄、集镇规划时，要从保护环境、文明卫生和景观艺术的角度出发，根据当地的自然环境、地形、地势，对大气、地面水体、地下水、土壤、饮用与灌溉水源、污水和固体废弃物的处理、噪声、树木绿化、河湖水系、名胜古迹以及有观赏价值的建筑区进行分析评价，恰当地组织和安排村庄和集镇的景观建设。

（2）加强道路两旁的建设和管理。道路红线是根据实际需要而规划确定的道路宽度线，任何建筑物、构筑物都不得侵占红线内的地面和空间。街道两侧的建筑物一般不得建院墙，居民住宅的围墙，提倡修建空透式围墙、矮墙或绿篱。建筑色彩忌繁乱浓艳，沿街不要晾晒有碍观瞻的衣物，要及时修整或拆除残破的围墙等。

（3）加强道路路面和人行道的管理。任何单位和个人都不得随意掘动路面，禁止在人行道上摆摊设点、停放机动车和兽力车，禁止烧、砸、压、泡以及其他腐蚀、损坏道路的活动，不得在道路上晒扬谷物等。

（4）加强绿化管理。要发动群众，分区分段包干，义务种草植树，绿化美化环境。要制定村庄和集镇绿化的村规民约及奖惩制度，表彰先进，处罚损害、破坏绿化者。要通过一系列有效措施，加快村庄、集镇绿化美化的步伐，为村民、居民提供娱乐、休息、锻炼的良好场所。

（5）加强环境卫生管理。有条件的村庄、集镇要配备环卫人员负责街道、公共场所、公共厕所的清扫、消毒、垃圾清运工作，做到卫生干净、及时清运；要实行门前三包，群众动手、处处干净；对生产或经营过程中所产生的垃圾，要实行谁产生、谁清运到指定地点的原则；要配备和设置垃圾箱和垃圾集中地点，制定村规民约，人人讲卫生，不乱丢脏物，不随意倾倒垃圾，实行畜禽圈养，并定时清圈除粪、喷药灭蝇；不在主要街道堆放柴草物料；定期进行环境卫生检查评比活动。

（6）加强对农村居民厕所的管理。根据经济条件，逐步改造浅坑厕所、一铲锹厕所、露天厕所，提倡修建沼气厕所、深坑密闭旱厕所、多格化池厕所。

二、推进村庄整治

2005年，建设部下发了《关于村庄整治工作的指导意见》（建村〔2005〕174号），以村庄整治为切入点推动村镇人居环境改善。对贯彻落实中央关于建设社会主义新农村的战略部署，做好新时期村庄整治工作，搞好村庄规划建设，改善农民居住条件，改变农村面貌，提出了原则性意见。2008 年，住房和城乡建设部与国家质量监督检验检疫总局联合颁布了《村庄整治技术规范（GB 50445-2008）》，对村庄安全与防灾、给水设施、垃圾收集与处理、粪便处理、排水设施、道路桥梁及交通安全设施、公共环境、坑塘河道、历史文化遗产与乡土特色保护、生活用能等方面进行了技术规范。2008 年，住房和城乡建设部还下发了《关于推进县域村庄整治联系点工作的指导意见》（建村〔2008〕141 号），对全国 46 个县域村庄整治联系点提出了指导意见。截止 2009 年，全国已有 13.6 万个村庄开展了村庄整治。

（一）村庄整治工作的指导思想

村庄整治要充分利用已有条件，整合各方资源，坚持政府引导与农民自力更生相结合，完善村庄最基本的公共设施，改变农村落后面貌。

要因地制宜，采取新社区建设、空心村整理、城中村改造、历史文化名村保护性整治等有效形式开展整治；以村容村貌整治，废旧坑（水）塘和露天粪坑整理，村内闲置宅基地和私搭乱建清理，打通乡村连通道路和硬化村内主要道路，配套建设供水设施、排水沟渠及垃圾集中堆放点、集中场院、农村基层组织与村民活动场所、公共消防通道及设施等为主要内容进行整村整治。使整治后的村庄、村容、村貌整洁优美，硬化路面符合规划，饮用水质达到标准，厕所卫生符合要求，排水沟渠和新旧水塘明暗有序，垃圾收集和转运场所无害化处理，农村住宅安全经济美观、富有地方特色，面源污染得到有效控制。

（二）村庄整治的工作要求

村庄整治工作要认真做好两个规划。一是适应农村人口和村庄数量逐步减少的趋势，编制县域村庄整治布点规划，科学预测和确定需要撤并及保留的村庄，明确将拟保留的村庄作为整治候选对象。二是编制村庄整治规划和行动计划，合理确定整治项目和规模，提出具体实施方案和要求，规范运作程序，明确监督检查的内容与形式。

村庄整治工作要坚持试点引路、量力而行、稳步推进。根据地方经济发展水平，科学制定村庄整治的计划，确定分批分期整治方案。先试点总结经验，然后逐步推开、以点带面，防止不顾当地财力，盲目铺开。

村庄整治工作要因地制宜，分类指导。充分利用现有条件和设施，凡是能用的和经改造后能用的都不要盲目拆除，不搞不切实际的大拆大建，坚决防止以基本建设和行政命令的方式强行推进。坚持以改善农村最迫切需要的生产生活条件为中心，以中心村整治为重点，完善各类基础设施和公共服务设施，突出地方特色，体现农村风貌。

村庄整治工作要坚持政府管理与引导相结合。要通过村庄整治，引导农民逐步集中建房，解决农民建房占地过多问题，实现集约节约使用土地，降低人均公共设施配套成本。一方面，要加强建设管理，防止农民不按规划分散建房；另一方面，要搞好中心村规划，完善公共设施，引导独立农户和散居农户集中建房。

（三）村庄整治的工作机制

（1）建立分级责任制。省区市负责提出本地区村庄整治的引导性项目、阶段性目标与实施方案；县乡负责指导与实施组织。村庄自治组织负责组织具体项目的建设，村民自主投工投劳参与项目建设及管理。建设行政主管部门要按照统一部署，从农村工作大局出发，履行工作职责，加强部门协调，密切配合，整合资源，加大村庄整治工作的技术服务和项目实施的技术指导。

（2）建立农民参与机制。村庄整治改善农民生产生活环境，广大农民非常欢迎，参与积极性高。要为农民参与村镇建设提供制度性保障，加强政府引导与支持，确立农民在村庄整治中的主体地位，尊重农民意愿和对项目的选择，充分调动农民自力更生建设家园的积极性，激发农民自主、自强、勤勉、互助、奉献精神，让农民得到实际利益。凡是农民不认可的项目，不能强行推进；凡是农民一时不接受的项目，要先试点示范让农民逐步理解接受。

（3）建立村庄公共设施管理的长效机制。村庄公共设施建设是手段，使用是目的，运营维护管理比建设更复杂、更具长期性。要创新体制和机制，探索村民自主管理的途径，组织引导农村干部群众参与公共设施运营维护与管理，通过村民缴费或村集体经济解决管理资金来源问题。逐步完善和推广村民理事会制度，在党支部领导下参与决策，直接听取村民的建议与诉求，畅通上情下达与下情上达渠道，密切基层组织与广大村民的联系，凝聚全体村民的力量搞好人居环境。凡能市场化运作的公共设施，均要积极利用市场机制。

（4）建立公推民选的村庄整治驻村指导员制度。各地要根据实际情况，与县乡机构改革和公务员分流安置相结合，建立基层公推民选的村庄整治驻村指导员工作制度，鼓励公务员特别是县乡公务员参与村庄整治。驻村指导员要切实负责对村庄整治的组织与技术指导，接受村镇建设助理员的业务指导和监督。要加强对村庄整治指导员的全面培训和资金与技术支持。

（5）建立村庄整治的培训制度。要分期、分批培训新农村建设的村镇领导干部和驻村指导员。加强对农民建设新农村基本技能的培训，提高农民的参与能力。要有计划地组织各种形式的观摩学习，总结交流各地的经验，充分发挥各地示范点、示范村、示范镇的引导、带动和辐射作用，取长补短、相互借鉴。

三、村庄和集镇生活污水处理

2010 年 4 月，住房和城乡建设部在全国范围内进行了村庄生活污水治理适用技术案例的征集，将我国前阶段农村水污染治理的成果进行汇总和总结，组织专家对征集到的 38 个单位上报的 48 项农村污水污染治理技术案例进行评选后，汇编成《全国村庄污水处理案例集》并正式出版。为推进农村生活污染治理工作，加强农村生活污水处理技术指导，经认真调查研究和总结实践经验，参考有关国际标准，在广泛征求意见的基础上，住房和城乡建设部组织编制了《村庄污水处理设施技术规程》，从基本规定、处理技术、小型污水处理设施、集中村污水处理站以及施工与质量验收几方面对村庄污水处理设施的设计、施工与运行进行了技术规定。2010 年 9 月，住房和城乡建设部组织编写并印发了东北、华北、东南、中南、西南、西北等地区农村生活污水处理技术指南，根据不同地区农村生活污水的特征及排放要求，总结归纳适宜当地实际的农村污水处理实用技术，指导农村生活污水处理工艺的选择，对污水处理设施的管理从污水水质检测、排水系统的维护管理，以及污水处理设施的运行维护等方面提出注意事项，并列举工程实例。

《东南地区农村生活污水处理技术指南（试行）》所指的东南地区包括江苏省、上海市、浙江省、福建省、广东省、海南省、山东省南部地区。该地区年平均气温高、降雨充沛是该区的特点。东南地区是我国工农业生产发达、经济产值和人均收入增长幅度最快的地区之一，GDP 约为全国的 31%，人均 GDP 为全国 1.5 倍。该地区很多村庄已经达到了小康型村庄的标准，农村的生活水平和方式已经和城市接近，农民用水量和农村生活污水的排放量逐年增加，已经成为造成该地区流域水质下降的主要原因之一（如：太湖、东江）。该地区水系发达、河网和湖泊密布、河流纵横交错，是国家划定的流域污染控制重点区域。目前，江苏省、上海市、浙江省和广东省的部分地区已经开展了农村生活污水治理工作，取得了一定的成效。东南地区经济发达，区域内人口密度大，可用做污水处理的土地有限，农村污水处理技术的选择上应充分考虑上述特点，做到因地制宜。

《华北地区农村生活污水处理技术指南（试行）》所指的华北地区包括北京市、天津市、河北省、山西省、山东省大部、河南省北部和内蒙古局部地区。该区域基本为平原和高原地形，气候以干旱、多风、冬季寒冷为主要特征。区域内各地经济发展水平不同，目前大部分农村还没有开展农村污水治理工作。华北地区属严重缺水地区，污水处理应与资源化利用结合。同时，应避免污染地下水和地表水；寒冷地区应采用适当的保温措施，保障污水处理设施在冬季正常运行；在黄海、淮海重点流域应采取适当的污水拦截技术减少入河污染物总量。

《东北地区农村生活污水处理技术指南（试行）》所指的东北地区包括黑龙江省、吉林省、辽宁省和内蒙古自治区大部。在该区域内，既有大兴安岭、长白山等山地，也有东北平原等平原地形，还有重点流域辽河和松花江。大部地区气候以干旱、多风，冬季较长而寒冷为主要特征。该区域的农村村落规模通常较小，村落间的距离较远。由于地区差异，各地经济发展水平不同，目前大部分农村尚没有污水处理设施。该区域地理、气候与经济发展特征决定了冬季低温是影响农村污水处理技术效能的重要因素。

《西北地区农村生活污水处理技术指南（试行）》所指的西北地区包括陕西省、甘肃省、青海省、宁夏回族自治区、新疆维吾尔自治区和内蒙古自治区西部。西北地区的气候特征属于内陆干旱半干旱区，年平均降雨量少、蒸发量大，除陕西省外，其他各省区的年降雨量均低于全国平均水平。该地区土地总面积约占全国总面积的32%，而人口不到全国人口的8%。其中70%以上人口居住在农村。各省区国民生产总值和财政收入处于全国下游水平。该地区大多数农村经济欠发达，污水处理配套设施和处理能力较落后。

《西南地区农村生活污水处理技术指南（试行）》所指的西南地区包括四川省、云南省、贵州省、重庆市、广西壮族自治区和西藏自治区部分地区。西南地区地跨全国地势第一、第二阶梯，地形复杂，主要有横断山区、云贵高原和四川盆地；主要江河有大渡河、雅砻江、金沙江、澜沧江、怒江、长江并有大量的高原湖泊；还有大量的高原湖泊；气候类型多样，大部分地区属于亚热带、热带季风气候；地形以丘陵、山地、高原和平原为主。西南地区经济在全国处于中下水平；农村人口众多；少数民族众多，是我国少数民族聚集集中的地区，定居了我国近八成的少数民族人口。独特的自然风光和人文风光使该区域成为自然风光旅游和人文旅游的热点区域。随着近年来经济发展、生活习惯的改变以及旅游业的发展，农村污水总量迅速增长。大量未经处理的生活污水直接排放，引起周边环境的污染，因此，加强西南地区农村水污染控制，对解决当地农村的生活环境和维持旅游资源的可持续发展，均有十分重要的意义。西南地区又是农村水污染控制技术较为薄弱的地区，目前农村污水治理主要集中在经济发达的村落和旅游业发达的村落，大部分地区还没有开展农村污水治理工作。根据西南地区的区域特征和水污染控制的特征，农村污水处理技术应选择投资较低、运行费用较低、便于运行管理的技术，并综合考虑污水治理与利用相结合；在对水环境要求较高的农村，应采用生物生态相结合的工艺。

《中南地区农村生活污水处理技术指南（试行）》所指的中南地区包括河南省、湖北省、湖南省、安徽省和江西省。该区域内地形地貌复杂，包括山地、丘陵、岗地和平原等，湖泊多，河流交错纵横。区域内农村人口数量、村镇数目、人口密度均较大，很多行政村位于重要水系（如淮河、巢湖、鄱阳湖、洞庭湖等）流域，大量未经任何处理的农村生活污水直排对水环境影响较大。该地区经济总量在全国处于中等偏下水平，区域内经济发展不平衡，农民生活方式、生活水平差异较大。

四、村庄和集镇生活垃圾处理

生活垃圾污染问题已经成为影响村镇人居环境的重要来源。生活垃圾对环境的影响是渐近的、累积的，也是全方位的。土地污染，生活垃圾堆放不仅占用土地，同时给土壤造成污染；水污染，堆放的农村垃圾腐败形成渗滤液给地表水和地下水都带来污染；空气污染，垃圾腐败产生恶臭污染以及露天焚烧都会带来空气污染；此外，由于垃圾引起的环境卫生问题如病菌、病毒的传播等也给居民健康带来威胁。

2008年，住房和城乡建设部组织编制了《村庄整治技术规范》（GB 50445-2008），对村庄生活垃圾收集、运输和处理提出了原则要求。

（1）垃圾治理模式。村庄生活垃圾宜就地分类回收利用，减少集中处理垃圾量。人口密度较高的区域，生活垃圾处理设施应在县域范围内统一规划建设，宜推行村庄收集、乡镇集中运输、县域内定点集中处理的方式，暂时不能纳入集中处理的垃圾，可选择就近简易填埋处理。工业废弃物、家庭有毒有害垃圾宜单独收集处置，少量非有害的工业废弃物可与生活垃圾一起处置。塑料等不易腐烂的包装物应定期收集，可沿村庄内部道路合理设置废弃物遗弃收集点。

（2）垃圾收集运输。垃圾收集点应放置垃圾桶或设置垃圾收集池（屋），收集点可根据实际需要设置，每个村庄应不少于一个垃圾收集点；收集频次可根据实际需要设定，可选择每周 1～2 次。垃圾收集点应规范卫生保护措施，防止二次污染。蝇、蚊滋生季节，应定时喷洒消毒及灭蚊蝇药物。垃圾运输过程中应保持封闭或覆盖，避免遗撒。

（3）垃圾处理。可生物降解的有机垃圾单独收集后应就地处理，可结合粪便、污泥及秸秆等农业废弃物进行资源化处理，包括家庭堆肥处理、村庄堆肥处理和利用农村沼气工程厌氧消化处理。家庭堆肥处理可在庭院或农田中采用木条等材料围成约 1 立方米空间堆放可生物降解的有机垃圾，堆肥时间不宜少于 2 个月。庭院里进行家庭堆肥处理可用土覆盖。村庄集中堆肥处理，宜采用条形堆肥方式，时间不宜少于 2～3 个月。条形堆肥场地可选择在田间、田头或草地、林地旁。暂时不能纳入集中处理的其他垃圾，可采用简易填埋处理，简易填埋处理场严禁选址于村庄水源保护区范围内，宜选择在村庄主导风向下，且应避免占用农田、林地等农业生产用地；宜选择地下水位低并有不渗水黏土层的坑地或洼地；选址与村庄居住建筑用地的距离不宜小于卫生防护距离要求；简易填埋（堆放）场主要处置暂时不能纳入集中处理的其他垃圾，倾倒过程应进行简单覆盖，场址四周宜设置简易截洪设施；简易填埋处理场底部宜采用自然黏性土防渗。

第四章　城市道路管理

第一节　概述

一、城市道路基本概念

《城市道路管理条例》将城市道路界定为：城市中供车辆、行人通行的，具备一定技术条件的道路、桥梁及其附属设施。城市道路是城市规划区范围内的市区道路设施，它形成城市结构的总体布局，对于城市的景观有很大影响。

（一）城市道路范围

（1）机动车道、非机动车道、人行道、公共广场、占用道路、广场的公共停车场、隔离带、路坡、路堤、边沟。

（2）桥梁（立体交叉桥、高架路）、隧道、涵洞、人行地下通道。

（3）路灯、路标、路牌以及城市道路其他附属设施。

（4）已征用的道路建设用地。

（二）城市道路分类

按照道路在道路网中的地位、交通功能以及对沿线建筑物的服务功能等，城市道路分为四类❶：

（1）快速路。为城市中大量、长距离、快速交通服务。快速路对向车行道之间应设中间分车带，其进出口应采用全控制或部分控制。快速路两侧不应设置吸引大量车流、人流的公共建筑的进出口。两侧一般建筑物的进出口应加以控制。

（2）主干道。为连接城市各主要分区的干路，以交通功能为主。

---

❶ 摘自中华人民共和国行业标准《城市道路设计规范》（CJJ 37-90），1991年8月1日实施。

自行车交通量大时，宜采用机动车与非机动车分隔的形式。主干路两侧不应设置吸引大量车流、人流的公共建筑物的进出口。

（3）次干路。与主干路结合组成道路网，起集散交通的作用，兼有服务功能。

（4）支路。为次干路与街坊路的连接线，解决局部地区交通，以服务功能为主。

（三）城市道路等级

（1）一级城市道路：市区主要干道、集会中心、省或市政府机关所在地、商业繁荣街道、重要生产区、外事活动及游览路线。

（2）二级城市道路：市区次干道、区域集会点、商业街道、市或区政府机关所在地。

（3）三级城市道路：道路的支路、规划区、居民区及工业区的主要道路、街巷同主次干路的连接线、重点企事业单位所在地的街坊路。

（四）城市桥梁

根据《城市桥梁检测和养护维修管理办法》的规定，城市桥梁是指城市范围内连接或者跨越城市道路的，供车辆、行人通行的桥梁以及高架道路（包括轻轨高架部分）。

二、城市道路概况

城市道路是城市的骨架，是城市社会、经济活动所产生的人流、物流的运输通道，支撑着城市的发展，其建设、管理水平与城市的社会生活和发展有着密切的关系。截止到 2010 年，全国城市道路[1]长度为 27.9 万千米，道路面积 51 亿平方米，人均城市道路面积 13.19 平方米。

三、城市道路管理法规体系概况

1996 年 6 月 4 日国务院以第 198 号令颁布了《城市道路管理条例》，自 1996 年 10 月 1 日起实施。该条例的颁布实施标志着我国城

---

[1] 城市道路在统计时只统计路面宽度在 3.5 米（含 3.5 米）以上的各种铺装道路，包括开放型工业区和住宅区道路在内。

市道路管理进入了法制化时期，使城市道路管理有法可依。

《城市桥梁检测和养护维修管理办法》（2003 年建设部令第 118 号发布）规范城市桥梁的检测和养护维修管理，确保城市桥梁完好、安全和通畅，充分发挥城市桥梁的功能。

四、城市道路管理体制

（一）管理体制

根据《城市道路管理条例》的规定，住房和城乡建设部主管全国城市道路管理工作，省、自治区住房城乡建设主管部门主管本行政区域内城市道路管理工作，县级以上城市市政工程主管部门管理本行政区域内城市道路管理工作。

（二）管理原则

《城市道路管理条例》第 4 条规定："城市道路管理实行统一规划、配套建设、协调发展和建设、养护、管理并重的原则。"统一规划是指城市道路的建设、改造要按照城市道路发展规划（根据城市总体规划编制）进行。配套建设与协调发展是指城市供水、排水、燃气、热力、供电、通信、消防等依附于城市道路的各种管线、杆线等设施的建设计划，应当与城市道路发展规划和年度建设计划相协调，坚持先地下、后地上的施工原则，与城市道路同步建设。另外，新建城市道路与铁路相交的道口建设应当根据需要在城市道路发展规划和年度计划中预留立体交叉设施的建设位置，并逐步建设实施。城市道路的建设、养护、路政管理是城市道路管理工作的三个组成部分，三者同样重要。《城市道路管理条例》特别强调了城市道路的建设、养护、管理并重，以保持建成的城市道路经常处于完好状态，这样才能充分发挥功能，保证畅通。

第二节　城市道路规划、建设与维护

一、城市道路建设规划

根据《城市规划编制办法》（建设部令第 146 号）规定，城市总体规划应当提出交通发展战略及主要对外交通设施布局原则，确定交通发展战略和城市公共交通的总体布局，落实公交优先政策，确定主要对外交通设施和主要道路交通设施布局。其中，城市干道系统网络、城市轨道交通网络、交通枢纽布局等属于强制性内容。县级以上城市人民政府应当组织市政工程、城市规划、公安交通等部门，根据城市总体规划编制城市道路发展规划。市政工程行政主管部门应当根据城市道路发展规划，制定城市道路年度建设计划，经城市人民政府批准后实施。政府投资建设城市道路的，应当根据城市道路发展规划和年度建设计划，由市政工程行政主管部门组织建设。单位投资建设城市道路的，应当符合城市道路发展规划，并经市政工程行政主管部门批准。城市住宅小区、开发区内的道路建设，应当分别纳入住宅小区、开发区的开发建设计划配套建设。

二、城市道路建设资金

随着我国城市化的发展，城市发展迅速，人口、车辆与城市道路的矛盾日益突出。加大城市道路的建设是保持城市经济、社会、环境可持续发展的重要措施。但是，目前单纯依靠财政资金不能适应城市道路的发展需求，城市道路建设又没有固定的资金渠道，因此，为了这一公共事业的发展，需要通过多种渠道筹措资金，作为发展城市道路、满足需求的阶段性政策。《城市道路管理条例》第 8 条规定："城市道路建设资金可以按照国家有关规定，采取政府投资、集资、国内外贷款、国有土地有偿使用收入、发行债券等多种渠道筹集。"另外，《城市道路管理条例》还对道路建设资金来源作了如下规定：

(1) 国家鼓励国内外企业和其他组织以及个人按照城市道路发展规划，投资建设城市道路。

(2) 城市住宅小区、开发区内的道路建设，应当分别纳入住宅小区、开发区的开发建设计划配套建设。

(3) 城市道路与铁路相交的道口建设立体交通设施所需投资，按照国家规定由有关部门协商确定。

(4) 公路主管部门对改建、拓宽城市道路和公路的结合部的建设，可以按照国家有关规定在资金上给予补助。

(5) 市政工程主管部门对利用贷款或者集资建设的大型桥梁、

隧道等，可以在一定期限内向过往车辆（军用车辆除外）收取通行费，用于偿还贷款或者集资款，不得挪作他用。收取通行费的范围和期限由省、自治区、直辖市人民政府规定。

三、城市道路设计、施工单位资质管理

《城市道路管理条例》第16条规定：“承担城市道路设计、施工的单位，应当具有相应的资质等级，并按照资质等级承担相应的城市道路的设计、施工任务。”资质管理是实施市场准入的手段，保证了城市道路建设的实施单位具备承担设计、施工城市道路的能力。

四、工程质量监督管理制度

城市道路的设计和施工必须严格执行国家或地方规定的城市道路设计、施工规范，对在建的城市道路，有关部门有权对其进行工程质量监督，保证工程各个环节的质量符合规划设计的要求。

五、城市道路养护维修

（一）养护、维修的责任

根据城市道路投资、建设和管理主体的不同，养护、维修的责任分别是：

（1）市政工程主管部门对其组织建设和管理的城市道路，统一安排养护、维修资金，并委托城市道路养护、维修单位负责养护和维修；

（2）单位投资建设和管理的道路，由投资建设的单位或者其委托的单位负责养护和维修；

（3）城市住宅小区、开发区内的道路，由建设单位或其委托的单位负责养护和维修；

（4）设在城市道路上的各类管线的检查井、箱盖或者城市道路的附属设施，因缺损影响交通和安全时，有关产权单位应当及时补缺或者修复。

（二）养护、维修施工管理

（1）承担城市道路养护、维修的单位应严格执行城市道路养护、维修的技术规范，定期进行养护、维修，确保养护、维修工程的质量；

（2）城市道路的养护、维修工程应当按照规定的期限修复竣工，并在施工现场设置明显标志和安全防范设施，保障行人和交通车辆的安全；

（3）城市道路养护、维修的专用车辆应使用统一的标志；

（4）市政工程行政主管部门负责对养护、维修工程的质量进行监督检查，保障城市道路的完好。

六、城市桥梁养护维修

（一）养护、维修的责任

（1）政府投资（含贷款）建设的城市桥梁，其养护维修由城市人民政府委托的管理人负责。

（2）由政府投资建设但已经出让经营权的城市桥梁，或者由企业投资建设的城市桥梁，在经营期限内，由获得经营权的企业负责养护维修。经营期满后，按照设计荷载标准以及相关技术规范，经检测评估确认合格后，方可交还城市人民政府管理。

（3）社会力量投资修建的公益性城市桥梁，其养护维修由城市人民政府委托的管理人负责。

（4）单位自建的用于专业用途的桥梁，由自建单位负责养护维修。

（二）养护、维修管理

为保证城市桥梁的完好、安全和通畅，《城市桥梁检测和养护维修管理办法》明确规定了城市桥梁产权人或者委托管理人应当按照有关规定，在城市桥梁上设置承载能力、限高等标志，并保持其完好、清晰。下列行为，应当经市政工程设施行政主管部门同意或批准后方可实施：

（1）在城市桥梁施工控制范围内从事河道疏浚、挖掘、打桩、地下管道顶进、爆破等作业；

（2）超限机动车辆、履带车、铁轮车等需经过城市桥梁的车辆；

（3）在城市桥梁上架设各种市政管线、电力线、电信线等；

（4）在城市桥梁上设置大型广告、悬挂物等辅助物。

七、城市桥梁检测评估

（一）城市桥梁检测评估制度

建立、健全城市桥梁检测评估制度是确保城市桥梁的完好、安全和通畅，充分发挥城市桥梁功能的重要保障。对城市桥梁及其附属设施按照规定进行检测评估，目的是随时掌握城市桥梁及其附属设施的基本状况，及时发现问题，及早采取措施。城市桥梁的检测评估工作包括下列内容：

（1）记录城市桥梁及其附属设施当前状况；

（2）了解车辆和交通量的改变给设施运行带来的影响；

（3）跟踪结构与材料的使用性能变化；

（4）对城市桥梁及其附属设施状态评估提供相关信息；

（5）给养护、设计与建设等部门提供反馈信息。

城市桥梁的检测评估应根据其内容、周期、评估要求分为经常性检查、定期检测、特殊检测。经常性检查是指对城市桥梁及其附属设施的技术状况进行日常巡检。定期检测是指对城市桥梁及其附属设施的可靠性等进行定期检查评估。特殊检测是指当城市桥梁遭遇地震、洪水、台风等自然灾害或者车辆撞击等人为事故后进行的可靠性检测评估。

（二）检测资质管理

城市桥梁检测关系城市桥梁安全，具有较强的专业性、技术性，因此，城市桥梁的检测评估工作应当由具有相应资质的城市桥梁检测评估机构进行。城市桥梁检测评估机构应当根据有关技术规范，提供真实、准确的检测数据和评估结论，评定桥梁的技术等级。

第三节　城市道路路政管理

城市道路在使用过程中受到交通荷载及自然因素的影响，会产生磨耗和损失；一些不当的行为也会对城市道路的正常使用产生不利的影响，有时人为因素比自然因素更具破坏性。因此，路政管理与建设、养护、维修同等重要。《城市道路管理条例》规定，在城市道路的范围内禁止下列行为：（1）擅自占用或者挖掘城市道路；（2）履带车、铁轮车或者超重、超高、超长车辆擅自在城市道路上行驶；（3）机动车在桥梁或者非指定的城市道路上试刹车；（4）擅自在城市道路上建设建筑物、构筑物；（5）在桥梁上架设压力在4千克/平方厘米（0.4兆帕）以上的煤气管道、10千伏以上的高压电力线和其他易燃易爆管线；（6）擅自在桥梁或者路灯设施上设置广告牌或者其他挂浮物；（7）其他损害、侵占城市道路的行为。在以上几种禁止行为中，（3）、（5）、（7）属绝对禁止的行为，其他几种是相对禁止的行为，即需要履行一定的审批手续方可实施。

一、城市道路的占用、挖掘管理

（一）城市道路占用管理

（1）占用审批。《城市道路管理条例》规定：因特殊情况需要临时占用城市道路的，须经市政工程主管部门和公安交通管理部门批准；确需占用城市道路作为集贸市场的，应当经县级以上城市人民政府批准。

临时占用城市道路期满后，应及时清理占用现场，恢复城市道路原状；损坏城市道路的，应当修复或者给予赔偿。

（2）城市道路占用费。收费对象是占用城市道路的单位；占用费的收费标准由省、自治区人民政府的住房城乡建设主管部门、直辖市人民政府的市政工程主管部门拟订，报同级财政、物价主管部门核定。

（二）城市道路挖掘管理

“拉锁马路”现象，不仅造成了浪费，还造成了城市道路的严重损坏、交通不畅等后果。《城市道路管理条例》对城市道路挖掘管理作出了明确的规定。

（1）挖掘审批。因工程建设需要挖掘城市道路的，应持规划部门批准签发的文件和有关设计文件，到市政工程主管部门和公安交通管理部门办理审批手续，之后方可按照规定挖掘；新建、改建、扩建的城市道路交付使用后5年内、大修的城市道路竣工后3年内不得挖掘，因特殊情况需要挖掘的，须经县级以上城市人民政府批准；因埋设在城市道路下的管线发生故障需要紧急抢修的，可以先行破路抢修，并同时通知市政工程主管部门和公安交通管理部门，在 24 小时内按照规定补办批准手续；经批准挖掘城市道路的，如需要移动位置、扩大面积、延长时间，应当提前办理变更审批手续。

（2）检查验收。挖掘城市道路的施工现场应设置明显的标志和安全设施；竣工后，应当及时清理现场，通知市政工程行政主管部门检查验收，以保证挖掘后修复的城市道路质量达到要求。

（3）城市道路挖掘修复费。收费对象是挖掘由市政工程主管部门管理的城市道路的单位和个人；收费机关是市政工程主管部门；收费标准由省、自治区人民政府的建设主管部门、直辖市人民政府的市政工程主管部门制定，报同级财政、物价主管部门备案。

二、路政管理的其他内容

履带车、铁轮车或者超重、超高、超长的车辆在城市道路上行驶，极有可能对道路造成损害，因此必须事先征得市政工程行政主管部门同意，并按照公安交通管理部门指定的时间、路线行驶。军用车辆执行任务需要在城市道路上行驶的，虽可不受上述限制，但也应当按照规定采取安全保护措施。依附于城市道路建设的各种管线、杆线等设施应当经市政工程主管部门批准，方可建设。

第四节　法律责任

有下列行为之一的，由市政工程主管部门责令停止设计、施工，限期改正，可以并处 3 万元以下罚款；已经取得设计、施工资格证书，情节严重的，提请原发证机关吊销其设计、施工资格证书：（1）未取得设计、施工资格或者未按照资质等级承担城市道路的设计、施工任务的；（2）未按照城市道路设计、施工技术规范设计、施工的；（3）未按照设计图纸施工或者擅自修改图纸的。擅自使用未经验收或者验收不合格的城市道路的，由市政工程主管部门责令限期改正，给予警告，可以并处工程造价 2% 以下的罚款。

承担城市道路养护、维修的单位，未定期对城市道路进行养护、维修或者未按照规定的期限修复竣工，并拒绝接受市政工程主管部门监督、检查的，由市政工程主管部门责令限期改正，给予警告；对负有直接责任的主管人员和其他直接责任人员，依法给予行政处分。

违反《城市道路管理条例》有关路政管理的规定，出现了明确禁止的 7 种行为之一的，或者有下列行为之一的，由市政工程主管部门或者其他有关部门责令限期改正，可以处 2 万元以下罚款；造成损失的，应当依法承担赔偿责任：（1）未对设在城市道路上的各种管线的检查井、箱盖或者城市道路附属设施的缺损及时补缺或者修复的；（2）未在城市道路施工现场设置明显标志和安全防围设施的；（3）占用城市道路期满或者挖掘城市道路后，不及时清理现场的；（4）依附于城市道路建设各种管线、杆线等设施，不按照规定办理批准手续的；（5）紧急抢修埋设在城市道路下的管线，不按照规定补办批准手续的；（6）未按照批准的位置、面积、期限占用或者挖掘城市道路，或者需要移动位置、扩大面积、延长时间，未提前办理变更审批手续的。

市政工程主管部门人员玩忽职守、滥用职权、徇私舞弊，构成犯罪的，依法追究刑事责任；尚不构成犯罪的，依法给予行政处分。

第五章 城市照明管理

第一节 概述

一、城市照明的基本概念

（一）城市照明

城市照明是指在城市规划区内城市道路、隧道、广场、公园、公共绿地、名胜古迹以及其他建（构）筑物的功能照明或者景观照明。

（二）功能照明

功能照明是指通过人工光以保障人们出行和户外活动安全为目的的照明。

（三）景观照明

景观照明是指在户外通过人工光以装饰和造景为目的的照明。

（四）城市照明设施

城市照明设施是指用于城市照明的照明器具以及配电、监控、节能等系统的设备和附属设施等。

二、城市照明概况

城市照明是城市公共设施的组成部分，其质量和水平反映了社会进步和现代化程度。改革开放以来，我国城市照明发展很快，对完善城市功能，改善城市环境，提高人民生活水平发挥了积极的作用。但城市照明的过快发展加大了能源的需求和消耗，尤其是一些城市单纯追求高亮度、多色彩、大规模、超豪华，建设和配置不切实际的、不科学的照明工程，浪费了能源也造成了光污染，影响了居住和生态环境的和谐与平衡，加剧了供电紧张。

三、城市照明法规

为加强城市照明管理，促进能源节约，改善城市照明环境，2010年5月4日，住房和城乡建设部发布《城市照明管理规定》（住房和城乡建设部令第4号)，2010年7月1日起正式施行。镇、乡和未设镇建制工矿区的照明管理，可以参照该规定执行。

四、城市照明的管理体制

城市照明管理直接关系节约能源、保护环境，关系人民群众的生产生活，体现了一个城市的文化品位和管理水平。其内容包括城市照明的规划、建设、维护和监督管理的各项相关活动。城市照明管理是对城市照明工作全方位、全过程的管理，照明管理工作要从人民群众的照明需求出发，从社会经济发展的实际出发。

《城市道路管理规定》第4条明确指出：国务院住房和城乡建设主管部门指导全国的城市照明工作。省、自治区人民政府住房和城乡建设主管部门对本行政区域内城市照明实施监督管理。城市人民政府确定的城市照明主管部门负责本行政区域内城市照明管理的具体工作。

《城市道路管理规定》中确定了国家、省、市三级主管部门对城市照明的管理体制。针对目前城市照明管理体制较为复杂，有些地方由住房城乡建设部门管理，有些地方由电力部门管理，存在多头管理，重复建设等问题，《城市道路管理规定》明确了由城市人民政府确定的城市照明主管部门负责本行政区域内城市照明管理的具体工作，以达到国家对城市照明工作“集中高效统一管理”的要求。

第二节　规划和建设

一、城市照明专项规划的编制

（一）城市照明规划编制工作要求

《城市道路管理规定》第7条第1款规定，城市照明主管部门应当委托具备相应资质的单位承担城市照明专项规划的编制工作。

城市照明专项规划的编制要以城市总体规划为依据，编制城市照明专项规划应当根据城市功能照明与景观照明的需要，提出照明的量化指标；根据城市自然地理环境、人文资源和经济发展水平，按照城市总体规划确定的城市功能划分区域，对不同区域的照明效果提出要求，并制定城市照明的环保与节能的具体措施，提出实施方案。

（二）城市照明规划编制审批程序

《城市照明管理规定》第6条，城市照明主管部门应当会同有关部门，依据城市总体规划，组织编制城市照明专项规划，报本级人民政府批准后组织实施。

（三）城市照明规划实施要求

《城市照明管理规定》第10条规定，新建、改建城市照明设施，应当根据城市照明专项规划确定各类区域照明的亮度、能耗标准，并符合国家有关标准规范。该条要求是在规划和设计阶段对节能要求的具体落实。

二、城市照明工程建设的规定

城市照明工程建设的立项、设计、施工、监理、验收等环节，要认真落实《城市夜景照明设计规范》（JGJ/T 163-2008）和《城市道路照明设计标准》（CJJ 45-2006）的相关规定。

（一）城市照明工程建设的设计要求

无论是道路照明设施建设项目还是景观照明设施建设项目的设计方案，都应进行充分论证，要按照照明节能设计标准，优先选用通过认证的高效节能产品，禁止使用低效的照明产品。城市照明工程要严格按照照明设计标准和照明能耗密度标准进行设计和建设。

（二）城市照明工程建设的资金管理

为鼓励城市照明建设和维护的多元化投资，《城市照明管理规定》第11条规定，政府投资的城市照明设施的建设经费，应当纳入城市建设资金计划。国家鼓励社会资金用于城市照明设施的建设和维护。

（三）城市照明工程建设的实施要求

《城市照明管理规定》第12条对配套城市照明设施的建设进行了规定，要求新建、改建城市道路项目的功能照明装灯率应当达到100%，与城市道路、住宅区及重要建（构）筑物配套的城市照明设施，应当按照城市照明规划建设，与主体工程同步设计、施工、验收和使用。

《城市照明管理规定》第 13 条规定，符合城市照明设施安装条件的建（构）筑物和支撑物可以在不影响其功能和周边环境的前提下，安装照明设施。按照该条规定，对已有一些建（构）筑物的墙面、立柱、横梁以及供电杆、通信杆等可以安装照明设施，以减少资源的浪费，美化市容环境，但安装照明设施不得影响建（构）筑物和支撑物的使用功能以及周边环境。

第三节　城市照明能源节约

一、落实城市照明专项规划

《城市照明管理规定》第 16 条规定，城市照明主管部门应当依据城市照明专项规划，制定城市照明节能计划和节能技术措施，优先发展和建设功能照明，严格控制景观照明的范围、亮度和能耗密度，并依据国家有关规定，限时全部淘汰低效照明产品。

二、城市照明能耗考核制度

为保证城市照明节能措施的落实，控制城市照明能耗，各城市应结合本地实际建立完善城市绿色照明节能评价体系，综合考量评价节能效果，尽快建立健全城市照明节能管理统计、监测制度，严格执行设计、施工、管理等专业标准和单位能耗限额指标，实行城市照明消耗成本管理，实现城市绿色照明，落实节能目标责任制。《城市照明管理规定》第 18 条要求城市照明主管部门应当建立城市照明能耗考核制度，定期对城市景观照明能耗等情况进行检查。该规定对于制定落实整改措施，充分挖掘节能潜力，提高各地开展绿色照明的主动性和创造性起到了积极的作用。

三、节能教育和岗位培训

《城市照明管理规定》第 17 条要求城市照明主管部门应当定期开展节能教育和岗位节能培训，提高城市照明维护单位的节能水平。

四、合同能源管理制度

在城市照明中可以以市场化运作的方式来实现照明设施运行管理阶段的节能目标。《城市照明管理规定》第 20 条规定，城市照明可以采取合同能源管理的方式，选择专业性能源管理公司管理城市照明设施。

城市照明管理要以市场为导向，建立推动和实施节能措施的新机制，推动城市照明节能的产业化进程，提高能源利用效率。按照规范选择确定专业服务机构，不断提升专业服务机构的能力。通过合同能源管理等方式，聘请专业服务机构参与城市照明节能改造，提供能源效率审计、节能项目设计、采购、施工、培训、运行、维护、监测等综合性服务，并通过与客户分享节能效益赢利，实现滚动发展和双赢发展。

五、城市照明节能措施

《城市照明管理规定》明确指出，国家支持城市照明科学技术研究，推广使用节能、环保的照明新技术、新产品，开展绿色照明活动，宣传扩大照明节能效应。国家鼓励在城市照明设施建设和改造中安装和使用太阳能、风能等可再生能源利用系统。

城市照明节能措施包括：（1）根据照明道路、场所的功能、性质、环境区域亮度、表面装饰材料及所在城市的规模等，确定照度和亮度标准值；（2）进行照明设计时，对多种符合照明标准要求的设计方案，进行综合技术经济分析比较，从中选出技术先进、经济合理又节约能源的最佳方案；（3）选择符合标准规范的光源、灯具和照明电器产品。（4）选用合理的节能技术和设备；（5）选择合理的控制方式，并应采用可靠度和一致性好的控制设备；（6）使用科学的控制方式，如：采用双光源灯具时深夜关闭一支光源、采用能在深夜自动降低光源功率的装置、关闭不超过半数的灯具等；（7）建立切实有效的节能管理机制；（8）制定维护计划，宜定期进行灯具清扫、光源更换及其他设施的维护；（9）其他科节能措施。

第四节　管理和维护

一、城市照明设施管理维护质量要求

（一）城市照明主管部门的责任

《城市照明管理规定》第21条规定了主管部门的工作职责：城市照明主管部门应当建立健全各项规章制度，加强对城市照明设施的监管，保证城市照明设施的完好和正常运行。《城市照明管理规定》第23条规定了主管部门确定维修养护单位的方式：城市照明主管部门可以采取招标投标的方式确定城市照明设施维护单位，具体负责政府投资的城市照明设施的维护工作。

（二）运行维护经费保障

公益性的城市道路照明、景观照明，应纳入公共财政体系，由财政提供必要的资金保证。《城市照明管理规定》第25条要求政府预算安排的城市照明设施运行维护费用应当专款专用，保证城市照明设施的正常运行。开征电力附加费的地方必须做到专款专用，保证其维护经费与电费的正常支出。

（三）工作指标和质量要求

城市照明设施的管理和维护，应当符合有关标准规范。城市照明设施维护单位应当定期对照明灯具进行清扫，改善照明效果，并可以采取精确等量分时照明等节能措施。

《关于切实加强城市照明节能管理严格控制景观照明的通知》（建城〔2010〕92号）要求，各地要制定城市照明设施节能管理规定，采取节能计量考核措施；实施城市照明集中管理、集中控制和分时控制模式，科学合理地安排照明开关时间；在用电紧张时要确保城市道路、广场等功能照明的正常运行，严格控制景观照明。

二、城市照明设施资产移交管理规定

对于非政府投资的照明设施移交管理的条件和程序，《城市照明管理规定》第24条作出了明确规定：非政府投资建设的城市照明设

施由建设单位负责维护；符合下列条件的，办理资产移交手续后，可以移交城市照明主管部门管理：（1）符合城市照明专项规划及有关标准；（2）提供必要的维护、运行条件；（3）提供完整的竣工验收资料；（4）城市人民政府规定的其他条件和范围。

三、城市照明设施安全运行管理规定

《城市照明管理规定》第 27 ~ 28 条对城市照明设施的安全运行作了规定。

（1）因自然生长而不符合安全距离标准的树木，由城市照明主管部门通知有关单位及时修剪；因不可抗力致使树木严重危及城市照明设施安全运行的，城市照明维护单位可以采取紧急措施进行修剪，并及时报告城市园林绿化主管部门。

（2）任何单位和个人都应当保护城市照明设施，不得实施下列行为：①在城市照明设施上刻画、涂污；②在城市照明设施安全距离内，擅自植树、挖坑取土或者设置其他物体，或者倾倒含酸、碱、盐等腐蚀物或者具有腐蚀性的废渣、废液；③擅自在城市照明设施上张贴、悬挂、设置宣传品、广告；④擅自在城市照明设施上架设线缆、安置其他设施或者接用电源；⑤擅自迁移、拆除、利用城市照明设施；⑥其他可能影响城市照明设施正常运行的行为。

（3）损坏城市照明设施的单位和个人，应当立即保护事故现场，防止事故扩大，并通知城市照明主管部门。

第五节　法律责任

不具备相应资质的单位和不具备相应执业资格证书的专业技术人员从事城市照明工程勘察、设计、施工、监理的，依照有关法律、法规和规章予以处罚。

违反《城市照明管理规定》，在城市景观照明中有过度照明等超能耗标准行为的，由城市照明主管部门责令限期整改；逾期未整改的，处以 1000 元以上 3 万元以下的罚款。

违反《城市照明管理规定》，有破坏城市照明设施行为之一的，由城市照明主管部门责令限期改正，对个人处以 200 元以上 1000 元以下的罚款；对单位处以 1000 元以上 3 万元以下的罚款；造成损失的，依法赔偿损失。

城市照明主管部门工作人员玩忽职守、滥用职权、徇私舞弊的，依法给予处分；构成犯罪的，依法追究刑事责任。

第六章　城镇燃气管理

第一节　概述

一、燃气基本概念

《城镇燃气管理条例》规定了城镇燃气发展规划与应急保障、燃气经营与服务、燃气使用、燃气设施保护、燃气安全事故预防与处理及相关管理活动，农村的燃气管理参照执行。

根据《城镇燃气管理条例》，燃气是指作为燃料使用并符合一定要求的气体燃料，包括天然气（含煤层气）、液化石油气和人工煤气等。燃气是易燃、易爆的混合气体，其由多种可燃与不可燃成分组成。可燃成分包括：氢气、一氧化碳、甲烷及碳氢化合物（烃类）等；不可燃成分包括：二氧化碳、氮气等惰性气体；部分燃气还含有氧气、水及少量杂质。

除天然气、人工燃气、液化石油气外，燃气种类还包括生物质气。目前，作为城镇燃气供应的气源是天然气、人工燃气、液化石油气，但不能排除随着经济社会发展和科技进步，再出现其他作为城镇燃气供应气源的燃气种类。

燃气设施是城镇的重要基础设施，对改善城市环境、提高居民生活质量、促进和谐社会建设和经济可持续发展发挥着重要的作用。截至2010年年底，全国人工煤气供应总量达279.9亿立方米，全国燃气普及率为92%。

二、城镇燃气法规标准体系概况

燃气是现代化城镇的主要能源之一，是城镇居民优质清洁的生活燃料，工业生产重要能源。发展城镇燃气事业是节约能源、减少污染的重要措施。

（一）法规和规章

目前，燃气管理方面的法规和规章主要是：

（1）《城镇燃气管理条例》（国务院令第583号），2010年10月19日发布，2011年3月1日起施行。

（2）《燃气燃烧器具安装维修管理规定》（建设部令第73号），2000年1月21日发布，2000年3月1日施行。

（3）《建筑业企业资质管理规定》（建设部令第159号），2006年12月30日发布，2007年9月1日起施行。

（二）工程建设标准

包括《城镇燃气技术规范》（GB 50494-2009）、《燃气工程制图标准》（GJJ/T 130-2009）、《城镇燃气设施运行、维护和抢修安全技术规程》（GJJ 51-2006）等。

三、城镇燃气的管理体制

城镇燃气管理不但关系到节约能源、保护环境，更关系到人民生命财产安全和社会公共安全，体现了一个城市的文化品位和管理水平。城镇燃气管理涉及建设、勘察、设计、施工、监理等各个环节，包括了城镇燃气的规划与应急保障、经营与服务、燃气的使用、燃气设施保护、燃气安全事故预防处理等多个方面。城镇燃气管理工作要从人民群众根本需求出发，从社会经济发展的实际出发。

《城镇燃气管理条例》规定，国务院住房城乡建设主管部门负责全国的燃气管理工作。县级以上地方人民政府燃气管理部门负责本行政区域内的燃气管理工作。县级以上人民政府其他有关部门依照该条例和其他有关法律、法规的规定，在各自职责范围内负责有关燃气管理工作。

第二节　城镇燃气发展规划和燃气设施建设

一、城镇燃气发展规划

（一）城镇燃气发展规划的内容

根据《城镇燃气管理条例》的规定，燃气发展规划的内容应当包括：燃气气源、燃气种类、燃气供应方式和规模、燃气设施布局和建设时序、燃气设施建设用地、燃气设施保护范围、燃气供应保障措施和安全保障措施。

（1）燃气气源和种类。为城市提供燃气的来源称为气源；燃气种类，一般按照燃气来源和生产方式可分为天然气、人工燃气、液化石油气和生物质气。其中天然气、人工燃气、液化石油气可以作为城镇燃气供应的气源。

（2）供气方式和规模。城镇燃气供应方式包括管道输送和瓶装两种方式；供气规模是指燃气的供应总量、供应区域和用户数量。

（3）燃气设施布局和建设时序。燃气设施布局，主要是指市政燃气设施的布点，比如门站、加气站、灌装站等。建设时序主要是指根据当地的社会状况和用户需求，对燃气设施的建设确定合理的时间、顺序。燃气发展规划的编制应当通过方案论证确定工艺流程、气源站点的位置、规模和建设时序。

（4）燃气设施建设用地。燃气设施建设用地属于城镇基础设施用地，按照《城乡规划法》的规定，基础设施和公共服务设施用地等内容，属于城市总体规划、镇总体规划的强制性内容，禁止擅自改变用途。

（5）燃气设施保护范围。燃气设施保护范围是指为有效保护燃气管道、管道燃气阀门、燃气调压站、燃气储气设施及液化石油气灌装站设立的保护距离。

（6）燃气供应保障措施和安全保障措施。燃气供应保障措施，是指为保证燃气的正常供应，用户能够连续、不间断地使用燃气所采取的措施。燃气安全保障措施，一般是指各种燃气应急保障预案的建立，燃气事故抢修、抢险方案的制订，各种抢修人员、车辆、工具、仪器的配备，以及对燃气管网及各类燃气设施的检查等。

（二）燃气发展规划的编制

根据《城镇燃气管理条例》的规定，国务院住房城乡建设行政主管部门应当会同国务院有关部门，依据国民经济和社会发展规划、土地利用总体规划、城乡规划以及能源规划，结合全国燃气资源总量平衡情况，组织编制全国燃气发展规划并组织实施。县级以上地方人民政府燃气管理部门应当会同有关部门，依据国民经济和社会发展规划、土地利用总体规划、城乡规划、能源规划以及上一级燃气发展规划，组织编制本行政区域的燃气发展规划，报本级人民政府批准后组织实施，并报上一级人民政府燃气管理部门备案。

燃气发展规划一经批准，就具有法律效力。燃气管理、发展改革、规划等相关部门要严格按照燃气发展规划的要求审查、审批燃气设施建设工程。各项燃气设施建设工程应当严格按照规划进行。规划组织编制部门根据有关法律、法规的规定和实际情况，对燃气发展规划进行修订，修订燃气发展规划应当报原审批机关，由原审批机关批准后组织实施。

二、燃气设施的建设

（一）资金来源

《城镇燃气管理条例》规定，县级以上地方人民政府应当根据燃气发展规划的要求，加大对燃气设施建设的投入，并鼓励社会资金投资建设燃气设施。

目前，全国燃气设施投入不足，历史欠账较多，特别是天然气作为优质城镇燃气气源引进以后，需求量大幅度增加，原有的燃气设施特别是地下管网老化、腐蚀严重，频频发生安全事故，亟待更新改造，需要加快建设天然气设施。对于社会资金投资建设燃气设施，县级以上地方人民政府应当采取鼓励的政策。社会资金是指政府财政资金或者政策性资金等以外的各类民间投资、资金，如：企业资金、机构资金和个人资金、可利用外资等。

（二）建设用地和规划许可

（1）预留建设用地。《城镇燃气管理条例》规定，进行新区建设、旧区改造，应当按照城乡规划和燃气发展规划配套建设燃气设施或者预留燃气设施建设用地。预留燃气设施配套建设用地，是指在不具备建设条件时，应预留燃气设施建设用地。燃气设施建设用地属于城镇基础设施用地，对规划确定的燃气设施建设用地应当实施规划控制，不得擅自改变土地规划用途或者改作他用。

（2）规划许可。对燃气发展规划范围内的燃气设施建设工程，城乡规划主管部门在依法核发选址意见书时，应当就燃气设施建设是否符合燃气发展规划征求燃气管理部门的意见；不需要核发选址意见书的，城乡规划主管部门在依法核发建设用地规划许可证或者乡村建设规划许可证时，应当就燃气设施建设是否符合燃气发展规划征求燃气管理部门的意见。在规划区内进行燃气设施建设，必须遵循《城乡规划法》的规定。考虑到燃气设施的建设与燃气发展规划的实施密切相关，为确保燃气发展规划的有效实施，《城镇燃气管理条例》规定，城乡规划主管部门在实施规划许可前，应当就燃气设施建设工程是否符合燃气发展规划征求燃气管理部门意见。

（3）竣工验收备案制度。燃气设施建设工程竣工后，建设单位应当依法组织竣工验收，并自竣工验收合格之日起15日内，将竣工验收情况报燃气管理部门备案。燃气设施建设工程是建设工程的一类，其竣工验收应当遵守《建设工程质量管理条例》的规定。《城镇燃气管理条例》规定的备案与《建设工程质量管理条例》规定的备案有所差别。一是，备案部门不一样。《建设工程质量管理条例》规定的备案部门是建设行政主管部门或者交通、水利等有关部门；《城镇燃气管理条例》规定的备案部门是燃气管理部门。二是，备案内容不一样。《建设工程质量管理条例》规定的是竣工验收报告和规划、公安消防、环保等部门的认可文件和准许使用文件的备案；《城镇燃气管理条例》规定的是竣工验收情况的备案。三是，备案目的不一样。《建设工程质量管理条例》规定的备案制度，主要目的在于保障工程质量符合国家规定；《城镇燃气管理条例》规定的备案制度，主要目的在于确保燃气设施建设符合燃气发展规划。《城镇燃气管理条例》规定的备案制度并非取代《建设工程质量管理条例》中的备案制度，而是对燃气设施建设工程建设单位增加的新要求。

第三节　城镇燃气经营与服务

一、城镇燃气经营许可制度

规范燃气经营与服务行为，是建立和完善公平有序的市场竞争环境、保障燃气供应安全、保证燃气服务质量、维护燃气用户合法权益的重要保障。

《城镇燃气管理条例》规定，国家对燃气经营实行许可证制度。从事燃气经营活动的企业，应当具备下列条件。

（一）符合燃气发展规划要求

燃气作为支撑城市发展和满足人们生活需要的重要能源，其供应量和供应规模应当与城市的发展相协调，建设燃气设施工程项目必须遵循燃气发展规划，燃气经营区域和范围也必须符合燃气发展规划要求，满足统一规划、综合监管、协调发展、保障安全的基本原则。

（二）有符合国家标准的燃气气源和燃气设施

为保证燃气安全稳定供应，要求燃气气源和燃气设施必须符合国家标准。提供燃气气源的企业必须首先确保气源符合国家标准，燃气经营企业直接对消费者供应的燃气也应符合国家标准。燃气经营企业应当与企业提供者签订燃气供应合同，建立稳定的商业合作关系。从事燃气经营活动要有符合国家标准的储存、输配设施。

（三）有固定的经营场所、完善的安全管理制度和健全的经营方案

有固定场所是燃气经营企业提供服务的基本条件。燃气具有易燃易爆的特性，直接关系社会公共安全和人民生命财产安全，城镇燃气生产、储存、输配、经营和使用，必须贯彻“安全第一、预防为主”的方针，严格遵守有关安全规定及操作规程，建立健全相应的安全管理制度，并严格执行。安全管理制度，包括设施建设、运行管理、检查检测、维护保养、抢险抢修、宣传培训、用户服务等制度。燃气经营企业所从事的是公用事业，涉及广大人民群众的切身利益，应当依据《城镇燃气管理条例》的规定制定健全的、切实可行的经营方案，

包括在先进的管理理念引导下的工程建设、安全保障、市场发展、财务管理、运行维护、客户服务、员工培育等方面的企业制度体系，从而确保燃气企业持续发展，并承担相应的社会责任。

（四）企业的主要负责人、安全生产管理人员以及运行、维护和抢修人员经专业培训并考核合格

主要负责人是指燃气企业法定代表人、董事长、总经理；安全生产管理人员是指负责安全运行的企业经理、副经理和负责安全管理的部门负责人和管理人员；运行、维护和抢修人员是指负责燃气设施设备运行、维护和燃气设施设备故障或者事故抢险抢修的管理人员和一线操作人员。上述人员应当依据《城镇燃气管理条例》和《中华人民共和国安全生产法》等有关法律法规的规定，进行相应的燃气专业管理技能和操作技能培训，经燃气管理部门组织依法考核，考核合格后方可持证上岗。

（五）法律、法规规定的其他条件

符合上述条件的，由县级以上地方人民政府燃气管理部门核发燃气经营许可证。

二、城镇燃气经营与服务

对城镇燃气的服务内容和要求，《城镇燃气管理条例》作了以下规定。

（一）个人从事燃气经营活动

《城镇燃气管理条例》规定，禁止个人从事管道燃气经营活动。个人从事瓶装燃气经营活动的，应当遵守省、自治区、直辖市的有关规定。管道燃气经营的技术性、专业性很强，对资金、场所、设施、人员、安全、质量、消防等均有较高要求，对经营者的责任能力也有较高要求，而实践中个人经营者难以达到这些要求和条件，也缺乏相应的责任能力。同时，如果发现管道燃气事故或隐患，经营者必须立即启动应急预案，组织抢险、抢修等工作，而个人经营者显然难以承担相应的职责和任务。

（二）燃气经营者的责任和义务

《城镇燃气管理条例》规定，燃气经营者应当向燃气用户持续、

稳定、安全供应符合国家质量标准的燃气，指导燃气用户安全用气、节约用气，并对燃气设施定期进行安全检查。燃气经营者应当公示业务流程、服务承诺、收费标准和服务热线等信息，并按照国家燃气服务标准提供服务。

（三）燃气经营者的禁止性行为

（1）拒绝向市政燃气管网覆盖范围内符合用气条件的单位或者个人供气。管道燃气经营，带有垄断性质，因此，《城镇燃气管理条例》规定不允许燃气经营者选择用户，而要求提供普遍服务。

（2）倒卖、抵押、出租、出借、转让、涂改燃气经营许可证。燃气经营许可证是燃气管理部门发给特定燃气经营企业的合法经营凭证，倒卖、抵押、出租、出借、转让、涂改许可证都是违法行为。

（3）未履行必要告知义务擅自停气、调整供气量，或者未经审批擅自停业或者歇业。燃气经营者在停气、调整供气量前要履行必要的告知义务；停业或者歇业的还要依据《城镇燃气管理条例》的规定履行相应的审批手续，经过当地燃气管理部门批准。燃气经营企业不得擅自实施上述行为。

（4）向未取得燃气经营许可证的单位或者个人提供用于经营的燃气。燃气经营者的经营活动，主要是向符合条件的用户供应燃气，也可以向其他依法取得燃气经营许可证的单位和个人供应燃气，但不得向未取得燃气经营许可证的单位或者个人提供用于经营的燃气。

（5）在不具备安全条件的场所储存燃气。国家相关技术规范对储存燃气场所的安全条件有明确严格规定，燃气经营企业必须坚决严格执行。

（6）要求燃气用户购买其指定的产品或者接受其提供的服务。此规定主要是为了禁止燃气经营者利用垄断地位从事不正当竞争行为。

（7）擅自为非自有气瓶充装燃气。《气瓶安全监察规定》规定，气瓶充装单位只能充装自有产权气瓶（车用气瓶、呼吸用气瓶、灭火用气瓶、非重复充装气瓶和其他经省级质监部门安全监察机构同意的气瓶除外），不得充装技术档案不在本充装单位的气瓶。

(8) 销售未经许可的充装单位充装的瓶装燃气或者销售充装单位为非自有气瓶充装的瓶装燃气。燃气经营者只能销售合法充装的瓶装燃气，充装单位必须依法取得气瓶充装许可证和燃气经营许可证。

(9) 冒用其他企业名称或者标识从事燃气经营、服务活动。冒用其他企业名称或者标识从事燃气经营、服务活动是一种侵权行为，构成不正当竞争，要承担相应的法律后果。

(四) 管道燃气经营者的运营管理责任

(1) 管道燃气经营者应当对供应范围内的市政燃气设施、建筑区划内业主专有部分以外的燃气设施，承担运行、维护、抢修和更新改造的责任。对于单位用户的燃气设施，燃气经营者应当按照合同的约定承担相应的管理责任。

(2) 管道燃气经营者因施工、检修等原因需要临时调整供气量或者暂停供气的，应当将作业时间和影响区域提前48小时予以公告或者书面通知燃气用户，并按照有关规定及时恢复正常供气；因突发事件影响供气的，应当采取紧急措施并及时通知燃气用户。管道燃气经营者停业、歇业的，应当事先对供应范围内的燃气用户的正常用气作出妥善安排，并在90个工作日前向所在地燃气管理部门报告，经批准后方可停业、歇业。

(五) 燃气定价机制

燃气价格关系燃气经营企业和用户的切身利益，合理确定和调整燃气销售价格对城镇燃气事业发展至关重要，燃气销售价格，应当根据购气成本、经营成本和当地经济社会发展水平合理确定并适时调整。管道燃气销售价格的确定和调整，应当依照价格法的有关规定建立听证会制度，征求管道燃气用户、管道燃气经营者和有关方面的意见。

第四节　城镇燃气的使用和燃气设施的保护

一、燃气的使用

（一）燃气用户的权利和义务

《城镇燃气管理条例》对燃气用户在安全用气方面的权利、责任、义务、禁止性行为，拆改室内燃气设施的要求，正确使用燃气燃烧器具产品，燃气燃烧器具售后服务等方面作出了规定。按照《城镇燃气管理条例》的规定，燃气用户及相关单位不得擅自操作公用燃气阀门，不得将燃气管道作为负重支架或者接地引线，不得安装、使用不符合气源要求的燃气燃烧器具，不得擅自安装、改装、拆除户内燃气设施和燃气计量装置，不得在不具备安全条件的场所使用、储存燃气，不得盗用燃气，不得改变燃气用途或者转供燃气。燃气用户对户内燃气设施实施安装、改装、拆除作业时，应当按照国家有关工程建设标准实施作业。

（二）管理部门的责任

城镇燃气分为人工煤气、天然气、液化石油气等不同类别，每一类燃气按照组分和特性不同分为若干种。按照《城镇燃气管理条例》的规定，燃气管理部门应当向社会公布本行政区域内的燃气种类、气质成分等信息，以便于用户正确选用燃气燃烧器具，也便于燃气燃烧器具生产销售单位提供适配该地区气源的燃气燃烧器具。

（三）燃气燃烧器具生产、销售单位的责任

使燃气燃烧器具与气源种类、气质成分相适应，是保证燃气燃烧器具正常使用，降低燃气安全事故的重要举措。根据《城镇燃气管理条例》的规定，燃气燃烧器具生产单位应当根据不同种类和燃气组分生产燃气燃烧器具，在燃烧器具上明显的位置标明所适应的燃气种类和区域，方便燃气用户正确选用燃气燃烧器具。

燃气燃烧器具安装、维修专业性强，其设计、施工都有严格的技术要求。国家对燃气器具的安装和维修有严格的技术要求和管理规定，如《燃气燃烧器具安全技术通则》（GB 16914-1997）、《家用燃气燃烧器具安全管理规程》（GB 17905-1999）、《家用燃气燃烧器具安装及验收规程》（CJJ 12-1999）等。《城镇燃气管理条例》规定，燃气燃烧器具的生产者、销售者有设立或者委托设立售后服务站点，配备经考核合格的安装、维修人员，负责售后的安装、维修服务的责任和义务。燃气燃烧器具的安装、维修，应当符合国家有关标准。

二、城镇燃气设施的保护

（一）燃气设施保护范围的划定

划定燃气设施保护范围是县级以上地方人民政府燃气行政管理部门的一项法定责任。燃气设施保护的实施技术内容繁杂、安全要求高、涉及相关行业众多，燃气管理部门需要与相关部门共同实施。在燃气设施保护范围内，禁止从事建设占压地下燃气管线的建筑物、构筑物或者其他设施、爆破、取土或者动用明火等危及燃气设施安全的活动。

在燃气设施保护范围内，有关单位从事管道、打桩、顶进、挖掘、钻探等可能影响燃气设施安全活动的，应当与燃气经营者共同制定燃气设施保护方案，并采取相应的安全保护措施。

（二）燃气经营者的责任

燃气设施在城镇区域内分布广、周边情况复杂，容易遭到其他行为的损害。为保障这些设施的安全运行，《城镇燃气管理条例》规定，燃气经营者应当按照国家有关工程建设标准和安全生产管理的规定，设置燃气设施防腐、绝缘、防雷、降压、隔离等保护装置和安全警示标志，定期进行巡查、检测、维修和维护，确保燃气设施的安全运行。《城镇燃气管理条例》规定，燃气经营者改动市政燃气设施，应当制定改动方案，报县级以上地方人民政府燃气管理部门批准。改动方案应当符合燃气发展规划，明确安全施工要求，有安全防护和保障正常用气的措施。

（三）单位、个人的责任

燃气易燃、易爆、有毒，其设施有较高的专业性和独特性，单位和个人侵占、毁损、擅自拆除或者移动燃气设施，会带来极大的安全隐患，危害人身财产安全。《城镇燃气管理条例》规定，任何单位和个人不得侵占、毁损、擅自拆除或者移动燃气设施；不得毁损、覆盖、涂改、擅自拆除或者移动燃气设施安全警示标志。任何单位和个人发现有可能危及燃气设施和安全警示标志的行为，有权予以劝阻、制止；经劝阻、制止无效的，应当立即告知燃气经营者或者向燃气管理部门、安全生产监督管理部门和公安机关报告。新建、扩建、改建建设工程，不得影响燃气设施安全。建设单位在开工前，应当查明建设工程施工范围内地下燃气管线的相关情况；燃气管理部门以及其他部门和单位应当及时提供相关资料。建设工程施工范围内有地下燃气管线等重要燃气设施的，建设单位应当会同施工单位与管道燃气经营者共同制定燃气设施保护方案。建设单位、施工单位应当采取相应的安全保护措施，确保燃气设施运行安全；管道燃气经营者应当派专业人员进行现场指导。法律、法规另有规定的，依据有关法律、法规的规定执行。

第五节　城镇燃气安全事故的预防与处理

随着我国燃气事业的快速发展和供气规模的日益扩大，燃气在生产、储存、运输及使用过程中的安全事故时有发生。由于燃气储存具有巨大能量，潜伏着危险因素，尤其是燃气泄漏可能导致火灾、爆炸，对人民生命财产构成严重的威胁。从安全管理的角度来说，燃气生产、输配工艺装置的安全运行，是通过安全设计、规范操作、定期检验、定期检查和加强日常维护等措施来实现的。但是，这并不能保证达到绝对的安全。因此，需要制订万一发生事故应该采取的紧急措施和应急方法。事故应急预案就是通过制订事前计划和应急措施，充分利用一切可能的力量和资源，在事故发生后能迅速地控制事故发展，并尽可能排除事故的危害，以保护现场人员和场外人员的安全，将事故对人员、财产和环境破坏的损失减小到最低程度。

按照“安全第一、预防为主”和坚持政府统一指挥，有关各方协调一致原则，提高对燃气安全事故的处置能力和快速反应能力，最大限度地避免和减少人员伤亡、财产损失，维护社会稳定。《城镇燃气管理条例》对燃气安全事故应急预案，燃气事故统计分析制度，燃气安全事故或者事故隐患报告，燃气安全评估和风险管理体系、燃气经营、燃气使用安全的监督检查，燃气安全事故应急预案和抢险抢修，燃气安全事故报告、调查处理和责任追究等事项作出了规定。

（一）确立燃气安全事故应急预案制度

燃气管理部门应当会同有关部门制订燃气安全事故应急预案，建立燃气事故统计分析制度，定期通报事故处理结果。燃气经营者应当制订本单位燃气安全事故应急预案，配备应急人员和必要的应急装备、器材，并定期组织演练。

（二）燃气安全事故及事故隐患报告制度

任何单位和个人发现燃气安全事故或者燃气安全事故隐患等情况，应当立即告知燃气经营者，或者向燃气管理部门、公安机关消防机构等有关部门和单位报告。

（三）燃气安全事故隐患的处置制度

燃气经营者应当建立健全燃气安全评估和风险管理体系，发现燃气安全事故隐患的，应当及时采取措施消除隐患。燃气管理部门以及其他有关部门和单位应当根据各自职责，对燃气经营、燃气使用的安全状况等进行监督检查，发现燃气安全事故隐患的，应当通知燃气经营者、燃气用户及时采取措施消除隐患；不及时消除隐患可能严重威胁公共安全的，燃气管理部门以及其他有关部门和单位应当依法采取措施，及时组织消除隐患，有关单位和个人应当予以配合。

（四）燃气安全事故的处置制度

燃气安全事故发生后，燃气经营者应当立即启动本单位燃气安全事故应急预案，组织抢险、抢修。燃气安全事故发生后，燃气管理部门、安全生产监督管理部门和公安机关消防机构等有关部门和单位，应当根据各自职责，立即采取措施防止事故扩大，根据有关情况启动燃气安全事故应急预案。

（五）燃气安全事故的调查处理制度

燃气安全事故经调查确定为责任事故的，应当查明原因、明确责任，并依法予以追究。对燃气生产安全事故，依照有关生产安全事故报告和调查处理的法律、行政法规的规定报告和调查处理。

第七章　城镇供热管理

第一节　概述

一、城镇供热基本概念

供热主要是针对北方城镇，进入冬季后为保证人们的正常生产生活，而采取的一系列供热保暖措施。供热主要有集中供热、分散小锅炉供热和自采暖供热等。其中城镇集中供热就是由一个或多个集中热源所产生的蒸汽、热水通过管网供给一个城镇或部分地区生产和生活使用的供热方式。

供热系统是由热源、供热热网、换热站和热用户组成的循环系统。

热源是指生产和制备一定参数（温度、压力）热媒的锅炉房或热电厂。热媒是可以用来输送热能的媒介物，常用的热媒是热水和蒸汽。集中供热的主要热源有区域锅炉房和热电厂两种。

供热热网是指输送热媒的室外供热管路系统。主要解决建筑物外部从热源到热用户之间热能的输配问题。换热站是城镇集中供热系统中热网与用户的连接站。其作用是根据热网工况和用户的不同条件，采用不同的连接方式，将热网输送的供热介质加以调节、转换，向用户系统分配，以满足用户需要，并集中计量、检测供热介质的数量和参数。

热用户是指直接使用或消耗热能的室内采暖、通风空调、热水供应和生产工艺用热系统等。

二、城镇供热概况

我国城镇供热行业的发展大体分成两个阶段。第一阶段是20世纪50～80年代。新中国成立初期，随着工业生产厂的建设，在北京和东北地区开始有了一定规模的热电联产和区域锅炉房供热。到20

世纪70年代中期，由于热源设备的改善和技术的积累，逐渐开始了大规模建设城镇集中供热设施。党的十一届三中全会以后，尤其是国务院以国发〔1986〕22号文件转发城乡建设环境保护部、国家计划委员会《关于加强城市集中供热管理工作的报告》以后，我国北方地区供热发展进入第二阶段，城市集中供热事业有了飞速发展。这一时期，不仅在东北、西北地区得到了迅速发展，在华北地区也由于城市改造步伐加速，促进了该地区的供热行业的发展与形成。此时城镇集中供热突破了传统的黄河以北区域的界线，发展到了黄河以南的省、市。

目前我国城镇供热主要分布在三北（东北、华北、西北）地区，涉及北京市、天津市、河北省、山西省、内蒙古自治区、辽宁省、吉林省、黑龙江省、山东省、河南省、陕西省、甘肃省、青海省、宁夏回族自治区、新疆维吾尔族自治区15个省、市、自治区。

城镇集中供热是城镇基础设施之一，具有节约能源、减少污染、有利生产、方便生活的综合经济效益、环境效益和社会效益。截至2010年年底，北方地区15个省、市、自治区集中供热面积约为43.6亿平方米，其中住宅30.8亿平方米。城镇集中供热的建设和发展，在节约能源、治理环境、减少污染、促进经济发展、改善人民生活等方面发挥了明显的作用。

三、城镇供热法规体系概况

（一）法律、行政法规

目前我国城镇供热还没有专门的法律、行政法规。涉及城镇供热的法律、行政法规主要有三部：《中华人民共和国节约能源法》（以下简称《节约能源法》）、《民用建筑节能条例》和《公共机构节能条例》，这些法律、行政法规为供热计量改革的推进提供了有力的法律保障。

(1)《节约能源法》（1997年11月1日第八届全国人民代表大会常务委员会第二十八次会议通过，2007年10月28日第十届全国人民代表大会常务委员会第三十次会议修订）。《节约能源法》第38条规定，国家采取措施，对实行集中供热的建筑分步骤实行供热分户计量、按照用热量收费的制度。新建建筑或者对既有建筑进行节能改造，应当按照规定安装用热计量装置、室内温度调控装置和供热系统调控装置。具体办法由国务院住房城乡建设主管部门会同国务院有关部门制定。

（2）《民用建筑节能条例》（2008 年 7 月 23 日国务院第 18 次常务会议通过）。《民用建筑节能条例》第 18 条规定，实行集中供热的建筑应当安装供热系统调控装置、用热计量装置和室内温度调控装置；公共建筑还应当安装用电分项计量装置。居住建筑安装的用热计量装置应当满足分户计量的要求。计量装置应当依法检定合格。该条例第 29 条规定，对实行集中供热的建筑进行节能改造，应当安装供热系统调控装置和用热计量装置；对公共建筑进行节能改造，还应当安装室内温度调控装置和用电分项计量装置。

（3）《公共机构节能条例》（2008 年 7 月 23 日国务院第 18 次常务会议通过）。该条例第 14 条规定，公共机构应当实行能源消费计量制度，区分用能种类、用能系统实行能源消费分户、分类、分项计量，并对能源消耗状况进行实时监测，及时发现、纠正用能浪费现象。

（二）规章、规范性文件

为推进集中供热的发展，国务院及相关部委出台了一系列政策文件。

（1）1986 年 2 月 6 日国务院批转城乡建设环境保护部、国家计划委员会《关于加强城市集中供热管理工作报告的通知》（国发〔1986〕22 号）要求各地明确发展城市集中供热的方针，健全城市集中供热管理体制，多渠道解决建设资金，采取优惠政策和合理的价格政策，加强立法和管理工作，推动集中供热工作的开展。

（2）2000 年 2 月 18 日《民用建筑节能管理规定》（建设部令第 76 号，已废止）规定，国家鼓励发展集中供热和热、电、冷联供技术。

（3）2000 年 8 月 22 日国家发展计划委员会、国家经济贸易委员会、建设部、国家环保总局《关于发展热电联产的规定》（计基础

〔2000〕1268号）指出热电联产具有节约能源、改善环境、提高热质量、增加电力供应等综合效应，提出推动热电联产事业的发展。

（4）2003年7月21日建设部、国家发展和改革委员会、财政部、人事部、民政部、劳动和社会保障部、国家税务总局、国家环保总局等八部委联合下发《关于城镇供热体制改革试点工作的指导意见》（建城〔2003〕148号），决定在东北、华北、西北以及山东、河南等地区开展城镇供热体制改革的试点工作。

（5）2005年12月6日建设部等八部委再次联合下发了《关于进一步推进城镇供热体制改革的意见》（建城〔2005〕220号），进一步明确了全面推进改革的指导思想、基本原则和近期重点工作等。

（6）2007年1月17日国家发展和改革委员会、建设部印发的《热电联产和煤矸石综合利用发电项目建设管理暂行规定》（发改能源〔2007〕141号）进一步明确了热电联产应以集中供热为前提。

（7）2010年2月2日住房和城乡建设部、发展和改革委员会、财政部、国家质量监督检验检疫总局联合下发了《关于进一步推进供热计量改革工作的意见》（建城〔2010〕14号），明确提出从2010年开始，北方采暖地区新竣工建筑及完成供热计量改造的既有居住建筑，取消以面积计价收费方式，实行用热量计价收费方式。

四、城镇供热的管理体制

住房和城乡建设部负责指导全国的供热工作，地方人民政府负责本行政区域的城镇供热管理，主要由供热管理办公室承担具体的城镇供热管理工作。

城镇供热行业的管理主要包括四个方面：（1）供热规划建设管理。地方人民政府应当按照部门分工和管理权限，组织供热、规划等有关部门实施供热专项规划的编制和建设工作。（2）供热市场监管。主要责任是建立供热市场运行机制和监管机制，制定供热企业进入供热市场准入、退出制度，确定供热行业的市场规则，创造公开、公平的市场竞争环境，从而保障供、用热双方合法权益。（3）供热价格管理。供热价格由当地价格部门统一协调确定。（4）供热质量监督和检查。供热质量监督检查由各地供热管理办公室负责。通过对供热行业通用服务、用热管理服务、供热运行和维护服务、经营收费服务、投诉举报处理等标准的设定，规范和提高供热企业的服务质量。

第二节　城镇供热规划与建设

一、城镇供热规划的原则和目标

城市供热规划是根据城市国民经济社会发展和建设发展的需要，按照远近期结合的原则，确定集中供热分期发展规模和步骤的工作。1986 年 2 月 6 日国务院批转城乡建设环境保护部、国家计划委员会《关于加强城市集中供热管理工作报告的通知》（国发〔1986〕22 号）要求城市供热应该明确集中供热的方针。要因地制宜，广开热源，并且力求技术先进、经济合理。今后，集中供热要根据工业用热和生活用热的需要，采取热电联产，建设集中供热的锅炉房，充分利用工业余热和开发地热等多种方式，在城市总体规划的指导下，有计划、有步骤地分期实施。凡是新建住宅、公用设施和工厂用热，在技术经济合理的条件下，都应采取集中供热，一般不再建分散的供热锅炉房。

二、城镇供热规划的编制和审批

供热专项规划是城市总体规划的一部分，是对城市供热发展的专项规划。各地政府按照部门分工和管理权限，组织供热、规划等有关部门实施供热专项规划的编制工作，提出规划的总体思路和编制原则，委托具有相应资质的设计单位承担规划文本和图纸的编制工作。在城市总体规划的指导下，制定城市供热发展专项规划，按照贯彻远近结合、合理布局、统筹安排、分步实施的原则并按照规划与建设相结合的要求，确定城市供热和发展方向，指导供热项目建设；在新建集中供热设施的同时，对原来分散小锅炉供热的拆除也要作出规划。通过合理的供热规划，优化热源、热网布局，推动集中供热项目的建设。

2000 年 8 月 22 日国家发展计划委员会、国家经济贸易委员会、建设部、国家环保总局《关于发展热电联产的规定》（计基础

〔2000〕1268 号）要求各地在编制热电联产规划时，应坚持环境保护基本国策，认真贯彻执行“能源节约与能源开发并举，把能源节约放在首位”的方针，认真编制和审查城市供热规划。依据本地区城市供热规划、环境治理规划和电力规划编制本地区的热电联产规划。2007 年 1 月 17 日国家发展和改革委员会、建设部印发的《热电联产和煤矸石综合利用发电项目建设管理暂行规定》明确规定，热电联产和煤矸石综合利用发电专项规划应按照国家电力发展规划和产业政策，依据当地城市总体规划、城市规模、工业发展状况和资源等外部条件，结合现有电厂改造、关停小机组和小锅炉等情况编制。热电联产专项规划的编制要科学预测热力负荷，具有适度前瞻性，并对不同规划建设方案进行能耗和环境影响论证分析。地市级及以上政府有关部门负责编制专项规划，并应纳入全省（直辖市、自治区）电力工业发展规划。各地热电联产和煤矸石综合利用发电装机总量应纳入国家电力发展规划。省级发展改革部门会同其他有关部门应在全国电力发展规划装机容量范围内负责专项规划的审定，统一报国家发展和改革委员会。

三、城镇供热设施的建设

国家发展计划委员会、国家经济贸易委员会、建设部、国家环保总局《关于发展热电联产的规定》规定，在已建成的热电联产集中供热和规划建设热电联产集中供热项目的供热范围内，不得再建燃煤自备热电厂或永久性燃煤锅炉房，当地环保与技术监督部门不得再审批其扩建小锅炉。在现有热电厂的供热范围内，不应有分散燃煤小锅炉运行。已有的分散燃煤锅炉应限期停运。在城市热力网供热范围内，居民住宅小区应使用集中供热，不应再采用小锅炉等分散供热方式。热电联产项目的建设、安装、调试、验收、投产必须遵照固定资产项目的管理程序和有关规定执行。在热电厂和城市热网的建设过程中应分别接受电力及城市建设管理部门的监督。

2007 年 1 月 17 日国家发展和改革委员会、建设部印发的《热电联产和煤矸石综合利用发电项目建设管理暂行规定》规定，在严寒、寒冷地区（包括秦岭淮河以北、新疆、青海和西藏）且具备集中供热条件的城市，应优先规划建设以采暖为主的热电联产项目，取代分散供热的锅炉，以改善环境质量，节约能耗。

城镇集中供热建设的资金来源以地方自筹为主，国家贷款、受益单位合理负担为原则，采取多元化、多渠道等办法加以解决。1986年2月6日国务院批转城乡建设环境保护部、国家计划委员会《关于加强城市集中供热管理工作报告的通知》指出，城市集中供热的建设资金，可采取多种渠道解决，一是地方自筹；二是向受益单位集资；三是从城市维护建设税中拿出部分资金补助城市热网建设；四是国家给予部分节能投资。国家可采取无息、低息、贴息、延长贷款偿还期限等优惠政策，扶持城市集中供热的发展。资金来源于：一是国家安排的节能投资（或贷款）；二是城市维护建设税；三是地方政府征收的市政公用设施配套费；四是环境污染治理费；五是受益单位集资；六是利用外资或中外合资；七是地方政府的其他基金等。

第三节　城镇供热管理

一、城镇供热节能管理

城镇供热节能是建筑节能的重要组成部分。北方地区建筑耗能包括采暖、空调、通风、热水、照明、电器等，其中供热采暖能耗占了主要部分。据统计，全国目前供热采暖耗能全年约为1.5亿吨标准煤，占北方地区总能耗的20%。供热采暖能耗高，除房屋保温性差外，主要是因为用户室内没有计量和温控装置，无法自主调节，没有自主节能的积极性，导致热浪费高达15%～30%左右。供热节能潜力非常巨大。

《民用建筑节能条例》规定，供热单位应当建立健全相关制度，加强对专业技术人员的教育和培训。供热单位应当改进技术装备，实施计量管理，并对供热系统进行监测、维护，提高供热系统的效率，保证供热系统的运行符合民用建筑节能强制性标准。县级以上地方人民政府建设主管部门应当对本行政区域内供热单位的能源消耗情况进行调查统计和分析，并制定供热单位能源消耗指标；对超过能源消耗指标的，应当要求供热单位制定相应的改进措施，并监督实施。《公共机构节能条例》规定，公共机构应当实行能源消费计量制度，区分用能种类、用能系统实行能源消费分户、分类、分项计量，并对能源消耗状况进行实时监测，及时发现、纠正用能浪费现象。公共机构应当指定专人负责能源消费统计，如实记录能源消费计量原始数据，建立统计台账。公共机构应当在能源消耗定额范围内使用能源，加强能源消耗支出管理；超过能源消耗定额使用能源的，应当向本级人民政府管理机关事务工作的机构作出说明。公共机构应当按照规定进行能源审计，对本单位用能系统、设备的运行及使用能源情况进行技术和经济性评价，根据审计结果采取提高能源利用效率的措施。

2010 年 2 月 2 日住房和城乡建设部、国家发展和改革委员会、财政部、国家质量监督检验检疫总局联合下发了《关于进一步推进供热计量改革工作的意见》（建城〔2010〕14 号），要求进一步加大供热系统节能管理。各地要支持供热管网、热源节能改造，降低能耗，实行供热系统计量管理。各地住房城乡建设部门要依据《节约能源法》、《民用建筑节能条例》，制定供热系统能耗考评指标体系和考评办法，建立节能监督机制，强化供热系统节能管理。在具备条件的城市开展供热系统和建筑能耗统计试点工作。

近年来我国在供热节能管理方面主要开展的工作有：（1）规划节能。通过预测城镇热负荷的增长，确定城镇集中供热的发展规模；通过热源选择和热力网结构、布局等的优化，确定热力系统，并使之达到技术先进、运行可靠、经济合理、综合利用和环境保护的要求。（2）系统节能。开展供热系统节能改造，提高热源效率、老旧供热管网输送效率。推进供热系统量调节，通过控制网路供、回水温度、流量、运行时间来调节供热量以适应热用户热负荷的变化。（3）供热计量节能。通过供热计量收费，提高供热单位和热用户节能的积极性。

二、供热体制改革

自 2003 年开展供热体制改革以来，国家出台了一系列有关供热计量改革的法规、政策和规范。颁布了《民用建筑节能条例》等 3

部法律、行政法规，制定了《关于进一步推进供热计量改革工作的意见》等14个文件，颁布了《供热计量技术规程》等4部技术规范，实施了《热量表》等4个产品标准。

供热体制改革的主要内容有三个方面：（1）采暖费“暗补”变“明补”改革。主要内容是停止福利供热，实行用热商品化、货币化，将目前各级财政和单位用于职工采暖的各种费用转化为以货币形式直接向职工和离退休人员发放补贴，实现采暖补贴货币化。根据职工和离退休人员住房标准、收入水平、城镇供热平均价格、采暖期限、企业和财政承受能力等因素，合理确定总体补贴水平，统筹考虑各类人群的补贴标准和发放办法。通过采暖费补贴“暗补”变“明补”改革，建立“谁用热、谁交费、谁供热、谁收费”的供热收费制度，逐步实现用热商品化、货币化。（2）低收入困难群体采暖保障。主要内容是按照属地管理原则，政府在制定配套政策措施时，要将解决好城镇低收入困难家庭采暖问题作为重点内容，切实落实资金，通过多种途径、采取多种措施加以解决。在当前社会保障体系还不完善的情况下，必须采取财政补贴和社会救助相结合的办法来解决城镇生活困难居民的采暖问题。（3）供热计量改革。主要内容是改革现行的热费计算方式，逐步取消按面积计收热费，实现按用热量分户计量收费。

目前北方地区125个地级以上采暖城市有112个已经完成采暖费补贴“暗补”变“明补”的改革。供热体制改革的核心实现了以热费制度改革为主向以供热计量改革为主的转变。低收入困难群体采暖保障机制进一步健全。各地政府结合当地实际情况，采取积极措施，不断探索困难群体冬季采暖保障的新模式、新途径，基本解决了困难群体冬季采暖保障问题。辽宁、山东、吉林、青海等省投入财政资金对困难群体冬季采暖实施补贴。沈阳、银川、大连、鞍山等城市政府拨付专项资金建立了城市供热保障金，用于困难群体的采暖补贴，使困难群体采暖保障逐步走入制度化、规范化轨道。供热计量改革取得阶段性成果。截至2010年年底，累计实现供热计量收费3.17亿平方米，其中住宅供热计量收费2.17亿平方米，占68%。出台供热计量价格和收费办法的地级以上城市达到80个，占北方地级以上采暖城市的64%，比2009年（48个）增加32个。河北、山西、陕西、青海地级以上采暖城市全部出台了供热计量价格和收费办法。在实行供热计量收费的城市，居民普遍受益，节省热费10% ~20%，供热企业实现节能15% ~30%。

三、城镇供热经营管理

供热采暖是北方城镇居民冬季生产、生活的基本需求，在具备商品性、营利性的同时，还具有很强的公益性。城镇供热经营管理是供热管理的重要内容。近年来，城镇供热经营管理工作的主要内容包括供热市场培育和供热市场监管两个方面。

在供热市场培育方面，重点工作是放开投资市场、推行现代企业制度。2002年12月27日建设部印发《关于加快市政公用行业市场化进程的意见》（建城〔2002〕272号）规定，鼓励社会资金、外国资本采取独资、合资、合作等多种形式，参与供热设施的建设，形成多元化的投资结构。对供热设施的建设，应公开向社会招标选择投资主体。允许跨地区、跨行业参与供热经营。采取公开向社会招标的形式选择供热的经营单位，由政府授权特许经营。2005年12月6日建设部等八部委联合下发的《关于进一步推进城镇供热体制改革的意见》（建城〔2005〕220号）规定，各地区在推进供热体制改革过程中，要充分利用市场机制，逐步达到投资多元化、运营企业化、服务社会化，提高供热投资运营效率和产品质量，改善供热服务，满足用户需求。要加大国有供热企业的改革力度，推进建立现代企业制度，提高市场竞争能力和应变能力。允许非公有资本等各种经济成分的企业参与热源厂、供热管网的投资、建设、改造和经营。

在供热市场监管方面，重点工作是推行特许经营制度。供热特许经营制度是指在供热行业中，由政府授予企业在一定时间和范围对供热进行经营的权利，即特许经营权。政府通过合同协议或其他方式明确政府与获得特许权的企业之间的权利和义务。2004年3月19日建设部印发的《市政公用事业特许经营管理办法》（建设部令第126号）对城市供水、供气、供热、公共交通、污水处理、垃圾处理等行业的特许经营管理作出了明确规定。

目前北京、沈阳、哈尔滨、佳木斯、石家庄等城市采取独资、合资、合作等多种形式在供热行业相继引进了法国、英国和国内民营资本，建设和经营管理城市供热企业。原来的许多国营供热企业进行了国有独资形式的企业改制，转换经营机制，成立了股份制公司，如北京热力集团、长春热力集团、青岛热电集团等。有些国营供热企业实行了全员职工持股的改制，成立了股份有限责任公司，如牡丹江热电公司、齐齐哈尔热力公司、吉林市热力公司等。山东、吉林、新疆、黑龙江等部分城市开展了供热特许经营制度试点工作。

四、城镇供热安全和应急管理

供热生产安全稳定运行是保证广大居民冬季供热采暖，维护社会稳定的基本条件。加强城镇供热安全和应急管理，是创建和谐社会重要手段。2005 年 12 月 6 日建设部等八部委联合下发的《关于进一步推进城镇供热体制改革的意见》规定，要建立健全城镇供热预警和应急保障机制，制定应对各种突发事件的应急预案，确保安全稳定供热。对可能出现供热燃料紧张的地区，要实行供热燃料应急储备制度；对不能保障正常供热的企业，要有应对措施，必要时依法实行临时接管。

城镇供热安全和应急管理主要内容包括：（1）建立供热保障工作责任制。落实相关部门和相关人员责任，完善应急措施，安排应急资金，成立应急队伍，储备应急煤炭，加强应急值班值守。（2）加强安全检查。组织供热企业对设施设备运行情况、重点管网进行安全检查，排查隐患，及时处置，确保供热设施安全运行。（3）切实提高服务水平。推行供热服务标准化、规范化，建立服务公示制、承诺制和社会评价制，提高供热企业服务水平。

第八章　城市市容和环境卫生管理

第一节　概述

一、城市市容和环境卫生概况

改革开放以来，随着城镇化的快速发展、城市市容法制建设及管理体制的不断完善，我国城市容貌发生了根本的变化，城市脏、乱、差问题得到了明显改善，占道经营现象明显减少，违法建筑蔓延的势头得到遏制，户外广告管理进一步规范。城市市容管理由于存在管理对象复杂、执法环境差、宣传力度不够等原因，仍存在流动商贩管理困难、违法建设、暴力抗法等比较突出的问题。

经过“十五”时期特别是“十一五”时期的发展，我国城市环境卫生行业得到了长足的进步。（1）投资规模扩大、设施数量和质量持续提高。2010 年全国城市环境卫生固定资产投资继续保持增长，达到 301.6 亿元，其中垃圾处理投资为 127.4 亿元。全国城市公共厕所数量达到 119 327座，其中三类以上公共厕所 81 027座。全国无害化生活垃圾处理厂 628 座，处理能力达 38.8 万吨/日，全年实际集中处理生活垃圾约 1.2 亿吨，无害化处理率为 77.94%。全国城市道路清扫面积累计 48.5 亿平方米，其中机械化清扫面积达 16.5 亿平方米，占全部清扫面积 34%。（2）市场机制作用显著，行业发展活力增强。上海、北京、南京、成都等城市进行了政企分开、作业服务单位由事业单位改制为企业的改革。道路清扫、公厕保洁、垃圾粪便清运等实行有偿服务，推行经济承包责任制，对环卫作业服务实行了政府采购和招标投标制度。城市生活垃圾处理设施采取的特许经营及垃圾处理收费制度取得了新进展。生活垃圾分类和减量提上议事日程，北京、上海、杭州等城市以更加人性化和科学化的方式正在着力推进。（3）城市环境卫生法规体系与标准体系不断完善。随着《中华人民共和国固体废物污染环境防治法》（以下简称《固体废物污染环境防治法》）、《城市市容和环境卫生管理条例》、《城市生活垃圾管理办法》等法律、行政法规、规章的颁布实施以及一批环境卫标准的相继出台，特别是2010年国家发布了8项环境卫生标准，城市环境卫生法制及标准体系不断健全。但由于我国城市化迅速推进、社会经济发展和人口不断增加，同时由于环卫基础设施建设严重滞后，历史欠账较多，城市环境卫生整体水平不高的问题仍较为突出，环卫基础设施建设任务艰巨。

二、城市市容和环境卫生法律法规概况

为了规范城市市容和环境卫生管理工作，全国人大常委会、国务院、国务院有关部门、有立法权的地方人大及常委会、地方人民政府先后颁布了城市市容和环境卫生方面的法律、行政法规、部门规章、地方性法规、地方性政府规章，形成了比较完善的城市市容和环境卫生法规体系。

2004年12月29日，第十届全国人民代表大会常务委员会第十三次会议修订通过《固体废物污染环境防治法》，自2005年4月1日起施行。

2005年2月28日，第十届全国人民代表大会常务委员会第十四次会议通过《中华人民共和国可再生能源法》，自2006年1月1日起施行。

1992年6月28日，国务院以第101号令发布了《城市市容和环境卫生管理条例》，自1992年8月1日起施行。

2003年1月6日，国务院以第370号令发布了《无照经营查处取缔办法》，自2003年3月1日起施行。

自1990年以来，国务院建设主管部门制定发布了《城市公厕管理办法》、《城市建筑垃圾管理规定》、《城市生活垃圾管理办法》、《市政公用事业特许经营管理办法》等多项部门规章。2011年4月，国务院批转住房和城乡建设部等部门《关于进一步加强城市生活垃圾处理工作的意见》（国发〔2011〕9号），要求各地区、各有关部门高度重视城市生活垃圾处理工作，综合运用法律、行政、经济和技术等手段，控制城市生活垃圾产生、提高城市生活垃圾处理能力和设施运行水平、强化监督管理、加大政策支持力度和组织领导，全面提升城市生活垃圾处理水平。

三、城市市容和环境卫生管理体制

国务院住房城乡建设主管部门即住房和城乡建设部主管全国城市市容和环境卫生工作。

省、自治区、直辖市人民政府城市建设主管部门即各省、自治区、直辖市的住房和城乡建设厅（市政市容委、绿化和市容局、市容和园林委、市政管委等）负责本行政区域的城市市容和环境卫生管理工作。

城市人民政府市容和环境卫生主管部门（建委、城建局、市容环卫局、城管局等）负责本行政区域的城市市容和环境卫生管理工作。目前，多数地方城市将城市市容管理纳入城市综合管理，由城市管理行政执法局进行行政执法管理。

第二节　城市市容管理

城市市容管理是城市管理的重要组成部分。城市市容不仅是城市面貌和形象的综合反映，更是衡量人民生活水平和城市建设及经济发展水平的重要标准。为了加强城市市容管理，创造清洁、优美的市容市貌，国家有关法律、行政法规及部门规章对城市市容管理的适用范围、实体内容、法律程序和应承担的法律责任作了全面的规定。总的要求是：城市的建筑景观要讲究建筑艺术，注意和周围环境相协调，保持建筑物的观瞻效果；各种户外广告、宣传标牌等不得任意悬挂、张贴，应做到内容健康、外形美观；机动车辆进入市区，必须保持车容整洁，城市车辆清洗站的建立应符合有关规定要求。另外，相关法律、法规还对城市中的公用设施、街道绿化、公共场地、临时堆放物料和搭建等有关城市市容管理的问题作了明确要求。

城市中的建筑物分为工业建筑、民用建筑、公共建筑、园林建筑等，是城市各种建筑的通称。城市中的设施，指城市的基础设施或公共设施，包括市政、商业、绿化、住宅、文化、市容、环卫、环保、供水、通信等，是城市各种设施的通称。加强城市建筑物和设施的市容管理，不仅是提高市容环境质量的需要，更是适应改革开放和不断改善投资环境的需要。

一、行为规范要求

一切单位和个人都应保持建筑物的整洁、美观。在城市人民政府规定的街道和临街建筑物的阳台和窗外，不得堆放、吊挂有碍市容的物品。搭建或者封闭阳台必须符合城市人民政府市容环境卫生行政主管部门的有关规定。城市中的市政公用设施，应当与周围环境相协调，并维护和保持设施完好、整洁。对于一些年久失修、陈旧、残破、明显不整洁的建筑物和设施，应当通过整修、洗刷、装饰，达到完好、整洁、美观的要求；对于城市中失去维修价值的建筑物和设施，应当及时拆除，消除隐患，维护城市容貌的整洁、美观。

二、城市容貌标准

城市中的建（构）筑物、道路、园林绿化、公共设施、广告标识、照明、公共场所、城市水域、居住区等的容貌建设与管理，应当符合国家规定的城市容貌标准。城市容貌建设与管理应符合城市规划的要求，应与城市社会经济发展、环境保护相协调。城市容貌建设应充分体现城市特色，保持当地风貌，使城市环境保持整洁、美观。2009 年，住房和城乡建设部批准发布的《中华人民共和国城市容貌标准》，对建（构）筑物、道路、园林绿化、公共设施、广告标识、照明、公共场所、城市水域、居住区的建设和管理规定了明确的城市容貌标准。

（一）建（构）筑物

（1）新建、扩建、改建的建（构）筑物应保持当地风貌，体现城市特色，其造型、装饰等应与所在区域环境相协调。

（2）城市文物古迹、历史街区、历史文化名城应按国家标准《历史文化名城保护规划规范》（GB 50357-2005）进行规划控制，历史保护建（构）筑物不得擅自拆除、改建、装饰装修，应设置专门标志。其他具有历史标志价值的建（构）筑物及具有代表性风格的建（构）筑物，宜保持原有风貌特色。

（3）现有建（构）筑物应保持外形完好、整洁，保持设计建造时的形态和色彩，符合街景要求。破残的建（构）筑物外立面应及时整修。

（4）建（构）筑物不得违章搭建附属设施。封闭阳台、安装防盗窗（门）及空调外机等设施，宜统一规范设置。电力、电信、有线电视、通讯等空中架设的缆线宜保持规范、有序，不得乱拉乱设。

（5）建筑物屋顶应保持整洁、美观，不得堆放杂物。屋顶上安装的设施、设备应规范设置。屋顶色彩宜与周围景观相协调。

（6）临街商店门面应美观，宜采用透视的防护设施，并与周边环境相协调。建筑物沿街立面设置的遮阳篷帐、空调外机等设施的下沿高度应符合国家标准《民用建筑设计通则》（GB 50352-2005）的规定。

（7）城市道路两侧的用地分界宜采用透景围墙、绿篱、栅栏等形式，绿篱、栅栏的高度不宜超过1.6米。胡同里巷、楼群角道设置的景门，其造型、色调应与环境协调。

（8）城市各类工地应有围墙、围栏遮挡，围墙的外观宜与环境相协调。临街建筑施工工地周围宜设置不低于2米的遮挡墙，市政设施、道路挖掘施工工地围墙高度不宜低于1.8米，围栏高度不宜低于1.6米。围墙、围栏保持整洁、完好、美观，并设有夜间照明装置；2米以上的工程立面宜使用符合规定的围网封闭。围墙外侧环境应保持整洁，不得堆放材料、机具、垃圾等，墙面不得有污迹，无乱张贴、乱涂乱画等现象。靠近围墙处的临时工棚屋顶及堆放物品高度不得超过围墙顶部。

（9）城市雕塑和各种街景小品应规范设置，其造型、风格、色彩应与周边环境相协调，应定期保洁，保持完好、清洁和美观。

（二）城市道路

（1）城市街道应保持平坦、完好，便于通行。路面出现坑凹、碎裂、隆起、溢水以及水毁塌方等情况，应及时修复。

（2）城市道路在进行新建、扩建、改建、养护、维修等施工作业时，在施工现场设置明显标志和安全防围设施。施工完毕后应及时平整现场、恢复路面、拆除防围设施。

（3）坡道、盲道等无障碍设施应畅通、完好，道缘石应整齐、无缺损。

（4）道路上设置的井（箱）盖、雨箅应保持齐全、完好、正位、无缺损、不堵塞。

（5）人行天桥、地下通道出入口构筑物造型应与周围环境相协调。

（6）严禁擅自占道加工、经营、堆放及搭建等。非机动车辆应有序停放，不得随意占用道路。

（7）交通护栏、隔离墩应经常清洗、维护，出现损坏、空缺、移位、歪倒时，应及时更换、补充和校正。路面上的各类井盖出现松动、破损、移位、丢失时，应及时加固、更换、归位和补齐。

（8）城市道路应保持整洁，不得乱扔垃圾，不得乱倒粪便、污水，不得任意焚烧落叶、枯草等废弃物。城市道路应定时清扫保洁，有条件的城市或路段宜对道路采用水洗除尘，影响交通的降雪应及时清除。

（9）各种城市交通工具，应保持车容整洁、车况良好，防止燃油泄露。运载散体、流体的车辆应密闭，不得污损路面。

（三）园林绿化

（1）城市绿化、美化应符合城市规划，并和新建、改建、扩建的工程项目同步建设、同时投入使用。

（2）城市绿化应以绿为主，以美取胜，应遵循生物多样性及适地适树原则，合理配置乔、灌、草，注重季相变化，不得盲目引进外来植物。

（3）城市绿地应定时进行养护，保持植物生长良好、叶面洁净美观，无明显病虫害、死树、地皮空秃。城市绿化养护应符合以下要求：公共绿地不宜出现单处面积大于1平方米以上的泥土裸露。造型植物、攀缘植物和绿篱，应保持造型美观；绿地中模纹花坛、模纹组字等应保持完整、绚丽、鲜明。绿地围栏、标牌等设施应保持整洁、完好。绿地环境应整洁美观，无垃圾杂物堆放，并应及时清除渣土、枝叶等，严禁露天焚烧枯枝、落叶。行道树应保持树形整齐、树冠美观、无缺株、枯株、死树和病虫害，定期修剪，不应妨碍车、人通行，且不应碰架空线。

（4）城市道路绿地率指标应符合规定。

（5）绿带、花坛（池）内的泥土土面应低于边缘石 10 厘米以上，边缘石外侧面应保持完好、整洁。树池周围的土面应低于边缘石，宜采用草坪、碎石等覆盖，无泥土裸露。

（6）应制订保护措施、设置保护标志对古树名木进行统一管理、分别养护。

（7）城市绿化应注意庭院、阳台绿化和垂直绿化。

（8）河流两岸、水面周围，应进行绿化。

（9）严禁违章侵占绿地，不得擅自在植物上悬挂与绿化无关的物品。

（四）公共设施

（1）公共设施应规范设置、标识明显，外形、色彩与周边环境相协调，保持完好、整洁、美观，无污染、尘土，无乱涂写、乱刻画、乱张贴、乱吊挂，无破损、表面脱落现象。

（2）各类摊、亭、棚的样式、材料、色彩等，各城市应根据区域建筑特点统一设计、建造，宜兼顾功能适用与外形美观，并组合设计，一亭多用。

（3）书报亭、售货亭、彩票亭等应保持干净整洁，亭体内外玻璃立面洁净透明；各类物品应规范、有序放置，严禁跨门营业。

（4）城市中不宜新建架空管线设施，对已有架空管线宜逐步改造入地或采取隐蔽措施。

（5）电线杆、灯杆、指示杆等杆体无乱张贴、乱涂写、乱吊挂；各类标识标牌有机组合、一杆多用。

（6）候车亭应保持完整、美观，顶棚内外表面无明显积灰、无污染；座位保持干净清洁，厅内无垃圾杂物、无明显灰尘；广告灯箱表面保持明亮，亮灯效果均匀；站台及周边环境保持整洁。

（7）垃圾收集容器、垃圾收集站、垃圾转运站、公共厕所等环境卫生公共设施应保持整洁，不得污染环境；应定期维护和更新，设施完好率不低于95%，运转正常。

（8）各类公共健身、休闲设施应保持清洁、卫生。

（五）广告设施与标识

（1）广告设施与标识按面积大小分为大型、中型、小型，并应符合规定。

（2）广告设施与标识设置应符合城市专项规划，与周边环境相适应，兼顾昼夜景观。

（3）广告设施与标识使用的文字、商标、图案应准确规范。陈旧、损坏的广告设施与标识应及时更新、修复，过期和失去使用价值的广告设施应及时拆除。

（4）广告应张贴在指定场所，不得在沿街建（构）筑物、公共设施、桥梁及树木上涂写、刻画、张贴。

（5）下列情形严禁设置广告设施：利用交通安全设施、交通标志的；影响市政公共设施、交通安全设施、交通标志使用的；妨碍居民正常生活，损害城市容貌或者建筑物形象的；利用行道树或损毁绿地的；国家机关、文物保护单位和名胜风景点的建筑物控制地带；当地县级以上人民政府禁止设置户外广告的区域。

（6）人流密集、建筑密度高的城市道路沿线，城市主要景观道路沿线、主要景区内，严禁设置大型广告设施。

（7）城市公共绿地周边应按城市规划要求设置广告设施，且宜设置小型广告设施。

（8）对外交通道路、场站周边广告设施设置不宜过多，宜设置大、中型广告设施。

（9）建筑物屋顶不得设置大型广告设施。当在建筑物屋顶设置中小型广告设施时，应严格控制广告设施的高度，且不得破坏建筑物结构；建筑物屋顶广告设施的底部构架不应裸露、高度不应大于1米，并应采取有效措施保证广告设施结构稳定、安装牢固。

（10）同一建筑物外立面上的广告的高度、大小应协调有序，且不应超过屋顶，广告设置不应遮盖建筑物的玻璃幕墙和窗户。

(11) 人行道上不得设置大、中型广告，宜设置小型广告。宽度小于3米的人行道不得设置广告，人行道上设置广告的纵向间距不应小于25米。

(12) 车载广告色彩应协调，画面简洁明快、整洁美观。不应使用反光材料，不得影响识别和乘坐。

(13) 布幔、横幅、气球、彩虹气模、空飘物、节目标语、广告彩旗等广告，应按批准的时间、地点设置。

(14) 招牌广告应规范设置；不应多层设置，宜在一层门檐以上、二层窗檐以下设置，其牌面高度不得大于3米，宽度不得超出建筑物两侧墙面，且必须与建筑立面平行。

(15) 路名牌、指路牌、门牌及交通标志牌等标识应设置在适当的地点及位置，规格、色彩应分类统一，形式、图案应与街景协调，并保持整洁、完好。

(六) 城市照明

(1) 城市照明应与建筑、道路、广场、园林绿化、水域、广告标志等被照明对象及周边环境相协调，并体现被照明对象的特征及功能。照明灯具和附属设备应妥善隐蔽安装，兼顾夜晚照明及白昼观瞻。

(2) 根据城市总体布局及功能分区，进行亮度等级划分，合理控制分区亮度，突出商业街区、城市广场等人流集中的公共区域、标志性建(构)筑物及主要景点等的景观照明。

(3) 城市景观照明与功能照明应统筹兼顾，做到经济合理，满足使用功能，景观效果良好。

(4) 城市照明应符合生态保护、环境保护的要求，避免光污染，并符合以下规定：城市照明设施的外溢光/杂散光应避免对行人和汽车驾驶员形成失能眩光或不舒服眩光。城市照明灯具的眩光限制应符合规定；城市景观照明设施应控制外溢光/杂散光，避免形成障害光；室外灯具的上射逸出光不宜大于总输出光通的25%。在天文台(站)附近3千米范围内的室外照明应从严控制，必须采用上射光通量比为零的道路照明灯具；城市照明设施应避免光线对于乔木、灌木和其他花卉生长的影响。

（5）新建、改建工程的照明设施应与主体工程同步设计、同步施工、同步投入使用。

（6）城市照明应节约能源、保护环境，应采用高效、节能、美观的照明灯具及光源。

（7）灯杆、灯具、配电柜等照明设备和器材应定期维护，保持整洁、完好，并确保正常运行。

（8）城市功能照明设施应完好，城市道路及公共场所装灯率及亮灯率均应达到95% 。

（七）公共场所

（1）公共场所及其周边环境应保持整洁，无违章设摊、无人员露宿。经营摊点应规范经营，无跨门营业，保持整洁卫生，不影响周围环境。

（2）公共场所应保持清洁卫生，无垃圾、污水、痰迹等污物。

（3）机动车停车场、非机动车停放点（亭、棚）应布局合理、设置规范，车辆停放整齐。非机动车停放点（亭、棚）不应设置在影响城市交通和城市容貌的主要道路、景观道路及景观区域内。

（4）在公共场所举办节庆、文化、体育、宣传、商业等活动，应在指定地点进行，及时清扫保洁。

（5）集贸市场内的经营设施以及垃圾收集容器、公共厕所等设施应规范设置、布局合理，保持干净、整洁、卫生。

（八）城市水域

（1）城市水域应力求自然、生态，与周围人文景观相协调。

（2）水面应保持清洁，及时清除垃圾、粪便、油污、动物尸体、水生植物等漂浮废物。

（3）水体必须严格控制污水超标排入，无发绿、发黑、发臭等现象。

（4）水面漂浮物拦截装置应美观，与周边环境相协调，不得影响船舶的航行。

（5）岸坡应保持整洁完好，无破损，无堆放垃圾，无定置渔网、渔箱、网箭，无违章建筑和堆积物品。亲水平台等休闲设施应安全、整洁、完好。

（6）岸边不得有从事污染水体的餐饮、食品加工、洗染等经营活动，严禁设置家畜家禽等养殖场。

（7）各类船舶、泵船及码头等临水建筑应保持容貌整洁，各种废弃物不得排入水体。

（8）船舶装运垃圾、粪便和易飞扬散装货物时，应密闭加盖，无裸露现象，防止飘散物进入水体。

（九）居住区

（1）居住区内建筑物防盗门窗、遮阳雨棚等应规范设置，外墙及公共区域墙面无乱张贴、乱刻画、乱涂写，临街阳台外无晾晒衣物。各类架设管线应符合《城市居住区规划设计规范》（GB 50180-93）的有关规定，不得乱拉乱设。

（2）居住区内道路路面应完好畅通，整洁卫生，无违章搭建、占路设摊，无乱堆乱停。道路排水通畅，无堵塞。

（3）居住区内公共设施应规范设置、合理布局、整洁完好。座椅（具），书报亭、邮箱、报栏、电线杆、变电箱等设施无乱张贴、乱刻画、乱涂写。

（4）居住区内公共娱乐、健身休闲、绿化等场所无积存垃圾和积留污水，无堆物及违章搭建。

（5）居住区的垃圾收集容器（房）、垃圾压缩收集站、公共厕所等环卫设施应规范设置，定期保洁和维护。

（6）居住区内绿化植物应定期养护，无明显病虫害、无死树、无种植农作物、违章搭建等毁坏、侵占绿化现象。

（7）居住区的各种导向牌、标志牌和示意地图应完好、整洁、美观。

（8）居住区内不得利用居住建筑从事经营加工活动，严禁饲养鸡、鸭、鹅、兔、羊、猪等家禽家畜。居民饲养宠物和信鸽不得污染环境，对宠物在道路和其他公共场地排放的粪便，饲养人应当及时清除。

三、相关法律规定

城市市容管理应当始于城市规划阶段。《城乡规划法》中明确规定，城市总体规划、镇总体规划的内容应当包括：城市、镇的发展布局，功能分区，用地布局，综合交通体系，禁止、限制和适宜建设的地域范围，各类专项规划等。规划区范围、规划区内建设用地规模、基础设施和公共服务设施用地、水源地和水系、基本农田和绿化用地、环境保护、自然与历史文化遗产保护以及防灾减灾等内容，应当作为城市总体规划、镇总体规划的强制性内容。

第三节 城市环境卫生管理

城市环境卫生管理应坚持“依靠群众、清洁城市、化害为利、造福人民”的工作方针，重点加强生活垃圾、建筑垃圾、环境卫生设施、环境卫生经营性服务的管理，宣传和教育公民和单位自觉遵守环境卫生基本行为规范，防治环境污染，创建优美整洁的城市环境，促进社会、经济、人口、资源和环境的和谐和可持续发展。

一、城市环境卫生设施建设

根据《城市黄线管理办法》的规定，垃圾运转站、垃圾码头、垃圾堆肥场、垃圾焚烧厂、卫生填埋场（厂），环境卫生车辆停车场和修造厂，环境质量监测站等城市环境卫生设施属于城市基础设施，城市基础设施用地禁止擅自占用或改变用途。城市环境卫生设施的建设，应符合国家有关法规和标准规范的要求。现行标准规范主要包括《城镇环境卫生设施设置标准》、《城市生活垃圾卫生填埋处理工程项目建设标准》、《城市生活垃圾焚烧处理工程项目建设标准》、《城市生活垃圾堆肥处理工程项目建设标准》、《城市生活垃圾卫生填埋技术规范》、《生活垃圾填埋场无害化评价标准》、《城市生活垃圾焚烧处理工程技术规范》、《城市生活垃圾焚烧厂评价标准》、《城市公共厕所设计标准》等。

城市环境卫生设施工程竣工后，建设单位应当依法组织竣工验收，未经验收或者验收不合格的，不得交付使用。

城市环境卫生设施的维护和维修，由设施的产权单位负责。任何单位和个人不得擅自拆除城市环境卫生处置设施；确有必要拆除的，建设单位必须事先提出拆除方案，报城市人民政府市容环境卫生管部门批准，并采取措施，防止污染环境。

二、城市环境卫生管理

（一）公民应遵守的基本行为规范

（1）“五个禁止”。包括：禁止随地吐痰；禁止乱扔果皮、纸屑和烟头等废弃物；禁止随地便溺；禁止乱倒垃圾、粪便、污水；禁止焚烧落叶、枯草等废弃物。“五个禁止”是公民在环境卫生方面的基本行为规范，每个公民都应当自觉按照“五个禁止”来规范自己的环境卫生行为，养成良好的公共卫生习惯，以遵守“五个禁止”为荣，以违反“五个禁止”为耻，逐步形成一种良好的道德风尚。

（2）公民投放垃圾、倾倒粪便的行为规范。公民应当依照市容环境卫生管理部门规定的时间、地点、方式，倾倒垃圾、粪便，维护环境卫生，遵守当地有关规定，不得乱倒垃圾、粪便。

（3）不在道路和公共场所堆放杂物。公民经批准在街道两侧和公共场地临时堆放物料，应维护城市街道和公共场地的清洁，不得影响市容环境卫生。

（4）城市居民不得饲养鸡、鸭、鹅、兔、羊、猪等家禽家畜，以维护城市整洁卫生，防止传染疾病，保障人民身体健康。城郊结合部农业户的家禽家畜，应该坚持圈养，落实环境卫生保护措施，保持环境卫生。

（二）单位应遵守的行为规范

（1）施工单位应当及时清运施工过程中产生的垃圾，并按照城市人民政府市容环境卫生主管部门的规定处置。施工场地周围应按规定设置隔离护栏，保持整洁、完好、美观，并设有夜间照明装置。施工期间产生的废水、泥浆，不得流出场外、侵满路面、堵塞管道，并要采取措施，防止污染环境。

（2）运输单位各种机动车辆应当保持车身完好、车容整洁、标志齐全醒目。车容明显不洁的，不得在市区内行驶。货运车辆运输的液体、散装货物，应当密封、包扎、覆盖，避免泄漏、遗撒。运输建筑垃圾车辆的车轮不得带泥行驶，以免污染市区路面。运输城市生活垃圾的车辆必须做到密闭化，经常清洗，保持整洁、卫生和完好状态，在运输途中，不得扬、撒、遗漏生活垃圾。

（3）城市集贸市场中的单位（包括个体工商户）及各种摊点的从业人员，应当负责摊位周围环境卫生的清扫保洁，或者由从业者交纳保洁费，雇请保洁员进行清扫保洁。农贸市场、小商品市场、夜市等，应在不影响市容、交通的前提下，统筹安排、定点经营、保持摊位整洁。

（4）医院、疗养院、屠宰场、生物制品厂等单位产生的废弃物，必须依照有关规定处理。这里所说的依照有关规定处理，即指按国家环保、卫生等有关部门作出的规定妥善处理。不得在城市垃圾收集站、生活垃圾或建筑垃圾处理场所内倾倒医院、疗养院、屠宰场、生物制品厂等单位产生的废弃物，以免造成环境严重污染，直接危害人民群众的身体健康。

（5）一切单位产生的垃圾、粪便，都应当依照城市人民政府市容环境卫生主管部门规定的时间、地点、方式倾倒。这里的垃圾泛指：单位垃圾，包括机关、团体、企事业单位内部产生的垃圾；商业垃圾，一般指经营单位产生的垃圾；建筑垃圾，包括施工渣土、弃土、弃料和修缮房屋的渣土。

（6）从事城市垃圾经营性收集、运输服务的单位，必须将生活垃圾运往城市市容环境卫生行政主管部门指定的生活垃圾转运站、处理场，不得任意倾倒。城市道路和公共场所的清扫、保洁，应符合国家有关规定。城市车辆清洗站的设置单位，应当根据营业执照规定的范围开展营业服务，收费应当合理，严禁拦车强制清洗。

（三）城市生活垃圾管理

（1）一般规定。城市生活垃圾的治理，实行减量化、资源化、无害化和谁产生、谁负责的原则。国家采取有利于城市生活垃圾综合利用的经济、技术政策和措施，提高城市生活垃圾治理的科学技术水平，鼓励对城市生活垃圾实行充分回收和合理利用。城市生活垃圾应当逐步实行分类投放、收集和运输。宾馆、饭店、餐馆以及机关、院校等单位应当按照规定单独收集、存放本单位的餐厨垃圾，并交符合《城市生活垃圾管理办法》要求的城市生活垃圾收集、运输企业运至规定的城市生活垃圾处理场所。

（2）城市生活垃圾收费制度。产生城市生活垃圾的单位和个人，应当按照城市人民政府确定的生活垃圾处理费收费标准和有关规定缴纳城市生活垃圾处理费。城市生活垃圾处理费应当专项用于城市生活垃圾收集、运输和处置，严禁挪作他用。

（3）城市生活垃圾经营性清扫、收集、运输服务许可制度。从事城市生活垃圾经营性清扫、收集、运输的企业，应当取得城市生活垃圾经营性清扫、收集、运输服务许可证。未取得城市生活垃圾经营性清扫、收集、运输服务许可证的企业，不得从事城市生活垃圾经营性清扫、收集、运输活动。

直辖市、市、县建设（环境卫生）主管部门应当通过招投标等公平竞争方式作出城市生活垃圾经营性清扫、收集、运输许可的决定，向中标人颁发城市生活垃圾经营性清扫、收集、运输服务许可证。

从事城市生活垃圾经营性清扫、收集、运输的企业应当按照环境卫生作业标准和作业规范，在规定的时间内及时清扫、收运城市生活垃圾；将收集的城市生活垃圾运到直辖市、市、县人民政府建设（环境卫生）主管部门认可的处理场所；清扫、收运城市生活垃圾后，对生活垃圾收集设施及时保洁、复位，清理作业场地，保持生活垃圾收集设施和周边环境的干净整洁；用于收集、运输城市生活垃圾的车辆、船舶应当做到密闭、完好和整洁。

（4）城市生活垃圾经营性处置服务许可制度。从事城市生活垃圾经营性处置的企业，应当从所在地直辖市、市、县人民政府建设（环境卫生）主管部门取得城市生活垃圾经营性处置服务许可证。未取得城市生活垃圾经营性处置服务许可证的，不得从事城市生活垃圾经营性处置活动。

直辖市、市、县建设（环境卫生）主管部门应当通过招投标等公平竞争方式作出城市生活垃圾经营性处置许可的决定，向中标人颁发城市生活垃圾经营性处置服务许可证。

从事城市生活垃圾经营性处置的企业应当严格按照国家有关规定和技术标准，处置城市生活垃圾；按照规定处理处置过程中产生的污水、废气、废渣、粉尘等，防止二次污染；按照所在地建设（环境卫生）主管部门规定的时间和要求接收生活垃圾；按照要求配备城市生活垃圾处置设备、设施，保证设施、设备运行良好，保证城市生活垃圾处置站、场（厂）环境整洁；按照要求配备合格的管理人员及操作人员，对每日收运、进出场站、处置的生活垃圾进行计量；按照要求将统计数据和报表报送所在地建设（环境卫生）主管部门；按照要求定期进行水、气、土壤等环境影响监测，对生活垃圾处理设施的性能和环保指标进行检测、评价，向所在地建设（环境卫生）主管部门报告检测、评价结果。

（四）城市建筑垃圾管理

（1）一般规定。根据《城市建筑垃圾管理规定》的规定，建筑垃圾是指建设单位、施工单位新建、改建、扩建和拆除各类建筑物、构筑物、管网等以及居民装饰装修过程中所产生的弃土、弃料以及其他废弃物。建筑垃圾处置实行减量化、资源化、无害化和谁产生、谁承担处置责任的原则。城市人民政府市容环境卫生主管部门应当根据城市内的工程施工情况，制订建筑垃圾处置计划，合理安排各类建设工程需要回填的建筑垃圾。

（2）建筑垃圾处置收费制度。建筑垃圾处置实行收费制度，收费标准依据国家有关规定执行。

（3）建筑垃圾处置行政许可。处置建筑垃圾的单位，应当向城市人民政府市容环境卫生主管部门提出申请，获得城市建筑垃圾处置核准后，方可处置。任何单位和个人不得将建筑垃圾混入生活垃圾，不得将危险废物混入建筑垃圾，不得擅自设立弃置场受纳建筑垃圾。居民应当将装饰装修房屋过程中产生的建筑垃圾与生活垃圾分别收集，并堆放到指定地点。建筑垃圾中转站的设置应当方便居民。装饰装修施工单位应当按照城市人民政府市容环境卫生主管部门的有关规定处置建筑垃圾。施工单位不得将建筑垃圾交给个人或者未经核准从事建筑垃圾运输的单位处置。

第四节　法律责任

有下列行为之一的，城市人民政府环境卫生主管部门，应依照市容环境卫生法律、法规和规章给予行政处罚：

（1）随地吐痰、便溺、乱扔果皮、纸屑和烟头等废弃物的；

（2）在城市建筑物、设施以及树木上涂写、刻画或者未经批准张挂、张贴宣传品等的；

（3）在城市人民政府规定的街道的临街建筑物的阳台和窗外堆放、吊挂有碍市容的物品的；

（4）不按规定的时间、地点、方式倾倒垃圾、粪便的；

（5）不履行卫生责任区清扫保洁义务或者不按规定清运、处理垃圾和粪便的；

（6）运输液体、散装货物不作密封、包扎、覆盖，造成泄漏、遗撒的；

（7）临街工地不设置护栏或者不做遮挡，停工场地不及时整理并做必要覆盖或者竣工后不及时清理和平整场地，影响市容和环境卫生的；

（8）未经批准擅自饲养家畜家禽影响市容和环境卫生的；

（9）未经城市人民政府市容环境卫生行政主管部门同意，擅自设置大型户外广告，影响市容的；

（10）未经城市人民政府市容环境卫生行政主管部门批准，擅自在街道两侧和公共场地堆放物料，搭建建筑物、构筑物或者其他设施，影响市容的；

（11）未经批准擅自拆除环境卫生设施的；

（12）不符合城市容貌标准、环境卫生标准的建筑物或者设施，由城市人民政府市容环境卫生行政主管部门会同城市规划行政主管部门，责令有关单位和个人限期改造或者拆除，逾期未改造或者未拆除的，经县级以上人民政府批准，由城市人民政府市容环境卫生行政主管部门或者城市规划行政主管部门组织强制拆除，并可处以罚款；

（13）损坏各类环境卫生设施及其附属设施的；

（14）侮辱、殴打市容和环境卫生工作人员或者阻挠其执行公务的；

（15）擅自占用城市公厕规划用地或者改变其性质的；

（16）未依法履行公厕建设和维修管理责任的；

（17）影剧院、商店、饭店、车站等公共建筑没有附设公厕或者原有公厕及其卫生设施不足的；

（18）公共建筑附设的公厕及其卫生设施的设计和安装不符合国家和地方有关标准的；

（19）拆除损坏严重或者年久失修的公厕未建立临时公厕的；

（20）未依法对独立设置的城市公厕进行竣工验收的；

（21）在公厕内乱丢垃圾、污物，随地吐痰，乱涂乱画的；

（22）破坏公厕设施、设备的；

（23）未经批准擅自占用或者改变公厕使用性质的；

（24）在旅游景点、车站、繁华商业区等公共场所独立设置较高档次的公厕擅自收费或者滥收费的；

（25）将建筑垃圾混入生活垃圾的；

（26）将危险废物混入建筑垃圾的；

（27）擅自设立弃置场受纳建筑垃圾的；

（28）建筑垃圾储运消纳场受纳工业垃圾、生活垃圾和有毒有害垃圾的；

（29）施工单位未及时清运工程施工过程中产生的建筑垃圾，造成环境污染的；

（30）施工单位将建筑垃圾交给个人或者未经核准从事建筑垃圾运输的单位处置的；

（31）处置建筑垃圾的单位在运输建筑垃圾过程中沿途丢弃、遗撒建筑垃圾的；

（32）涂改、倒卖、出租、出借或者以其他形式非法转让城市建筑垃圾处置核准文件的；

（33）未经核准擅自处置建筑垃圾的；

（34）处置超出核准范围的建筑垃圾的；

（35）随意倾倒、抛撒或者堆放建筑垃圾的；

（36）未按规定缴纳城市生活垃圾处理费的；

（37）未按照城市生活垃圾治理规划和环境卫生设施标准配套建设城市生活垃圾收集设施的；

（38）城市生活垃圾处置设施未经验收或者验收不合格投入使用的；

（39）未经批准擅自关闭、闲置或者拆除城市生活垃圾处置设施、场所的；

（40）随意倾倒、抛洒、堆放城市生活垃圾的；

（41）未经批准从事城市生活垃圾经营性清扫、收集、运输或者处置活动的；

（42）从事城市生活垃圾经营性清扫、收集、运输的企业在运输过程中沿途丢弃、遗撒生活垃圾的；

（43）从事生活垃圾经营性清扫、收集、运输的企业未按照环境卫生作业标准和作业规范，在规定的时间内及时清扫、收运城市生活垃圾的；

（44）从事生活垃圾经营性清扫、收集、运输的企业未将收集的城市生活垃圾运到直辖市、市、县人民政府建设（环境卫生）主管部门认可的处理场所；

（45）从事生活垃圾经营性清扫、收集、运输的企业清扫、收运城市生活垃圾后，未对生活垃圾收集设施及时保洁、复位，清理作业场地，保持生活垃圾收集设施和周边环境的干净整洁的；

（46）从事生活垃圾经营性清扫、收集、运输的企业用于收集、运输城市生活垃圾的车辆、船舶未做到密闭、完好和整洁的；

（47）从事城市生活垃圾经营性清扫、收集、运输的企业，未经批准擅自停业、歇业的。

第九章　城镇供水、排水和节约用水管理

第一节　概述

一、城镇水务基本情况

城镇水务以水的社会循环为主要对象，通过取水、净化、输配和污水收集、处理、回用、排放等，为生产生活提供合格的水产品，并治理人类在用水过程形成的水污染以保护水环境。

城镇水务包括城镇供水、城镇排水、污水处理和节约用水，是具有公益性、基础性的公共服务行业，同时也具有一定的市场化、企业化的特点。

（一）城市供水

我国的城市供水始于1879年旅顺引泉供水。1949年全国只有72个城市约900万人用上自来水，日供水能力240万立方米，管道长度6589公里。

新中国成立后，我国对城市供水设施建设加大了中央投资力度，先后实施了大中城市供水设施建设、北方缺水城市应急供水工程、城市供水管网改造和缺水县城供水设施建设等国债专项补助，共安排项目1967个，中央补助投资291亿元，初步统计新增供水能力5000多万立方米/日，改造管网1万多千米。中央补助投资，有力地支持了城市供水设施的建设，对缓解城市缺水状况发挥了重要作用。截至2010年年底，全国城市供水能力达2.8亿立方米/日，供水服务人口3.8亿，供水管道长度达到54万千米，用水普及率达96.7%，

（二）城镇排水与污水处理

我国城镇污水处理工作起步较晚，直至20世纪80年代初，才建成第一座现代化的城市污水处理厂——天津纪庄子污水处理厂。随着经济的快速发展，城镇污水排放量不断增加，水污染已成为突出的环

境问题。

进入21世纪以来，中央和地方加大对城镇污水处理设施建设的投资力度，积极引入市场机制，建立健全政策法规体系，加强政府监管责任，我国城市污水处理取得了令人瞩目的成果。截至2010年年底，全国设市城市、县累计建成城镇污水处理厂2496座。城市污水处理能力1.04亿立方米/日，建成排水管道约37万千米，年处理污水总量达279.3亿立方米。

（三）城市节水

中国是个水资源短缺的国家，我国各级政府历来重视节约用水工作，城市节水已有近50年的历史，长期以来，以建筑为载体，把节水工作融合在城市规划、建设和管理的各个环节，不断提升城市节水工作水平，为促进水资源可持续利用做了大量工作。

我国城市节水管理工作大致经历了四个阶段：第一阶段是新中国成立初期到20世纪50年代末，城市供水设施不足，用水基本需求难以满足，大力开源成为首要任务。第二阶段是20世纪50年代末到改革开放前，城市节水的目的是“弥补开源和供水设施不足”，以开源为主，提倡节水。第三阶段是20世纪80年代，改革开放为国民经济发展带来活力，城市缺水问题日益显现，基础设施短缺与资源短缺并存，城市节水的理念是“开源与节流并重”。第四阶段是20世纪90年代至今，水量型缺水与水质型缺水现象并存，“开源、节流与治污并重”的战略逐步形成。进入21世纪以来，为深入贯彻落实科学发展观，确立了“节水减排、科学发展”的城市节水指导思想。自2001年开始，住房和城乡建设部与国家发展和改革委员会共同组织开展节水型城市创建活动，调动了城市人民政府的积极性，起到了很好的示范带头作用，有力地推动了城市节水工作。截至2011年，全国已有北京、上海等57个城市先后获得“国家节水型城市”。

经过长期持之以恒的努力，城市节约用水取得了显著成效：近10年来，全国城市年用水量没有明显增加，基本稳定在500亿立方米/年；目前城市每年节水量相当于城市年供水总量的15%左右；城市人均综合用水量下降了20%以上；再生水利用率将近翻了一番。

二、城镇水务立法沿革

随着改革的深入和社会主义市场经济体制的建立，我国的法制建设也不断得到加强。国家和各地方制定了一系列城市供水方面的法规和规章。

（一）城市供水

1980年9月，国家城建总局颁布了《城市供水工作暂行规定》，这是1949年新中国成立以来第一部关于城市供水方面的法规性文件。

1994年7月19日，国务院以第158号令颁布了《中华人民共和国城市供水条例》（以下简称《城市供水条例》），这是我国第一部关于城市供水方面的行政法规。

1993年2月，建设部发布了《城市供水企业资质管理规定》（建设部令第26号，已废止），对从事城市供水生产、经营活动的企业资格、标准及审批程序等作出了规定。

1993年12月，建设部发布了《城市地下水开发利用保护管理规定》（建设部令第30号），主要根据国务院第119号令《取水许可制度实施办法》的有关规定，对在城市规划区范围内开采地下水作出了规定。

1996年7月，建设部、卫生部发布了《生活饮用水卫生监督管理办法》（建设部、卫生部令第53号），对城市集中式供水、二次供水和涉及饮用水卫生安全的产品的卫生监督管理作出了规定。

1999年2月，建设部发布了《城市供水水质管理规定》（建设部令第67号，已废止），对城市公共供水、自建设施供水和深度净化水的水质管理作出了规定。

2004年建设部修改了《城市供水水质管理规定》（建设部令第67号），发布了建设部《关于修改〈城市供水水质管理规定〉的决定》（建设部令第132号），进一步完善了城市供水水质管理体制，加强了对城市供水水质工作的管理。2007年建设部发布了《城市供水水质管理规定》（建设部令第156号），明确了城市供水水质的责任主体，完善了城市供水水质的监督管理制度，并设立了城市供水水质突发事件应急处理制度，加大了对违法行为的处罚力度。

同时，各地方也制定和颁发了一大批地方性法规和地方政府规章，使城市供水管理基本形成了一个比较完善的法规体系，并开始逐步走上依法管理的轨道，为城市供水行业科学、规范、健康地发展，也为加入 WTO 后的中国城市供水企业的发展奠定了良好的法制基础。

（二）城镇排水和污水处理

1984 年，《中华人民共和国水污染防治法》（以下简称《水污染防治法》）颁布实施，后于 1996 年、2008 年进行修订，对城市污水处理及其收费问题作出了规定，并明确了县级以上人民政府是城镇污水处理的责任主体，以及城镇污水处理的责任主体、规划建设、运行监管职能分工等内容。

1992 年，建设部印发了《城市排水监测工作管理规定》，加强了城市排水设施的维护和有偿使用管理，开始建立城市排水监测站。

2000 年，国务院发布《中华人民共和国水污染防治法实施细则》（国务院令第 284 号，以下简称《水污染防治法实施细则》），对城市排水和污水处理的有关内容作出了规定。

2002 年，《中华人民共和国水法》（以下简称《水法》）颁布实施，后于 2009 年进行修正。对建立饮用水水源保护制度、水资源配置和节约使用，以及加强城市污水集中处理，鼓励使用再生水，提高污水再生利用率等内容作出了规定。

2004 年，建设部发布《市政公用事业特许经营管理办法》（建设部令第 126 号），为城镇污水处理设施的特许经营制度的实施创造了条件；2004 年，建设部还发布了《关于纳入国务院决定的十五项行政许可的条件的规定》（建设部令第 135 号），明确了城市排水许可制度，并规定了申请排水许可的具体条件。

2006 年，建设部发布《城市排水许可管理办法》（建设部令第 152 号），规范排水户向城镇排水管网及其附属设施的排水行为，保障城市排水设施安全正常运行。

各地也制定和出台了一系列相关的法律法规和地方规章，有力地促进了城镇污水处理设施建设和运行管理，促进了我国城镇污水处理事业的快速发展。

（三）城市节水

1973年，国家建委在《关于加强城市节约用水的通知》中，首次提出了我国城市节约用水的方针、任务和方法。改革开放初期，随着我国经济的迅速发展，基础设施长期欠账造成的后果明显暴露出来，城市缺水和供水不足问题十分突出，严重影响了城市生产和人民生活。

1980年，国家城市建设总局在其颁发的《城市供水工作暂行规定》中，提出对城市水源“必须全面规划、统一管理、合理利用、严格保护”，同时提出“实行计划用水，提倡节约用水”和“实行用水计量，按量收费”等措施，全国城市的节约用水工作也随即全面展开。

1983年，我国召开了第一次全国城市节约用水工作会议，在此基础上，1984年国务院颁发了《关于大力开展城市节约用水的通知》，提出了“解决今后城市用水问题必须坚持‘开源节流并重’的方针，在加快供水设施建设的同时，大力开展城市节约用水工作”。要求各级人民政府加强对节约用水工作的领导，实行计划供水，取消生活用水“包费制”，实行装表计量，按量收费。

1988年，经国务院批准，建设部发布《城市节约用水管理规定》，为加强城市节约用水管理，保护和合理利用水资源，促进国民经济和社会发展以及城市规划区内节约用水管理工作，提供了法律依据，节水工作初步纳入法制轨道。

1992年，建设部发布《城市房屋便器水箱应用监督管理办法》，后于2001年进行了修订，为加强对房屋便器水箱和配件产品生产、销售以及设计、施工、安装、使用等全过程的监督管理，实现节约用水，提供了法律依据。

三、城镇水务法规体系概况

（一）法律

(1)《水法》（2002年8月29日第九届全国人大常委会第二十九次会议修订通过，根据2009年8月27日第十一届全国人民代表大会常务委员会第十次会议修正)。明确了取水、供水、水资源保护和利用等内容，为合理开发利用和管理水资源，防治水害，实现水资源的可持续利用，提供了法律保障。

(2)《水污染防治法》(1984 年 5 月 11 日第六届全国人民代表大会常务委员会第五次会议通过，根据 1996 年 5 月 15 日第八届全国人民代表大会常务委员会第十九次会议修正、2008 年 2 月 28 日第十届全国人民代表大会常务委员会第三十二次会议修订)。明确了水污染防治的责任主体、防治措施以及监督管理有关内容，为国家水体污染防治，保护和改善环境，保障饮用水安全，促进经济社会全面协调可持续发展，提供了法律保障。

(二) 法规及部门规章

(1)《城市节约用水管理规定》(经国务院批准，1988 年 12 月 20 日建设部令第 1 号公布，自 1989 年 1 月 1 日起施行) 为加强城市节约用水管理，保护和合理利用水资源，促进国民经济和社会发展和城市规划区内节约用水管理工作，提供了法律依据。

(2)《城市供水条例》(1994 年 7 月 19 日国务院令第 158 号公布，自 1994 年 10 月 1 日起施行)，为加强城市公共供水和自建设施供水管理，发展城市供水事业，保障城市生活、生产用水和其他各项建设用水，提供了法律依据。

(3)《城市排水许可管理办法》(2006 年 12 月 25 日建设部令第 152 号发布，自 2007 年 3 月 1 日起施行)，为加强城市排水管理，保障城市排水设施安全正常运行，有效对排水户向城市排水管网及其附属设施排放污水的活动实施监督管理，实行城市排水许可，提供了法律依据。

(4)《生活饮用水卫生监督管理办法》(1996 年 7 月 9 日建设部、卫生部令第 53 号发布，自 1997 年 1 月 1 日起施行)，为保证生活饮用水卫生安全，保障人体健康，有效对集中式供水、二次供水单位和涉及饮用水卫生安全的产品进行卫生监督，提供了法律依据。

(5)《城市房屋便器水箱应用监督管理办法》(1992 年 4 月 17 日建设部令第 17 号发布，根据 2001 年 9 月 4 日建设部令第 103 号

《建设部关于修改〈城市房屋便器水箱应用监督管理办法〉的决定》修正)，为加强对房屋便器水箱和配件产品生产、销售以及设计、施工、安装、使用等全过程的监督管理，实现节约用水，提供了法律依据。

(6)《城市供水水质管理规定》（2007 年 3 月 1 日建设部令第 156 号发布，自 2007 年 5 月 1 日起施行)，为加强城市供水水质管理，保障城市供水水质安全，有效地对城市供水水质实施监督管理，提供了法律依据。

(三) 标准

经过多年的发展，城镇供排水行业已经建立起系统的国家、行业、地方三级的标准体系，涵盖了卫生、环保、工程规划建设、产品及管理等各个方面。其中，工程建设标准体系分为综合标准、基础标准、通用标准和专用标准 4 类，目前，城镇给水排水工程建设标准共有 96 项（含制定中及待编标准)。

部分重要的国家及行业的其他标准列举如下。

1. 供水有关标准

(1)《地表水环境质量标准》(GB 3838-2002)；

(2)《地下水质量标准》(GB/T 14848-93)；

(3)《生活饮用水卫生标准》(GB 5749-2006)；

(4)《城镇供水厂运行、维护及安全技术规程》(CJJ 58-2009)。

2. 排水及污水处理有关标准

(1)《排入城镇下水道水质标准》(CJ 343-2010)；

(2)《城镇污水处理厂污染物排放标准》(GB 18918-2002)；

(3)《污水综合排放标准》(GB 8978-1996)；

(4)《城镇污水处理厂运行、维护及安全技术规程》(CJJ 60-2011)。

3. 节水有关标准

(1)《城市居民生活用水量标准》(GB/T 50331-2002)；

(2)《节水型企业评价导则》(GB/T 7119-2006)；

(3)《城市供水管网漏损控制及评定标准》(CJJ 92-2002)；

（4）《节水型生活用水器具标准》（CJ 164-2002）；

（5）《城市污水再生利用》系列标准（6 项）；

（6）主要行业定额系列标准(GB/T 18916.1～10)。

四、城镇水务管理体制

根据住房和城乡建设部“三定”规定，住房和城乡建设部负责指导城市供水、节水等工作，负责指导城镇污水处理设施和管网配套建设。将城市管理的具体职责交给城市人民政府，并由城市人民政府确定市政公用事业、绿化、供水、节水、排水、污水处理、城市客运、市政设施、园林、市容、环卫和建设档案等方面的管理体制。

第二节　城市供水

一、城市供水水源

（1）城市供水水源的规划。《城市供水条例》对城市供水水源的规划作出相关规定，一是城市水源开发利用应纳入城市总体规划的原则，供水企业有根据城市经济发展提出水源开发、利用的责任和义务。二是在编制供水水源开发利用规划时，应合理安排地下水和地表水的开发利用原则。三是坚持城市社会用水优先原则，统筹兼顾工业用水和其他各项建设用水。

（2）水源地的保护。《水污染防治法》对饮用水水源地保护作出了相关规定，国家建立饮用水水源保护区制度。一是划分饮用水水源保护区，水源保护区分为一级保护区、二级保护区和准保护区，水源保护区的划定由市、县人民政府提出划定方案，报省级人民政府批准；跨省的水源保护区由流域有关省人民政府协商有关流域管理机构的划定，协商不成的，由国务院环境保护部门会同水利、国土、卫生和建设部门提出划定方案，并报国务院批准。二是在水源保护区的边界设立明确的地理界标和明显的警示标志。三是加强水源保护区内的环境保护。水源保护区内禁止设置排污口，一级保护区内禁止新建、改建、扩建与供水设施和保护水源无关的建设项目，二级保护区内禁止新建、改建、扩建排放污染物的建设项目，准保护区内禁止新建、扩建对水体污染严重的建设项目。

(3) 城市供水水源的取用。《水法》和《取水许可和水资源费征收管理条例》对城市供水水源的取用作出了相关规定，一是建立取水许可制度，县级以上水利部门负责辖区内取水许可制度的组织实施和监督管理；流域管理机构负责所管辖范围内取水许可制度的组织实施和监督管理；取用城市规划区地下水的取水申请时，应征求建设部门的意见。二是严格按要求取用水资源，要科学确定供水水源次序，严格限制城市自来水可供范围内的各种自备水源，在城市公共供水管网覆盖范围内，原则上不再批准新建自备水源，对原有的自备水源要提高水资源费征收额度，逐步递减许可取水量直至完全取消，地下水已严重超采的城市，严禁新建任何取用地下水的供水设施，不再新批并逐步压减地下水取用单位和取水量。

(4) 城市供水水源水质。水厂取水口应设置在水源地一级保护区，对于地表水源地，取水口（一级保护区）水质应符合《地表水环境质量标准》Ⅱ类水体水质标准和补充项目的要求；对于地下水源地，取水口（一级保护区）水质应符合《地下水质量标准》Ⅲ类水体水质标准的要求。

二、城市供水工程规划

《城市供水条例》对城市供水工程规划作出了相关规定，城市供水工作实行开发水源和计划用水、节约用水相结合的原则；县级以上人民政府应当将发展城市供水事业纳入国民经济和社会发展计划；制定科学的城市供水规划，实行有利于城市供水事业发展的政策，鼓励城市供水科学技术研究，推广先进技术，提高城市供水的现代化水平。

城市供水规划应严格依据《城市给水工程规划规范》等标准规范的要求，科学制定近期及远景建设规划，规划期限应与城市总体规划期限相一致，规划任务应与城市排水工程规划相协调。

三、城市供水工程建设

《城市供水条例》对城市供水工程建设作出了规定，城市供水工程的建设，应当按照城市供水发展规划及其年度建设计划进行。

（1）设计管理。城市供水工程的设计、施工，应当委托持有相应资质证书的设计、施工单位承担，并遵守国家有关技术标准和规范。禁止无证或者超越资质证书规定的经营范围承担城市供水工程的设计、施工任务。

（2）施工管理。施工单位必须取得相应资质等级证书。涉及城市公共供水设施的建设工程开工前，建设单位或者施工单位应当向城市自来水供水企业查明地下供水管网情况。施工影响城市公共供水设施安全的，建设单位或者施工单位应当与城市自来水供水企业商定相应的保护措施，由施工单位负责实施。

（3）验收管理。城市供水工程竣工后，应当按照国家规定组织验收。未经验收或者验收不合格的，不得投入使用。

四、城市供水经营

《城市供水条例》和《市政公用事业特许经营管理办法》对城市供水经营作出了相关规定。

（1）城市供水单位应当建立健全水质检测制度，按照国家规定设置管网测压点，做好水压监测工作。供水单位应当保持不间断供水。由于工程施工、设备维修等原因确需停止供水的，应当经城市供水主管部门批准并提前24小时通知用水单位和个人，尽快恢复正常供水，并报告城市供水主管部门。

（2）城市自来水供水企业和自建设施对外供水的企业应当实行职工持证上岗制度。城市供水价格应当按照生活用水保本微利、生产和经营用水合理计价的原则制定。

（3）城市供水实施特许经营，应当遵循公开、公平、公正和公共利益优先的原则。应当坚持合理布局、有效配置资源的原则，鼓励跨行政区域的设施共享。

（4）获得特许经营权的企业在特许经营期间有下列行为之一的，主管部门应当依法终止特许经营协议，取消其特许经营权，并可以实施临时接管：擅自转让、出租特许经营权的；擅自将所经营的财产进行处置或者抵押的；因管理不善，发生重大质量、生产安全事故的；擅自停业、歇业，严重影响到社会公共利益和安全的；法律、法规禁止的其他行为。

五、城市供水设施维护

供水企业应根据《城市供水条例》等法规和《城镇供水厂运行、维护及安全技术规程》等相关标准的要求，对城镇供水设施进行运行维护。

（1）城市自来水供水企业和自建设施供水企业对其管理的城市供水的专用水库、引水渠道、取水口、泵站、井群、输（配）水管网、进户总水表、净（配）水厂、公用水站等设施，应当定期检查维修，确保安全运行。

（2）用水单位自行建设的与城市公共供水管道连接的户外管道及附属设施，必须经城市自来水供水企业验收合格并交其统一管理后，方可使用。

（3）在规定的城市公共供水管道及其附属设施的地面和地下的安全保护范围内，禁止挖坑取土或者修建建筑物、构筑物等危害供水设施安全的活动。因工程建设确需改装、拆除或者迁移城市公共供水设施的，建设单位应当报经县级以上人民政府城市规划、城市供水行政主管部门批准，并采取相应的补救措施。

（4）涉及城市公共供水设施的建设工程开工前，建设单位或者施工单位应当向城市自来水供水企业查明地下供水管网情况。施工影响城市公共供水设施安全的，建设单位或者施工单位应当与城市自来水供水企业商定相应的保护措施，由施工单位负责实施。

（5）禁止擅自将自建设施供水管网系统与城市公共供水管网系统连接；因特殊情况确需连接的，必须经城市自来水供水企业同意，报城市供水行政主管部门和卫生行政主管部门批准，并在管道连接处采取必要的防护措施。禁止产生或者使用有毒有害物质的单位将其生产用水管网系统与城市公共供水管网系统直接连接。

六、城市供水监督管理

（一）饮用水卫生监督管理

《生活饮用水卫生监督管理办法》对饮用水卫生监督管理作出相关规定。

（1）建设主管部门负责饮用水卫生管理工作，卫生部门负责饮用水卫生监督工作。

（2）供水单位供应的饮用水必须符合国家生活饮用水卫生标准。集中式供水单位必须取得县级以上地方人民政府卫生行政部门签发的卫生许可证后，方可供水。卫生许可证有效期为4年，每年复核一次，有效期满前6个月重新提出申请换发新证。

（3）供水单位应建立饮用水卫生管理规章制度，配备专职或兼职人员，承担饮用水卫生管理工作。集中式供水单位必须有水质净化消毒设施及必要的水质检测仪器、设备和人员，对水质进行日常性检验，并向当地人民政府卫生部门和建设部门报送检测资料。直接从事供、管水的人员必须取得体检合格证后方可上岗工作，并每年进行一次健康检查。

（4）涉及饮用水卫生安全的产品，必须进行卫生安全性评价。与饮用水接触的防护涂料、水质处理器以及新材料和化学物质，由省级卫生部门初审后，报卫生部复审；复审合格的产品，由卫生部颁发批准文件。

（5）凡取得卫生许可证的单位或个人，以及取得卫生许可批准文件的饮用水卫生安全的产品，经日常监督检查，发现已不符合卫生许可证颁发条件或不符合卫生许可批准文件颁发要求的，原批准机关有权收回有关证件或批准文件。

（二）供水水质监测

《城市供水水质管理规定》对城市供水水质监测作出了相关规定。

（1）城市供水水质管理行业监测体系由国家和地方两级城市供水水质监测网络组成。国家城市供水水质监测网，由住房和城乡建设部城市供水水质监测管理中心和直辖市、省会城市及计划单列市经过国家质量技术监督部门认证的城市供水水质监测站组成，业务上接受国务院住房城乡建设主管部门指导。

地方城市供水水质监测网，由设在直辖市、省会城市、计划单列市的国家站和经过省级以上质量技术监督部门认证的城市供水水质监测站组成，业务上接受省、自治区人民政府住房城乡建设主管部门或者直辖市人民政府城市供水主管部门指导。

住房和城乡建设部城市供水水质监测中心为国家城市供水水质监测网中心站，承担国务院住房城乡建设主管部门委托的有关工作。省、自治区建设主管部门和直辖市人民政府城市供水主管部门应当根据本行政所辖区域的特点、水质检测机构的能力和水质监测任务的需要，确定地方网中心站。

（2）城市供水单位应当定期将水质检测数据报所在地市、县人民政府城市供水主管部门审核后，报送地方网中心站汇总。地方网中心站将汇总、分析后的报表和报告送省、自治区建设主管部门或者直辖市人民政府城市供水主管部门审核后，报送建设部城市供水水质监测中心。建设部城市供水水质监测中心汇总、分析地方网中心站上报的报表和报告，形成水质报告，报送国务院住房城乡建设主管部门。

（3）城市供水单位应当按照所在地直辖市、市、县人民政府城市供水主管部门的要求公布有关水质信息。县级以上地方人民政府城市供水主管部门应当向社会公布城市供水水质监督检查年度报告。

（4）城市供水企业应当建立健全水质检测机构和检测制度，按照国家规定的检测项目、检测频率和有关标准、方法定期检测水源水、出厂水、管网水的水质，做好各项检测分析资料和水质报表存档、上报工作。城市供水单位（不含二次供水单位）上报的水质检测数据，应当是经质量技术监督部门认证资质认定的水质检测机构检测的数据。

（5）城市供水水质检测人员必须经专业培训合格，实行持证上岗制度。

（6）城市二次供水单位，应当建立水质管理制度，配备专（兼）职人员，加强水质管理，定期进行水质检测，并对各类储水设施清洗消毒（每半年不得少于一次）。不具备相应水质检测能力的，应当委托经质量技术监督部门认证资质认定的水质检测机构进行现场检测。

七、法律责任

（1）城市自来水企业或者自建设施对外供水企业，对供水水质、水压不符合国家规定标准的，擅自停止供水或者未属行政停水通知义务的，以及未按照规定检修供水设施或者在供水设施发生故障后未及时抢修的行为，企业和负有直接责任的主管人员及其他直接责任人员，承担相应法律责任。

（2）无证或者超越资质证书规定的经营范围进行城市供水工程的设计或者施工的，未按国家规定的技术标准和规范进行城市供水工程的设计或者施工的，以及违反城市供水发展规划及其年度建设计划兴建城市供水工程的行为，企业和负有直接责任的主管人员及其他直接责任人员，承担相应法律责任。

（3）未按规定缴纳水费、盗用或者转供城市公共供水、在规定的城市公共供水管道及其附属设施的安全保护范围内进行危害供水设施安全活动、擅自将自建设施供水管网系统与城市公共供水管网系统连接、产生或者使用有毒有害物质的单位将其生产用水管网系统与城市公共供水管网系统直接连接、在城市公共供水管道直接装泵抽水、擅自拆除、改装或者迁移城市公共供水设施的行为，承担相应法律责任。

（4）建设工程施工危害城市公共供水设施的行为，企业和负有直接责任的主管人员及其他直接责任人员，承担相应法律责任。

（5）供水水质达不到国家有关标准规定的；城市供水单位、二次供水管理单位未按规定进行水质检测或者委托检测的；城市供水单位使用未经检验或者检验不合格的净水剂及有关制水材料、供水设备和管网的；二次供水管理单位，未按规定对各类储水设施进行清洗消毒的；供水单位隐瞒、缓报、谎报水质突发事件或水质信息的，承担相应的责任。

（6）以欺骗、贿赂等不正当手段获得特许经营权或者擅自违反特许经营协议的企业，承担相应的责任。

（7）供水单位未取得卫生许可证而擅自供水的；生产或销售无卫生许可批准文件的涉及饮用水卫生安全的产品的，承担相应的责任。

（8）城市供水行政主管部门的工作人员玩忽职守、滥用职权、徇私舞弊的行为，承担相应法律责任。

第三节　城镇排水与污水处理

一、城镇排水与污水处理设施的规划建设

（1）责任主体。《水污染防治法》规定，县级以上地方人民政府应当通过财政预算和其他渠道筹集资金，统筹安排建设城镇污水集中处理设施及配套管网，提高本行政区域城镇污水的收集率和处理率。

（2）规划编制。《水污染防治法》规定，国务院住房城乡建设主管部门应当会同国务院经济综合宏观调控、环境保护主管部门，根据城乡规划和水污染防治规划，组织编制全国城镇污水处理设施建设规划。县级以上地方人民政府组织建设、经济综合宏观调控、环境保护、水行政等部门编制本行政区域的城镇污水处理设施建设规划。

（3）设施建设。《水污染防治法》规定，县级以上地方人民政府建设主管部门按照城镇污水处理设施建设规划，组织建设城镇污水集中处理设施及配套管网，并加强对城镇污水集中处理设施运营的监督管理。

二、城镇排水与污水处理设施的运行管理

（1）排水许可。《城市排水许可管理办法》规定，向城镇污水集中处理设施排放水污染物，应当符合国家或者地方规定的水污染物排放标准。

国务院住房城乡建设主管部门负责全国城市排水许可的监督管理，省、自治区人民政府住房城乡建设主管部门负责本行政区内城市排水许可监督管理，直辖市、市、县人民政府负责城市排水管理的部门负责本行政区内城市排水许可证书的颁发和管理。

排水户向城市排水管网及其附属设施排放污水，应当按照规定申请领取城市排水许可证书。未取得城市排水许可证书，排水户不得向城市排水管网及其附属设施排放污水。

（2）污水处理收费。《水污染防治法》规定，城镇污水集中处理设施的运营单位按照国家规定向排污者提供污水处理的有偿服务，收

取污水处理费用，保证污水集中处理设施的正常运行，并对城镇污水集中处理设施的出水水质负责。

向城镇污水集中处理设施排放污水、缴纳污水处理费用的，不再缴纳排污费。收取的污水处理费用必须用于城市污水集中处理设施的建设和运行，不得挪作他用。

三、城镇排水与污水处理设施的监管制度

（1）排水户行为监管。《城市排水许可管理办法》规定，排水管理部门依照有关法律、法规对排水户排放污水的情况实施监督检查；排水管理部门应当委托具有计量认证资格的排水监测机构定期对排水户排放污水的水质进行检测，并向社会公开检测结果。

排水管理部门依法可以对排水户实施监督检查，对经由城市排水管网及其附属设施后不进入污水处理厂、直接排入水体的污水，排水管理部门应当定期进行水质检测。发现污水水质不符合《污水综合排放标准》或者有关行业标准的，排水管理部门应当立即查明原因。

经排查发现排水户排放污水的水质不符合排水许可要求的，排水管理部门应当责令其限期改正；逾期仍不符合排水许可要求的，撤回城市排水许可证书，禁止其向城市排水管网及其附属设施排放污水，并将有关情况及处理结果告知同级环保部门。

（2）设施运行监管。城镇污水处理厂建设和运行监管是各级建设行政主管部门的重要职责。《水污染防治法》规定，县级以上地方人民政府住房城乡建设主管部门负责对城镇污水集中处理设施运营的监督管理，环境保护主管部门按照有关规定和标准对城镇污水集中处理设施的出水水质和水量进行监督检查。

对于采用特许经营方式运营的城镇污水处理设施，建设部《关于加强城镇污水处理厂运行监管的意见》（建城〔2004〕153 号）要求，城市政府通过其授权的行业行政主管部门与城镇污水处理厂运营单位签订城镇污水处理厂特许经营协议，明确协议双方的权利与义务。

《关于加强城镇污水处理厂运行监管的意见》明确规定，城市建设行政主管部门委托有资格的检测单位对城镇污水处理厂进出水水质、水量和污泥进行定期检测，并监督污水处理厂的实际运行情况。可采用委派监管员的方式对城镇污水处理厂的运行过程实行监管。在严格监管和监测的基础上，加强对污水处理厂运营费拨付的核定工作。

（3）技术指导与信息公开。《关于加强城镇污水处理厂运行监管的意见》规定，住房城乡建设行政主管部门应加强对主要管理人员的培训，督促污水处理厂的运行管理人员规范运行管理，建立完善各项规章制度，加强工艺、设备和水质管理，切实保障污水处理厂安全正常运行。逐步扩大城镇污水处理信息公开的透明度，接受社会监督。

第四节　城市节约用水

一、城市节约用水规划

《水法》规定，开发、利用、节约、保护水资源和防治水害，应当按照流域、区域统一制定规划，并规定应当编制节约用水等专业规划。

《城市节约用水管理规定》规定，城市人民政府应当在制定城市供水发展规划的同时，制定节约用水发展规划，并根据节约用水发展规划制定节约用水年度计划。各有关行业行政主管部门应当制定本行业的节约用水发展规划和节约用水年度计划。

通过用水、节水现状及需水量预测，形成节水指标体系及规划目标，根据节约用水目标实施规划，分析节约用水基本对策，科学进行节水投资，制定城市节约用水总体规划。对中长期供需水量进行分析预测，通过测试、核查和分析论证，针对用水现状和节水目标，提出达到城市中长期节水目标的切实可行的措施。

二、城市节约用水设施建设

《城市节约用水管理规定》规定，城市的新建、扩建和改建工程项目，应当配套建设节约用水设施。城市建设行政主管部门应当参加节约用水设施的竣工验收。

三、城市节约用水措施

(1) 计划用水与定额管理。计划用水和定额用水管理是城市节水工作的重要抓手，以城市供水管理为基础，通过经济手段促进产业高效用水、重复用水，把企业节水落到实处。《城市节约用水管理规定》规定，城市实行计划用水和节约用水。超计划用水必须缴纳超计划用水加价水费。超计划用水加价水费必须按规定的期限缴纳。城市用水计划由城市建设行政主管部门根据水资源统筹规划和水长期供求计划制定，并下达执行。超计划用水加价水费的具体征收办法由省、自治区、直辖市人民政府制定。城市建设行政主管部门会同有关行业行政主管部门制定行业综合用水定额和单项用水定额。

(2) 居民生活用水计量收费及阶梯水价制度。《城市节约用水管理规定》规定，生活用水按户计量收费。新建住宅应当安装分户计量水表；现有住户未装分户计量水表的，应当限期安装。严格《城市居民生活用水量标准》的指标，推广普及节水型器具，在不降低生活质量的前提下，降低城市居民生活用水量。

(3) 供水管网漏损量控制。《城市节约用水管理规定》规定，城市供水企业、自建供水设施的单位应当加强供水设施的维修管理，减少水的漏损量。

(4) 水的循环循序与再生利用。《城市节约用水管理规定》规定，工业用水重复利用率低于40%（不包括热电厂用水）的城市，新建供水工程时，未经上一级城市建设行政主管部门的同意，不得新增工业用水量。各用水单位应当在用水设备上安装计量水表，进行用水单耗考核，降低单位产品用水量；应当采取循环用水、一水多用等措施，在保证用水质量标准的前提下，提高水的重复利用率。水资源紧缺城市，应当在保证用水质量标准的前提下，采取措施提高城市污水利用率。

(5) 非常规水资源开发利用。《城市节约用水管理规定》规定，沿海城市应当积极开发利用海水资源。有咸水资源的城市，应当合理开发利用咸水资源。

(6) 限制地下水开采。《城市节约用水管理规定》规定，单位自建供水设施取用地下水，必须经城市建设行政主管部门核准后，依照国家规定申请取水许可。

（7）建立合理的价格机制推动城市节水工作。《城市节约用水管理规定》规定，城市用水计划由城市建设行政主管部门根据水资源统筹规划和水长期供求计划制定，超计划用水必须缴纳超计划用水加价水费。

（8）加强用水计量统计工作。《城市节约用水管理规定》规定，各级统计部门、城市建设行政主管部门应当做好城市节约用水统计工作。

四、法律责任

（1）城市的新建、扩建和改建工程项目未按规定配套建设节约用水设施或者节约用水设施经验收不合格的，由城市建设行政主管部门限制其用水量，并责令其限期完善节约用水设施，可以并处罚款。

（2）超计划用水加价水费必须按规定的期限缴纳。逾期不缴纳的，城市建设行政主管部门除限期缴纳外，并按日加收超计划用水加价水费5‰的滞纳金。

（3）拒不安装生活用水分户计量水表的，城市建设行政主管部门应当责令其限期安装；逾期仍不安装的，由城市建设行政主管部门限制其用水量，可以并处罚款。

（4）当事人对行政处罚决定不服的，可以在接到处罚通知次日起15日内，向作出处罚决定机关的上一级机关申请复议；对复议决定不服的，可以在接到复议通知次日起15日内向人民法院起诉。逾期不申请复议或者不向人民法院起诉又不履行处罚决定的，由作出处罚决定的机关申请人民法院强制执行。

（5）城市建设行政主管部门的工作人员玩忽职守、滥用职权、徇私舞弊的，由其所在单位或者上级主管部门给予行政处分；构成犯罪的，由司法机关依法追究刑事责任。

第十章　城市综合交通规划与建设

第一节　概述

2003年9月国务院办公厅下发的《关于加强城市快速轨道交通建设管理的通知》（国办发〔2003〕81号），提出坚持量力而行、有序发展的方针，确保城市轨道交通建设与城市经济发展水平相适应；加强城市轨道交通建设规划的编制、审批工作，严格项目审批程序；严格控制建设标准，进一步降低工程造价；切实加强城市轨道交通安全管理，提高灾害防御和应急救助能力等。

2005年9月国务院办公厅转发建设部等部门《关于优先发展城市公共交通意见的通知》（国办发〔2005〕46号），提出了充分发挥规划调控作用，完善公共交通基础设施，保障公共交通的道路优先使用权，提高交通资源利用效率，缓解交通拥堵，促进城市健康发展。

2008年国务院机构改革，国务院办公厅下发的《关于印发住房和城乡建设部主要职责内设机构和人员编制规定的通知》（国办发〔2008〕74号）明确规定"将指导城市客运的职责划给交通运输部"，"住房和城乡建设部指导城市地铁、轨道交通的规划和建设"。

为规范城市综合交通体系规划编制工作，2010年2月2日，住房和城乡建设部印发《城市综合交通体系规划编制办法》（建城〔2010〕13号），对城市综合交通体系规划的要求、原则、内容、成果以及管理等做了具体规定，明确城市综合交通体系规划是城市总体规划的重要组成部分，城市综合交通体系规划应当与城市总体规划同步编制，经技术审查后的城市综合交通体系规划成果，应纳入城市总体规划进行审批。

为指导各城市做好城市综合交通体系规划编制工作，2010年5月26日，住房和城乡建设部印发《城市综合交通体系规划编制导则》（建城〔2010〕80 号），从技术角度，对城市综合交通体系规划的编制内容、技术要点、成果要求等做了具体规定。

第二节　城市综合交通体系规划

一、城市综合交通体系规划的地位和作用

城市综合交通体系规划是城市总体规划的重要组成部分，是政府实施城市综合交通体系建设，调控交通资源，倡导绿色交通、引导区域交通、城市对外交通、市区交通协调发展，统筹城市交通各子系统关系，支撑城市经济与社会发展的战略性专项规划，是编制城市交通设施单项规划、客货运系统组织规划、近期交通规划、局部地区交通改善规划等专业规划的依据。

二、城市综合交通体系规划的编制要求

（一）基本要求

城市综合交通体系规划应当与城市总体规划同步编制，相互协调。

城市综合交通体系规划应当与区域规划、土地利用总体规划、重大交通基础设施规划等相衔接。

编制城市综合交通体系规划，应当遵循国家有关法律、法规和技术规范。

编制城市综合交通体系规划的规划期限，应当与城市总体规划相一致。

编制城市综合交通体系规划的地域范围，应当与城市总体规划确定的规划编制范围相一致。

（二）目标和原则

编制城市综合交通体系规划，应当以建设集约化城市和节约型社会为目标，遵循资源节约、环境友好、社会公平、城乡协调发展的原则，贯彻优先发展城市公共交通战略，优化交通模式与土地使用的关系，保护自然与文化资源，考虑城市应急交通建设需要，处理好长远发展与近期建设的关系，保障各种交通运输方式协调发展。

（三）主要内容

城市综合交通体系规划应当包括下列主要内容。

（1）调查分析：以调查为依据，评估城市交通现状，分析交通存在的问题，构建交通战略分析模型。

（2）发展战略：根据城市发展目标等，确定交通发展与土地使用的关系，预测城市综合交通体系发展趋势与需求，确定综合交通体系发展目标及预期的交通方式结构。提出交通发展战略和政策。确定交通资源分配利用的原则，确定各种交通方式的发展要求和目标。

（3）交通系统功能组织：确定交通系统功能组织的原则和策略。论证客运交通走廊，确定大运量公共客运系统的组成和总体布局。论证货运交通走廊，确定货运通道布局要求。

（4）交通场站：提出各类交通场站设施规划建设原则和要求。论证城市交通与对外交通的衔接关系，确定各类综合交通枢纽的总体规划布局、功能等级、用地规模和配套设施；确定城市公共交通场站规划建设指标、布局和用地规模；确定城市物流设施用地、布局和规模。

（5）道路系统：确定城市各级道路规划指标和建设标准；确定城市主要道路网络布局和主要道路交叉口的基本形式和建设要求，确定自行车与步行交通系统网络布局和设施规划指标，确定自行车与行人过街的基本形式和总体布局要求；提出公共交通专用道设置原则。

（6）停车系统：论证城市各类停车需求，提出城市不同区位的分区停车政策，确定各类停车设施规划建设基本原则和要求。

（7）近期建设：制定近期交通发展策略，提出近期重大交通基础设施安排和实施措施。

（8）保障措施：提出规划的实施策略和措施，评价规划方案的预期效果。

（四）成果要求

城市综合交通体系规划的成果应当包括规划文本、规划说明书、规划图纸及基础资料汇编。

（1）规划文本应当以条文方式表述规划结论，内容明确简练，具有指导性和可操作性。

（2）规划说明书应当与规划文本的条文相对应，并对规划文本条文作出详细论述。交通调查分析、交通模型等技术性分析文件以及主要专题研究成果应当作为规划说明书的附录。

（3）规划图纸所表达的内容应当清晰、准确，与规划文本内容相符。现状图、规划图和分析图应当分别表示，图例应当一致。

（4）基础资料汇编应当包括规划编制中涉及的相关基础资料、参考资料及文件。

第三节　城市轨道交通规划与建设

一、城市轨道交通规划与建设的基本原则

城市轨道交通项目具有一次性投资大，运行费用高，社会效益好而自身经济效益差的特点。因此，发展城市轨道交通应当坚持量力而行、规范管理、稳步发展的方针，合理控制建设规模和发展速度，确保与城市经济发展水平相适应，防止盲目发展或过分超前。

现阶段，申报发展地铁的城市应达到下述基本条件：地方财政一般预算收入在100亿元以上，国内生产总值达到1000亿元以上，城区人口在300万以上，规划线路的客流规模达到单向高峰小时3万人以上；申报建设轻轨的城市应达到下述基本条件：地方财政一般预算收入在60亿元以上，国内生产总值达到600亿元以上，城区人口在150万以上，规划线路的客流规模达到单向高峰小时1万人以上。

二、城市轨道交通建设规划的编制审批

城市轨道交通发展直接影响到城市的布局结构和发展方向，应统筹规划、分步实施。所有拟建设城市轨道交通项目的城市（以下简称拟建城市），应在编制城市总体规划及城市交通发展规划的基础上，根据城市发展要求和财力情况，组织制订城市轨道交通建设规划，明确远期目标和近期建设任务，以及相应的资金筹措方案。规划由国家发展和改革委员会会同住房和城乡建设部组织审核后报国务院审批。

城市轨道交通项目的审批，要依据国务院批准的建设规划进行。拟建城市要根据国务院批准的城市轨道交通建设规划开展项目前期工作。项目按现行基建程序审批。原则上，城轨交通项目的资本金须达到总投资的40%以上。对社会保障资金有较大缺口、欠发教师及公务员工资、政府投资项目在建规模过大，与其筹资能力明显不适应的城市，其城轨交通项目不予批准。

三、城市轨道交通安防设施建设

（一）加强安防设施建设工作的重要意义

城市轨道交通安防设施是城市轨道交通工程的重要组成部分，是城市轨道交通安全运营的重要保障之一。城市轨道交通，特别是地下线路，环境相对封闭、人员密集、流量大，人员疏散受到很大限制，抗风险能力较弱，安防工作难度较大，一旦发生突发事件，可能造成重大人员伤亡和财产损失，产生不良的社会影响，必须予以高度重视。

各地要充分认识城市轨道交通安防工作的重要性、特殊性和复杂性，把安防工作作为一项长期工作任务，从城市轨道交通规划、设计、施工的各个阶段重视安防体系的构建，全面提高城市轨道交通从业人员和广大乘客的安全意识，防范城市轨道交通事故的发生，确保人民生命财产安全。

（二）城市轨道交通建设各个阶段在安防设施方面应注意加强的主要工作

（1）注重规划，提升城市轨道交通网路整体安防水平。拟建城市轨道交通的城市，必须依据城市总体规划和城市综合交通体系规划编制城市轨道交通线网规划，科学合理地选择城市轨道交通模式，搞好城市轨道交通的用地控制，确保城市轨道交通运营有安全便捷的换乘条件和足够的疏散能力。在线路选线过程中注重结合城市空间布局，合理选择系统模式和建设方式，处理好与城市重点建筑、桥梁、江河等环境的关系，处理好与综合交通枢纽以及人流密集场所的关系，注重各条线路的衔接配合，把城市轨道交通安防体系纳入城市整体安防体系，统筹规划、统筹安排。要做好突发事件对城市轨道交通网络运营可靠性的影响或损害程度评估，进而优化线网结构和安防体系设计，提高城市轨道交通网络的安全防范能力，确保城市轨道交通安防体系完整、有效。要从整个城市交通的角度，统筹城市轨道交通与其他交通方式的关系，增强其他交通方式对轨道交通的应急救援能力。

（2）优化设计，全面提升城市轨道交通设施安防水平。在城市轨道交通可行性研究、初步设计、施工图设计等各个环节，要根据国家有关法规和标准的要求，优化安防设施的设计，预留安全检查设备的接口，合理设置监控系统、危险品处置设施、安防办公用房等安防设施。要结合城市轨道交通客流特征，合理设置车站出入口，科学设计乘客流线，尽可能避免人流过渡集中或交叉。在地下线路隧道区间，合理设置联络通道或疏散通道、紧急疏散导向标志。在车站内外和通风设施的布设选址方面，要结合周边建筑情况，合理设计，确保周边空气流通良好。

初步设计是落实城市轨道交通工程建设项目安防要求的重要环节。初步设计文件应当包括安防设施设计的内容，并设置安防设计专篇。各级城市轨道交通规划建设主管部门要会同有关部门加强对初步设计中安防设施设计的审查和指导工作。施工图设计应当按照批准的初步设计进行，对于涉及安防设施的重大设计变更，建设单位应当报原初步设计审批部门批准。

（3）落实资金，确保安防设施与轨道交通设施同步建设、同步使用。城市轨道交通安防设施建设所需资金，要纳入城市轨道交通建设项目投资概预算，确保资金投入。在城市轨道交通建设过程中，要严格按照国家有关标准，同步建设有关安防设施。在城市轨道交通工程验收中，对安防设施未与城市轨道交通工程同步设计、同步建设或不符合有关法律、法规和强制性标准规定的城市轨道交通建设项目，不予验收。

各地要确保已投入运营的城市轨道交通工程安防设施改建资金的落实，要按照相关标准的要求，对已投入运营的城市轨道交通工程逐步改建安防设施。

（4）建立和完善安防标准体系，加大科技投入，提升城市轨道交通安防设施规划建设水平。各地要加强交流，总结经验，进一步建立和完善城市轨道交通相关安防设施规划建设标准体系，使城市轨道交通安防设施规划建设工作规范化、制度化。同时，注重加大科技投入，建立安全可靠的信息系统，研发适用、经济、高效的安防设施及相应的装备、技术，提高安防设施的科技水平。

（三）责任要求

城市轨道交通建设、设计、施工等单位要明确职责、加强领导、各司其职、各负其责、协调配合，切实落实安防设施规划建设责任。各级城市轨道交通规划建设主管部门要恪尽职守、健全制度，加大对城市轨道交通安防设施规划建设的监督检查，确保城市轨道交通安防设施规划建设工作落到实处，促进城市轨道交通健康发展。

第四节　停车设施规划与建设

一、城市停车设施规划建设的原则和目标

（一）原则

各地要按照政府主导、因地制宜、统筹规划、协调发展的要求，以保障交通畅通有序、资源优化配置、群众出行方便为目的，认真解决城市停车设施规划建设及管理中存在的问题。坚持节约利用资源原则，在规划的指导下，综合利用城市土地资源，鼓励开发利用地下空间建设停车设施；坚持符合道路交通安全、畅通的原则，规划、设计、建设停车设施，应当有利于缓解交通拥堵，减少交通安全隐患；坚持设施差别供给原则，按照城市中不同区域的功能要求和城市综合交通发展策略，合理确定停车设施规模和管理政策；坚持停车需求调控管理原则，运用政策法规和停车价格调控，降低城市中心区停车需求压力；坚持高新技术引领原则，推广应用城市停车领域的新设备、新技术和新方法，以及适应电动汽车发展的停车场附属充电设施。

（二）目标

各地要根据城市经济社会的发展需求，近期着力解决停车设施供应不足、挪用停车设施和停车管理滞后的问题。明确政府有关部门职责，形成高效协调的停车设施规划建设及管理机制；完善法规体系，编制完成城市停车设施专项规划，制订相应的地方技术标准和管理规定；充分利用地下空间资源，推动立体化停车设施的建设和管理；完善停车价格形成机制，理顺路内停车与路外停车、室外停车与室内停车之间的价格关系；建立完善科学的停车需求管理体系，充分运用行政、经济与市场等手段，严格控制占道停车位的数量，逐步形成配建停车为主、路外停车为辅、占道停车为补充的城市停车格局，在城市中心区外围大力发展停车换乘系统；推广普及信息化、智能化停车设备和停车诱导指示系统；基本建立依法管理、规范服务的停车管理体系。

二、城市停车设施专项规划编制工作

城市停车设施专项规划要依据城市总体规划、城市综合交通体系规划确定的城市交通发展战略和目标进行制定。在摸清停车矛盾现状、科学预测停车需求的基础上，按照差别设施供给和停车需求调控管理的原则，研究确定城市停车总体发展策略、停车设施供给体系及引导政策、社会公共停车设施布局和规模，明确建设时序和对策。要充分考虑城市停车设施系统与城市交通枢纽、城市轨道交通换乘站紧密衔接，大、中以上城市应规划建设城市停车换乘体系，引导人们转变出行方式，缓解城市中心区交通拥堵。

三、城市停车设施建设

（一）加快制订建设项目停车设施配建标准

从源头上加强城市停车设施配置。结合城市自身的发展条件和趋势，兼顾当前、立足长远、因地制宜地组织研究制订地方性城市建设项目停车设施配建标准。根据各类建设项目的性质和停车需求，以及城市停车总体发展策略，合理确定停车设施配建指标。各地要根据城市发展和城市交通变化情况，对停车设施配建标准适时进行调整。

（二）科学合理建设城市停车设施

城市规划管理部门在开展建设项目的规划审批管理时，加强新建大型建设项目交通影响评价，防止出现新的交通拥堵节点。按照停车配建标准合理配置停车设施，鼓励建设项目利用地下空间配建停车设施，按配建标准建设的地下停车场面积，不纳入容积率计算范围。加强对建设项目配建停车设施建设使用情况的监督检查，禁止配建停车设施挪作他用。

城市停车设施建设要加强与园林绿化、城市景观等人居环境的协调，不能占用城市绿化用地。对既有小区要采取有效措施，在城市园林绿化主管部门的指导下，优化小区绿化模式，推广应用绿化与停车相兼容的方法和技术。

城市公共停车设施是城市市政公用基础设施，要完善公共停车设施规划建设的用地供给、资金支持和政策扶持等保障机制及措施，其建设应列入政府年度计划。各地要加大路外公共停车设施建设力度，积极推动地下停车场建设，以及立体停车和机械式停车设施建设。各地应采取优惠政策，鼓励社会投资建设各种类型的路外公共停车场，实现投资主体多元化。

各城市应结合公共交通系统建设，在城市中心区外围规划建设与公共交通枢纽相匹配的停车设施，形成完善的停车换乘系统，引导驾车者换乘公共交通进入城市中心区，减少城市中心区道路交通压力。鼓励社会单位开放内部停车场，实行错时停车，为周边居民提供停车服务。在规划和建设停车设施时，要充分考虑电动汽车等新能源汽车普及和推广的需要，建设、改造或预留充电等相关配套设施，以适应新能源汽车发展要求。

四、管理和监督检查

根据《城乡规划法》、《中华人民共和国道路交通安全法》及相关法律法规的规定，有关部门要加强对城市停车设施规划、建设及管理工作的监督检查。对违反规定的，坚决予以纠正，并根据有关规定给予行政处罚；对发现已经投入使用的停车场存在交通安全隐患或者影响交通的，应当及时向当地人民政府报告，并提出防范交通事故、消除隐患和撤销、改建停车场的建议。

要从促进城市科学发展、促进社会和谐发展的高度，切实加强对城市停车设施规划建设及管理工作的指导。各地要从深化改革、扩大内需、调整产业结构的高度，认真贯彻落实各项政策措施，及时妥善处理好遇到的各种问题，确保城市停车设施规划建设及管理工作顺利开展。

第十一章　城市园林绿化管理

第一节　概述

一、城市园林绿化概述

城市园林绿化是城市中有生命力的基础设施，是改善人居环境的公益事业，是生态文明建设的重要载体。城市园林绿化以丰富的园林植物为主体，向城市输入自然元素，构成完整的城市绿地系统和优美的园林景观，承担着净化空气、保持水土、调节气候、防止污染，改善城市生态环境，为广大人民群众提供游览休闲场所，提高广大人民群众生活质量的任务。

新中国成立以来，很多城市人民政府开始把园林由仅供少数人享乐的场所，改造为供广大人民群众游览、休息的园地。1949～1952年，各城市积极恢复整理或充实提高旧有公园绿地，并陆续开放。1952年9月，召开了第一次城市建设座谈会，划定了城市建设的范围，将城市的公园、绿地建设包括在内。1953年起，我国进入第一个五年计划，城市绿化和园林建设也逐步走向有规划、有计划的发展；1958年2月25～27日，建筑工程部在北京召开新中国成立以来的第一次全国城市园林绿化工作会议；至1959年，“园林绿化”成为了行业通用名称，它阐述了“普遍绿化、重点提高”（或“一般绿化、公园绿化”）的两个层次的工作方针。

自1992年起，园林事业得到了空前的繁荣和发展：1992年6月，国务院颁发了《城市绿化条例》（国务院令第100号），将城市绿化工作纳入法制化轨道；1992年，建设部在全国城市环境综合整治的基础上，制定《国家园林城市评选标准》，全面推动国家园林城市创建活动，探索具有中国特色的城市环境建设模式。

进入21世纪，党中央、国务院高度重视城市园林绿化工作，召开了全国城市绿化工作会议，会后颁发了《关于加强城市绿化建设的通知》（国发〔2001〕20号）。各级城市积极响应党中央、国务院的号召，以建设生态文明、宜居城市和促进城市可持续发展为契机，积极推动园林绿化建设与发展，取得了以下成绩。

（1）城市园林绿化建设速度加快，质量提高。截至2010年年底，全国城市建成区绿化覆盖面积161.2亿平方米、绿地面积144.4亿平方米、公园绿地面积44.1亿平方米；建成区绿化覆盖率38.62%、绿地率34.47%、人均公园绿地面积11.18平方米。在不断加大城市园林绿化建设力度、提高城市绿化指标的同时，各地根据城市地域特色，深入挖掘城市历史、文化底蕴，建设了一大批高水平、高质量的公园绿地。

（2）城市绿地系统规划编制、落实情况良好。目前全国有60%以上的城市编制（或修编）完成了城市绿地系统规划，并严格绿线管制，切实保护了现有绿化成果和城市自然山林、河流水系、湿地等资源。

（3）节约型、生态型、功能完善型园林绿化建设深入开展。各地以"三节"（节地、节水、节材）、"四减"（减小城市热岛效应、减少城市的空气和水体污染、减少城市建筑和基础设施的能耗、减少城市交通和其他方面能耗）为核心，深入开展节约型、生态型城市园林绿化建设，在立体绿化建设、生态停车场建设、节水技术研究等方面都取得了显著成绩，城市绿地防灾避险功能日趋完善。

（4）城市园林绿化法规、标准体系逐步完善。初步形成了国家标准、行业标准、地方标准相结合的城镇园林绿化标准化体系，对推动园林绿化科技进步、规范市场秩序、提高产业和产品竞争力、促进园林绿化事业健康发展、实现园林绿化的发展战略起到了重要作用。

1992年6月22日，国务院发布了我国园林绿化行业的第一部行政法规《城市绿化条例》。该条例1992年8月1日起施行，针对我国城市绿化的实际情况，对城市绿化的规划、建设、保护和管理等作出了具体规定。

1993年12月，建设部根据《城市绿化条例》的要求，印发了

《城市绿化规划建设指标的规定》。

1994 年 8 月，建设部颁布了《城市动物园管理规定》，并分别于 2001 年 9 月、2004 年 7 月进行了修正。该规定针对我国动物园的实际情况，对动物园的规划和建设、动物园的管理、动物的保护等作出了具体规定。

1995 年，建设部印发了《城市园林绿化企业资质管理办法》和《城市园林绿化企业资质标准》。

2000 年 5 月，建设部印发了《创建国家园林城市实施方案》和《国家园林城市标准》。这是建设部自 1992 年开始创建国家园林城市活动以来，重新制定的工作方案和国家园林城市标准。

2000 年 9 月，建设部根据《城市绿化条例》印发了《城市古树名木保护管理办法》，对城市规划区和风景名胜区内古树名木的保护管理作出了具体规定。

2001 年 2 月，建设部和国家质量技术监督局共同发布了第 85 号令，颁布了《游乐园管理规定》，针对当前我国游乐园的实际情况，对游乐园的规划与建设、登记、安全管理、法律责任等进行了具体规定。

2001 年 2 月，国务院召开了全国城市绿化工作会议，这是国务院第一次以城市绿化为主要内容召开的会议。2001 年 6 月，国务院发布了《关于加强城市绿化建设的通知》（国发〔2001〕20 号），不仅阐明了充分认识城市绿化的重要意义，而且还确定了今后一段时期城市绿化工作的指导思想和任务，并提出了具体的政策措施和要求。

2002 年 9 月，建设部令第 112 号发布了《城市绿线管理办法》，针对绿线的划定、实施以及监督管理作出了具体规定，完善了绿线划定和监督管理的相关制度，从规划开始严格保护城市绿地。

（5）政府主导、全社会参与的良好氛围基本形成。自 1992 年建设部在全国开展创建园林城市活动以来，截至 2010 年，先后命名了 183 个国家园林城市、7 个国家园林城区、61 个国家园林县城和 15 个国家园林城镇。很多城市结合国家园林城市创建工作，积极开展创建园林小区、园林单位、全民义务植树、绿地认建认养、公园绿地冠名共建等活动，极大地调动了社会各界和广大市民建绿、爱绿、护绿的积极性，以城市主人的姿态参与城市园林绿化工作。

(6) 中国国际园林博览会等行业交流平台日益完善。为贯彻落实科学发展观、建设生态文明和推进环境友好型、资源节约型社会，本着弘扬传统园林文化、推动国内外园林行业合作交流、促进园林事业创新发展的目的，城乡建设环境保护部创办了中国国际园林博览会。自1987年第一届（大连）中国国际园林博览会到2013年第九届（北京）中国国际园林博览会，中国国际园林博览会已成为国内外园林行业最具影响力的博览会，在建设生态文明和促进人口、资源、环境可持续发展方面发挥着不可或缺的重要作用，得到了国内外园林行业的高度赞赏和国内各级地方政府的普遍认可。

(7) 绿色产业发展迅速。随着公园绿地建设速度和管养分离，产业化进程加快，城市园林规划设计、施工养护、工程监理等企业发展迅速。据统计，全国已有园林企业14 000多家，其中城市园林绿化一级资质施工企业516家，年工程产值约1080亿元，从业人员50多万人，有效地转移了农村剩余劳动力，带动了全国城镇周边农村产业结构的调整，优化了城市整体发展环境。

城市园林绿化行业在新的时代、新的形势下仍面临压力与挑战，还存在总体绿量不足、地区发展不平衡、法规标准体系有待完善等问题。“十二五”期间，将以继续建立健全城市园林绿化法规、标准体系为核心，进一步完善城市绿地系统规划建设，加强城市生物物种、湿地等自然资源保护管理，以国家园林城市、县城、城镇创建活动为载体改善城镇人居环境，加强城市园林绿化市场监管，开展城市园林绿化综合效益评价等关键技术研究等作为重点工作任务，全面加强城镇园林绿化规划、建设和管理。

二、城市园林绿化管理体制

《城市绿化条例》第7条规定：国务院设立全国绿化委员会，统一组织领导全国园林绿化工作，其办公室设在国务院林业行政主管部门。国务院城市建设行政主管部门和国务院林业行政主管部门等，按照国务院规定的职权划分，负责全国城市绿化工作。省级园林绿化管理体制，由各省、自治区、直辖市人民政府根据本地实际情况规定。各城市人民政府城市绿化行政主管部门主管本行政区域内城市规划区的城市绿化工作。

国务院《关于加强城市绿化建设的通知》要求“各级人民政府要建立健全城市绿化管理机构，稳定专业技术队伍，保证城市绿化工作的正常开展”，加强对城市绿化工作的组织领导。目前各城市普遍实行市区二级园林绿化管理机构设置体制。

第二节 城市园林绿化规划

一、城市绿化规划的编制

（一）城市绿地系统规划

依据《城市绿地分类标准》（CJJ/T 85-2002），城市绿地分为公园绿地、防护绿地、生产绿地、附属绿地和其他绿地等5类。

根据建设部《城市绿地系统规划编制纲要（试行）》的规定，城市绿地系统规划是城市总体规划的专业规划，是对城市总体规划的深化和细化，是城市园林绿化建设的依据。其主要任务是根据城市发展的要求和具体条件，在国家有关法规、政策的指导下，制定城市园林绿化的发展目标和各类绿地用地指标，选定各项主要绿地的用地范围和使用性质，论证其特点和主要工程、技术措施，结合城市自然地貌，河湖水系、交通体系等，合理安排整个城市的绿地系统，作为城市各类绿地详细规划和建设管理的依据。

（二）城市绿地系统规划编制的原则

城市绿地系统规划的编制应当从实际出发，根据城市发展需要，充分考虑当地的自然条件（包括地形、土壤、水体和植被等）、人文条件（包括历史背景、遗迹、宗教和民俗风情等），合理设置各类城市绿地，从而形成功能完善、重点突出、结构合理和分布均匀的城市绿地系统。

（1）依据城市总体规划并结合其他专项规划，综合统筹的原则；（2）形成城市园林绿化风格，体现地方文化，注重区域特色性的原则；（3）形成完整、统一、有机的绿地系统，坚持科学合理性的原则；（4）既要有远景目标，又要有近期安排，做到远近结合的原则；（5）坚持生态优先性的原则和可操作性的原则。

（三）城市绿地系统规划编制的程序

城市绿地系统规划由城乡规划行政主管部门和城市园林行政主管部门共同负责组织编制。组织编制机关应委托具有相应规划设计资质的机构编制，提供明确的技术任务要求书以及准确和完整的各项基础资料。编制机构依据城市总体规划所确定的城市绿地系统专项规划的原则，依据城市总体规划的基本内容，落实委托机构的任务要求。

在规划编制过程中，委托方应组织专家评审、征求政府各有关部门和市民的意见，在修改完善之后，再纳入城市总体规划，按有关程序报批或者单独向市人民政府报批。

《城乡规划法》规定，城乡规划确定的绿地用地，禁止擅自改变用途。绿化用地应当作为城市总体规划、镇总体规划的强制性内容。修改省域城镇体系规划、城市总体规划、镇总体规划前，组织编制机关应当对原规划的实施情况进行总结，并向原审批机关报告；修改涉及城市总体规划、镇总体规划强制性内容的，应当先向原审批机关提出专题报告，经同意后，方可编制修改方案。

（四）城市绿地系统规划编制的主要内容

一般应包括城市绿地系统规划目标与指标，市域绿地系统规划，城市绿地系统规划结构、布局与分区，城市绿地分类规划，树种规划，生物多样性保护与建设规划，古树名木保护、分期建设规划，规划实施措施等。

二、城市绿化规划建设指标

目前，我国衡量城市园林绿化水平主要有人均公园绿地面积、建成区绿化覆盖率和建成区绿地率三项指标。人均公园绿地面积是指城市中居民平均每人占有公园绿地的面积。建成区绿化覆盖率是指城市建成区种植的乔木、灌木、草坪等所有植被的垂直投影面积占建成区总面积的百分比。绿地率是指城市建成区中各类绿地面积占建成区总面积的百分比。

国务院《关于加强城市绿化建设的通知》中规定的城市绿化的工作目标为：到2010年，城市规划建成区绿地率达到35%以上，绿化覆盖率达到40%以上，人均公园绿地面积达到10平方米以上，城市中心区人均公园绿地达到6平方米以上。对不能按要求建设绿地或建设绿地面积未达到标准的单位，由城市人民政府绿化行政主管部门依据《城市绿化条例》的有关规定，责令其补建并达到规定面积，确保绿化建设。截至2009年年底，全国城市建成区绿地率达到34.17%，建成区绿化覆盖率达到38.2%，人均公园绿地面积达到10.66平方米。

除三项基本指标外，1993年建设部发布的《城市绿化规划建设指标的规定》确定各类绿地单项指标应符合下列要求：（1）新建居住区绿地占居住区总用地比率不低于30%。（2）城市道路均应根据实际情况搞好绿化。其中主干道绿带面积占道路总用地比率不低于20%，次干道绿带面积所占比率不低于15%。（3）城市内河、海、湖等水体及铁路旁的防护林带宽度应不少于30米。（4）单位附属绿地面积占单位总用地面积比率不低于30%，其中工业企业、交通枢纽、仓储中心、商业中心等绿地率不低于20%；产生有害气体及污染工厂的绿地率不低于30%，并根据国家标准设立不少于50米的防护林带；学校、医院、休疗养院所、机关团体、公共文化设施、部队等单位的绿地率不低于35%。因特殊情况不能按上述标准进行建设的单位，必须经城市园林绿化主管部门批准，将所缺面积的建设资金交给城市园林绿化主管部门统一安排绿化建设作为补偿，补偿标准应根据所处地段绿地的综合价值由所在城市具体规定。（5）生产绿地面积占城市建成区总面积比率不低于2%。（6）公园绿地中绿化用地所占比率，应参照《公园设计规范》（CJJ 48-92）执行。属于旧城改造区的，可对上述（1）、（2）、（4）项规定的指标降低5个百分点。

1997年建设部颁布了《城市道路绿化规划与设计规范》（CJJ 75-97），对道路绿化制定了新的标准。其中道路绿地率为：（1）园林景观路绿地率不得小于40%；（2）红线宽度大于50米的道路绿地率不得小于30%；（3）红线宽度在40～50米的道路绿地率不得小于

25%；(4) 红线宽度小于 40 米的道路绿地率不得小于 20%。

三、城市绿化用地

保障城市绿化用地供应对于保证城市绿地建设十分重要。为此，国务院《关于加强城市绿化建设的通知》明确规定：要在继续从严控制城市建设用地的同时，采取多种方式增加城市绿化用地。考虑到长期以来城市公园绿地比例较低，此类绿地建设对城市绿化具有不可替代的作用。国务院《关于加强城市绿化建设的通知》强调：在城市国有土地上建设公园绿地，土地由当地城市人民政府采取划拨方式提供。国家征用农用地建设公园绿地的，按《土地管理法》规定的补偿标准给予补偿。城市公园绿地作为城市基础设施的重要组成部分，依法享受划拨用地政策。对公园绿地建设使用原国有土地的，建设单位除支付必要的搬迁费外，可不再支付其他土地费用；对需使用新增建设用地的，应依照《土地管理法》的规定办理。

对于各类工程建设项目的配套绿化用地，国务院《关于加强城市绿化建设的通知》明确指出：要一次提供，统一征用，同步建设。在城市建设范围内，一些与项目配套建设的绿地兼有项目用地和城市绿地的双重功能，这些绿地的建设为项目建成后的管理和运营提供了良好的环境和使用上的便利，政府在提供用地时也附加了较为宽松的用地条件。因此，在政府一次批准用地后，要求建设单位承担城市绿化义务，在项目建设的同时搞好绿地建设。

对于城市建成区周围绿化隔离带的用地，国务院《关于加强城市绿化建设的通知》规定：在城市规划区周围根据城市总体规划和土地利用规划建设绿化隔离带的，其用地涉及的耕地，可以视作农业生产结构调整用地，不作为耕地减少进行考核。首先，城市绿化隔离带建设不能简单效仿、一哄而起、盲目建设，而应根据实际需要按规划进行。其次，绿化隔离带建设多位于城乡结合部，用地多为农地甚至耕地，在一定程度上反映了城郊农村经济发展对调整农村产业结构的要求，同时也有利于城市绿化工作。为此，国务院《关于加强城市绿化建设的通知》鼓励城郊农村结合城市绿地规划和建设的要求，积极调整产业结构，通过绿化带中的绿地建设，发展“绿色产业”。

对占用耕地植树种草，只要不破坏原有耕地的基本特性，不作为耕地减少考核。

同时，国务院《关于加强城市绿化建设的通知》还体现了绿地建设要有内涵挖潜的精神。要求应结合产业结构调整，迁出有污染的企业，增加绿化用地。建成区内闲置的土地、依法收回的土地，近期不能安排使用的，可优先安排为绿地。

第三节　城市园林绿化建设

一、城市园林绿化工程招投标管理

根据《工程建设项目招标范围和规模标准规定》（国家发展计划委员会令第3号）的规定，关系社会公共利益、公众安全的城市公园绿地和附属道路绿地、防护绿地的设计、施工、监理以及与工程建设有关的材料采购等，达到下列标准之一的，必须进行招标：(1) 施工单项合同估算价在200万元人民币以上的；(2) 重要设备、材料等货物的采购，单项合同估算价在100万元人民币以上的；(3) 勘察、设计、监理等服务的采购，单项合同估算价在50万元人民币以上的；(4) 单项合同估算价低于(1)、(2)、(3) 项规定的标准，但项目总投资额在3000万元人民币以上的。依法必须进行招标的项目，全部使用国有资金投资或者国有资金投资占控股或者主导地位的，应当公开招标。

二、城市园林绿化工程设计管理

（一）设计资质管理

《城市绿化条例》第11条第1款规定："城市绿化工程的设计，应当委托持有相应资格证书的设计单位承担。"建设部《工程设计资质标准》设立了风景园林工程专项设计资质标准，分甲级资质和乙级资质，现分别由国务院住房城乡建设主管部门和省级人民政府住房城乡建设主管部门审批。

（二）工程设计规范

城市绿地工程项目应按照有关标准和规范性文件进行设计，主要包括：《城市湿地公园规划设计导则（试行）》、《城市绿地设计规范》（GB 50420-2007）、《公园设计规范》（GJJ 48-92）、《城市道路绿化规划与设计规范》（CJJ 75-97）和《风景园林图例图示标准》（CJJ 67-95）等。

三、城市园林绿化工程施工管理

（一）施工企业资质管理

《城市绿化条例》第 16 条规定："城市绿化工程的施工，应当委托持有相应资格证书的单位承担……"

城市园林绿化企业资质审查要按照《关于规范城市园林绿化企业资质管理的通知》、《城市园林绿化企业一级资质申报管理工作规程》和《城市园林绿化企业资质标准》的规定，分级进行，审查合格的发给统一印制的《城市园林绿化企业资质证书》。一级企业由省、自治区住房城乡建设主管部门、直辖市园林绿化主管部门进行预审，提出意见，报国务院住房城乡建设主管部门审批、发证和监管；二级企业由所在地省、自治区住房城乡建设主管部门、直辖市园林绿化主管部门审批、发证和监管，并报国务院住房城乡建设主管部门备案；三级和三级以下企业由所在地城市园林绿化主管部门审批、发证和监管，报省、自治区住房城乡建设主管部门备案。

（二）工程施工监督管理

国务院《关于加强城市绿化建设的通知》要求各类建设工程要与其配套的绿化工程同步设计、同步施工、同步验收；城市绿化行政主管部门要切实加强绿化工程建设的监督管理，积极实行绿化工程招投标制度和工程质量监督制度，确保城市绿化质量。考虑到城市绿化的特点和主体工程的管网道路施工情况，完成绿化的时间一般不得迟于主体工程投入使用后的第二年度绿化季节。

根据《建设工程质量管理条例》（国务院令第 279 号）的规定，城市园林绿化工程竣工后，必须按照基本建设程序进行验收，建设单位在工程竣工验收合格之后，应向住房城乡建设主管部门或者其他有关部门移交建设项目档案。园林绿化工程施工和验收，应该执行《城市绿化工程施工及验收规范》（CJJ/T 82-99）、《喷灌工程技术规范标准》（GB/T 50085-2007）、《城市绿化和园林绿地用植物材料木本苗》（CJ/T 24-1999）、《城市绿化和园林绿地用植物材料球根花卉种球》（CJ/T 135-2001）等国家和行业规范。

根据《建设工程监理范围和规模标准规定》（建设部令第86号）的规定，项目总投资额在3000万元以上关系社会公共利益、公众安全的城市基础设施和生态环境保护项目，必须实行工程监理。

第四节　城市园林绿化保护管理

一、城市园林绿化保护管理的原则

（一）分类保护管理

城市公园绿地、防护绿地和城市道路附属绿地由城市园林绿化行政主管部门管理，生产绿地由经营单位管理，其他附属绿地由土地使用单位或团体管理。

（二）重点保护管理

要将城市范围内的河岸、湖岸、海岸、湿地、山坡、城市主干道等地带作为“绿线”管理的重点部位，并对城市重点公园、古典园林、风景名胜区和古树名木进行严格保护。

二、城市绿线管理

（一）城市绿线的定义

根据《城市绿线管理办法》（建设部令第112号）的规定，城市绿线是指城市各类绿地范围的控制线。

（二）城市绿线的划定

根据《城市绿线管理办法》的规定，城市绿地系统规划是城市总体规划的组成部分，应当确定城市绿化目标和布局，规定城市各类绿地的控制原则，按照规定标准确定绿化用地面具，分层次合理布局公共绿地，确定防护绿地、大型公园绿地等的绿线。控制性详细规划应当提出不同类型用地的界线、规定绿化率控制指标和绿化用地界线的具体坐标。修建性详细规划应当根据控制性详细规划，明确绿地布局，提出绿化配置的原则或者方案，划定绿地界线。城市绿线的审批、调整，按照《城乡规划法》、《城市绿化条例》的规定进行。批准的城市绿线要向社会公布，接受公众监督。任何单位和个人都有保护城市绿地、服从城市绿线管理的义务，有监督城市绿线管理、对违反城市绿线管理行为进行检举的权利。

（三）城市绿线管制制度

根据《城市绿线管理办法》的规定，城市绿线范围内的公共绿地、防护绿地、生产绿地、居住区绿地、单位附属绿地、道路绿地、风景林地等，必须按照《城市用地分类与规划建设用地标准》、《公园设计规范》等标准，进行绿地建设。

城市绿线内的用地，不得改作他用，不得违反法律法规、强制性标准以及批准的规划进行开发建设。有关部门不得违反规定，批准在城市绿线范围内进行建设。因建设或者其他特殊情况，需要临时占用城市绿线内用地的，必须依法办理相关审批手续。在城市绿线范围内，不符合规划要求的建筑物、构筑物及其他设施应当限期迁出。

任何单位和个人不得在城市绿地范围内进行拦河截溪、取土采石、设置垃圾堆场、排放污水以及其他对生态环境构成破坏的活动。近期不进行绿化建设的规划绿地范围内的建设活动，应当进行生态环境影响分析，并按照《城乡规划法》的规定，予以严格控制。

（四）城市绿线控制、实施和管理情况的监督检查

1. 行政监督

城市人民政府规划、园林绿化行政主管部门按照职责分工，对城市绿线的控制和实施情况进行检查，并向同级人民政府和上级行政主管部门报告。

省、自治区人民政府住房城乡建设行政主管部门应当定期对本行政区域内城市绿线的管理情况进行监督检查，对违法行为，及时纠正。

2. 社会监督

任何单位和个人都有保护城市绿地、服从城市绿线管理的义务，有监督城市绿线管理、对违反城市绿线管理行为进行检举的权利。

三、各类城市绿地的管理（含道路绿地）

根据《城市绿化条例》，城市公园绿地、防护绿地和城市道路附属绿地由城市园林绿化行政主管部门管理，生产绿地由经营单位管理，其他附属绿地由土地使用单位或团体管理。

城市的公园绿地、风景林地、防护绿地、行道树及干道绿化带的绿化，由城市人民政府城市绿化行政主管部门管理；各单位管界内的防护绿地的绿化，由该单位按照国家有关规定管理；居住区绿地的绿化，由城市人民政府城市绿化行政主管部门根据实际情况确定的单位管理；城市的公园绿地、风景林地、防护绿地、行道树及干道绿化带的绿化属于公共财产，是城市绿地系统中的骨干部分，城市绿化行政主管部门负有直接管理的责任，通过统一管理，便于统筹安排、合理养护，保证城市绿地系统中的骨干部分发挥出保护环境、治理污染、为人民群众提供游览休息的场所、美化城市的重要作用；单位自建的公园和单位附属绿地的绿化，由该单位管理；作为城市绿地系统中另一个重要组成部分的居住区绿地的绿化，由于其与城市人民群众的关系最为密切，且绿地数量较大，所以城市绿化主管部门对这部分绿地的管理采取了充分调动各级组织和广大居民积极性的做法，将居住区绿地的管理权下放到确定的单位，收到较好的效果；城市的苗圃、草圃和花圃等，由其经营单位管理。

《城市绿化条例》规定："任何单位和个人都不得擅自占用城市绿化用地；占用的城市绿化用地，应当限期归还。"近年来，一些单位和个人侵占绿地的现象时有发生。一些单位擅自利用绿地搞建设。一些地方因道路、建筑等施工需要，有时也要临时借用城市绿地放料。对此，《城市绿化条例》规定："因建设或者其他特殊需要临时占用城市绿化用地，须经城市人民政府城市绿化行政主管部门同意，并按照有关规定办理临时用地手续。"根据这一规定，需临时占用城市绿化用地的单位，必须首先向城市绿化行政主管部门提出申请，由城市绿化主管部门根据有关法规和用地单位的用地性质以及是否对城市绿地的地形、地貌、水体和植被等造成破坏等多种因素综合考虑，确定临时占用绿地的地点、时间和期限等。经城市绿化行政主管部门同意后，方可办理临时用地手续。城市绿化行政主管部门应在被占用绿地的明显位置公示临时占用绿地许可，便于社会监督。临时占用城市绿化用地的单位在使用绿地的过程中，有责任对绿地的地形、地貌、水体和绿地上的植被、建筑等进行保护。临时用地结束后必须恢复原貌按期归还。

四、城市动物园管理

依据《城市动物园管理规定》的规定，城市动物园，包括综合性动物园（水族馆）、专类性动物园、野生动物园、城市公园的动物展区、珍稀濒危动物饲养繁殖研究场所。国务院住房城乡建设主管部门负责全国动物园管理工作。省、自治区人民政府住房城乡建设主管部门负责本行政区域内的动物园管理工作。城市人民政府园林行政主管部门负责本城市的动物园管理工作。动物园管理机构负责动物园的日常管理及动物保护工作。

五、城市湿地及生物多样性保护管理

（一）城市湿地保护管理

根据《国家城市湿地公园管理办法（试行）》的规定，城市湿地，是指城市规划区内天然或人工、长期或暂时之沼泽地、泥炭地，带有静止或流动的淡水、半咸水或咸水的水域地带，包括低潮位不超过6米的滨岸海域。城市湿地公园，是指利用纳入城市绿地系统规划的适宜作为公园的天然湿地类型，通过合理的保护利用，形成保护、科普、休闲等功能于一体的公园。国务院住房城乡建设主管部门以设立国家城市湿地公园为载体，对城市湿地资源开展保护和管理。

国家城市湿地公园的申报，由城市人民政府提出，经省、自治区建设厅或直辖市园林局审查同意后，报住房和城乡建设部。对于跨市、县的国家城市湿地公园的申报，由所在地人民政府协商一致后，由上一级人民政府提出申请。住房和城乡建设部接到申请后，组织专家进行实地考察评估；对符合标准的，由住房和城乡建设部批准设立为国家城市湿地公园。

已批准设立的国家城市湿地公园所在地县级以上人民政府应当组织园林、规划、国土资源等管理部门标明界区，设立界碑、标牌，搞好资源监测；设立专门的管理机构，统一负责国家城市湿地公园的保护、利用和管理工作。国家城市湿地公园需在一年内编制完成国家城市湿地公园规划，并划定绿线，严格保护；定期向住房和城乡建设部报告湿地资源保护、规划编制及实施等有关情况。

国家城市湿地公园规划必须纳入城市总体规划、城市绿地系统规划和城市控制性详细规划，并纳入强制性内容严格管理，任何单位和个人不得擅自变更。国家城市湿地公园以及保护地带的重要地段，不得设立开发区、度假区，不得出让土地，严禁出租转让湿地资源；禁止建设污染环境、破坏生态的项目和设施。

城市湿地公园管理机构和有关部门应采取有力措施，严禁破坏水体，切实保护好动植物的生长条件和生存环境。禁止任何单位和个人在国家城市湿地公园内从事挖湖采沙、围护造田、开荒取土等改变地貌和破坏环境、景观的活动。

（二）城市生物多样性保护

2002年，建设部发布《关于加强城市生物多样性保护工作的通知》（建城〔2002〕249号）。该通知规定，加强城市生物多样性保护工作是各级建设（园林）部门的重要职责。

各城市要尽快组织编制生物多样性保护规划和实施计划；要高度重视和切实加强自然的植物群落和生态群落的保护，将有条件的区域划定为重点生物多样性保护区；各地要结合本地的实际情况，突出做好就地保护、移地保护工作，积极进行优良的园林绿化材料的遗传驯化，加强和促进本地乡土物种的保护和合理利用；要注重和加强珍稀濒危物种的移地保护；加快动物园、植物园等建设，充分发挥公园在生物多样性研究和保护中的重要作用。有条件的城市和园林科研机构要加强生物多样性的研究，积极开展生物资源生态系统调查、生态环境及物种变化的监测、生物资源（特别是乡土物种和濒危物种）的调查和检测。

六、城市树木花草和绿化设施的保护管理

（一）城市树木花草和绿化设施的保护管理

1. 日常管理

《城市绿化条例》第21条规定："任何单位和个人都不得损坏城

市树木花草和绿化设施。砍伐城市树木，必须经城市人民政府城市绿化行政主管部门批准，并按照国家有关规定补植树木或者采取其他补救措施。”《中华人民共和国森林法》（以下简称《森林法》）第32条中关于“城镇林木的更新采伐，由有关主管部门依照有关规定审核发放采伐许可证”的规定，就是指城市树木的砍伐由城市树木的主管部门依照《城市绿化条例》给予审核批准。

《城市绿化条例》第23条规定：“城市的绿地管理单位，应当建立、健全管理制度，保持树木花草繁茂及绿化设施完好。”依据《城市绿化条例》及有关法律、法规、规章，对损坏城市绿地、花草、树木、园林绿化设施及乱砍树木等违法、违章行为进行监察是城建监察队伍的基本职责之一。

2. 城市绿化与市政公用管线

《城市绿化条例》第24条规定：“为保证管线的安全使用需要修剪树木时，必须经城市人民政府城市绿化行政主管部门批准，按照兼顾管线安全使用和树木正常生长的原则进行修剪。承担修剪费用的办法，由城市人民政府规定。因不可抗力致使树木倾斜危及管线安全时，管线管理单位可以先行修剪、扶正或者砍伐树木，但是，应当及时报告城市人民政府城市绿化行政主管部门和绿地管理单位。”

我国城市目前明敷管线还占有一定比例，在新项目设计时应该按照《城市道路绿化规划与设计规范》（CJJ 75-97）的要求，注意处理好树木和管线的间距，留足空间或者选择适当的树种。属于新敷管线或新植树木应当注意照顾已有设施，尽量不发生矛盾。城市绿化树木的生长危及管线运行安全确需修剪的，必须经城市绿化行政主管部门批准，按照兼顾管线安全使用和树木正常生长的原则进行修剪。修剪树木所需费用，一般由提出修剪的责任者承担。

因不可抵抗因素如台风、地震等自然灾害致使树木倾斜危及管线安全时，管线管理单位可以不经城市绿化主管部门批准先行对倾斜的树木进行修剪、扶正，或者在特殊情况下对一般树木进行砍伐。但是采取这些措施后，应当及时向城市绿化主管部门和树木所在地的管理单位报告情况，证明措施得当，共同处理善后或采取补救措施。

（二）城市古树名木保护管理

《城市绿化条例》第25第1款条规定：“百年以上树龄的树木，稀有、珍贵树木，具有历史价值或者重要纪念意义的树木，均属古树名木。”古树名木是国家的宝贵财富，具有历史文化价值。对古树名木的保护直接关系对我国生物资源和历史文化遗产的保护。把古树名木保护好不仅是城市绿化行政主管部门的重要责任，也是社会各界和广大人民群众的责任。因此，对古树名木的养护管理，要比一般园林树木的养护管理具有更高的技术要求。城市绿化主管部门要通过逐株认定树木的种类及树龄、价值，建立古树名木档案，落实保护管理责任，制定养护管理标准和保护计划。由于古树名木遍布城市各个角落，有些又分处于不同的单位管界及个别住宅庭院内，完全由城市绿化主管部门负责管理是不现实的；因而《城市绿化条例》规定由单位及居民分别根据国家有关古树名木养护标准及城市绿化行政主管部门制定的具体养护计划对本单位管界及私人庭院内的古树名木进行养护，并在养护管理过程中随时接受城市绿化主管部门的监督和技术指导。此外，《城市绿化条例》还规定，严禁砍伐或者迁移古树名木。因特殊需要迁移古树名木，必须经城市人民政府城市绿化行政主管部门审查同意，并报同级或者上级人民政府批准。

建设部制定的《城市古树名木保护管理办法》（建城〔2000〕192号）规定：“树龄在300年以上，或者特别珍贵稀有，具有重要历史价值和纪念意义，重要科研价值的古树名木，为一级古树名木；其余为二级古树名木。”《城市古树名木保护管理办法》规定了一二级古树名木的确认程序，并明确了城市人民政府园林绿化行政主管部门的责任和古树名木保护管理的原则。《城市古树名木保护管理办法》规定古树名木的养护管理费用由古树名木责任单位或者责任人承担。抢救、复壮古树名木的费用，城市园林绿化主管部门可适当给予补贴。城市人民政府应当每年从城市维护费、城市园林绿化专项资金中划出一定比例的资金用于城市古树名木的保护管理。

《城市古树名木保护管理办法》第12第2款条规定：“因特殊需要，确需移植二级古树名木的，应当经城市园林绿化行政主管部门和建设行政主管部门审查同意后，报省、自治区建设行政主管部门批准；移植一级古树名木的，应经省、自治区建设行政主管部门审核，报省、自治区人民政府批准。直辖市确需移植一、二级古树名木的，由城市园林绿化行政主管部门审核，报城市人民政府批准移植所需费用，由移植单位承担。”

第五节　法律责任

一、损坏、擅自修剪或砍伐城市树木花草的法律责任

（1）依据《城市绿化条例》的规定，损坏城市树木花草、擅自修剪或者砍伐城市树木的，由城市人民政府城市绿化行政主管部门或者其授权的单位责令停止侵害，可以并处罚款；造成损失的，应当负赔偿责任；违反《中华人民共和国治安管理处罚法》的，应当给予治安管理处罚；构成犯罪的，依法追究刑事责任。

（2）依据《中华人民共和国刑法》（以下简称《刑法》）的规定，盗伐森林或者其他林木，数量较大的，处3年以下有期徒刑、拘役或者管制，并处或者单处罚金；数量巨大的，处3年以上7年以下有期徒刑，并处罚金；数量特别巨大的，处7年以上有期徒刑，并处罚金。

（3）各地对于损坏、擅自修剪或砍伐城市树木花草的违法行为，还应该按照相应的地方性法规或人民政府规章进行处罚。

二、破坏古树名木的法律责任

（1）依据《城市绿化条例》的规定，砍伐、擅自迁移古树名木的，或者因养护不善致使古树名木受到损伤或者死亡的，由城市人民政府城市绿化行政主管部门或者其授权的单位责令停止侵害，可以并处罚款；造成损失的，应当负赔偿责任；违反《治安管理处罚法》的，应当给予治安管理处罚；构成犯罪的，依法追究刑事责任。

（2）依据《刑法》，违反森林法的规定，非法采伐、毁坏珍贵树木的，处3年以下有期徒刑、拘役或者管制，并处罚金；情节严重的，处3年以上7年以下有期徒刑，并处罚金。

三、损坏城市绿化设施的法律责任

依据《城市绿化条例》的规定，损坏城市绿化设施的，由城市人民政府城市绿化行政主管部门或者其授权的单位责令停止侵害，可以并处罚款；造成损失的，应当负赔偿责任；违反《治安管理处罚法》的，应当给予治安管理处罚；构成犯罪的，依法追究刑事责任。

四、擅自占用城市绿化用地的法律责任

依据《城市绿化条例》的规定，未经同意擅自占用城市绿化用地的，由城市人民政府城市绿化行政主管部门责令限期退还、恢复原状，可以并处罚款；造成损失的，应当负赔偿责任。

对于擅自占用绿地的违法行为应当根据具体情况进行处理，如擅自改变绿地性质、擅自在绿地上建设、擅自临时占用绿地等，应当参照《城乡规划法》的规定，进行处罚。

五、在城市绿地范围内进行生态环境破坏活动的法律责任

依据《城市绿线管理办法》的规定，在城市绿地范围内进行拦河截溪、取土采石、设置垃圾堆场、排放污水以及其他对城市生态环境造成破坏活动的，由城市园林绿化行政主管部门责令改正，并处1万元以上3万元以下的罚款。

六、在城市绿线范围内违反规定审批建设项目的法律责任

依据《城乡规划法》的规定，镇人民政府或者县级以上人民政府城乡规划主管部门超越职权或者对不符合法定条件的申请人核发选址意见书、建设用地规划许可证、建设工程规划许可证、乡村建设规划许可证的，由本级人民政府、上级人民政府城乡规划主管部门或者监察机关依据职权责令改正，通报批评；对直接负责的主管人员和其他直接责任人员依法给予处分。

七、主管部门、管理机构工作人员的法律责任

依据《城市绿化条例》的规定，城市人民政府城市绿化行政主管部门和城市绿地管理单位的工作人员玩忽职守、滥用职权、徇私舞弊的，由其所在单位或者上级主管机关给予行政处分；构成犯罪的，依法追究刑事责任。

第十二章　风景名胜区管理

名胜区集中了大量珍贵的自然和文化遗产，是自然史和文化史的天然博物馆。为了加强对风景名胜资源的保护，我国把具有观赏、文化或科学价值，自然景物、人文景物比较集中，环境优美，可供人们游览、休息或进行科学、文化活动的区域，划为风景名胜区。切实保护和合理利用风景名胜资源，对于改善生态环境，发展旅游业，弘扬民族文化，激发爱国热情，丰富人民群众的文化生活都具有重要作用。近年来，风景名胜区工作取得了很大进展，有力地促进了经济发展和对外开放，推动了精神文明建设。

第一节　概述

一、风景名胜区基本概念

根据《风景名胜区条例》第 2 条的规定，风景名胜区是指具有观赏、文化或科学价值，自然景物、人文景物比较集中，环境优美，可供人们游览、休息或者进行科学、文化活动的区域。这里的意思是，风景名胜区的范围内，有区别于其他区域，其是能够反映独特的自然风貌或具有独特的历史文化特色的比较集中的景观。根据《风景名胜区条例》的规定，风景名胜区应当具有观赏、文化或者科学价值。所谓观赏价值，是指风景名胜资源的艺术特征、新奇性、复杂性和统一性等，能够引起人们视觉的感受，给人们带来美的享受。文化价值是指景观反映的地域、民族、历史、城乡风光、社会风尚以及科学成就等因素共同产生的综合效果。科学价值，指景物的某种研究功能，或在自然科学、社会科学上的理论价值。风景名胜区是这些价值和功能的综合体。基于风景名胜资源的价值，风景名胜区具有可供人们游览或者进行科学、文化活动的功能。这些价值是设立风景名胜区并加以保护、利用和管理的原因，也是风景名胜资源属性和稀缺性之所在。

二、风景名胜区概况

改革开放以来，我国的风景名胜区管理体系逐步完善，保护管理和经营服务水平不断提高，风景名胜区事业发展迅速。

（1）基本建立了具有中国特色的风景名胜区管理体系。1982 年以来，国务院先后审定公布了 7 批国家级风景名胜区。目前，我国有国家级风景名胜区 208 处，省级风景名胜区 701 处，总面积近 10 万平方千米，占国土总面积的 2%，基本形成了国家级、省级风景名胜区的管理体系。在国家级风景名胜区中，泰山、黄山、武陵源、九寨沟等 31 处风景名胜区被联合国教科文组织列为世界遗产。同时，风景名胜区保护管理法规制度建设步伐加快，《城乡规划法》、《风景名胜区条例》等一系列法律、法规先后颁布实施，各地制定了相应的地方性法规和规章，形成了较为完整的风景名胜区保护管理法规体系。

（2）有效保护了一大批珍贵的风景名胜资源。风景名胜区集中了大量珍贵的自然文化遗产。风景名胜区的体系建立之后，在保护生物的多样性、维持地域的生态平衡等方面发挥了重要的作用。各地采取措施封闭风景名胜区内的开山采石场、清理墓葬、拆除违章建筑、退田还湖、退耕还林，抢救和恢复了一批濒于毁灭、湮没的名胜古迹，保护了一大批珍贵的风景名胜资源。

（3）大力推动了旅游事业和区域经济的快速发展。当前 208 处国家级风景名胜区和 701 处省级风景名胜区已成为我国旅游业发展的主要载体，国内外游客纷纷将风景名胜区作为首选的旅游目的地。风景名胜区在带动国家和地方旅游持续发展的同时，也推动了地区风景旅游小城镇的建设，促进了当地农民致富，增加了社会就业岗位，有力地促进了当地经济文化等各项事业的快速发展。

（4）加强和巩固了民族团结和对外开放。全国风景名胜区每年接待大量的海外侨胞、港澳台同胞，增进了港澳台同胞、海外侨胞对祖国深厚文化、秀美山川和综合国力的了解和对中国特色社会主义巨大成就的了解，提升了民族的自豪感，增强了中华民族的凝聚力。同时，风景名胜区作为对外开放的重要窗口，既向世界展示了我国的壮丽河山和灿烂悠久的民族文化，也向世界展示了我国政府保护风景名胜和世界遗产这一特殊自然和文化遗产资源的决心和成就。

三、风景名胜区法规体系概况

党和国家非常重视风景名胜区管理的法制建设。为了加强对风景名胜区的保护，从改革开放到现在，陆续制定了一些行政法规、部门规章和规范性文件，地方各级人大和政府也相应制定了一些地方性法规和规章，对有效保护和管理风景名胜区，遏制破坏风景名胜区的活动，规范对风景名胜资源的合理开发利用，起到了积极的保障和促进作用。

1985 年 6 月，国务院颁布了《风景名胜区管理暂行条例》，这是我国第一部关于风景名胜区管理工作的行政法规。《风景名胜区管理暂行条例》是针对多年来一些风景名胜区被乱占、乱建、污染和破坏现象严重；一些风景名胜区大搞人工设施，破坏了许多珍贵景物和原有风貌；有些风景名胜区在游人集中的游览区内随意地、过多地建立接待服务设施，占据了游览面积，破坏了景观、污染了环境等问题而制定的。《风景名胜区管理暂行条例》共 17 条，其中心内容是确立我国风景名胜区事业的管理体制。围绕这个中心内容，《风景名胜区管理暂行条例》在加强对风景名胜资源的保护、规划、建设和管理等方面作了原则规定。

2006 年 9 月 19 日，国务院颁布了《风景名胜区条例》。在《风景名胜区管理暂行条例》的基础上，《风景名胜区条例》确立了科学规划、统一管理、严格保护、永续利用的原则，对风景名胜区的设立、规划、保护、利用和管理作出了更详细的规定，完善了风景名胜区管理的各项制度。

2007 年 10 月 28 日，第十届全国人民代表大会常务委员会第三十次会议审议通过了《城乡规划法》。该法明确规定：“城乡建设和发展，应当依法保护和合理利用风景名胜资源，统筹安排风景名胜区及周边乡、镇、村庄的建设。风景名胜区的规划、建设和管理，应当遵守有关法律、行政法规和国务院的规定。”

按照国家有关法律法规，住房和城乡建设部先后制定颁发了关于风景名胜区资源保护、规划和建设管理、安全管理、经营管理等一系列的规章和规范性文件，指导和规范风景名胜区保护和管理工作。各地也积极推进本地区风景名胜区的立法工作，加强制度建设，促进了风景名胜区的保护管理工作。各国家级风景名胜区在保护风景名胜资源，做好日常管理和旅游服务的同时，按照《风景名胜区条例》及国务院有关文件要求，积极建立健全风景名胜区的各项管理制度。通过政策法规和规范性文件的制定和执行，有力地保障和促进了风景名胜区保护、规划、管理、利用等各项工作的顺利开展和健康发展。

四、风景名胜区管理体制

《风景名胜区条例》规定，我国对风景名胜区实行统一管理，由风景名胜区管理机构负责风景名胜区的保护、利用和统一管理工作。风景名胜区管理机构由风景名胜区所在地县级以上地方人民政府设置，受上级人民政府住房城乡建设主管部门和风景名胜区主管部门业务指导。风景名胜区管理机构在风景名胜区范围内统一行使《风景名胜区条例》授予的行政管理职能，具体包括审核在风景名胜区内进行建设，设置、张贴商业广告，举办大型游乐活动，改变水资源、水环境自然状态等活动以及其他影响生态和景观的活动。风景名胜区管理机构统一出售进入风景名胜区的门票，管理风景名胜区内的各种经营活动，并应当采取招标等公平竞争的方式，确定风景名胜区内的交通、服务项目的经营者。

《风景名胜区条例》规定，国务院住房城乡建设主管部门负责全国风景名胜区的监督管理工作。国务院其他有关部门按照国务院规定的职责分工，负责风景名胜区的有关监督管理工作。

《风景名胜区条例》还规定，省、自治区人民政府住房城乡建设主管部门和直辖市人民政府风景名胜区主管部门，负责本行政区域内风景名胜区的监督管理工作。省、自治区、直辖市人民政府其他有关部门按照规定的职责分工，负责风景名胜区的有关监督管理工作。

第二节 风景名胜区的设立

一、风景名胜区的分级

为了加强对风景名胜区的管理，发挥各级人民政府和各部门的积极性，共同保护和管理好风景名胜资源，我国对风景名胜区实行分级管理体制。按照《风景名胜区条例》的规定，国家设立国家级、省级两级风景名胜区管理体系。《风景名胜区条例》规定："自然景观和人文景观能够反映重要自然变化过程和重大历史文化发展过程，基本处于自然状态或者保持历史原貌，具有国家代表性的，可以申请设立国家级风景名胜区；具有区域代表性的，可以申请设立省级风景名胜区。"实践表明，设立国家级、省级两级风景名胜区的管理体制有利于加强对风景名胜资源的保护，强化对风景名胜区的管理，突出保护重点。

二、风景名胜区的设立审批程序

国家级风景名胜区由省、自治区、直辖市人民政府提出申请，国务院住房城乡建设主管部门会同国务院环境保护主管部门、林业主管部门、文物主管部门等有关部门组织论证，提出审查意见，报国务院批准公布。

省级风景名胜区由县级人民政府提出申请，省、自治区人民政府住房城乡建设主管部门或者直辖市人民政府风景名胜区主管部门，会同其他有关部门组织论证，提出审查意见，报省、自治区、直辖市人民政府批准公布。

三、风景名胜区的资源保护

风景名胜资源是河流、土地、森林等实体性资源组成的有机整体，在风景名胜区内存在多种所有权形式和利益主体。同时，风景名胜资源是当地群众赖以生存的环境，与当地群众的生产生活密切相关。在设立风景名胜区的过程中或基于风景名胜资源保护管理的需要，有时需要征占或征用有关所有权人和使用权人的森林、土地、房屋等财产或需要对其土地利用方式、生产经营活动等提出限制性要求，也势必会对相关利益群体的合法权益和正常的生产生活造成一定程度的影响。因此，保护风景名胜资源，应当注意保护风景名胜区内有关财产的所有权人、使用权人的合法权益，协调各方的利益。

（1）要切实保护拟设立风景名胜区的区域内的土地、森林等自然资源和房屋等财产的所有权人、使用权人的合法权益，规范行政权力的行使，树立依法设立与管理的意识。

（2）要与风景名胜区内的有关资源和财产的所有权人、使用权人进行充分的协商。地方人民政府要充分尊重拟设立风景名胜区的区域内的相关利益群体的合理意愿与要求，应当在平等自愿的基础上，与相关利益群体进行充分协商，取得他们的支持和配合，不得采取非法的手段强迫其执行。

（3）要对受到损失的权利人依法给予补偿。要依照国家相关规定，按照等价有偿的原则制定相应的补偿办法，对因设立风景名胜区致使拟设立区域内的有关所有权人、使用权人受到的损失给予合理补偿。

第三节　风景名胜区的规划

一、规划的编制程序

风景名胜区规划是风景名胜区各项工作的依据和前提。为了保证规划的科学性和严肃性，必须要严格按照《风景名胜区条例》确定的风景名胜区总体规划和详细规划的内容以及编制程序进行规划的编制活动，并对规划的科学性和可实施性进行严密的论证。要严格按照风景名胜区规划的审查审批及备案程序进行规划审批活动，规范规划的审批制度，保证规划的质量。

风景名胜区规划编制应遵循以下程序。

（1）国家级风景名胜区规划的编制主体是省、自治区人民政府住房城乡建设主管部门或者直辖市人民政府风景名胜区主管部门。省级风景名胜区规划的编制主体是县级人民政府。规划编制主体负责组织有关部门和单位开展风景名胜区总体规划和详细规划的编制工作，并负责把风景名胜区规划报规划审批机关审批。

（2）风景名胜区规划编制单位应当采用招标等公平竞争的方式确定。根据《风景名胜区条例》的规定，为了保证规划编制的质量，提高规划的编制水平，保证规划的科学性和合理性，编制风景名胜区规划，应采用招标等公平竞争的方式，选择具有相应资质的单位承担，严格按照经审定的风景名胜区范围、性质和保护目标，依照有关法律、法规和技术规范编制。

（3）风景名胜区规划的编制过程应当公开公正，体现公众参与的原则，以吸纳各方面的合理意见，保证规划的科学性和严肃性。这要求在编制风景名胜区规划时，应广泛征求各有关部门、专家的意见，进行多方案的比较和论证。当规划涉及土地利用限制、居民搬迁、产业结构调整、土地征用、重大项目建设等重大问题时，为了保护相关利益群体的合法权益，保证规划的科学性和合理性，还应对规划所涉及的内容举行听证。《风景名胜区条例》规定“风景名胜区规划报送审批的材料应当包括社会各界的意见以及意见采纳的情况和未予采纳的理由”，保证公众参与程序的严格执行。

二、规划编制的原则

风景名胜区规划是驾驭整个风景名胜区保护、建设、管理的基本依据。科学编制、严格执行规划是做好风景名胜区工作的前提。在编制风景名胜区规划中，应当坚持以下原则。

（1）风景名胜区总体规划的编制必须树立和落实科学发展观。在规划编制过程中，应当从人与自然和谐相处、区域协调发展和经济社会全面进步的高度出发，根据我国基本国情和国家有关方针政策要求，加强风景名胜区保护，促进其合理利用，使风景名胜区各项功能和作用得以全面发挥，实现环境、社会和经济三方面效益的和谐统一，推动风景名胜区的健康发展。

（2）坚持保护优先、开发服从保护的原则。风景名胜资源是一种不可再生资源，一旦破坏，难以恢复甚至不可恢复。因此，风景名胜区总体规划应突出保护第一的思想，正确处理保护与利用的关系，防止和杜绝“杀鸡取卵”式的开发建设，在严格保护的基础上适度利用，科学安排基础设施建设和公共服务设施建设，适度开展旅游活动，实现保护与开发的协调，达到既保护资源环境，又合理利用资源、带动和促进当地经济发展的目的。

（3）突出风景名胜区资源与环境的自然特性、文化内涵和地方特色。风景名胜区都有独特的自然景观和人文景观，具备区别于其他地域的乡土文化内涵和地方特色。因此，风景名胜区规划的编制必须坚持因地制宜的原则，充分重视并提取出可以构成风景名胜区特点与个性的要素，体现风景名胜区的特性。

三、规划的审批程序

各级风景名胜区规划的审批应遵循以下程序。

（1）国家级风景名胜区的总体规划，由省、自治区、直辖市人民政府审查后，报国务院审批。国家级风景名胜区的详细规划，由省、自治区人民政府住房城乡建设主管部门或者直辖市人民政府风景名胜区主管部门报国务院住房城乡建设主管部门审批。

（2）省级风景名胜区的总体规划，由所在地县级人民政府报省、自治区、直辖市人民政府审批，并报国务院住房城乡建设主管部门备案。省级风景名胜区的详细规划，由省、自治区人民政府住房城乡建设主管部门或者直辖市人民政府风景名胜区主管部门审批。

（3）根据《风景名胜区条例》的规定，风景名胜区规划批准后，必须严格执行，任何组织和个人不得擅自改变。如确实需要对风景名胜区总体规划中的风景名胜区范围、性质、保护目标、生态资源保护措施、重大建设项目布局、开发利用强度以及风景名胜区的功能结构、空间布局、游客容量进行修改的，应当报原审批机关批准；对其他内容进行修改的，应当报原审批机关备案。风景名胜区详细规划确需修改的，应当报原审批机关批准。

第四节　风景名胜区的保护

一、风景名胜区保护的概念

风景名胜资源包括风景名胜区内的自然资源和人文资源以及其他

景观，是一种不可再生的资源。同时，风景名胜资源是公共资源，风景名胜资源的保护与公共利益的保护紧密相关。由于风景名胜区对开发利用的承载能力是有限的，超出其所能承受的范围进行开发，就会造成对风景名胜资源的破坏。因此，必须把对风景名胜区的保护放在风景名胜区各项工作的首位。

我国对风景名胜区实行严格保护的原则。首先，风景名胜区管理机构应当切实履行对风景名胜区的管理职能，建立健全风景名胜资源保护的各项管理制度，制定相应的保护措施。其次，作为在风景名胜区内活动的主体，风景名胜区内的居民和游览者应当自觉保护风景名胜资源，并有权制止、检举破坏风景名胜资源的行为。最后，在风景名胜区内进行建设活动，应当经风景名胜区管理机构审核后，严格依据有关法律、法规的规定办理审批手续，不得违反风景名胜区规划。

二、风景名胜区保护的原则

风景名胜区的保护应当正确处理保护与开发利用的关系。设立风景名胜区的目的在于对风景名胜资源的合理利用，发挥风景名胜区能够供人们旅游观光、进行科学、文化活动的功能。只有严格保护风景名胜资源，遏制破坏风景名胜资源的活动，才能使风景名胜资源不会被开采枯竭，能够循环利用。同时，风景名胜区的开发利用与风景名胜资源的保护是相辅相成、互为依托的关系。对风景名胜区的合理开发利用，可以增强风景名胜区同其他地区的经济文化联系，提高地区知名度，提高当地经济发展水平和科学文化水平，改变经济增长方式，推动当地居民就业，减轻社会经济发展对风景名胜区生态环境的压力。另外，对风景名胜区合理开发利用能够为有效保护风景名胜资源提供资金保证和技术支持，使保护措施能够贯彻执行，促进风景名胜区的良性循环。《风景名胜区条例》规定："风景名胜区内的景观和自然环境，应当根据可持续发展的原则，严格保护，不得破坏或者随意改变。"因此，应当处理好风景名胜区保护与利用的关系，把保护风景名胜资源放在风景名胜区工作的首位，在严格保护风景名胜资源的基础上，合理进行开发利用，满足社会和经济发展的需求，实现人与自然、经济与社会的和谐发展，达到永续利用的目的。

风景名胜区的保护应当坚持可持续发展的原则。可持续发展是指既要考虑当前发展的需要，又要考虑未来发展的需要，不以牺牲后代人的利益为代价来满足当代人的利益，也就是指经济、社会、资源和环境保护协调发展，成为一个密不可分的系统，既要达到发展经济的目的，又要保护好人类赖以生存的大气、水体、土地和森林等自然资源和生态环境，使子孙后代能够永续发展和安居乐业。可持续发展的基本原则主要包括以下三方面：（1）持续性原则，指资源的永续利用和生态环境的可持续性；（2）公平性原则，指各种主体在使用资源与环境的需求上具有平等的权利，包括本代人之间的公平性和代际之间的公平性两方面的内容；（3）共同性原则，指人类要共同促进自身之间和自身与自然之间的协调，实现人与自然的和谐相处。

因此，风景名胜区内的景观和自然环境，应当依据可持续发展的原则和要求，妥善处理可持续发展与严格保护、永续利用的关系，在确定风景名胜区内地形、地貌、水体、动物、植物、土壤、大气、历史文化遗产等资源与环境的真实性和完整性以及生态系统的连续性得到严格保护与保持的前提下，适度地加以开发利用，不得破坏或者随意改变。基于风景名胜区保护和发展的需要，确需进行必要开发建设的，应严格依据风景名胜区法律法规和总体规划的有关规定与要求，履行相关报批手续后方可实施，确保风景名胜区在得到严格保护的前提下得以合理利用。

三、风景名胜区保护的措施

保护风景名胜区人人有责。在风景名胜区内的所有机关、单位、居民和游人都必须爱护风景名胜区的景物、林木、设施和环境。为更好地保护风景名胜区，可以采取以下几个方面的措施。

（1）建立健全风景名胜区保护制度，落实保护责任。要确定风景名胜区的范围，树立醒目的界桩和标志，建立风景名胜资源档案，进行分级、分类保护。

（2）国家建立风景名胜区管理信息系统，对风景名胜区规划实施和资源保护情况进行动态监测。

（3）严格保护风景名胜区的地貌，禁止开山采石、挖沙取土等经营活动。

(4) 保护好风景名胜区内的水体，制止可能导致水体污染的活动。对河流、湖泊等应及时进行清理和疏浚，不得随意围、填、堵、塞或作其他改变。要保护好风景名胜区内的水源地。

(5) 风景名胜区内的林木不得砍伐。必要的疏伐、更新以及确需砍伐的林木需报有关机构批准。

(6) 风景名胜区内的古树名木要严格保护，严禁砍伐、移植，并且要进行调查、鉴定、登记造册、建立档案。

(7) 要保护好动物的栖息环境，严禁伤害和滥捕野生动物。

(8) 对古建筑、古园林、石刻等文物古迹、革命遗址和其他人文景物及其所处的环境要严格保护，定期维护，落实防火、避雷、防洪、防震和防蛀等措施。

四、开发建设的原则和要求

《风景名胜区条例》规定，对风景名胜区内的景观和自然环境实行严格保护，不得破坏或随意改变。在风景名胜区内进行各项建设活动，应符合风景名胜区规划，并与景观相协调，不得建设破坏景观、污染环境、妨碍游览的设施。因此，风景名胜区的开发建设要服从于风景名胜资源保护这一首要任务。在开发建设活动中，首先应当考虑社会效益和环境效益，其次才是经济效益。

(一) 建设活动的原则和要求

在风景名胜区内应严格限制建设各类建筑物、构筑物。确需建设的，必须依据风景名胜区规划编制专门的建设方案，组织论证，进行环境影响评价，并严格依据法定程序审批。《风景名胜区条例》第28条第1款规定："在风景名胜区内从事本条例第二十六条、第二十七条禁止范围以外的建设活动，应当经风景名胜区管理机构审核后，依照有关法律、法规的规定办理审批手续。"建设活动的范围主要包括以下几个方面：(1) 风景名胜资源保护设施的建设；(2) 必要的道路交通、供电通信、环境卫生、防火防灾、供排水、污水处理等基础工程设施建设；(3) 必要的餐饮、住宿、购物、医疗、银行等旅游服务设施建设；(4) 适度的传统文化展示、传统文艺表演、演艺娱乐等文化设施建设；(5) 其他符合风景名胜区规划的建设活动。

为了切实保护好风景名胜资源，《风景名胜区条例》要求在风景名胜区内进行建设活动应当坚持以下原则。(1) 以保护为主的原则。风景名胜区的建设是我国风景名胜区历史的延续，是对自然景观和人文景观的必要保护和利用。《风景名胜区条例》中明确规定，禁止违反规划，进行与保护风景名胜区无关的建设活动，不得破坏景观、污染环境、妨碍游览。(2) 遵循规划原则。风景名胜区规划是切实地保护、合理地开发建设和科学地管理风景名胜区的综合部署。经批准的规划就是风景名胜区开发建设的依据，所有开发建设都必须遵循风景名胜区总体规划和详细规划。(3) 风格协调和谐的原则。风景名胜区的建设应充分认识现有的自然景观和历史文化遗产的主体地位，新建的人工设施只能从属于主体，服务于风景环境的需要。因此，风景名胜区的建设应与风景名胜区内的景观协调和谐，坚决制止损害景区景点审美价值的“破坏性”建设。

(二) 风景名胜区内的禁止行为

为严格保护风景名胜区资源与环境，维持风景名胜区自然生态平衡，《风景名胜区条例》明确规定了对风景名胜区资源与环境的保护具有绝对破坏性或负面影响，直接影响到风景名胜区内景观环境保护和正常游览活动开展的四类禁止行为。一是破坏景观、植被和地形地貌的活动，除《风景名胜区条例》列举的开山、采石、开矿、开荒、修坟立碑外，还包括以下几个方面：(1) 改变古树名木赖以生存的环境条件；(2) 填堵河道或改变河道走向；(3) 挖砂取土；(4) 掘坑填塘；(5) 开窑；(6) 其他经认定属于破坏景观、植被和地形地貌的行为。二是修建储存爆炸性、易燃性、放射性、毒害性、腐蚀性物品的设施。三是在景点景物上随意刻画、涂污。四是乱扔垃圾的行为。

为保持资源与环境的真实性和完整性，《风景名胜区条例》对风景名胜区范围内的具有较强开发利用强度的行为与活动进行严格控制。这些建设活动与保护风景名胜区原始生态与环境的要求不符，与风景名胜区的性质、功能、地位和作用也是完全相悖的。因此，凡不符合规划要求的，不得进行开发建设。（1）禁止违反规划，在风景名胜区内设立（或变相设立）各类开发区；（2）禁止违反规划，在核心景区内建设宾馆、招待所、培训中心、疗养院等与风景名胜资源保护无关的设施；（3）已建设的，应当按照规划逐步迁出。

（三）对在风景名胜区内进行其他活动的管理

除了建设活动外，风景名胜区内的其他活动也是影响风景名胜景观的重要因素。因此，为了规范这些活动，避免造成对风景名胜资源的破坏，《风景名胜区条例》规定，在风景名胜区内从事下列活动，应当经风景名胜区管理机构审核后，依照有关法律、法规的规定报有关主管部门批准：（1）设置、张贴商业广告；（2）举办大型游乐等活动；（3）改变水资源、水环境自然状态的活动；（4）其他影响生态和景观的活动。

第五节　风景名胜区的利用和管理

一、风景名胜区管理机构的职责

《风景名胜区条例》明确规定了风景名胜区管理机构的执法主体地位，由风景名胜区管理机构统一行使风景名胜区管理职权。风景名胜区管理机构作为风景名胜区内的统一管理机构，其重要职责就是要在保护好风景名胜资源的基础上，发挥风景名胜资源的功能，推动经济发展，满足广大人民群众精神文化的需要，实现人与自然的和谐发展。这包括以下几方面的内容：

（1）风景名胜区管理机构应当根据风景名胜区的特点，保护民族民间传统文化，开展健康有益的游览观光和文化娱乐活动，普及历史文化和科学知识。

首先，风景名胜资源是自然景观和人文景观的综合体。民族民间传统文化是风景名胜资源的重要组成部分，也是体现风景名胜区特色的重要元素。因此，保护风景名胜区内的民族民间传统文化是风景名胜区管理机构的重要职责。其次，风景名胜区具有很大的观赏价值，能够给人们带来美的享受。在风景名胜区内合理开展游览观光活动，发展旅游业，除了能实现风景名胜资源的价值外，也有利于促进地区经济发展，提高人民生活水平，满足人们的精神文化需求。最后，风景名胜区具有独特的自然景观和人文景观，具有较高的科学研究价值。风景名胜区管理机构应当结合风景名胜区的特点，通过发放各类景区文化知识宣传资料，开展知识竞赛，以及制作景区标志标牌时兼顾知识性和景观协调性等多种方式，向社会和广大游客普及历史文化和科学知识。

（2）风景名胜区管理机构应当根据风景名胜区规划，合理利用风景名胜资源，改善交通、服务设施和游览条件。

风景名胜区管理机构应当根据法律法规授权，发挥好改善游览条件的组织者和监督管理者的作用，为改善游览条件创造良好的环境和条件。如广开保护建设资金的渠道，鼓励多种投资参与风景名胜区的资源环境保护以及服务经营设施的建设，同时适当采取政策扶持，兼顾景区原住民的权利，对经营行为加以规范和引导。但是，风景名胜区管理机构不能随意开发风景名胜区，也不能随意批准单位和个人在风景名胜区内进行开发活动，一切活动都必须以风景名胜区规划为依据。任何单位和个人也不能在风景名胜区内随意进行开发活动，其所进行的活动必须符合风景名胜区规划，并履行相关手续。

我国的风景名胜区，很多除了以自然风光闻名外，同时还是宗教圣地。风景名胜区管理工作中，必须处理好与宗教活动场所之间的关系。因此，风景名胜区内宗教活动场所的管理，既应当符合《风景名胜区条例》的规定，也应当符合国家有关宗教活动场所管理的规定，依法保障宗教人士的宗教权益。风景名胜区管理中涉及宗教事务，以及自然资源的保护、利用、管理，文物保护和自然保护区管理的，应当执行国家有关法律、法规的规定。同时，宗教活动场所的门票收入是该场所实现自养的重要经济来源。为了避免引发矛盾，风景名胜区管理机构应当执行与宗教有关的法规的规定，保障宗教活动场所的合法收入，处理好利益分配上的关系。

风景名胜区往往蕴含了丰富的土地、林木、矿产、水等各类实体资源以及很多具有重要价值的文物资源。同时，实践中，风景名胜区往往与自然保护区存在交叉。因此，对风景名胜区的管理，涉及自然资源管理、文物保护以及自然保护区管理等多个领域。我国的法律体系中，有专门调整土地、林木、矿产等自然资源、文物保护以及自然保护区管理的法律法规，包括《土地管理法》、《森林法》、《中华人民共和国矿产资源法》、《中华人民共和国文物保护法》以及《中华人民共和国自然保护区条例》等。在现有体制下，对于风景名胜区内涉及自然资源、文物保护以及自然保护区等问题的解决，核心是要衔接和协调好《风景名胜区条例》与其他法律、法规的关系，通过协商机制处理好风景名胜区内有关权利人的利益问题。风景名胜区管理机构在行使风景名胜区管理职责时，应当注意执行有关法律、法规的规定。

（3）风景名胜区管理机构还应当会同消防主管部门、林业主管部门、文物主管部门、公安部门、旅游主管部门、质检主管部门等职能部门，依法对风景名胜区内的经营单位实施监督检查，保障风景名胜区的游览安全，保障风景名胜区内各类权利人和游客的利益。其安全管理职责的主要内容包括：一是加强游览安全管理，管理机构应当建立健全安全管理制度，定期检查监督，在景区内设置安全防护措施，以及必要的提示、警告标志；二是加强治安安全管理，保护好风景名胜资源，以及景区内人员的人身财产安全，维持良好的社会秩序；三是加强交通安全管理，制定景区内的安全行车制度，景区内各种机动车辆要有保养、检修制度，道路要符合规定的标准，及时维修，游船、缆车、索道、码头等交通游览设施安全管理制度要健全，保证运行安全；四是加强消防安全管理，严格执行《古建筑消防管理规则》等消防法规，建立健全相关制度，按要求配备灭火设施和器材，设专人监督管理。

二、风景名胜区内的建设项目审批

为加强风景名胜资源保护，促进合理利用，组织开展适度的旅游活动，满足人民群众的文化需求，风景名胜区内也需要安排必要的基础设施、旅游服务设施和文化设施，进行适度的建设活动。凡在风景名胜区内进行建设活动，应当经过风景名胜区管理机构的审核，然后依照有关法律、法规的规定办理相关审批手续。

同时，《风景名胜区条例》规定，在国家级风景名胜区内修建缆车、索道等重大建设工程，项目的选址方案应当报国务院住房城乡建设主管部门核准。国家级风景名胜区内重大建设项目的选址方案应当按以下程序报批核准：(1) 风景名胜区管理机构审核；(2) 经风景名胜区管理机构审核同意后，由县级以上地方人民政府有关部门报所在地省、自治区建设主管部门或直辖市风景名胜区主管部门审查；(3) 省、自治区建设主管部门或直辖市风景名胜区主管部门对选址方案进行审查，经审查同意后上报国务院住房城乡建设主管部门核准；(4) 国务院住房城乡建设主管部门组织进行现场考察或方案论证，对省、自治区建设主管部门或直辖市风景名胜区主管部门上报的选址方案进行核准；(5) 县级以上地方人民政府有关部门依法对项目选址核发选址意见审批书。

三、风景名胜区经营的有关制度

(一) 政企分开的原则

为了克服风景名胜区管理中出现的政企不分、职责不清的状况，使风景名胜区管理机构切实履行好管理职能，《风景名胜区条例》规定："风景名胜区管理机构不得从事以营利为目的的经营活动，不得将规划、管理和监督等行政管理职能委托给企业或者个人行使。风景名胜区管理机构的工作人员，不得在风景名胜区内的企业兼职。"风景名胜区管理机构是法律法规授权的履行公共职能的机构，与企业追求利润最大化的营利性相对立。如果将风景名胜区的保护和管理职能与风景名胜区的开发利用职能混为一体，必然会削弱管理机构的行政管理职能，滋生腐败。

因此，根据《风景名胜区条例》的规定，风景名胜区内的交通、服务等项目的经营者，应当由风景名胜区管理机构依法采用招标等公平竞争的方式确定。(1) 选择景区内项目的经营者要采取公开公平的竞争机制，综合考虑经济效益、社会效益和环境效益。(2) 风景名胜区管理机构与经营者就经营项目签订合同，依法确定各自的权利义务，实现经营和管理的良性互动。

（二）收支两条线管理

根据《风景名胜区条例》的规定，进入风景名胜区的门票由风景名胜区管理机构负责出售。同时，风景名胜区内交通、服务项目的经营者应当缴纳风景名胜资源有偿使用费。为了预防和治理腐败，保证管理机构依法行政和公正执法，提高财政资金的使用效益，风景名胜区的门票收入和风景名胜资源有偿使用费，实行收支两条线管理的规定。风景名胜区管理机构收取的门票收入和资源有偿使用费一律上缴财政，管理机构的支出由财政统一安排，保证门票收入和风景名胜资源有偿使用费专门用于风景名胜区的管理费用、风景名胜区的保护费用以及风景名胜区内财产的所有权人、使用权人损失的补偿。

第六节　法律责任

对危害风景名胜区的违法行为追究法律责任并给予法律制裁，是风景名胜区管理法规的重要内容。各种违法行为的主体，既可能是企事业单位、机关、团体等法人或组织，也可能是公民个人。《风景名胜区条例》不仅对各类违法行为加大了处罚力度，在处罚额度、处罚方式、救济方式和渠道上都作了更为完善和具体的规定。各种违反风景名胜区管理规定的违法行为包括以下三种类型。

一、单位和个人违反风景名胜区管理法规的行为

单位和个人违反风景名胜区管理法规的行为主要包括：（1）在风景名胜区内进行开山、采石、开矿等破坏景观、植被、地形地貌的活动；（2）在风景名胜区内修建储存爆炸性、易燃性、放射性、毒害性、腐蚀性物品的设施；（3）在核心景区内建设宾馆、招待所、培训中心、疗养院以及与风景名胜资源保护无关的其他建筑物；（4）违反《风景名胜区条例》的规定，在风景名胜区内从事禁止范围以外的建设活动，未经风景名胜区管理机构审核的；（5）违反《风景名胜区条例》的规定，在国家级风景名胜区内修建缆车、索道等重大建设工程，项目的选址方案未经国务院住房城乡建设主管部门核准，县级以上地方人民政府有关部门核发选址意见书的；（6）违反《风景名胜区条例》的规定，个人在风景名胜区内进行开荒、修坟立碑等破坏景观、植被、地形地貌的活动；（7）违反《风景名胜区条例》的规定，在景物、设施上刻画、涂污或者在风景名胜区内乱扔垃圾；（8）违反《风景名胜区条例》的规定，未经风景名胜区管理机构审核，在风景名胜区内设置、张贴商业广告，举办大型游乐等活动，开展改变水资源、水环境自然状态的活动及其他影响生态和景观的活动；（9）违反《风景名胜区条例》的规定，施工单位在施工过程中，对周围景物、水体、林草植被、野生动物资源和地形地貌造成破坏的。

二、行政管理部门及其人员的违法行为

行政管理部门及其人员的违法行为主要包括：（1）违反风景名胜区规划在风景名胜区内设立各类开发区；（2）风景名胜区自设立之日起未在两年内编制完成风景名胜区总体规划；（3）选择不具有相应资质等级的单位编制风景名胜区规划；（4）风景名胜区规划批准前批准在风景名胜区内进行建设活动；（5）擅自修改风景名胜区规划；（6）不依法履行监督管理职责的其他行为。

三、风景名胜区管理机构的违法行为

风景名胜区管理机构的违法行为主要包括：（1）超过允许容量接纳游客或者在没有安全保障的区域开展游览活动；（2）未设置风景名胜区标志和路标、安全警示等标牌；（3）从事以营利为目的的经营活动；（4）将规划、管理和监督等行政管理职能委托给企业或者个人行使；（5）允许风景名胜区管理机构的工作人员在风景名胜区内的企业兼职；（6）审核同意在风景名胜区内进行不符合风景名胜区规划的建设活动；（7）发现违法行为不予查处。

附　录

法律

中华人民共和国城乡规划法

（2007 年 10 月 28 日第十届全国人民代表大会常务委员会第三十次会议通过，2007 年 10 月 28 日中华人民共和国主席令第七十四号公布，自 2008 年 1 月 1 日起施行）

第一章　总　　则

第一条　为了加强城乡规划管理，协调城乡空间布局，改善人居环境，促进城乡经济社会全面协调可持续发展，制定本法。

第二条　制定和实施城乡规划，在规划区内进行建设活动，必须遵守本法。

本法所称城乡规划，包括城镇体系规划、城市规划、镇规划、乡规划和村庄规划。城市规划、镇规划分为总体规划和详细规划。详细规划分为控制性详细规划和修建性详细规划。

本法所称规划区，是指城市、镇和村庄的建成区以及因城乡建设和发展需要，必须实行规划控制的区域。规划区的具体范围由有关人民政府在组织编制的城市总体规划、镇总体规划、乡规划和村庄规划中，根据城乡经济社会发展水平和统筹城乡发展的需要划定。

第三条　城市和镇应当依照本法制定城市规划和镇规划。城市、镇规划区内的建设活动应当符合规划要求。

县级以上地方人民政府根据本地农村经济社会发展水平，按照因地制宜、切实可行的原则，确定应当制定乡规划、村庄规划的区域。在确定区域内的乡、村庄，应当依照本法制定规划，规划区内的乡、村庄建设应当符合规划要求。

县级以上地方人民政府鼓励、指导前款规定以外的区域的乡、村庄制定和实施乡规划、村庄规划。

第四条　制定和实施城乡规划，应当遵循城乡统筹、合理布局、节约土地、集约发展和先规划后建设的原则，改善生态环境，促进资源、能源节约和综合利用，保护耕地等自然资源和历史文化遗产，保持地方特色、民族特色和传统风貌，防止污染和其他公害，并符合区域人口发展、国防建设、防灾减灾和公共卫生、公共安全的需要。

在规划区内进行建设活动，应当遵守土地管理、自然资源和环境保护等法律、法规的规定。

县级以上地方人民政府应当根据当地经济社会发展的实际，在城市总体规划、镇总体规划中合理确定城市、镇的发展规模、步骤和建设标准。

第五条　城市总体规划、镇总体规划以及乡规划和村庄规划的编制，应当依据国民经济和社会发展规划，并与土地利用总体规划相衔接。

第六条　各级人民政府应当将城乡规划的编制和管理经费纳入本级财政预算。

第七条　经依法批准的城乡规划，是城乡建设和规划管理的依据，未经法定程序不得修改。

第八条　城乡规划组织编制机关应当及时公布经依法批准的城乡规划。但是，法律、行政法规规定不得公开的内容除外。

第九条　任何单位和个人都应当遵守经依法批准并公布的城乡规划，服从规划管理，并有权就涉及其利害关系的建设活动是否符合规划的要求向城乡规划主管部门查询。

任何单位和个人都有权向城乡规划主管部门或者其他有关部门举报或者控告违反城乡规划的行为。城乡规划主管部门或者其他有关部门对举报或者控告，应当及时受理并组织核查、处理。

第十条　国家鼓励采用先进的科学技术，增强城乡规划的科学性，提高城乡规划实施及监督管理的效能。

第十一条　国务院城乡规划主管部门负责全国的城乡规划管理工作。

县级以上地方人民政府城乡规划主管部门负责本行政区域内的城乡规划管理工作。

第二章　城乡规划的制定

第十二条　国务院城乡规划主管部门会同国务院有关部门组织编制全国城

镇体系规划，用于指导省域城镇体系规划、城市总体规划的编制。

全国城镇体系规划由国务院城乡规划主管部门报国务院审批。

第十三条 省、自治区人民政府组织编制省域城镇体系规划，报国务院审批。

省域城镇体系规划的内容应当包括：城镇空间布局和规模控制，重大基础设施的布局，为保护生态环境、资源等需要严格控制的区域。

第十四条 城市人民政府组织编制城市总体规划。

直辖市的城市总体规划由直辖市人民政府报国务院审批。省、自治区人民政府所在地的城市以及国务院确定的城市的总体规划，由省、自治区人民政府审查同意后，报国务院审批。其他城市的总体规划，由城市人民政府报省、自治区人民政府审批。

第十五条 县人民政府组织编制县人民政府所在地镇的总体规划，报上一级人民政府审批。其他镇的总体规划由镇人民政府组织编制，报上一级人民政府审批。

第十六条 省、自治区人民政府组织编制的省域城镇体系规划，城市、县人民政府组织编制的总体规划，在报上一级人民政府审批前，应当先经本级人民代表大会常务委员会审议，常务委员会组成人员的审议意见交由本级人民政府研究处理。

镇人民政府组织编制的镇总体规划，在报上一级人民政府审批前，应当先经镇人民代表大会审议，代表的审议意见交由本级人民政府研究处理。

规划的组织编制机关报送审批省域城镇体系规划、城市总体规划或者镇总体规划，应当将本级人民代表大会常务委员会组成人员或者镇人民代表大会代表的审议意见和根据审议意见修改规划的情况一并报送。

第十七条 城市总体规划、镇总体规划的内容应当包括：城市、镇的发展布局，功能分区，用地布局，综合交通体系，禁止、限制和适宜建设的地域范围，各类专项规划等。

规划区范围、规划区内建设用地规模、基础设施和公共服务设施用地、水源地和水系、基本农田和绿化用地、环境保护、自然与历史文化遗产保护以及防灾减灾等内容，应当作为城市总体规划、镇总体规划的强制性内容。

城市总体规划、镇总体规划的规划期限一般为二十年。城市总体规划还应当对城市更长远的发展作出预测性安排。

第十八条 乡规划、村庄规划应当从农村实际出发，尊重村民意愿，体现地方和农村特色。

乡规划、村庄规划的内容应当包括：规划区范围，住宅、道路、供水、排水、供电、垃圾收集、畜禽养殖场所等农村生产、生活服务设施、公益事业等各项建设的用地布局、建设要求，以及对耕地等自然资源和历史文化遗产保护、防灾减灾等的具体安排。乡规划还应当包括本行政区域内的村庄发展布局。

第十九条　城市人民政府城乡规划主管部门根据城市总体规划的要求，组织编制城市的控制性详细规划，经本级人民政府批准后，报本级人民代表大会常务委员会和上一级人民政府备案。

第二十条　镇人民政府根据镇总体规划的要求，组织编制镇的控制性详细规划，报上一级人民政府审批。县人民政府所在地镇的控制性详细规划，由县人民政府城乡规划主管部门根据镇总体规划的要求组织编制，经县人民政府批准后，报本级人民代表大会常务委员会和上一级人民政府备案。

第二十一条　城市、县人民政府城乡规划主管部门和镇人民政府可以组织编制重要地块的修建性详细规划。修建性详细规划应当符合控制性详细规划。

第二十二条　乡、镇人民政府组织编制乡规划、村庄规划，报上一级人民政府审批。村庄规划在报送审批前，应当经村民会议或者村民代表会议讨论同意。

第二十三条　首都的总体规划、详细规划应当统筹考虑中央国家机关用地布局和空间安排的需要。

第二十四条　城乡规划组织编制机关应当委托具有相应资质等级的单位承担城乡规划的具体编制工作。

从事城乡规划编制工作应当具备下列条件，并经国务院城乡规划主管部门或者省、自治区、直辖市人民政府城乡规划主管部门依法审查合格，取得相应等级的资质证书后，方可在资质等级许可的范围内从事城乡规划编制工作：

（一）有法人资格；

（二）有规定数量的经国务院城乡规划主管部门注册的规划师；

（三）有规定数量的相关专业技术人员；

（四）有相应的技术装备；

（五）有健全的技术、质量、财务管理制度。

规划师执业资格管理办法，由国务院城乡规划主管部门会同国务院人事行政部门制定。

编制城乡规划必须遵守国家有关标准。

第二十五条　编制城乡规划，应当具备国家规定的勘察、测绘、气象、地震、水文、环境等基础资料。

县级以上地方人民政府有关主管部门应当根据编制城乡规划的需要，及时提供有关基础资料。

第二十六条 城乡规划报送审批前，组织编制机关应当依法将城乡规划草案予以公告，并采取论证会、听证会或者其他方式征求专家和公众的意见。公告的时间不得少于三十日。

组织编制机关应当充分考虑专家和公众的意见，并在报送审批的材料中附具意见采纳情况及理由。

第二十七条 省域城镇体系规划、城市总体规划、镇总体规划批准前，审批机关应当组织专家和有关部门进行审查。

第三章 城乡规划的实施

第二十八条 地方各级人民政府应当根据当地经济社会发展水平，量力而行，尊重群众意愿，有计划、分步骤地组织实施城乡规划。

第二十九条 城市的建设和发展，应当优先安排基础设施以及公共服务设施的建设，妥善处理新区开发与旧区改建的关系，统筹兼顾进城务工人员生活和周边农村经济社会发展、村民生产与生活的需要。

镇的建设和发展，应当结合农村经济社会发展和产业结构调整，优先安排供水、排水、供电、供气、道路、通信、广播电视等基础设施和学校、卫生院、文化站、幼儿园、福利院等公共服务设施的建设，为周边农村提供服务。

乡、村庄的建设和发展，应当因地制宜、节约用地，发挥村民自治组织的作用，引导村民合理进行建设，改善农村生产、生活条件。

第三十条 城市新区的开发和建设，应当合理确定建设规模和时序，充分利用现有市政基础设施和公共服务设施，严格保护自然资源和生态环境，体现地方特色。

在城市总体规划、镇总体规划确定的建设用地范围以外，不得设立各类开发区和城市新区。

第三十一条 旧城区的改建，应当保护历史文化遗产和传统风貌，合理确定拆迁和建设规模，有计划地对危房集中、基础设施落后等地段进行改建。

历史文化名城、名镇、名村的保护以及受保护建筑物的维护和使用，应当遵守有关法律、行政法规和国务院的规定。

第三十二条 城乡建设和发展，应当依法保护和合理利用风景名胜资源，统筹安排风景名胜区及周边乡、镇、村庄的建设。

风景名胜区的规划、建设和管理，应当遵守有关法律、行政法规和国务院的规定。

第三十三条　城市地下空间的开发和利用，应当与经济和技术发展水平相适应，遵循统筹安排、综合开发、合理利用的原则，充分考虑防灾减灾、人民防空和通信等需要，并符合城市规划，履行规划审批手续。

第三十四条　城市、县、镇人民政府应当根据城市总体规划、镇总体规划、土地利用总体规划和年度计划以及国民经济和社会发展规划，制定近期建设规划，报总体规划审批机关备案。

近期建设规划应当以重要基础设施、公共服务设施和中低收入居民住房建设以及生态环境保护为重点内容，明确近期建设的时序、发展方向和空间布局。近期建设规划的规划期限为五年。

第三十五条　城乡规划确定的铁路、公路、港口、机场、道路、绿地、输配电设施及输电线路走廊、通信设施、广播电视设施、管道设施、河道、水库、水源地、自然保护区、防汛通道、消防通道、核电站、垃圾填埋场及焚烧厂、污水处理厂和公共服务设施的用地以及其他需要依法保护的用地，禁止擅自改变用途。

第三十六条　按照国家规定需要有关部门批准或者核准的建设项目，以划拨方式提供国有土地使用权的，建设单位在报送有关部门批准或者核准前，应当向城乡规划主管部门申请核发选址意见书。

前款规定以外的建设项目不需要申请选址意见书。

第三十七条　在城市、镇规划区内以划拨方式提供国有土地使用权的建设项目，经有关部门批准、核准、备案后，建设单位应当向城市、县人民政府城乡规划主管部门提出建设用地规划许可申请，由城市、县人民政府城乡规划主管部门依据控制性详细规划核定建设用地的位置、面积、允许建设的范围，核发建设用地规划许可证。

建设单位在取得建设用地规划许可证后，方可向县级以上地方人民政府土地主管部门申请用地，经县级以上人民政府审批后，由土地主管部门划拨土地。

第三十八条　在城市、镇规划区内以出让方式提供国有土地使用权的，在国有土地使用权出让前，城市、县人民政府城乡规划主管部门应当依据控制性详细规划，提出出让地块的位置、使用性质、开发强度等规划条件，作为国有土地使用权出让合同的组成部分。未确定规划条件的地块，不得出让国有土地使用权。

以出让方式取得国有土地使用权的建设项目，在签订国有土地使用权出让合同后，建设单位应当持建设项目的批准、核准、备案文件和国有土地使用权出让合同，向城市、县人民政府城乡规划主管部门领取建设用地规划许可证。

城市、县人民政府城乡规划主管部门不得在建设用地规划许可证中，擅自改变作为国有土地使用权出让合同组成部分的规划条件。

第三十九条 规划条件未纳入国有土地使用权出让合同的，该国有土地使用权出让合同无效；对未取得建设用地规划许可证的建设单位批准用地的，由县级以上人民政府撤销有关批准文件；占用土地的，应当及时退回；给当事人造成损失的，应当依法给予赔偿。

第四十条 在城市、镇规划区内进行建筑物、构筑物、道路、管线和其他工程建设的，建设单位或者个人应当向城市、县人民政府城乡规划主管部门或者省、自治区、直辖市人民政府确定的镇人民政府申请办理建设工程规划许可证。

申请办理建设工程规划许可证，应当提交使用土地的有关证明文件、建设工程设计方案等材料。需要建设单位编制修建性详细规划的建设项目，还应当提交修建性详细规划。对符合控制性详细规划和规划条件的，由城市、县人民政府城乡规划主管部门或者省、自治区、直辖市人民政府确定的镇人民政府核发建设工程规划许可证。

城市、县人民政府城乡规划主管部门或者省、自治区、直辖市人民政府确定的镇人民政府应当依法将经审定的修建性详细规划、建设工程设计方案的总平面图予以公布。

第四十一条 在乡、村庄规划区内进行乡镇企业、乡村公共设施和公益事业建设的，建设单位或者个人应当向乡、镇人民政府提出申请，由乡、镇人民政府报城市、县人民政府城乡规划主管部门核发乡村建设规划许可证。

在乡、村庄规划区内使用原有宅基地进行农村村民住宅建设的规划管理办法，由省、自治区、直辖市制定。

在乡、村庄规划区内进行乡镇企业、乡村公共设施和公益事业建设以及农村村民住宅建设，不得占用农用地；确需占用农用地的，应当依照《中华人民共和国土地管理法》有关规定办理农用地转用审批手续后，由城市、县人民政府城乡规划主管部门核发乡村建设规划许可证。

建设单位或者个人在取得乡村建设规划许可证后，方可办理用地审批手续。

第四十二条 城乡规划主管部门不得在城乡规划确定的建设用地范围以外作出规划许可。

第四十三条 建设单位应当按照规划条件进行建设；确需变更的，必须向城市、县人民政府城乡规划主管部门提出申请。变更内容不符合控制性详细规划的，城乡规划主管部门不得批准。城市、县人民政府城乡规划主管部门应当及时将依法变更后的规划条件通报同级土地主管部门并公示。

建设单位应当及时将依法变更后的规划条件报有关人民政府土地主管部门备案。

第四十四条　在城市、镇规划区内进行临时建设的，应当经城市、县人民政府城乡规划主管部门批准。临时建设影响近期建设规划或者控制性详细规划的实施以及交通、市容、安全等的，不得批准。

临时建设应当在批准的使用期限内自行拆除。

临时建设和临时用地规划管理的具体办法，由省、自治区、直辖市人民政府制定。

第四十五条　县级以上地方人民政府城乡规划主管部门按照国务院规定对建设工程是否符合规划条件予以核实。未经核实或者经核实不符合规划条件的，建设单位不得组织竣工验收。

建设单位应当在竣工验收后六个月内向城乡规划主管部门报送有关竣工验收资料。

第四章　城乡规划的修改

第四十六条　省域城镇体系规划、城市总体规划、镇总体规划的组织编制机关，应当组织有关部门和专家定期对规划实施情况进行评估，并采取论证会、听证会或者其他方式征求公众意见。组织编制机关应当向本级人民代表大会常务委员会、镇人民代表大会和原审批机关提出评估报告并附具征求意见的情况。

第四十七条　有下列情形之一的，组织编制机关方可按照规定的权限和程序修改省域城镇体系规划、城市总体规划、镇总体规划：

（一）上级人民政府制定的城乡规划发生变更，提出修改规划要求的；

（二）行政区划调整确需修改规划的；

（三）因国务院批准重大建设工程确需修改规划的；

（四）经评估确需修改规划的；

（五）城乡规划的审批机关认为应当修改规划的其他情形。

修改省域城镇体系规划、城市总体规划、镇总体规划前，组织编制机关应当对原规划的实施情况进行总结，并向原审批机关报告；修改涉及城市总体规划、镇总体规划强制性内容的，应当先向原审批机关提出专题报告，经同意后，方可编制修改方案。

修改后的省域城镇体系规划、城市总体规划、镇总体规划，应当依照本法第十三条、第十四条、第十五条和第十六条规定的审批程序报批。

第四十八条 修改控制性详细规划的，组织编制机关应当对修改的必要性进行论证，征求规划地段内利害关系人的意见，并向原审批机关提出专题报告，经原审批机关同意后，方可编制修改方案。修改后的控制性详细规划，应当依照本法第十九条、第二十条规定的审批程序报批。控制性详细规划修改涉及城市总体规划、镇总体规划的强制性内容的，应当先修改总体规划。

修改乡规划、村庄规划的，应当依照本法第二十二条规定的审批程序报批。

第四十九条 城市、县、镇人民政府修改近期建设规划的，应当将修改后的近期建设规划报总体规划审批机关备案。

第五十条 在选址意见书、建设用地规划许可证、建设工程规划许可证或者乡村建设规划许可证发放后，因依法修改城乡规划给被许可人合法权益造成损失的，应当依法给予补偿。

经依法审定的修建性详细规划、建设工程设计方案的总平面图不得随意修改；确需修改的，城乡规划主管部门应当采取听证会等形式，听取利害关系人的意见；因修改给利害关系人合法权益造成损失的，应当依法给予补偿。

第五章 监督检查

第五十一条 县级以上人民政府及其城乡规划主管部门应当加强对城乡规划编制、审批、实施、修改的监督检查。

第五十二条 地方各级人民政府应当向本级人民代表大会常务委员会或者乡、镇人民代表大会报告城乡规划的实施情况，并接受监督。

第五十三条 县级以上人民政府城乡规划主管部门对城乡规划的实施情况进行监督检查，有权采取以下措施：

（一）要求有关单位和人员提供与监督事项有关的文件、资料，并进行复制；

（二）要求有关单位和人员就监督事项涉及的问题作出解释和说明，并根据需要进入现场进行勘测；

（三）责令有关单位和人员停止违反有关城乡规划的法律、法规的行为。

城乡规划主管部门的工作人员履行前款规定的监督检查职责，应当出示执法证件。被监督检查的单位和人员应当予以配合，不得妨碍和阻挠依法进行的监督检查活动。

第五十四条　监督检查情况和处理结果应当依法公开，供公众查阅和监督。

第五十五条　城乡规划主管部门在查处违反本法规定的行为时，发现国家机关工作人员依法应当给予行政处分的，应当向其任免机关或者监察机关提出处分建议。

第五十六条　依照本法规定应当给予行政处罚，而有关城乡规划主管部门不给予行政处罚的，上级人民政府城乡规划主管部门有权责令其作出行政处罚决定或者建议有关人民政府责令其给予行政处罚。

第五十七条　城乡规划主管部门违反本法规定作出行政许可的，上级人民政府城乡规划主管部门有权责令其撤销或者直接撤销该行政许可。因撤销行政许可给当事人合法权益造成损失的，应当依法给予赔偿。

第六章　法律责任

第五十八条　对依法应当编制城乡规划而未组织编制，或者未按法定程序编制、审批、修改城乡规划的，由上级人民政府责令改正，通报批评；对有关人民政府负责人和其他直接责任人员依法给予处分。

第五十九条　城乡规划组织编制机关委托不具有相应资质等级的单位编制城乡规划的，由上级人民政府责令改正，通报批评；对有关人民政府负责人和其他直接责任人员依法给予处分。

第六十条　镇人民政府或者县级以上人民政府城乡规划主管部门有下列行为之一的，由本级人民政府、上级人民政府城乡规划主管部门或者监察机关依据职权责令改正，通报批评；对直接负责的主管人员和其他直接责任人员依法给予处分：

（一）未依法组织编制城市的控制性详细规划、县人民政府所在地镇的控制性详细规划的；

（二）超越职权或者对不符合法定条件的申请人核发选址意见书、建设用地规划许可证、建设工程规划许可证、乡村建设规划许可证的；

（三）对符合法定条件的申请人未在法定期限内核发选址意见书、建设用地规划许可证、建设工程规划许可证、乡村建设规划许可证的；

（四）未依法对经审定的修建性详细规划、建设工程设计方案的总平面图予以公布的；

（五）同意修改修建性详细规划、建设工程设计方案的总平面图前未采取听证会等形式听取利害关系人的意见的；

（六）发现未依法取得规划许可或者违反规划许可的规定在规划区内进行建设的行为，而不予查处或者接到举报后不依法处理的。

第六十一条 县级以上人民政府有关部门有下列行为之一的，由本级人民政府或者上级人民政府有关部门责令改正，通报批评；对直接负责的主管人员和其他直接责任人员依法给予处分：

（一）对未依法取得选址意见书的建设项目核发建设项目批准文件的；

（二）未依法在国有土地使用权出让合同中确定规划条件或者改变国有土地使用权出让合同中依法确定的规划条件的；

（三）对未依法取得建设用地规划许可证的建设单位划拨国有土地使用权的。

第六十二条 城乡规划编制单位有下列行为之一的，由所在地城市、县人民政府城乡规划主管部门责令限期改正，处合同约定的规划编制费一倍以上二倍以下的罚款；情节严重的，责令停业整顿，由原发证机关降低资质等级或者吊销资质证书；造成损失的，依法承担赔偿责任：

（一）超越资质等级许可的范围承揽城乡规划编制工作的；

（二）违反国家有关标准编制城乡规划的。

未依法取得资质证书承揽城乡规划编制工作的，由县级以上地方人民政府城乡规划主管部门责令停止违法行为，依照前款规定处以罚款；造成损失的，依法承担赔偿责任。

以欺骗手段取得资质证书承揽城乡规划编制工作的，由原发证机关吊销资质证书，依照本条第一款规定处以罚款；造成损失的，依法承担赔偿责任。

第六十三条 城乡规划编制单位取得资质证书后，不再符合相应的资质条件的，由原发证机关责令限期改正；逾期不改正的，降低资质等级或者吊销资质证书。

第六十四条 未取得建设工程规划许可证或者未按照建设工程规划许可证的规定进行建设的，由县级以上地方人民政府城乡规划主管部门责令停止建设；尚可采取改正措施消除对规划实施的影响的，限期改正，处建设工程造价百分之五以上百分之十以下的罚款；无法采取改正措施消除影响的，限期拆除，不能拆除的，没收实物或者违法收入，可以并处建设工程造价百分之十以下的罚款。

第六十五条 在乡、村庄规划区内未依法取得乡村建设规划许可证或者未按照乡村建设规划许可证的规定进行建设的，由乡、镇人民政府责令停止建设、限期改正；逾期不改正的，可以拆除。

第六十六条　建设单位或者个人有下列行为之一的，由所在地城市、县人民政府城乡规划主管部门责令限期拆除，可以并处临时建设工程造价一倍以下的罚款：

（一）未经批准进行临时建设的；

（二）未按照批准内容进行临时建设的；

（三）临时建筑物、构筑物超过批准期限不拆除的。

第六十七条　建设单位未在建设工程竣工验收后六个月内向城乡规划主管部门报送有关竣工验收资料的，由所在地城市、县人民政府城乡规划主管部门责令限期补报；逾期不补报的，处一万元以上五万元以下的罚款。

第六十八条　城乡规划主管部门作出责令停止建设或者限期拆除的决定后，当事人不停止建设或者逾期不拆除的，建设工程所在地县级以上地方人民政府可以责成有关部门采取查封施工现场、强制拆除等措施。

第六十九条　违反本法规定，构成犯罪的，依法追究刑事责任。

第七章　附　　则

第七十条　本法自2008年1月1日起施行。《中华人民共和国城市规划法》同时废止。

行政法规

城市节约用水管理规定

（1988年11月30日中华人民共和国国务院批准，
1988年12月20日建设部令第1号发布）

第一条　为加强城市节约用水管理，保护和合理利用水资源，促进国民经济和社会发展，制定本规定。

第二条　本规定适用于城市规划区内节约用水的管理工作。

在城市规划区内使用公共供水和自建设施供水的单位和个人，必须遵守本规定。

第三条 城市实行计划用水和节约用水。

第四条 国家鼓励城市节约用水科学技术研究，推广先进技术，提高城市节约用水科学技术水平。

在城市节约用水工作中作出显著成绩的单位和个人，由人民政府给予奖励。

第五条 国务院城市建设行政主管部门主管全国的城市节约用水工作，业务上受国务院水行政主管部门指导。

国务院其他有关部门按照国务院规定的职责分工，负责本行业的节约用水管理工作。

省、自治区人民政府和县级以上城市人民政府城市建设行政主管部门和其他有关行业主管部门，按照同级人民政府规定的职责分工，负责城市节约用水管理工作。

第六条 城市人民政府应当在制定城市供水发展规划的同时，制定节约用水发展规划，并根据节约用水发展规划制定节约用水年度计划。

各有关行业行政主管部门应当制定本行业的节约用水发展规划和节约用水年度计划。

第七条 工业用水重复利用率低于40%（不包括热电厂用水）的城市，新建供水工程时，未经上一级城市建设行政主管部门的同意，不得新增工业用水量。

第八条 单位自建供水设施取用地下水，必须经城市建设行政主管部门核准后，依照国家规定申请取水许可。

第九条 城市的新建、扩建和改建工程项目，应当配套建设节约用水设施。城市建设行政主管部门应当参加节约用水设施的竣工验收。

第十条 城市建设行政主管部门应当会同有关行业行政主管部门制定行业综合用水定额和单项用水定额。

第十一条 城市用水计划由城市建设行政主管部门根据水资源统筹规划和水长期供求计划制定，并下达执行。

超计划用水必须缴纳超计划用水加价水费。超计划用水加价水费，应当从税后留利或者预算包干经费中支出，不得纳入成本或者从当年预算中支出。

超计划用水加价水费的具体征收办法由省、自治区、直辖市人民政府制定。

第十二条 生活用水按户计量收费。新建住宅应当安装分户计量水表；现有住户未装分户计量水表的，应当限期安装。

第十三条 各用水单位应当在用水设备上安装计量水表，进行用水单耗考核，降低单位产品用水量；应当采取循环用水、一水多用等措施，在保证用水质量标准的前提下，提高水的重复利用率。

第十四条　水资源紧缺城市，应当在保证用水质量标准的前提下，采取措施提高城市污水利用率。

沿海城市应当积极开发利用海水资源。

有咸水资源的城市，应当合理开发利用咸水资源。

第十五条　城市供水企业、自建供水设施的单位应当加强供水设施的维修管理，减少水的漏损量。

第十六条　各级统计部门、城市建设行政主管部门应当做好城市节约用水统计工作。

第十七条　城市的新建、扩建和改建工程项目未按规定配套建设节约用水设施或者节约用水设施经验收不合格的，由城市建设行政主管部门限制其用水量，并责令其限期完善节约用水设施，可以并处罚款。

第十八条　超计划用水加价水费必须按规定的期限缴纳。逾期不缴纳的，城市建设行政主管部门除限期缴纳外，并按日加收超计划用水加价水费5‰的滞纳金。

第十九条　拒不安装生活用水分户计量水表的，城市建设行政主管部门应当责令其限期安装；逾期仍不安装的，由城市建设行政主管部门限制其用水量，可以并处罚款。

第二十条　当事人对行政处罚决定不服的，可以在接到处罚通知次日起15日内，向作出处罚决定机关的上一级机关申请复议；对复议决定不服的，可以在接到复议通知次日起15日内向人民法院起诉。逾期不申请复议或者不向人民法院起诉又不履行处罚决定的，由作出处罚决定的机关申请人民法院强制执行。

第二十一条　城市建设行政主管部门的工作人员玩忽职守、滥用职权、徇私舞弊的，由其所在单位或者上级主管部门给予行政处分；构成犯罪的，由司法机关依法追究刑事责任。

第二十二条　各省、自治区、直辖市人民政府可以根据本规定制定实施办法。

第二十三条　本规定由国务院城市建设行政主管部门负责解释。

第二十四条　本规定自1989年1月1日起施行。

城市绿化条例

（1992 年 6 月 22 日中华人民共和国国务院令第 100 号发布）

第一章　总　　则

第一条　为了促进城市绿化事业的发展，改善生态环境，美化生活环境，增进人民身心健康，制定本条例。

第二条　本条例适用于在城市规划区内种植和养护树木花草等城市绿化的规划、建设、保护和管理。

第三条　城市人民政府应当把城市绿化建设纳入国民经济和社会发展计划。

第四条　国家鼓励和加强城市绿化的科学研究，推广先进技术，提高城市绿化的科学技术和艺术水平。

第五条　城市中的单位和有劳动能力的公民，应当依照国家有关规定履行植树或者其他绿化义务。

第六条　对在城市绿化工作中成绩显著的单位和个人，由人民政府给予表彰和奖励。

第七条　国务院设立全国绿化委员会，统一组织领导全国城乡绿化工作，其办公室设在国务院林业行政主管部门。

国务院城市建设行政主管部门和国务院林业行政主管部门等，按照国务院规定的职权划分，负责全国城市绿化工作。

地方绿化管理体制，由省、自治区、直辖市人民政府根据本地实际情况规定。

城市人民政府城市绿化行政主管部门主管本行政区域内城市规划区的城市绿化工作。

在城市规划区内，有关法律、法规规定由林业行政主管部门等管理的绿化工作，依照有关法律、法规执行。

第二章　规划和建设

第八条　城市人民政府应当组织城市规划行政主管部门和城市绿化行政主

管部门等共同编制城市绿化规划，并纳入城市总体规划。

第九条　城市绿化规划应当从实际出发，根据城市发展需要，合理安排同城市人口和城市面积相适应的城市绿化用地面积。

城市人均公共绿地面积和绿化覆盖率等规划指标，由国务院城市建设行政主管部门根据不同城市的性质、规模和自然条件等实际情况规定。

第十条　城市绿化规划应当根据当地的特点，利用原有的地形、地貌、水体、植被和历史文化遗址等自然、人文条件，以方便群众为原则，合理设置公共绿地、居住区绿地、防护绿地、生产绿地和风景林地等。

第十一条　城市绿化工程的设计，应当委托持有相应资格证书的设计单位承担。

工程建设项目的附属绿化工程设计方案，按照基本建设程序审批时，必须有城市人民政府城市绿化行政主管部门参加审查。

城市的公共绿地、居住区绿地、风景林地和干道绿化带等绿化工程的设计方案，必须按照规定报城市人民政府城市绿化行政主管部门或者其上级行政主管部门审批。

建设单位必须按照批准的设计方案进行施工。设计方案确需改变时，须经原批准机关审批。

第十二条　城市绿化工程的设计，应当借鉴国内外先进经验，体现民族风格和地方特色。城市公共绿地和居住区绿地的建设，应当以植物造景为主，选用适合当地自然条件的树木花草，并适当配置泉、石、雕塑等景物。

第十三条　城市绿化规划应当因地制宜地规划不同类型的防护绿地。各有关单位应当依照国家有关规定，负责本单位管界内防护绿地的绿化建设。

第十四条　单位附属绿地的绿化规划和建设，由该单位自行负责，城市人民政府城市绿化行政主管部门应当监督检查，并给予技术指导。

第十五条　城市苗圃、草圃、花圃等生产绿地的建设，应当适应城市绿化建设的需要。

第十六条　城市绿化工程的施工，应当委托持有相应资格证书的单位承担。绿化工程竣工后，应当经城市人民政府城市绿化行政主管部门或者该工程的主管部门验收合格后，方可交付使用。

第十七条　城市新建、扩建、改建工程项目和开发住宅区项目，需要绿化的，其基本建设投资中应当包括配套的绿化建设投资，并统一安排绿化工程施工，在规定的期限内完成绿化任务。

第三章 保护和管理

第十八条 城市的公共绿地、风景林地、防护绿地、行道树及干道绿化带的绿化，由城市人民政府城市绿化行政主管部门管理；各单位管界内的防护绿地的绿化，由该单位按照国家有关规定管理；单位自建的公园和单位附属绿地的绿化，由该单位管理；居住区绿地的绿化，由城市人民政府城市绿化行政主管部门根据实际情况确定的单位管理；城市苗圃、草圃和花圃等，由其经营单位管理。

第十九条 任何单位和个人都不得擅自改变城市绿化规划用地性质或者破坏绿化规划用地的地形、地貌、水体和植被。

第二十条 任何单位和个人都不得擅自占用城市绿化用地；占用的城市绿化用地，应当限期归还。

因建设或者其他特殊需要临时占用城市绿化用地，须经城市人民政府城市绿化行政主管部门同意，并按照有关规定办理临时用地手续。

第二十一条 任何单位和个人都不得损坏城市树木花草和绿化设施。

砍伐城市树木，必须经城市人民政府城市绿化行政主管部门批准，并按照国家有关规定补植树木或者采取其他补救措施。

第二十二条 在城市的公共绿地内开设商业、服务摊点的，必须向公共绿地管理单位提出申请，经城市人民政府城市绿化行政主管部门或者其授权的单位同意后，持工商行政管理部门批准的营业执照，在公共绿地管理单位指定的地点从事经营活动，并遵守公共绿地和工商行政管理的规定。

第二十三条 城市的绿地管理单位，应当建立、健全管理制度，保持树木花草繁茂及绿化设施完好。

第二十四条 为保证管线的安全使用需要修剪树木时，必须经城市人民政府城市绿化行政主管部门批准，按照兼顾管线安全使用和树木正常生长的原则进行修剪。承担修剪费用的办法，由城市人民政府规定。

因不可抗力致使树木倾斜危及管线安全时，管线管理单位可以先行修剪、扶正或者砍伐树木，但是，应当及时报告城市人民政府城市绿化行政主管部门和绿地管理单位。

第二十五条 百年以上树龄的树木，稀有、珍贵树木，具有历史价值或者重要纪念意义的树木，均属古树名木。

对城市古树名木实行统一管理，分别养护。城市人民政府城市绿化行政主管部门，应当建立古树名木的档案和标志，划定保护范围，加强养护管理。在单位管界内或者私人庭院内的古树名木，由该单位或者居民负责养护，城市人民政府城市绿化行政主管部门负责监督和技术指导。

严禁砍伐或者迁移古树名木。因特殊需要迁移古树名木，必须经城市人民政府城市绿化行政主管部门审查同意，并报同级或者上级人民政府批准。

第四章　罚　　则

第二十六条　工程建设项目的附属绿化工程设计方案或者城市的公共绿地、居住区绿地、风景林地和干道绿化带等绿化工程的设计方案，未经批准或者未按照批准的设计方案施工的，由城市人民政府城市绿化行政主管部门责令停止施工、限期改正或者采取其他补救措施。

第二十七条　违反本条例规定，有下列行为之一的，由城市人民政府城市绿化行政主管部门或者其授权的单位责令停止侵害，可以并处罚款；造成损失的，应当负赔偿责任；应当给予治安管理处罚的，依照《中华人民共和国治安管理处罚条例》的有关规定处罚；构成犯罪的，依法追究刑事责任：

（一）损坏城市树木花草的；

（二）擅自修剪或者砍伐城市树木的；

（三）砍伐、擅自迁移古树名木或者因养护不善致使古树名木受到损伤或者死亡的；

（四）损坏城市绿化设施的。

第二十八条　未经同意擅自占用城市绿化用地的，由城市人民政府城市绿化行政主管部门责令限期退还、恢复原状，可以并处罚款；造成损失的，应当负赔偿责任。

第二十九条　未经同意擅自在城市公共绿地内开设商业、服务摊点的，由城市人民政府城市绿化行政主管部门或者其授权的单位责令限期迁出或者拆除，可以并处罚款；造成损失的，应当负赔偿责任。

对不服从公共绿地管理单位管理的商业、服务摊点，由城市人民政府城市绿化行政主管部门或者其授权的单位给予警告，可以并处罚款；情节严重的，由城市人民政府城市绿化行政主管部门取消其设点申请批准文件，并可以提请工商行政管理部门吊销营业执照。

第三十条　对违反本条例的直接责任人员或者单位负责人，可以由其所在单位或者上级主管机关给予行政处分；构成犯罪的，依法追究刑事责任。

第三十一条 城市人民政府城市绿化行政主管部门和城市绿地管理单位的工作人员玩忽职守、滥用职权、徇私舞弊的，由其所在单位或者上级主管机关给予行政处分；构成犯罪的，依法追究刑事责任。

第三十二条 当事人对行政处罚不服的，可以自接到处罚决定通知之日起15日内，向作出处罚决定机关的上一级机关申请复议；对复议决定不服的，可以自接到复议决定之日起15日内向人民法院起诉。当事人也可以直接向人民法院起诉。逾期不申请复议或者不向人民法院起诉又不履行处罚决定的，由作出处罚决定的机关申请人民法院强制执行。

对治安管理处罚不服的，依照《中华人民共和国治安管理处罚条例》的规定执行。

第五章 附 则

第三十三条 省、自治区、直辖市人民政府可以依照本条例制定实施办法。

第三十四条 本条例自1992年8月1日起施行。

城市市容和环境卫生管理条例

（1992年6月28日中华人民共和国国务院令第101号发布）

第一章 总 则

第一条 为了加强城市市容和环境卫生管理，创造清洁、优美的城市工作、生活环境，促进城市社会主义物质文明和精神文明建设，制定本条例。

第二条 在中华人民共和国城市内，一切单位和个人都必须遵守本条例。

第三条 城市市容和环境卫生工作，实行统一领导、分区负责、专业人员管理与群众管理相结合的原则。

第四条 国务院城市建设行政主管部门主管全国城市市容和环境卫生工作。

省、自治区人民政府城市建设行政主管部门负责本行政区域的城市市容和环境卫生管理工作。

城市人民政府市容环境卫生行政主管部门负责本行政区域的城市市容和环境卫生管理工作。

第五条　城市人民政府应当把城市市容和环境卫生事业纳入国民经济和社会发展计划，并组织实施。

城市人民政府应当结合本地的实际情况，积极推行环境卫生用工制度的改革，并采取措施，逐步提高环境卫生工作人员的工资福利待遇。

第六条　城市人民政府应当加强城市市容和环境卫生科学知识的宣传，提高公民的环境卫生意识，养成良好的卫生习惯。

一切单位和个人，都应当尊重市容和环境卫生工作人员的劳动，不得妨碍、阻挠市容和环境卫生工作人员履行职务。

第七条　国家鼓励城市市容和环境卫生的科学技术研究，推广先进技术，提高城市市容和环境卫生水平。

第八条　对在城市市容和环境卫生工作中成绩显著的单位和个人，由人民政府给予奖励。

第二章　城市市容管理

第九条　城市中的建筑物和设施，应当符合国家规定的城市容貌标准。对外开放城市、风景旅游城市和有条件的其他城市，可以结合本地具体情况，制定严于国家规定的城市容貌标准；建制镇可以参照国家规定的城市容貌标准执行。

第十条　一切单位和个人都应当保持建筑物的整洁、美观。在城市人民政府规定的街道的临街建筑物的阳台和窗外，不得堆放、吊挂有碍市容的物品。搭建或者封闭阳台必须符合城市人民政府市容环境卫生行政主管部门的有关规定。

第十一条　在城市中设置户外广告、标语牌、画廊、橱窗等，应当内容健康、外型美观，并定期维修、油饰或者拆除。

大型户外广告的设置必须征得城市人民政府市容环境卫生行政主管部门同意后，按照有关规定办理审批手续。

第十二条　城市中的市政公用设施，应当与周围环境相协调，并维护和保持设施完好、整洁。

第十三条　主要街道两侧的建筑物前，应当根据需要与可能，选用透景、半透景的围墙、栅栏或者绿篱、花坛（池）、草坪等作为分界。

临街树木、绿篱、花坛（池）、草坪等，应当保持整洁、美观。栽培、整修或者其他作业留下的渣土、枝叶等，管理单位、个人或者作业者应当及时清除。

第十四条 任何单位和个人都不得在街道两侧和公共场地堆放物料，搭建建筑物、构筑物或者其他设施。因建设等特殊需要，在街道两侧和公共场地临时堆放物料，搭建非永久性建筑物、构筑物或者其他设施的，必须征得城市人民政府市容环境卫生行政主管部门同意后，按照有关规定办理审批手续。

第十五条 在市区运行的交通运输工具，应当保持外型完好、整洁，货运车辆运输的液体、散装货物，应当密封、包扎、覆盖，避免泄漏、遗撒。

第十六条 城市的工程施工现场的材料、机具应当堆放整齐，渣土应当及时清运；临街工地应当设置护栏或者围布遮挡；停工场地应当及时整理并作必要的覆盖；竣工后，应当及时清理和平整场地。

第十七条 一切单位和个人，都不得在城市建筑物、设施以及树木上涂写、刻画。

单位和个人在城市建筑物、设施上张挂、张贴宣传品等，须经城市人民政府市容环境卫生行政主管部门或者其他有关部门批准。

第三章 城市环境卫生管理

第十八条 城市中的环境卫生设施，应当符合国家规定的城市环境卫生标准。

第十九条 城市人民政府在进行城市新区开发或者旧区改造时，应当依照国家有关规定，建设生活废弃物的清扫、收集、运输和处理等环境卫生设施，所需经费应当纳入建设工程概算。

第二十条 城市人民政府市容环境卫生行政主管部门，应当根据城市居住人口密度和流动人口数量以及公共场所等特定地区的需要，制定公共厕所建设规划，并按照规定的标准，建设、改造或者支持有关单位建设、改造公共厕所。

城市人民政府市容环境卫生行政主管部门，应当配备专业人员或者委托有关单位和个人负责公共厕所的保洁和管理；有关单位和个人也可以承包公共厕所的保洁和管理。公共厕所的管理者可以适当收费，具体办法由省、自治区、直辖市人民政府制定。

对不符合规定标准的公共厕所，城市人民政府应当责令有关单位限期改造。

公共厕所的粪便应当排入贮（化）粪池或者城市污水系统。

第二十一条 多层和高层建筑应当设置封闭式垃圾通道或者垃圾贮存设施，并修建清运车辆通道。

城市街道两侧、居住区或者人流密集地区，应当设置封闭式垃圾容器、果皮箱等设施。

第二十二条　一切单位和个人都不得擅自拆除环境卫生设施；因建设需要必须拆除的，建设单位必须事先提出拆迁方案，报城市人民政府市容环境卫生行政主管部门批准。

第二十三条　按国家行政建制设立的市的主要街道、广场和公共水域的环境卫生，由环境卫生专业单位负责。

居住区、街巷等地方，由街道办事处负责组织专人清扫保洁。

第二十四条　飞机场、火车站、公共汽车始末站、港口、影剧院、博物馆、展览馆、纪念馆、体育馆（场）和公园等公共场所，由本单位负责清扫保洁。

第二十五条　机关、团体、部队、企事业单位，应当按照城市人民政府市容环境卫生行政主管部门划分的卫生责任区负责清扫保洁。

第二十六条　城市集贸市场，由主管部门负责组织专人清扫保洁。

各种摊点，由从业者负责清扫保洁。

第二十七条　城市港口客货码头作业范围内的水面，由港口客货码头经营单位责成作业者清理保洁。

在市区水域行驶或者停泊的各类船舶上的垃圾、粪便，由船上负责人依照规定处理。

第二十八条　城市人民政府市容环境卫生行政主管部门对城市生活废弃物的收集、运输和处理实施监督管理。

一切单位和个人，都应当依照城市人民政府市容环境卫生行政主管部门规定的时间、地点、方式，倾倒垃圾、粪便。

对垃圾、粪便应当及时清运，并逐步做到垃圾、粪便的无害化处理和综合利用。

对城市生活废弃物应当逐步做到分类收集、运输和处理。

第二十九条　环境卫生管理应当逐步实行社会化服务。有条件的城市，可以成立环境卫生服务公司。

凡委托环境卫生专业单位清扫、收集、运输和处理废弃物的，应当交纳服务费。具体办法由省、自治区、直辖市人民政府制定。

第三十条　城市人民政府应当有计划地发展城市煤气、天然气、液化气，改变燃料结构；鼓励和支持有关部门组织净菜进城和回收利用废旧物资，减少城市垃圾。

第三十一条　医院、疗养院、屠宰场、生物制品厂产生的废弃物，必须依照有关规定处理。

第三十二条 公民应当爱护公共卫生环境，不随地吐痰、便溺，不乱扔果皮、纸屑和烟头等废弃物。

第三十三条 按国家行政建制设立的市的市区内，禁止饲养鸡、鸭、鹅、兔、羊、猪等家畜家禽；因教学、科研以及其他特殊需要饲养的，须经其所在地城市人民政府市容环境卫生行政主管部门批准。

第四章 罚 则

第三十四条 有下列行为之一者，城市人民政府市容环境卫生行政主管部门或者其委托的单位除责令其纠正违法行为、采取补救措施外，可以并处警告、罚款：

（一）随地吐痰、便溺、乱扔果皮、纸屑和烟头等废弃物的；

（二）在城市建筑物、设施以及树木上涂写、刻画或者未经批准张挂、张贴宣传品等的；

（三）在城市人民政府规定的街道的临街建筑物的阳台和窗外，堆放、吊挂有碍市容的物品的；

（四）不按规定的时间、地点、方式，倾倒垃圾、粪便的；

（五）不履行卫生责任区清扫保洁义务或者不按规定清运、处理垃圾和粪便的；

（六）运输液体、散装货物不作密封、包扎、覆盖，造成泄漏、遗撒的；

（七）临街工地不设置护栏或者不作遮挡、停工场地不及时整理并作必要覆盖或者竣工后不及时清理和平整场地，影响市容和环境卫生的。

第三十五条 未经批准擅自饲养家畜家禽影响市容和环境卫生的，由城市人民政府市容环境卫生行政主管部门或者其委托的单位，责令其限期处理或者予以没收，并可处以罚款。

第三十六条 有下列行为之一者，由城市人民政府市容环境卫生行政主管部门或者其委托的单位责令其停止违法行为，限期清理、拆除或者采取其他补救措施，并可处以罚款：

（一）未经城市人民政府市容环境卫生行政主管部门同意，擅自设置大型户外广告，影响市容的；

（二）未经城市人民政府市容环境卫生行政主管部门批准，擅自在街道两侧和公共场地堆放物料，搭建建筑物、构筑物或者其他设施，影响市容的；

（三）未经批准擅自拆除环境卫生设施或者未按批准的拆迁方案进行拆

迁的。

第三十七条　凡不符合城市容貌标准、环境卫生标准的建筑物或者设施，由城市人民政府市容环境卫生行政主管部门会同城市规划行政主管部门，责令有关单位和个人限期改造或者拆除；逾期未改造或者未拆除的，经县级以上人民政府批准，由城市人民政府市容环境卫生行政主管部门或者城市规划行政主管部门组织强制拆除，并可处以罚款。

第三十八条　损坏各类环境卫生设施及其附属设施的，城市人民政府市容环境卫生行政主管部门或者其委托的单位除责令其恢复原状外，可以并处罚款；盗窃、损坏各类环境卫生设施及其附属设施，应当给予治安管理处罚的，依照《中华人民共和国治安管理处罚条例》的规定处罚；构成犯罪的，依法追究刑事责任。

第三十九条　侮辱、殴打市容和环境卫生工作人员或者阻挠其执行公务的，依照《中华人民共和国治安管理处罚条例》的规定处罚；构成犯罪的，依法追究刑事责任。

第四十条　当事人对行政处罚决定不服的，可以自接到处罚通知之日起 15 日内，向作出处罚决定机关的上一级机关申请复议；对复议决定不服的，可以自接到复议决定书之日起 15 日内向人民法院起诉。当事人也可以自接到处罚通知之日起 15 日内直接向人民法院起诉。期满不申请复议、也不向人民法院起诉、又不履行处罚决定的，由作出处罚决定的机关申请人民法院强制执行。

对治安管理处罚不服的，依照《中华人民共和国治安管理处罚条例》的规定办理。

第四十一条　城市人民政府市容环境卫生行政主管部门工作人员玩忽职守、滥用职权、徇私舞弊的，由其所在单位或者上级主管机关给予行政处分；构成犯罪的，依法追究刑事责任。

第五章　附　则

第四十二条　未设镇建制的城市型居民区可以参照本条例执行。

第四十三条　省、自治区、直辖市人民政府可以根据本条例制定实施办法。

第四十四条　本条例由国务院城市建设行政主管部门负责解释。

第四十五条　本条例自 1992 年 8 月 1 日起施行。

村庄和集镇规划建设管理条例

（1993年6月29日中华人民共和国国务院令第116号发布）

第一章　总　　则

第一条　为加强村庄、集镇的规划建设管理，改善村庄、集镇的生产、生活环境，促进农村经济和社会发展，制定本条例。

第二条　制定和实施村庄、集镇规划，在村庄、集镇规划区内进行居民住宅、乡（镇）村企业、乡（镇）村公共设施和公益事业等的建设，必须遵守本条例。但是，国家征用集体所有的土地进行的建设除外。

在城市规划区内的村庄、集镇规划的制定和实施，依照城市规划法及其实施条例执行。

第三条　本条例所称村庄，是指农村村民居住和从事各种生产的聚居点。

本条例所称集镇，是指乡、民族乡人民政府所在地和经县级人民政府确认由集市发展而成的作为农村一定区域经济、文化和生活服务中心的非建制镇。

本条例所称村庄、集镇规划区，是指村庄、集镇建成区和因村庄、集镇建设及发展需要实行规划控制的区域。村庄、集镇规划区的具体范围，在村庄、集镇总体规划中划定。

第四条　村庄、集镇规划建设管理，应当坚持合理布局、节约用地的原则，全面规划，正确引导，依靠群众，自力更生，因地制宜，量力而行，逐步建设，实现经济效益、社会效益和环境效益的统一。

第五条　地处洪涝、地震、台风、滑坡等自然灾害易发地区的村庄和集镇，应当按照国家和地方的有关规定，在村庄、集镇总体规划中制定防灾措施。

第六条　国务院建设行政主管部门主管全国的村庄、集镇规划建设管理工作。

县级以上地方人民政府建设行政主管部门主管本行政区域的村庄、集镇规划建设管理工作。

乡级人民政府负责本行政区域的村庄、集镇规划建设管理工作。

第七条　国家鼓励村庄、集镇规划建设管理的科学研究，推广先进技术，提倡在村庄和集镇建设中，结合当地特点，采用新工艺、新材料、新结构。

第二章　村庄和集镇规划的制定

第八条　村庄、集镇规划由乡级人民政府负责组织编制，并监督实施。

第九条　村庄、集镇规划的编制，应当遵循下列原则：

（一）根据国民经济和社会发展计划，结合当地经济发展的现状和要求，以及自然环境、资源条件和历史情况等，统筹兼顾，综合部署村庄和集镇的各项建设；

（二）处理好近期建设与远景发展、改造与新建的关系，使村庄、集镇的性质和建设的规模、速度和标准，同经济发展和农民生活水平相适应；

（三）合理用地，节约用地，各项建设应当相对集中，充分利用原有建设用地，新建、扩建工程及住宅应当尽量不占用耕地和林地；

（四）有利生产，方便生活，合理安排住宅、乡（镇）村企业、乡（镇）村公共设施和公益事业等的建设布局，促进农村各项事业协调发展，并适当留有发展余地；

（五）保护和改善生态环境，防治污染和其他公害，加强绿化和村容镇貌、环境卫生建设。

第十条　村庄、集镇规划的编制，应当以县域规划、农业区划、土地利用总体规划为依据，并同有关部门的专业规划相协调。

县级人民政府组织编制的县域规划，应当包括村庄、集镇建设体系规划。

第十一条　编制村庄、集镇规划，一般分为村庄、集镇总体规划和村庄、集镇建设规划两个阶段进行。

第十二条　村庄、集镇总体规划，是乡级行政区域内村庄和集镇布点规划及相应的各项建设的整体部署。

村庄、集镇总体规划的主要内容包括：乡级行政区域的村庄、集镇布点，村庄和集镇的位置、性质、规模和发展方向，村庄和集镇的交通、供水、供电、邮电、商业、绿化等生产和生活服务设施的配置。

第十三条　村庄、集镇建设规划，应当在村庄、集镇总体规划指导下，具体安排村庄、集镇的各项建设。

集镇建设规划的主要内容包括：住宅、乡（镇）村企业、乡（镇）村公共设施、公益事业等各项建设的用地布局、用地规模，有关的技术经济指标，近期建设工程以及重点地段建设具体安排。

村庄建设规划的主要内容，可以根据本地区经济发展水平，参照集镇建设规划的编制内容，主要对住宅和供水、供电、道路、绿化、环境卫生以及生产配套设施作出具体安排。

第十四条 村庄、集镇总体规划和集镇建设规划，须经乡级人民代表大会审查同意，由乡级人民政府报县级人民政府批准。

村庄建设规划，须经村民会议讨论同意，由乡级人民政府报县级人民政府批准。

第十五条 根据社会经济发展需要，依照本条例第十四条的规定，经乡级人民代表大会或者村民会议同意，乡级人民政府可以对村庄、集镇规划进行局部调整，并报县级人民政府备案。涉及村庄、集镇的性质、规模、发展方向和总体布局重大变更的，依照本条例第十四条规定的程序办理。

第十六条 村庄、集镇规划期限，由省、自治区，直辖市人民政府根据本地区实际情况规定。

第十七条 村庄、集镇规划经批准后，由乡级人民政府公布。

第三章 村庄和集镇规划的实施

第十八条 农村村民在村庄、集镇规划区内建住宅的，应当先向村集体经济组织或者村民委员会提出建房申请，经村民会议讨论通过后，按照下列审批程序办理：

（一）需要使用耕地的，经乡级人民政府审核、县级人民政府建设行政主管部门审查同意并出具选址意见书后，方可依照《土地管理法》向县级人民政府土地管理部门申请用地，经县级人民政府批准后，由县级人民政府土地管理部门划拨土地；

（二）使用原有宅基地、村内空闲地和其他土地的，由乡级人民政府根据村庄、集镇规划和土地利用规划批准。

城镇非农业户口居民在村庄、集镇规划区内需要使用集体所有的土地建住宅的，应当经其所在单位或者居民委员会同意后，依照前款第（一）项规定的审批程序办理。

回原籍村庄、集镇落户的职工、退伍军人和离休、退休干部以及回乡定居的华侨、港澳台同胞，在村庄、集镇规划区需要使用集体所有的土地建住宅的，依照本条第一款第（一）项规定的审批程序办理。

第十九条 兴建乡（镇）村企业，必须持县级以上地方人民政府批准的设计任务书或者其他批准文件，向县级人民政府建设行政主管部门申请选址定点，县级人民政府建设行政主管部门审查同意并出具选址意见书后，建设单位方可依法向县级人民政府土地管理部门申请用地，经县级以上人民政府批准后，由土地管理部门划拨土地。

第二十条　乡（镇）村公共设施、公益事业建设，须经乡级人民政府审核、县级人民政府建设行政主管部门审查同意并出具选址意见书后，建设单位方可依法向县级人民政府土地管理部门申请用地，经县级以上人民政府批准后，由土地管理部门划拨土地。

第四章　村庄和集镇建设的设计、施工管理

第二十一条　在村庄、集镇规划区内，凡建筑跨度、跨径或者高度超出规定范围的乡（镇）村企业、乡（镇）村公共设施和公益事业的建筑工程，以及2层（含2层）以上的住宅，必须由取得相应的设计资质证书的单位进行设计，或者选用通用设计、标准设计。

跨度、跨径和高度的限定，由省、自治区、直辖市人民政府或者其授权的部门规定。

第二十二条　建筑设计应当贯彻适用、经济、安全和美观的原则，符合国家和地方有关节约资源、抗御灾害的规定，保持地方特色和民族风格，并注意与周围环境相协调。

农村居民住宅设计应当符合紧凑、合理、卫生和安全的要求。

第二十三条　承担村庄、集镇规划区内建筑工程施工任务的单位，必须具有相应的施工资质等级证书或者资质审查证书，并按照规定的经营范围承担施工任务。

在村庄、集镇规划区内从事建筑施工的个体工匠，除承担房屋修缮外，须按有关规定办理施工资质审批手续。

第二十四条　施工单位应当按照设计图纸施工。任何单位和个人不得擅自修改设计图纸；确需修改的，须经原设计单位同意，并出具变更设计通知单或者图纸。

第二十五条　施工单位应当确保施工质量，按照有关的技术规定施工，不得使用不符合工程质量要求的建筑材料和建筑构件。

第二十六条　乡（镇）村企业、乡（镇）村公共设施、公益事业等建设，在开工前，建设单位和个人应当向县级以上人民政府建设行政主管部门提出开工申请，经县级以上人民政府建设行政主管部门对设计、施工条件予以审查批

准后，方可开工。

农村居民住宅建设开工的审批程序，由省、自治区、直辖市人民政府规定。

第二十七条 县级人民政府建设行政主管部门，应当对村庄、集镇建设的施工质量进行监督检查。村庄、集镇的建设工程竣工后，应当按照国家的有关规定，经有关部门竣工验收合格后，方可交付使用。

第五章 房屋、公共设施、村容镇貌和环境卫生管理

第二十八条 县级以上人民政府建设行政主管部门，应当加强对村庄、集镇房屋的产权、产籍的管理，依法保护房屋所有人对房屋的所有权。具体办法由国务院建设行政主管部门制定。

第二十九条 任何单位和个人都应当遵守国家和地方有关村庄、集镇的房屋、公共设施的管理规定，保证房屋的使用安全和公共设施的正常使用，不得破坏或者损毁村庄、集镇的道路、桥梁、供水、排水、供电、邮电、绿化等设施。

第三十条 从集镇收取的城市维护建设税，应当用于集镇公共设施的维护和建设，不得挪作他用。

第三十一条 乡级人民政府应当采取措施，保护村庄、集镇饮用水源；有条件的地方，可以集中供水，使水质逐步达到国家规定的生活饮用水卫生标准。

第三十二条 未经乡级人民政府批准，任何单位和个人不得擅自在村庄、集镇规划区内的街道、广场、市场和车站等场所修建临时建筑物、构筑物和其他设施。

第三十三条 任何单位和个人都应当维护村容镇貌和环境卫生，妥善处理粪堆、垃圾堆、柴草堆，养护树木花草，美化环境。

第三十四条 任何单位和个人都有义务保护村庄、集镇内的文物古迹、古树名木和风景名胜、军事设施、防汛设施，以及国家邮电、通信、输变电、输油管道等设施，不得损坏。

第三十五条 乡级人民政府应当按照国家有关规定，对村庄、集镇建设中形成的具有保存价值的文件、图纸、资料等及时整理归档。

第六章 罚 则

第三十六条 在村庄、集镇规划区内，未按规划审批程序批准而取得建设

用地批准文件，占用土地的，批准文件无效，占用的土地由乡级以上人民政府责令退回。

第三十七条　在村庄、集镇规划区内，未按规划审批程序批准或者违反规划的规定进行建设，严重影响村庄、集镇规划的，由县级人民政府建设行政主管部门责令停止建设，限期拆除或者没收违法建筑物、构筑物和其他设施；影响村庄、集镇规划，尚可采取改正措施的，由县级人民政府建设行政主管部门责令限期改正，处以罚款。

农村居民未经批准或者违反规划的规定建住宅的，乡级人民政府可以依照前款规定处罚。

第三十八条　有下列行为之一的，由县级人民政府建设行政主管部门责令停止设计或者施工、限期改正，并可处以罚款：

（一）未取得设计资质证书，承担建筑跨度、跨径和高度超出规定范围的工程以及2层以上住宅的设计任务或者未按设计资质证书规定的经营范围，承担设计任务的；

（二）未取得施工资质等级证书或者资质审查证书或者未按规定的经营范围，承担施工任务的；

（三）不按有关技术规定施工或者使用不符合工程质量要求的建筑材料和建筑构件的；

（四）未按设计图纸施工或者擅自修改设计图纸的。

取得设计或者施工资质证书的勘察设计、施工单位，为无证单位提供资质证书，超过规定的经营范围，承担设计、施工任务或者设计、施工的质量不符合要求，情节严重的，由原发证机关吊销设计或者施工的资质证书。

第三十九条　有下列行为之一的，由乡级人民政府责令停止侵害，可以处以罚款；造成损失的，并应当赔偿：

（一）损坏村庄和集镇的房屋、公共设施的；

（二）乱堆粪便、垃圾、柴草，破坏村容镇貌和环境卫生的。

第四十条　擅自在村庄、集镇规划区内的街道、广场、市场和车站等场所修建临时建筑物、构筑物和其他设施的，由乡级人民政府责令限期拆除，并可处以罚款。

第四十一条　损坏村庄、集镇内的文物古迹、古树名木和风景名胜、军事设施、防汛设施，以及国家邮电、通信、输变电、输油管道等设施的，依照有关法律、法规的规定处罚。

第四十二条　违反本条例，构成违反治安管理行为的，依照治安管理处罚条例的规定处罚；构成犯罪的，依法追究刑事责任。

第四十三条 村庄、集镇建设管理人员玩忽职守、滥用职权、徇私舞弊的，由所在单位或者上级主管部门给予行政处分；构成犯罪的，依法追究刑事责任。

第四十四条 当事人对行政处罚决定不服的，可以自接到处罚决定通知之日起15日内，向作出处罚决定机关的上一级机关申请复议；对复议决定不服的，可以自接到复议决定之日起15日内，向人民法院提起诉讼。当事人也可以自接到处罚决定通知之日起15日内，直接向人民法院起诉。当事人逾期不申请复议，也不向人民法院提起诉讼，又不履行处罚决定的，作出处罚决定的机关可以申请人民法院强制执行或者依法强制执行。

第七章 附 则

第四十五条 未设镇建制的国营农场场部、国营林场场部及其基层居民点的规划建设管理，分别由国营农场、国营林场主管部门负责，参照本条例执行。

第四十六条 省、自治区、直辖市人民政府可以根据本条例制定实施办法。

第四十七条 本条例由国务院建设行政主管部门负责解释。

第四十八条 本条例自1993年11月1日起施行。

城市供水条例

（1994年7月19日中华人民共和国国务院令第158号发布）

第一章 总 则

第一条 为了加强城市供水管理，发展城市供水事业，保障城市生活、生产用水和其他各项建设用水，制定本条例。

第二条 本条例所称城市供水，是指城市公共供水和自建设施供水。

本条例所称城市公共供水，是指城市自来水供水企业以公共供水管道及其附属设施向单位和居民的生活、生产和其他各项建设提供用水。

本条例所称自建设施供水，是指城市的用水单位以其自行建设的供水管道及其附属设施主要向本单位的生活、生产和其他各项建设提供用水。

第三条 从事城市供水工作和使用城市供水，必须遵守本条例。

第四条　城市供水工作实行开发水源和计划用水、节约用水相结合的原则。

第五条　县级以上人民政府应当将发展城市供水事业纳入国民经济和社会发展计划。

第六条　国家实行有利于城市供水事业发展的政策，鼓励城市供水科学技术研究，推广先进技术，提高城市供水的现代化水平。

第七条　国务院城市建设行政主管部门主管全国城市供水工作。

省、自治区人民政府城市建设行政主管部门主管本行政区域内的城市供水工作。

县级以上城市人民政府确定的城市供水行政主管部门（以下简称城市供水行政主管部门）主管本行政区域内的城市供水工作。

第八条　对在城市供水工作中作出显著成绩的单位和个人，给予奖励。

第二章　城市供水水源

第九条　县级以上城市人民政府应当组织城市规划行政主管部门、水行政主管部门、城市供水行政主管部门和地质矿产行政主管部门等共同编制城市供水水源开发利用规划，作为城市供水发展规划的组成部分，纳入城市总体规划。

第十条　编制城市供水水源开发利用规划，应当从城市发展的需要出发，并与水资源统筹规划和水长期供求计划相协调。

第十一条　编制城市供水水源开发利用规划，应当根据当地情况，合理安排利用地表水和地下水。

第十二条　编制城市供水水源开发利用规划，应当优先保证城市生活用水，统筹兼顾工业用水和其他各项建设用水。

第十三条　县级以上地方人民政府环境保护部门应当会同城市供水行政主管部门、水行政主管部门和卫生行政主管部门等共同划定饮用水水源保护区，经本级人民政府批准后公布；划定跨省、市、县的饮用水水源保护区，应当由有关人民政府共同商定并经其共同的上级人民政府批准后公布。

第十四条　在饮用水水源保护区内，禁止一切污染水质的活动。

第三章　城市供水工程建设

第十五条　城市供水工程的建设，应当按照城市供水发展规划及其年度建设计划进行。

第十六条 城市供水工程的设计、施工，应当委托持有相应资质证书的设计、施工单位承担，并遵守国家有关技术标准和规范。禁止无证或者超越资质证书规定的经营范围承担城市供水工程的设计、施工任务。

第十七条 城市供水工程竣工后，应当按照国家规定组织验收；未经验收或者验收不合格的，不得投入使用。

第十八条 城市新建、扩建、改建工程项目需要增加用水的，其工程项目总概算应当包括供水工程建设投资；需要增加城市公共供水量的，应当将其供水工程建设投资交付城市供水行政主管部门，由其统一组织城市公共供水工程建设。

第四章 城市供水经营

第十九条 城市自来水供水企业和自建设施对外供水的企业，必须经资质审查合格并经工商行政管理机关登记注册后，方可从事经营活动。资质审查办法由国务院城市建设行政主管部门规定。

第二十条 城市自来水供水企业和自建设施对外供水的企业，应当建立、健全水质检测制度，确保城市供水的水质符合国家规定的饮用水卫生标准。

第二十一条 城市自来水供水企业和自建设施对外供水的企业，应当按照国家有关规定设置管网测压点，做好水压监测工作，确保供水管网的压力符合国家规定的标准。

禁止在城市公共供水管道上直接装泵抽水。

第二十二条 城市自来水供水企业和自建设施对外供水的企业应当保持不间断供水。由于工程施工、设备维修等原因确需停止供水的，应当经城市供水行政主管部门批准并提前24小时通知用水单位和个人；因发生灾害或者紧急事故，不能提前通知的，应当在抢修的同时通知用水单位和个人，尽快恢复正常供水，并报告城市供水行政主管部门。

第二十三条 城市自来水供水企业和自建设施对外供水的企业应当实行职工持证上岗制度。具体办法由国务院城市建设行政主管部门会同人事部门等制定。

第二十四条 用水单位和个人应当按照规定的计量标准和水价标准按时缴纳水费。

第二十五条 禁止盗用或者转供城市公共供水。

第二十六条　城市供水价格应当按照生活用水保本微利、生产和经营用水合理计价的原则制定。

城市供水价格制定办法，由省、自治区、直辖市人民政府规定。

第五章　城市供水设施维护

第二十七条　城市自来水供水企业和自建设施供水的企业对其管理的城市供水的专用水库、引水渠道、取水口、泵站、井群、输（配）水管网、进户总水表、净（配）水厂、公用水站等设施，应当定期检查维修，确保安全运行。

第二十八条　用水单位自行建设的与城市公共供水管道连接的户外管道及其附属设施，必须经城市自来水供水企业验收合格并交其统一管理后，方可使用。

第二十九条　在规定的城市公共供水管道及其附属设施的地面和地下的安全保护范围内，禁止挖坑取土或者修建建筑物、构筑物等危害供水设施安全的活动。

第三十条　因工程建设确需改装、拆除或者迁移城市公共供水设施的，建设单位应当报经县级以上人民政府城市规划行政主管部门和城市供水行政主管部门批准，并采取相应的补救措施。

第三十一条　涉及城市公共供水设施的建设工程开工前，建设单位或者施工单位应当向城市自来水供水企业查明地下供水管网情况。施工影响城市公共供水设施安全的，建设单位或者施工单位应当与城市自来水供水企业商定相应的保护措施，由施工单位负责实施。

第三十二条　禁止擅自将自建设施供水管网系统与城市公共供水管网系统连接；因特殊情况确需连接的，必须经城市自来水供水企业同意，报城市供水行政主管部门和卫生行政主管部门批准，并在管道连接处采取必要的防护措施。

禁止生产或者使用有毒有害物质的单位将其生产用水管网系统与城市公共供水管网系统直接连接。

第六章　罚　则

第三十三条　城市自来水供水企业或者自建设施对外供水的企业有下列行为之一的，由城市供水行政主管部门责令改正，可以处以罚款；情节严重的，报经县级以上人民政府批准，可以责令停业整顿；对负有直接责任的主管人员和其他直接责任人员，其所在单位或者上级机关可以给予行政处分：

（一）供水水质、水压不符合国家规定标准的；

（二）擅自停止供水或者未履行停水通知义务的；

（三）未按照规定检修供水设施或者在供水设施发生故障后未及时抢修的。

第三十四条 违反本条例规定，有下列行为之一的，由城市供水行政主管部门责令停止违法行为，可以处以罚款；对负有直接责任的主管人员和其他直接责任人员，其所在单位或者上级机关可以给予行政处分：

（一）无证或者超越资质证书规定的经营范围进行城市供水工程的设计或者施工的；

（二）未按国家规定的技术标准和规范进行城市供水工程的设计或者施工的；

（三）违反城市供水发展规划及其年度建设计划兴建城市供水工程的。

第三十五条 违反本条例规定，有下列行为之一的，由城市供水行政主管部门或者其授权的单位责令限期改正，可以处以罚款：

（一）未按规定缴纳水费的；

（二）盗用或者转供城市公共供水的；

（三）在规定的城市公共供水管道及其附属设施的安全保护范围内进行危害供水设施安全活动的；

（四）擅自将自建设施供水管网系统与城市公共供水管网系统连接的；

（五）产生或者使用有毒有害物质的单位将其生产用水管网系统与城市公共供水管网系统直接连接的；

（六）在城市公共供水管道上直接装泵抽水的；

（七）擅自拆除、改装或者迁移城市公共供水设施的。

有前款第（一）项、第（二）项、第（四）项、第（五）项、第（六）项、第（七）项所列行为之一，情节严重的，经县级以上人民政府批准，还可以在一定时间内停止供水。

第三十六条 建设工程施工危害城市公共供水设施的，由城市供水行政主管部门责令停止危害活动；造成损失的，由责任方依法赔偿损失；对负有直接责任的主管人员和其他直接责任人员，其所在单位或者上级机关可以给予行政处分。

第三十七条 城市供水行政主管部门的工作人员玩忽职守、滥用职权、徇私舞弊的，由其所在单位或者上级机关给予行政处分；构成犯罪的，依法追究刑事责任。

第七章　附　　则

第三十八条　本条例第三十三条、第三十四条、第三十五条规定的罚款数额由省、自治区、直辖市人民政府规定。

第三十九条　本条例自 1994 年 10 月 1 日起施行。

城市道路管理条例

（1996 年 6 月 4 日中华人民共和国国务院令第 198 号发布）

第一章　总　　则

第一条　为了加强城市道路管理，保障城市道路完好，充分发挥城市道路功能，促进城市经济和社会发展，制定本条例。

第二条　本条例所称城市道路，是指城市供车辆、行人通行的，具备一定技术条件的道路、桥梁及其附属设施。

第三条　本条例适用于城市道路规划、建设、养护、维修和路政管理。

第四条　城市道路管理实行统一规划、配套建设、协调发展和建设、养护、管理并重的原则。

第五条　国家鼓励和支持城市道路科学技术研究，推广先进技术，提高城市道路管理的科学技术水平。

第六条　国务院建设行政主管部门主管全国城市道路管理工作。

省、自治区人民政府城市建设行政主管部门主管本行政区域内的城市道路管理工作。

县级以上城市人民政府市政工程行政主管部门主管本行政区域内的城市道路管理工作。

第二章　规划和建设

第七条　县级以上城市人民政府应当组织市政工程、城市规划、公安交通等部门，根据城市总体规划编制城市道路发展规划。

市政工程行政主管部门应当根据城市道路发展规划，制定城市道路年度建设计划，经城市人民政府批准后实施。

第八条 城市道路建设资金可以按照国家有关规定，采取政府投资、集资、国内外贷款、国有土地有偿使用收入、发行债券等多种渠道筹集。

第九条 城市道路的建设应当符合城市道路技术规范。

第十条 政府投资建设城市道路的，应当根据城市道路发展规划和年度建设计划，由市政工程行政主管部门组织建设。

单位投资建设城市道路的，应当符合城市道路发展规划，并经市政工程行政主管部门批准。

城市住宅小区、开发区内的道路建设，应当分别纳入住宅小区、开发区的开发建设计划配套建设。

第十一条 国家鼓励国内外企业和其他组织以及个人按照城市道路发展规划，投资建设城市道路。

第十二条 城市供水、排水、燃气、热力、供电、通信、消防等依附于城市道路的各种管线、杆线等设施的建设计划，应当与城市道路发展规划和年度建设计划相协调，坚持先地下、后地上的施工原则，与城市道路同步建设。

第十三条 新建的城市道路与铁路干线相交的，应当根据需要在城市规划中预留立体交通设施的建设位置。

城市道路与铁路相交的道口建设应当符合国家有关技术规范，并根据需要逐步建设立体交通设施。建设立体交通设施所需投资，按照国家规定由有关部门协商确定。

第十四条 建设跨越江河的桥梁和隧道，应当符合国家规定的防洪、通航标准和其他有关技术规范。

第十五条 县级以上城市人民政府应当有计划地按照城市道路技术规范改建、拓宽城市道路和公路的结合部，公路行政主管部门可以按照国家有关规定在资金上给予补助。

第十六条 承担城市道路设计、施工的单位，应当具有相应的资质等级，并按照资质等级承担相应的城市道路的设计、施工任务。

第十七条 城市道路的设计、施工，应当严格执行国家和地方规定的城市道路设计、施工的技术规范。

城市道路施工，实行工程质量监督制度。

城市道路工程竣工，经验收合格后，方可交付使用；未经验收或者验收不合格的，不得交付使用。

第十八条　城市道路实行工程质量保修制度。城市道路的保修期为一年，自交付使用之日起计算。保修期内出现工程质量问题，由有关责任单位负责保修。

第十九条　市政工程行政主管部门对利用贷款或者集资建设的大型桥梁、隧道等，可以在一定期限内向过往车辆（军用车辆除外）收取通行费，用于偿还贷款或者集资款，不得挪作他用。

收取通行费的范围和期限，由省、自治区、直辖市人民政府规定。

第三章　养护和维修

第二十条　市政工程行政主管部门对其组织建设和管理的城市道路，按照城市道路的等级、数量及养护和维修的定额，逐年核定养护、维修经费，统一安排养护、维修资金。

第二十一条　承担城市道路养护、维修的单位，应当严格执行城市道路养护、维修的技术规范，定期对城市道路进行养护、维修，确保养护、维修工程的质量。

市政工程行政主管部门负责对养护、维修工程的质量进行监督检查，保障城市道路完好。

第二十二条　市政工程行政主管部门组织建设和管理的道路，由其委托的城市道路养护、维修单位负责养护、维修。单位投资建设和管理的道路，由投资建设的单位或者其委托的单位负责养护、维修。城市住宅小区、开发区内的道路，由建设单位或者其委托的单位负责养护、维修。

第二十三条　设在城市道路上的各类管线的检查井、箱盖或者城市道路附属设施，应当符合城市道路养护规范。因缺损影响交通和安全时，有关产权单位应当及时补缺或者修复。

第二十四条　城市道路的养护、维修工程应当按照规定的期限修复竣工，并在养护、维修工程施工现场设置明显标志和安全防围设施，保障行人和交通车辆安全。

第二十五条　城市道路养护、维修的专用车辆应当使用统一标志；执行任务时，在保证交通安全畅通的情况下，不受行驶路线和行驶方向的限制。

第四章　路政管理

第二十六条　市政工程行政主管部门执行路政管理的人员执行公务，应当按照有关规定佩戴标志，持证上岗。

第二十七条　城市道路范围内禁止下列行为：

（一）擅自占用或者挖掘城市道路；

（二）履带车、铁轮车或者超重、超高、超长车辆擅自在城市道路上行驶；

（三）机动车在桥梁或者非指定的城市道路上试刹车；

（四）擅自在城市道路上建设建筑物、构筑物；

（五）在桥梁上架设压力在4公斤/平方厘米（0.4兆帕）以上的煤气管道、10千伏以上的高压电力线和其他易燃易爆管线；

（六）擅自在桥梁或者路灯设施上设置广告牌或者其他挂浮物；

（七）其他损害、侵占城市道路的行为。

第二十八条　履带车、铁轮车或者超重、超高、超长车辆需要在城市道路上行驶的，事先须征得市政工程行政主管部门同意，并按照公安交通管理部门指定的时间、路线行驶。

军用车辆执行任务需要在城市道路上行驶的，可以不受前款限制，但是应当按照规定采取安全保护措施。

第二十九条　依附于城市道路建设各种管线、杆线等设施的，应当经市政工程行政主管部门批准，方可建设。

第三十条　未经市政工程行政主管部门和公安交通管理部门批准，任何单位或者个人不得占用或者挖掘城市道路。

第三十一条　因特殊情况需要临时占用城市道路的，须经市政工程行政主管部门和公安交通管理部门批准，方可按照规定占用。

经批准临时占用城市道路的，不得损坏城市道路；占用期满后，应当及时清理占用现场，恢复城市道路原状；损坏城市道路的，应当修复或者给予赔偿。

第三十二条　城市人民政府应当严格控制占用城市道路作为集贸市场。

确需占用城市道路作为集贸市场的，应当经县级以上城市人民政府批准；未经批准，擅自占用城市道路作为集贸市场的，市政工程行政主管部门应当责令限期清退，恢复城市道路功能。

本条例施行前未经县级以上城市人民政府批准已经占用城市道路作为集贸市场的，应当按照本条例的规定重新办理审批手续。

第三十三条　因工程建设需要挖掘城市道路的，应当持城市规划部门批准签发的文件和有关设计文件，到市政工程行政主管部门和公安交通管理部门办理审批手续，方可按照规定挖掘。

新建、扩建、改建的城市道路交付使用后5年内、大修的城市道路竣工后3年内不得挖掘；因特殊情况需要挖掘的，须经县级以上城市人民政府批准。

第三十四条　埋设在城市道路下的管线发生故障需要紧急抢修的，可以先行破路抢修，并同时通知市政工程行政主管部门和公安交通管理部门，在24小时内按照规定补办批准手续。

第三十五条　经批准挖掘城市道路的，应当在施工现场设置明显标志和安全防围设施；竣工后，应当及时清理现场，通知市政工程行政主管部门检查验收。

第三十六条　经批准占用或者挖掘城市道路的，应当按照批准的位置、面积、期限占用或者挖掘。需要移动位置、扩大面积、延长时间的，应当提前办理变更审批手续。

第三十七条　占用或者挖掘由市政工程行政主管部门管理的城市道路的，应当向市政工程行政主管部门交纳城市道路占用费或者城市道路挖掘修复费。

城市道路占用费的收费标准，由省、自治区人民政府的建设行政主管部门、直辖市人民政府的市政工程行政主管部门拟订，报同级财政、物价主管部门核定；城市道路挖掘修复费的收费标准，由省、自治区人民政府的建设行政主管部门、直辖市人民政府的市政工程行政主管部门制定，报同级财政、物价主管部门备案。

第三十八条　根据城市建设或者其他特殊需要，市政工程行政主管部门可以对临时占用城市道路的单位或者个人决定缩小占用面积、缩短占用时间或者停止占用，并根据具体情况退还部分城市道路占用费。

第五章　罚　　则

第三十九条　违反本条例的规定，有下列行为之一的，由市政工程行政主管部门责令停止设计、施工，限期改正，可以并处3万元以下的罚款；已经取得设计、施工资格证书，情节严重的，提请原发证机关吊销设计、施工资格证书：

（一）未取得设计、施工资格或者未按照资质等级承担城市道路的设计、施工任务的；

（二）未按照城市道路设计、施工技术规范设计、施工的；

（三）未按照设计图纸施工或者擅自修改图纸的。

第四十条 违反本条例第十七条规定，擅自使用未经验收或者验收不合格的城市道路的，由市政工程行政主管部门责令限期改正，给予警告，可以并处工程造价 2% 以下的罚款。

第四十一条 承担城市道路养护、维修的单位违反本条例的规定，未定期对城市道路进行养护、维修或者未按照规定的期限修复竣工，并拒绝接受市政工程行政主管部门监督、检查的，由市政工程行政主管部门责令限期改正，给予警告；对负有直接责任的主管人员和其他直接责任人员，依法给予行政处分。

第四十二条 违反本条例第二十七条规定，或者有下列行为之一的，由市政工程行政主管部门或者其他有关部门责令限期改正，可以处以 2 万元以下的罚款；造成损失的，应当依法承担赔偿责任：

（一）未对设在城市道路上的各种管线的检查井、箱盖或者城市道路附属设施的缺损及时补缺或者修复的；

（二）未在城市道路施工现场设置明显标志和安全防围设施的；

（三）占用城市道路期满或者挖掘城市道路后，不及时清理现场的；

（四）依附于城市道路建设各种管线、杆线等设施，不按照规定办理批准手续的；

（五）紧急抢修埋设在城市道路下的管线，不按照规定补办批准手续的；

（六）未按照批准的位置、面积、期限占用或者挖掘城市道路，或者需要移动位置、扩大面积、延长时间，未提前办理变更审批手续的。

第四十三条 违反本条例，构成犯罪的，由司法机关依法追究刑事责任；尚不构成犯罪，应当给予治安管理处罚的，依照治安管理处罚条例的规定给予处罚。

第四十四条 市政工程行政主管部门人员玩忽职守、滥用职权、徇私舞弊，构成犯罪的，依法追究刑事责任；尚不构成犯罪的，依法给予行政处分。

第六章 附 则

第四十五条 本条例自 1996 年 10 月 1 日起施行。

风景名胜区条例

（2006年9月19日中华人民共和国国务院令第474号公布）

第一章　总　则

第一条　为了加强对风景名胜区的管理，有效保护和合理利用风景名胜资源，制定本条例。

第二条　风景名胜区的设立、规划、保护、利用和管理，适用本条例。

本条例所称风景名胜区，是指具有观赏、文化或者科学价值，自然景观、人文景观比较集中，环境优美，可供人们游览或者进行科学、文化活动的区域。

第三条　国家对风景名胜区实行科学规划、统一管理、严格保护、永续利用的原则。

第四条　风景名胜区所在地县级以上地方人民政府设置的风景名胜区管理机构，负责风景名胜区的保护、利用和统一管理工作。

第五条　国务院建设主管部门负责全国风景名胜区的监督管理工作。国务院其他有关部门按照国务院规定的职责分工，负责风景名胜区的有关监督管理工作。

省、自治区人民政府建设主管部门和直辖市人民政府风景名胜区主管部门，负责本行政区域内风景名胜区的监督管理工作。省、自治区、直辖市人民政府其他有关部门按照规定的职责分工，负责风景名胜区的有关监督管理工作。

第六条　任何单位和个人都有保护风景名胜资源的义务，并有权制止、检举破坏风景名胜资源的行为。

第二章　设　立

第七条　设立风景名胜区，应当有利于保护和合理利用风景名胜资源。

新设立的风景名胜区与自然保护区不得重合或者交叉；已设立的风景名胜区与自然保护区重合或者交叉的，风景名胜区规划与自然保护区规划应当相协调。

第八条　风景名胜区划分为国家级风景名胜区和省级风景名胜区。

自然景观和人文景观能够反映重要自然变化过程和重大历史文化发展过程，基本处于自然状态或者保持历史原貌，具有国家代表性的，可以申请设立国家级风景名胜区；具有区域代表性的，可以申请设立省级风景名胜区。

第九条 申请设立风景名胜区应当提交包含下列内容的有关材料：

（一）风景名胜资源的基本状况；

（二）拟设立风景名胜区的范围以及核心景区的范围；

（三）拟设立风景名胜区的性质和保护目标；

（四）拟设立风景名胜区的游览条件；

（五）与拟设立风景名胜区内的土地、森林等自然资源和房屋等财产的所有权人、使用权人协商的内容和结果。

第十条 设立国家级风景名胜区，由省、自治区、直辖市人民政府提出申请，国务院建设主管部门会同国务院环境保护主管部门、林业主管部门、文物主管部门等有关部门组织论证，提出审查意见，报国务院批准公布。

设立省级风景名胜区，由县级人民政府提出申请，省、自治区人民政府建设主管部门或者直辖市人民政府风景名胜区主管部门，会同其他有关部门组织论证，提出审查意见，报省、自治区、直辖市人民政府批准公布。

第十一条 风景名胜区内的土地、森林等自然资源和房屋等财产的所有权人、使用权人的合法权益受法律保护。

申请设立风景名胜区的人民政府应当在报请审批前，与风景名胜区内的土地、森林等自然资源和房屋等财产的所有权人、使用权人充分协商。

因设立风景名胜区对风景名胜区内的土地、森林等自然资源和房屋等财产的所有权人、使用权人造成损失的，应当依法给予补偿。

第三章　规　　划

第十二条 风景名胜区规划分为总体规划和详细规划。

第十三条 风景名胜区总体规划的编制，应当体现人与自然和谐相处、区域协调发展和经济社会全面进步的要求，坚持保护优先、开发服从保护的原则，突出风景名胜资源的自然特性、文化内涵和地方特色。

风景名胜区总体规划应当包括下列内容：

（一）风景资源评价；

（二）生态资源保护措施、重大建设项目布局、开发利用强度；

（三）风景名胜区的功能结构和空间布局；

（四）禁止开发和限制开发的范围；

（五）风景名胜区的游客容量；

（六）有关专项规划。

第十四条　风景名胜区应当自设立之日起2年内编制完成总体规划。总体规划的规划期一般为20年。

第十五条　风景名胜区详细规划应当根据核心景区和其他景区的不同要求编制，确定基础设施、旅游设施、文化设施等建设项目的选址、布局与规模，并明确建设用地范围和规划设计条件。

风景名胜区详细规划，应当符合风景名胜区总体规划。

第十六条　国家级风景名胜区规划由省、自治区人民政府建设主管部门或者直辖市人民政府风景名胜区主管部门组织编制。

省级风景名胜区规划由县级人民政府组织编制。

第十七条　编制风景名胜区规划，应当采用招标等公平竞争的方式选择具有相应资质等级的单位承担。

风景名胜区规划应当按照经审定的风景名胜区范围、性质和保护目标，依照国家有关法律、法规和技术规范编制。

第十八条　编制风景名胜区规划，应当广泛征求有关部门、公众和专家的意见；必要时，应当进行听证。

风景名胜区规划报送审批的材料应当包括社会各界的意见以及意见采纳的情况和未予采纳的理由。

第十九条　国家级风景名胜区的总体规划，由省、自治区、直辖市人民政府审查后，报国务院审批。

国家级风景名胜区的详细规划，由省、自治区人民政府建设主管部门或者直辖市人民政府风景名胜区主管部门报国务院建设主管部门审批。

第二十条　省级风景名胜区的总体规划，由省、自治区、直辖市人民政府审批，报国务院建设主管部门备案。

省级风景名胜区的详细规划，由省、自治区人民政府建设主管部门或者直辖市人民政府风景名胜区主管部门审批。

第二十一条　风景名胜区规划经批准后，应当向社会公布，任何组织和个人有权查阅。

风景名胜区内的单位和个人应当遵守经批准的风景名胜区规划，服从规划管理。

风景名胜区规划未经批准的，不得在风景名胜区内进行各类建设活动。

第二十二条 经批准的风景名胜区规划不得擅自修改。确需对风景名胜区总体规划中的风景名胜区范围、性质、保护目标、生态资源保护措施、重大建设项目布局、开发利用强度以及风景名胜区的功能结构、空间布局、游客容量进行修改的，应当报原审批机关批准；对其他内容进行修改的，应当报原审批机关备案。

风景名胜区详细规划确需修改的，应当报原审批机关批准。

政府或者政府部门修改风景名胜区规划对公民、法人或者其他组织造成财产损失的，应当依法给予补偿。

第二十三条 风景名胜区总体规划的规划期届满前 2 年，规划的组织编制机关应当组织专家对规划进行评估，作出是否重新编制规划的决定。在新规划批准前，原规划继续有效。

第四章 保 护

第二十四条 风景名胜区内的景观和自然环境，应当根据可持续发展的原则，严格保护，不得破坏或者随意改变。

风景名胜区管理机构应当建立健全风景名胜资源保护的各项管理制度。

风景名胜区内的居民和游览者应当保护风景名胜区的景物、水体、林草植被、野生动物和各项设施。

第二十五条 风景名胜区管理机构应当对风景名胜区内的重要景观进行调查、鉴定，并制定相应的保护措施。

第二十六条 在风景名胜区内禁止进行下列活动：

（一）开山、采石、开矿、开荒、修坟立碑等破坏景观、植被和地形地貌的活动；

（二）修建储存爆炸性、易燃性、放射性、毒害性、腐蚀性物品的设施；

（三）在景物或者设施上刻划、涂污；

（四）乱扔垃圾。

第二十七条 禁止违反风景名胜区规划，在风景名胜区内设立各类开发区和在核心景区内建设宾馆、招待所、培训中心、疗养院以及与风景名胜资源保护无关的其他建筑物；已经建设的，应当按照风景名胜区规划，逐步迁出。

第二十八条 在风景名胜区内从事本条例第二十六条、第二十七条禁止范围以外的建设活动，应当经风景名胜区管理机构审核后，依照有关法律、法规的规定办理审批手续。

在国家级风景名胜区内修建缆车、索道等重大建设工程，项目的选址方案应当报国务院建设主管部门核准。

第二十九条　在风景名胜区内进行下列活动，应当经风景名胜区管理机构审核后，依照有关法律、法规的规定报有关主管部门批准：

（一）设置、张贴商业广告；

（二）举办大型游乐等活动；

（三）改变水资源、水环境自然状态的活动；

（四）其他影响生态和景观的活动。

第三十条　风景名胜区内的建设项目应当符合风景名胜区规划，并与景观相协调，不得破坏景观、污染环境、妨碍游览。

在风景名胜区内进行建设活动的，建设单位、施工单位应当制定污染防治和水土保持方案，并采取有效措施，保护好周围景物、水体、林草植被、野生动物资源和地形地貌。

第三十一条　国家建立风景名胜区管理信息系统，对风景名胜区规划实施和资源保护情况进行动态监测。

国家级风景名胜区所在地的风景名胜区管理机构应当每年向国务院建设主管部门报送风景名胜区规划实施和土地、森林等自然资源保护的情况；国务院建设主管部门应当将土地、森林等自然资源保护的情况，及时抄送国务院有关部门。

第五章　利用和管理

第三十二条　风景名胜区管理机构应当根据风景名胜区的特点，保护民族民间传统文化，开展健康有益的游览观光和文化娱乐活动，普及历史文化和科学知识。

第三十三条　风景名胜区管理机构应当根据风景名胜区规划，合理利用风景名胜资源，改善交通、服务设施和游览条件。

风景名胜区管理机构应当在风景名胜区内设置风景名胜区标志和路标、安全警示等标牌。

第三十四条　风景名胜区内宗教活动场所的管理，依照国家有关宗教活动场所管理的规定执行。

风景名胜区内涉及自然资源保护、利用、管理和文物保护以及自然保护区管理的，还应当执行国家有关法律、法规的规定。

第三十五条 国务院建设主管部门应当对国家级风景名胜区的规划实施情况、资源保护状况进行监督检查和评估。对发现的问题，应当及时纠正、处理。

第三十六条 风景名胜区管理机构应当建立健全安全保障制度，加强安全管理，保障游览安全，并督促风景名胜区内的经营单位接受有关部门依据法律、法规进行的监督检查。

禁止超过允许容量接纳游客和在没有安全保障的区域开展游览活动。

第三十七条 进入风景名胜区的门票，由风景名胜区管理机构负责出售。门票价格依照有关价格的法律、法规的规定执行。

风景名胜区内的交通、服务等项目，应当由风景名胜区管理机构依照有关法律、法规和风景名胜区规划，采用招标等公平竞争的方式确定经营者。

风景名胜区管理机构应当与经营者签订合同，依法确定各自的权利义务。经营者应当缴纳风景名胜资源有偿使用费。

第三十八条 风景名胜区的门票收入和风景名胜资源有偿使用费，实行收支两条线管理。

风景名胜区的门票收入和风景名胜资源有偿使用费应当专门用于风景名胜资源的保护和管理以及风景名胜区内财产的所有权人、使用权人损失的补偿。具体管理办法，由国务院财政部门、价格主管部门会同国务院建设主管部门等有关部门制定。

第三十九条 风景名胜区管理机构不得从事以营利为目的的经营活动，不得将规划、管理和监督等行政管理职能委托给企业或者个人行使。

风景名胜区管理机构的工作人员，不得在风景名胜区内的企业兼职。

第六章 法律责任

第四十条 违反本条例的规定，有下列行为之一的，由风景名胜区管理机构责令停止违法行为、恢复原状或者限期拆除，没收违法所得，并处50万元以上100万元以下的罚款：

（一）在风景名胜区内进行开山、采石、开矿等破坏景观、植被、地形地貌的活动的；

（二）在风景名胜区内修建储存爆炸性、易燃性、放射性、毒害性、腐蚀性物品的设施的；

（三）在核心景区内建设宾馆、招待所、培训中心、疗养院以及与风景名胜资源保护无关的其他建筑物的。

县级以上地方人民政府及其有关主管部门批准实施本条第一款规定的行为的，对直接负责的主管人员和其他直接责任人员依法给予降级或者撤职的处分；构成犯罪的，依法追究刑事责任。

第四十一条　违反本条例的规定，在风景名胜区内从事禁止范围以外的建设活动，未经风景名胜区管理机构审核的，由风景名胜区管理机构责令停止建设、限期拆除，对个人处2万元以上5万元以下的罚款，对单位处20万元以上50万元以下的罚款。

第四十二条　违反本条例的规定，在国家级风景名胜区内修建缆车、索道等重大建设工程，项目的选址方案未经国务院建设主管部门核准，县级以上地方人民政府有关部门核发选址意见书的，对直接负责的主管人员和其他直接责任人员依法给予处分；构成犯罪的，依法追究刑事责任。

第四十三条　违反本条例的规定，个人在风景名胜区内进行开荒、修坟立碑等破坏景观、植被、地形地貌的活动的，由风景名胜区管理机构责令停止违法行为、限期恢复原状或者采取其他补救措施，没收违法所得，并处1000元以上1万元以下的罚款。

第四十四条　违反本条例的规定，在景物、设施上刻划、涂污或者在风景名胜区内乱扔垃圾的，由风景名胜区管理机构责令恢复原状或者采取其他补救措施，处50元的罚款；刻划、涂污或者以其他方式故意损坏国家保护的文物、名胜古迹的，按照治安管理处罚法的有关规定予以处罚；构成犯罪的，依法追究刑事责任。

第四十五条　违反本条例的规定，未经风景名胜区管理机构审核，在风景名胜区内进行下列活动的，由风景名胜区管理机构责令停止违法行为、限期恢复原状或者采取其他补救措施，没收违法所得，并处5万元以上10万元以下的罚款；情节严重的，并处10万元以上20万元以下的罚款：

（一）设置、张贴商业广告的；

（二）举办大型游乐等活动的；

（三）改变水资源、水环境自然状态的活动的；

（四）其他影响生态和景观的活动。

第四十六条　违反本条例的规定，施工单位在施工过程中，对周围景物、水体、林草植被、野生动物资源和地形地貌造成破坏的，由风景名胜区管理机构责令停止违法行为、限期恢复原状或者采取其他补救措施，并处2万元以上10万元以下的罚款；逾期未恢复原状或者采取有效措施的，由风景名胜区管理机构责令停止施工。

第四十七条 违反本条例的规定，国务院建设主管部门、县级以上地方人民政府及其有关主管部门有下列行为之一的，对直接负责的主管人员和其他直接责任人员依法给予处分；构成犯罪的，依法追究刑事责任：

（一）违反风景名胜区规划在风景名胜区内设立各类开发区的；

（二）风景名胜区自设立之日起未在 2 年内编制完成风景名胜区总体规划的；

（三）选择不具有相应资质等级的单位编制风景名胜区规划的；

（四）风景名胜区规划批准前批准在风景名胜区内进行建设活动的；

（五）擅自修改风景名胜区规划的；

（六）不依法履行监督管理职责的其他行为。

第四十八条 违反本条例的规定，风景名胜区管理机构有下列行为之一的，由设立该风景名胜区管理机构的县级以上地方人民政府责令改正；情节严重的，对直接负责的主管人员和其他直接责任人员给予降级或者撤职的处分；构成犯罪的，依法追究刑事责任：

（一）超过允许容量接纳游客或者在没有安全保障的区域开展游览活动的；

（二）未设置风景名胜区标志和路标、安全警示等标牌的；

（三）从事以营利为目的的经营活动的；

（四）将规划、管理和监督等行政管理职能委托给企业或者个人行使的；

（五）允许风景名胜区管理机构的工作人员在风景名胜区内的企业兼职的；

（六）审核同意在风景名胜区内进行不符合风景名胜区规划的建设活动的；

（七）发现违法行为不予查处的。

第四十九条 本条例第四十条第一款、第四十一条、第四十三条、第四十四条、第四十五条、第四十六条规定的违法行为，依照有关法律、行政法规的规定，有关部门已经予以处罚的，风景名胜区管理机构不再处罚。

第五十条 本条例第四十条第一款、第四十一条、第四十三条、第四十四条、第四十五条、第四十六条规定的违法行为，侵害国家、集体或者个人的财产的，有关单位或者个人应当依法承担民事责任。

第五十一条 依照本条例的规定，责令限期拆除在风景名胜区内违法建设的建筑物、构筑物或者其他设施的，有关单位或者个人必须立即停止建设活动，自行拆除；对继续进行建设的，作出责令限期拆除决定的机关有权制止。有关单位或者个人对责令限期拆除决定不服的，可以在接到责令限期拆除决定之日起 15 日内，向人民法院起诉；期满不起诉又不自行拆除的，由作出责令限期拆除决定的机关依法申请人民法院强制执行，费用由违法者承担。

第七章　附　　则

第五十二条　本条例自2006年12月1日起施行。1985年6月7日国务院发布的《风景名胜区管理暂行条例》同时废止。

历史文化名城名镇名村保护条例

（2008年4月22日中华人民共和国国务院令第524号）

第一章　总　　则

第一条　为了加强历史文化名城、名镇、名村的保护与管理，继承中华民族优秀历史文化遗产，制定本条例。

第二条　历史文化名城、名镇、名村的申报、批准、规划、保护，适用本条例。

第三条　历史文化名城、名镇、名村的保护应当遵循科学规划、严格保护的原则，保持和延续其传统格局和历史风貌，维护历史文化遗产的真实性和完整性，继承和弘扬中华民族优秀传统文化，正确处理经济社会发展和历史文化遗产保护的关系。

第四条　国家对历史文化名城、名镇、名村的保护给予必要的资金支持。

历史文化名城、名镇、名村所在地的县级以上地方人民政府，根据本地实际情况安排保护资金，列入本级财政预算。

国家鼓励企业、事业单位、社会团体和个人参与历史文化名城、名镇、名村的保护。

第五条　国务院建设主管部门会同国务院文物主管部门负责全国历史文化名城、名镇、名村的保护和监督管理工作。

地方各级人民政府负责本行政区域历史文化名城、名镇、名村的保护和监督管理工作。

第六条　县级以上人民政府及其有关部门对在历史文化名城、名镇、名村保护工作中做出突出贡献的单位和个人，按照国家有关规定给予表彰和奖励。

第二章　申报与批准

第七条　具备下列条件的城市、镇、村庄，可以申报历史文化名城、名镇、名村：

（一）保存文物特别丰富；

（二）历史建筑集中成片；

（三）保留着传统格局和历史风貌；

（四）历史上曾经作为政治、经济、文化、交通中心或者军事要地，或者发生过重要历史事件，或者其传统产业、历史上建设的重大工程对本地区的发展产生过重要影响，或者能够集中反映本地区建筑的文化特色、民族特色。

申报历史文化名城的，在所申报的历史文化名城保护范围内还应当有 2 个以上的历史文化街区。

第八条　申报历史文化名城、名镇、名村，应当提交所申报的历史文化名城、名镇、名村的下列材料：

（一）历史沿革、地方特色和历史文化价值的说明；

（二）传统格局和历史风貌的现状；

（三）保护范围；

（四）不可移动文物、历史建筑、历史文化街区的清单；

（五）保护工作情况、保护目标和保护要求。

第九条　申报历史文化名城，由省、自治区、直辖市人民政府提出申请，经国务院建设主管部门会同国务院文物主管部门组织有关部门、专家进行论证，提出审查意见，报国务院批准公布。

申报历史文化名镇、名村，由所在地县级人民政府提出申请，经省、自治区、直辖市人民政府确定的保护主管部门会同同级文物主管部门组织有关部门、专家进行论证，提出审查意见，报省、自治区、直辖市人民政府批准公布。

第十条　对符合本条例第七条规定的条件而没有申报历史文化名城的城市，国务院建设主管部门会同国务院文物主管部门可以向该城市所在地的省、自治区人民政府提出申报建议；仍不申报的，可以直接向国务院提出确定该城市为历史文化名城的建议。

对符合本条例第七条规定的条件而没有申报历史文化名镇、名村的镇、村庄，省、自治区、直辖市人民政府确定的保护主管部门会同同级文物主管部门可以向该镇、村庄所在地的县级人民政府提出申报建议；仍不申报的，可以直接向省、自治区、直辖市人民政府提出确定该镇、村庄为历史文化名镇、名村的建议。

第十一条　国务院建设主管部门会同国务院文物主管部门可以在已批准公布的历史文化名镇、名村中，严格按照国家有关评价标准，选择具有重大历史、艺术、科学价值的历史文化名镇、名村，经专家论证，确定为中国历史文化名镇、名村。

第十二条　已批准公布的历史文化名城、名镇、名村，因保护不力使其历史文化价值受到严重影响的，批准机关应当将其列入濒危名单，予以公布，并责成所在地城市、县人民政府限期采取补救措施，防止情况继续恶化，并完善保护制度，加强保护工作。

第三章　保护规划

第十三条　历史文化名城批准公布后，历史文化名城人民政府应当组织编制历史文化名城保护规划。

历史文化名镇、名村批准公布后，所在地县级人民政府应当组织编制历史文化名镇、名村保护规划。

保护规划应当自历史文化名城、名镇、名村批准公布之日起 1 年内编制完成。

第十四条　保护规划应当包括下列内容：

（一）保护原则、保护内容和保护范围；

（二）保护措施、开发强度和建设控制要求；

（三）传统格局和历史风貌保护要求；

（四）历史文化街区、名镇、名村的核心保护范围和建设控制地带；

（五）保护规划分期实施方案。

第十五条　历史文化名城、名镇保护规划的规划期限应当与城市、镇总体规划的规划期限相一致；历史文化名村保护规划的规划期限应当与村庄规划的规划期限相一致。

第十六条　保护规划报送审批前，保护规划的组织编制机关应当广泛征求有关部门、专家和公众的意见；必要时，可以举行听证。

保护规划报送审批文件中应当附具意见采纳情况及理由；经听证的，还应当附具听证笔录。

第十七条　保护规划由省、自治区、直辖市人民政府审批。

保护规划的组织编制机关应当将经依法批准的历史文化名城保护规划和中国历史文化名镇、名村保护规划，报国务院建设主管部门和国务院文物主管部门备案。

第十八条 保护规划的组织编制机关应当及时公布经依法批准的保护规划。

第十九条 经依法批准的保护规划，不得擅自修改；确需修改的，保护规划的组织编制机关应当向原审批机关提出专题报告，经同意后，方可编制修改方案。修改后的保护规划，应当按照原审批程序报送审批。

第二十条 国务院建设主管部门会同国务院文物主管部门应当加强对保护规划实施情况的监督检查。

县级以上地方人民政府应当加强对本行政区域保护规划实施情况的监督检查，并对历史文化名城、名镇、名村保护状况进行评估；对发现的问题，应当及时纠正、处理。

第四章 保护措施

第二十一条 历史文化名城、名镇、名村应当整体保护，保持传统格局、历史风貌和空间尺度，不得改变与其相互依存的自然景观和环境。

第二十二条 历史文化名城、名镇、名村所在地县级以上地方人民政府应当根据当地经济社会发展水平，按照保护规划，控制历史文化名城、名镇、名村的人口数量，改善历史文化名城、名镇、名村的基础设施、公共服务设施和居住环境。

第二十三条 在历史文化名城、名镇、名村保护范围内从事建设活动，应当符合保护规划的要求，不得损害历史文化遗产的真实性和完整性，不得对其传统格局和历史风貌构成破坏性影响。

第二十四条 在历史文化名城、名镇、名村保护范围内禁止进行下列活动：

（一）开山、采石、开矿等破坏传统格局和历史风貌的活动；

（二）占用保护规划确定保留的园林绿地、河湖水系、道路等；

（三）修建生产、储存爆炸性、易燃性、放射性、毒害性、腐蚀性物品的工厂、仓库等；

（四）在历史建筑上刻划、涂污。

第二十五条 在历史文化名城、名镇、名村保护范围内进行下列活动，应当保护其传统格局、历史风貌和历史建筑；制订保护方案，经城市、县人民政府城乡规划主管部门会同同级文物主管部门批准，并依照有关法律、法规的规定办理相关手续：

（一）改变园林绿地、河湖水系等自然状态的活动；

（二）在核心保护范围内进行影视摄制、举办大型群众性活动；

（三）其他影响传统格局、历史风貌或者历史建筑的活动。

第二十六条　历史文化街区、名镇、名村建设控制地带内的新建建筑物、构筑物，应当符合保护规划确定的建设控制要求。

第二十七条　对历史文化街区、名镇、名村核心保护范围内的建筑物、构筑物，应当区分不同情况，采取相应措施，实行分类保护。

历史文化街区、名镇、名村核心保护范围内的历史建筑，应当保持原有的高度、体量、外观形象及色彩等。

第二十八条　在历史文化街区、名镇、名村核心保护范围内，不得进行新建、扩建活动。但是，新建、扩建必要的基础设施和公共服务设施除外。

在历史文化街区、名镇、名村核心保护范围内，新建、扩建必要的基础设施和公共服务设施的，城市、县人民政府城乡规划主管部门核发建设工程规划许可证、乡村建设规划许可证前，应当征求同级文物主管部门的意见。

在历史文化街区、名镇、名村核心保护范围内，拆除历史建筑以外的建筑物、构筑物或者其他设施的，应当经城市、县人民政府城乡规划主管部门会同同级文物主管部门批准。

第二十九条　审批本条例第二十八条规定的建设活动，审批机关应当组织专家论证，并将审批事项予以公示，征求公众意见，告知利害关系人有要求举行听证的权利。公示时间不得少于20日。

利害关系人要求听证的，应当在公示期间提出，审批机关应当在公示期满后及时举行听证。

第三十条　城市、县人民政府应当在历史文化街区、名镇、名村核心保护范围的主要出入口设置标志牌。

任何单位和个人不得擅自设置、移动、涂改或者损毁标志牌。

第三十一条　历史文化街区、名镇、名村核心保护范围内的消防设施、消防通道，应当按照有关的消防技术标准和规范设置。确因历史文化街区、名镇、名村的保护需要，无法按照标准和规范设置的，由城市、县人民政府公安机关消防机构会同同级城乡规划主管部门制订相应的防火安全保障方案。

第三十二条　城市、县人民政府应当对历史建筑设置保护标志，建立历史建筑档案。

历史建筑档案应当包括下列内容：

（一）建筑艺术特征、历史特征、建设年代及稀有程度；

（二）建筑的有关技术资料；

（三）建筑的使用现状和权属变化情况；

（四）建筑的修缮、装饰装修过程中形成的文字、图纸、图片、影像等资料；

（五）建筑的测绘信息记录和相关资料。

第三十三条 历史建筑的所有权人应当按照保护规划的要求，负责历史建筑的维护和修缮。

县级以上地方人民政府可以从保护资金中对历史建筑的维护和修缮给予补助。

历史建筑有损毁危险，所有权人不具备维护和修缮能力的，当地人民政府应当采取措施进行保护。

任何单位或者个人不得损坏或者擅自迁移、拆除历史建筑。

第三十四条 建设工程选址，应当尽可能避开历史建筑；因特殊情况不能避开的，应当尽可能实施原址保护。

对历史建筑实施原址保护的，建设单位应当事先确定保护措施，报城市、县人民政府城乡规划主管部门会同同级文物主管部门批准。

因公共利益需要进行建设活动，对历史建筑无法实施原址保护、必须迁移异地保护或者拆除的，应当由城市、县人民政府城乡规划主管部门会同同级文物主管部门，报省、自治区、直辖市人民政府确定的保护主管部门会同同级文物主管部门批准。

本条规定的历史建筑原址保护、迁移、拆除所需费用，由建设单位列入建设工程预算。

第三十五条 对历史建筑进行外部修缮装饰、添加设施以及改变历史建筑的结构或者使用性质的，应当经城市、县人民政府城乡规划主管部门会同同级文物主管部门批准，并依照有关法律、法规的规定办理相关手续。

第三十六条 在历史文化名城、名镇、名村保护范围内涉及文物保护的，应当执行文物保护法律、法规的规定。

第五章 法律责任

第三十七条 违反本条例规定，国务院建设主管部门、国务院文物主管部门和县级以上地方人民政府及其有关主管部门的工作人员，不履行监督管理职责，发现违法行为不予查处或者有其他滥用职权、玩忽职守、徇私舞弊行为，构成犯罪的，依法追究刑事责任；尚不构成犯罪的，依法给予处分。

第三十八条　违反本条例规定，地方人民政府有下列行为之一的，由上级人民政府责令改正，对直接负责的主管人员和其他直接责任人员，依法给予处分：

（一）未组织编制保护规划的；

（二）未按照法定程序组织编制保护规划的；

（三）擅自修改保护规划的；

（四）未将批准的保护规划予以公布的。

第三十九条　违反本条例规定，省、自治区、直辖市人民政府确定的保护主管部门或者城市、县人民政府城乡规划主管部门，未按照保护规划的要求或者未按照法定程序履行本条例第二十五条、第二十八条、第三十四条、第三十五条规定的审批职责的，由本级人民政府或者上级人民政府有关部门责令改正，通报批评；对直接负责的主管人员和其他直接责任人员，依法给予处分。

第四十条　违反本条例规定，城市、县人民政府因保护不力，导致已批准公布的历史文化名城、名镇、名村被列入濒危名单的，由上级人民政府通报批评；对直接负责的主管人员和其他直接责任人员，依法给予处分。

第四十一条　违反本条例规定，在历史文化名城、名镇、名村保护范围内有下列行为之一的，由城市、县人民政府城乡规划主管部门责令停止违法行为、限期恢复原状或者采取其他补救措施；有违法所得的，没收违法所得；逾期不恢复原状或者不采取其他补救措施的，城乡规划主管部门可以指定有能力的单位代为恢复原状或者采取其他补救措施，所需费用由违法者承担；造成严重后果的，对单位并处50万元以上100万元以下的罚款，对个人并处5万元以上10万元以下的罚款；造成损失的，依法承担赔偿责任：

（一）开山、采石、开矿等破坏传统格局和历史风貌的；

（二）占用保护规划确定保留的园林绿地、河湖水系、道路等的；

（三）修建生产、储存爆炸性、易燃性、放射性、毒害性、腐蚀性物品的工厂、仓库等的。

第四十二条　违反本条例规定，在历史建筑上刻划、涂污的，由城市、县人民政府城乡规划主管部门责令恢复原状或者采取其他补救措施，处50元的罚款。

第四十三条　违反本条例规定，未经城乡规划主管部门会同同级文物主管部门批准，有下列行为之一的，由城市、县人民政府城乡规划主管部门责令停止违法行为、限期恢复原状或者采取其他补救措施；有违法所得的，没收违法所得；逾期不恢复原状或者不采取其他补救措施的，城乡规划主管部门可以指定有能力的单位代为恢复原状或者采取其他补救措施，所需费用由违法者承担；造成严重后果的，对单位并处 5 万元以上 10 万元以下的罚款，对个人并处 1 万元以上 5 万元以下的罚款；造成损失的，依法承担赔偿责任：

（一）改变园林绿地、河湖水系等自然状态的；

（二）进行影视摄制、举办大型群众性活动的；

（三）拆除历史建筑以外的建筑物、构筑物或者其他设施的；

（四）对历史建筑进行外部修缮装饰、添加设施以及改变历史建筑的结构或者使用性质的；

（五）其他影响传统格局、历史风貌或者历史建筑的。

有关单位或者个人经批准进行上述活动，但是在活动过程中对传统格局、历史风貌或者历史建筑构成破坏性影响的，依照本条第一款规定予以处罚。

第四十四条 违反本条例规定，损坏或者擅自迁移、拆除历史建筑的，由城市、县人民政府城乡规划主管部门责令停止违法行为、限期恢复原状或者采取其他补救措施；有违法所得的，没收违法所得；逾期不恢复原状或者不采取其他补救措施的，城乡规划主管部门可以指定有能力的单位代为恢复原状或者采取其他补救措施，所需费用由违法者承担；造成严重后果的，对单位并处 20 万元以上 50 万元以下的罚款，对个人并处 10 万元以上 20 万元以下的罚款；造成损失的，依法承担赔偿责任。

第四十五条 违反本条例规定，擅自设置、移动、涂改或者损毁历史文化街区、名镇、名村标志牌的，由城市、县人民政府城乡规划主管部门责令限期改正；逾期不改正的，对单位处 1 万元以上 5 万元以下的罚款，对个人处 1000 元以上 1 万元以下的罚款。

第四十六条 违反本条例规定，对历史文化名城、名镇、名村中的文物造成损毁的，依照文物保护法律、法规的规定给予处罚；构成犯罪的，依法追究刑事责任。

第六章　附　　则

第四十七条 本条例下列用语的含义：

（一）历史建筑，是指经城市、县人民政府确定公布的具有一定保护价值，能够反映历史风貌和地方特色，未公布为文物保护单位，也未登记为不可移动文物的建筑物、构筑物。

（二）历史文化街区，是指经省、自治区、直辖市人民政府核定公布的保存文物特别丰富、历史建筑集中成片、能够较完整和真实地体现传统格局和历史风貌，并具有一定规模的区域。

历史文化街区保护的具体实施办法，由国务院建设主管部门会同国务院文物主管部门制定。

第四十八条　本条例自2008年7月1日起施行。

城镇燃气管理条例

（2010年11月19日中华人民共和国国务院令第583号公布）

第一章　总　　则

第一条　为了加强城镇燃气管理，保障燃气供应，防止和减少燃气安全事故，保障公民生命、财产安全和公共安全，维护燃气经营者和燃气用户的合法权益，促进燃气事业健康发展，制定本条例。

第二条　城镇燃气发展规划与应急保障、燃气经营与服务、燃气使用、燃气设施保护、燃气安全事故预防与处理及相关管理活动，适用本条例。

天然气、液化石油气的生产和进口，城市门站以外的天然气管道输送，燃气作为工业生产原料的使用，沼气、秸秆气的生产和使用，不适用本条例。

本条例所称燃气，是指作为燃料使用并符合一定要求的气体燃料，包括天然气（含煤层气）、液化石油气和人工煤气等。

第三条　燃气工作应当坚持统筹规划、保障安全、确保供应、规范服务、节能高效的原则。

第四条　县级以上人民政府应当加强对燃气工作的领导，并将燃气工作纳入国民经济和社会发展规划。

第五条　国务院建设主管部门负责全国的燃气管理工作。

县级以上地方人民政府燃气管理部门负责本行政区域内的燃气管理工作。

县级以上人民政府其他有关部门依照本条例和其他有关法律、法规的规定，在各自职责范围内负责有关燃气管理工作。

第六条　国家鼓励、支持燃气科学技术研究，推广使用安全、节能、高效、环保的燃气新技术、新工艺和新产品。

第七条 县级以上人民政府有关部门应当建立健全燃气安全监督管理制度，宣传普及燃气法律、法规和安全知识，提高全民的燃气安全意识。

第二章 燃气发展规划与应急保障

第八条 国务院建设主管部门应当会同国务院有关部门，依据国民经济和社会发展规划、土地利用总体规划、城乡规划以及能源规划，结合全国燃气资源总量平衡情况，组织编制全国燃气发展规划并组织实施。

县级以上地方人民政府燃气管理部门应当会同有关部门，依据国民经济和社会发展规划、土地利用总体规划、城乡规划、能源规划以及上一级燃气发展规划，组织编制本行政区域的燃气发展规划，报本级人民政府批准后组织实施，并报上一级人民政府燃气管理部门备案。

第九条 燃气发展规划的内容应当包括：燃气气源、燃气种类、燃气供应方式和规模、燃气设施布局和建设时序、燃气设施建设用地、燃气设施保护范围、燃气供应保障措施和安全保障措施等。

第十条 县级以上地方人民政府应当根据燃气发展规划的要求，加大对燃气设施建设的投入，并鼓励社会资金投资建设燃气设施。

第十一条 进行新区建设、旧区改造，应当按照城乡规划和燃气发展规划配套建设燃气设施或者预留燃气设施建设用地。

对燃气发展规划范围内的燃气设施建设工程，城乡规划主管部门在依法核发选址意见书时，应当就燃气设施建设是否符合燃气发展规划征求燃气管理部门的意见；不需要核发选址意见书的，城乡规划主管部门在依法核发建设用地规划许可证或者乡村建设规划许可证时，应当就燃气设施建设是否符合燃气发展规划征求燃气管理部门的意见。

燃气设施建设工程竣工后，建设单位应当依法组织竣工验收，并自竣工验收合格之日起15日内，将竣工验收情况报燃气管理部门备案。

第十二条 县级以上地方人民政府应当建立健全燃气应急储备制度，组织编制燃气应急预案，采取综合措施提高燃气应急保障能力。

燃气应急预案应当明确燃气应急气源和种类、应急供应方式、应急处置程序和应急救援措施等内容。

县级以上地方人民政府燃气管理部门应当会同有关部门对燃气供求状况实施监测、预测和预警。

第十三条　燃气供应严重短缺、供应中断等突发事件发生后，县级以上地方人民政府应当及时采取动用储备、紧急调度等应急措施，燃气经营者以及其他有关单位和个人应当予以配合，承担相关应急任务。

第三章　燃气经营与服务

第十四条　政府投资建设的燃气设施，应当通过招标投标方式选择燃气经营者。

社会资金投资建设的燃气设施，投资方可以自行经营，也可以另行选择燃气经营者。

第十五条　国家对燃气经营实行许可证制度。从事燃气经营活动的企业，应当具备下列条件：

（一）符合燃气发展规划要求；

（二）有符合国家标准的燃气气源和燃气设施；

（三）有固定的经营场所、完善的安全管理制度和健全的经营方案；

（四）企业的主要负责人、安全生产管理人员以及运行、维护和抢修人员经专业培训并考核合格；

（五）法律、法规规定的其他条件。

符合前款规定条件的，由县级以上地方人民政府燃气管理部门核发燃气经营许可证。

申请人凭燃气经营许可证到工商行政管理部门依法办理登记手续。

第十六条　禁止个人从事管道燃气经营活动。

个人从事瓶装燃气经营活动的，应当遵守省、自治区、直辖市的有关规定。

第十七条　燃气经营者应当向燃气用户持续、稳定、安全供应符合国家质量标准的燃气，指导燃气用户安全用气、节约用气，并对燃气设施定期进行安全检查。

燃气经营者应当公示业务流程、服务承诺、收费标准和服务热线等信息，并按照国家燃气服务标准提供服务。

第十八条　燃气经营者不得有下列行为：

（一）拒绝向市政燃气管网覆盖范围内符合用气条件的单位或者个人供气；

（二）倒卖、抵押、出租、出借、转让、涂改燃气经营许可证；

（三）未履行必要告知义务擅自停止供气、调整供气量，或者未经审批擅自停业或者歇业；

（四）向未取得燃气经营许可证的单位或者个人提供用于经营的燃气；

（五）在不具备安全条件的场所储存燃气；

（六）要求燃气用户购买其指定的产品或者接受其提供的服务；

（七）擅自为非自有气瓶充装燃气；

（八）销售未经许可的充装单位充装的瓶装燃气或者销售充装单位擅自为非自有气瓶充装的瓶装燃气；

（九）冒用其他企业名称或者标识从事燃气经营、服务活动。

第十九条 管道燃气经营者对其供气范围内的市政燃气设施、建筑区划内业主专有部分以外的燃气设施，承担运行、维护、抢修和更新改造的责任。

管道燃气经营者应当按照供气、用气合同的约定，对单位燃气用户的燃气设施承担相应的管理责任。

第二十条 管道燃气经营者因施工、检修等原因需要临时调整供气量或者暂停供气的，应当将作业时间和影响区域提前48小时予以公告或者书面通知燃气用户，并按照有关规定及时恢复正常供气；因突发事件影响供气的，应当采取紧急措施并及时通知燃气用户。

燃气经营者停业、歇业的，应当事先对其供气范围内的燃气用户的正常用气作出妥善安排，并在90个工作日前向所在地燃气管理部门报告，经批准方可停业、歇业。

第二十一条 有下列情况之一的，燃气管理部门应当采取措施，保障燃气用户的正常用气：

（一）管道燃气经营者临时调整供气量或者暂停供气未及时恢复正常供气的；

（二）管道燃气经营者因突发事件影响供气未采取紧急措施的；

（三）燃气经营者擅自停业、歇业的；

（四）燃气管理部门依法撤回、撤销、注销、吊销燃气经营许可的。

第二十二条 燃气经营者应当建立健全燃气质量检测制度，确保所供应的燃气质量符合国家标准。

县级以上地方人民政府质量监督、工商行政管理、燃气管理等部门应当按照职责分工，依法加强对燃气质量的监督检查。

第二十三条 燃气销售价格，应当根据购气成本、经营成本和当地经济社会发展水平合理确定并适时调整。县级以上地方人民政府价格主管部门确定和调整管道燃气销售价格，应当征求管道燃气用户、管道燃气经营者和有关方面的意见。

第二十四条 通过道路、水路、铁路运输燃气的，应当遵守法律、行政法规有关危险货物运输安全的规定以及国务院交通运输部门、国务院铁路部门的有关规定；通过道路或者水路运输燃气的，还应当分别依照有关道路运输、水路运输的法律、行政法规的规定，取得危险货物道路运输许可或者危险货物水路运输许可。

第二十五条 燃气经营者应当对其从事瓶装燃气送气服务的人员和车辆加强管理，并承担相应的责任。

从事瓶装燃气充装活动，应当遵守法律、行政法规和国家标准有关气瓶充装的规定。

第二十六条 燃气经营者应当依法经营，诚实守信，接受社会公众的监督。

燃气行业协会应当加强行业自律管理，促进燃气经营者提高服务质量和技术水平。

第四章 燃气使用

第二十七条 燃气用户应当遵守安全用气规则，使用合格的燃气燃烧器具和气瓶，及时更换国家明令淘汰或者使用年限已届满的燃气燃烧器具、连接管等，并按照约定期限支付燃气费用。

单位燃气用户还应当建立健全安全管理制度，加强对操作维护人员燃气安全知识和操作技能的培训。

第二十八条 燃气用户及相关单位和个人不得有下列行为：

（一）擅自操作公用燃气阀门；

（二）将燃气管道作为负重支架或者接地引线；

（三）安装、使用不符合气源要求的燃气燃烧器具；

（四）擅自安装、改装、拆除户内燃气设施和燃气计量装置；

（五）在不具备安全条件的场所使用、储存燃气；

（六）盗用燃气；

（七）改变燃气用途或者转供燃气。

第二十九条 燃气用户有权就燃气收费、服务等事项向燃气经营者进行查询，燃气经营者应当自收到查询申请之日起 5 个工作日内予以答复。

燃气用户有权就燃气收费、服务等事项向县级以上地方人民政府价格主管部门、燃气管理部门以及其他有关部门进行投诉，有关部门应当自收到投诉之日起 15 个工作日内予以处理。

第三十条 安装、改装、拆除户内燃气设施的，应当按照国家有关工程建设标准实施作业。

第三十一条 燃气管理部门应当向社会公布本行政区域内的燃气种类和气质成分等信息。

燃气燃烧器具生产单位应当在燃气燃烧器具上明确标识所适应的燃气种类。

第三十二条 燃气燃烧器具生产单位、销售单位应当设立或者委托设立售后服务站点，配备经考核合格的燃气燃烧器具安装、维修人员，负责售后的安装、维修服务。

燃气燃烧器具的安装、维修，应当符合国家有关标准。

第五章　燃气设施保护

第三十三条 县级以上地方人民政府燃气管理部门应当会同城乡规划等有关部门按照国家有关标准和规定划定燃气设施保护范围，并向社会公布。

在燃气设施保护范围内，禁止从事下列危及燃气设施安全的活动：

（一）建设占压地下燃气管线的建筑物、构筑物或者其他设施；

（二）进行爆破、取土等作业或者动用明火；

（三）倾倒、排放腐蚀性物质；

（四）放置易燃易爆危险物品或者种植深根植物；

（五）其他危及燃气设施安全的活动。

第三十四条 在燃气设施保护范围内，有关单位从事敷设管道、打桩、顶进、挖掘、钻探等可能影响燃气设施安全活动的，应当与燃气经营者共同制定燃气设施保护方案，并采取相应的安全保护措施。

第三十五条 燃气经营者应当按照国家有关工程建设标准和安全生产管理的规定，设置燃气设施防腐、绝缘、防雷、降压、隔离等保护装置和安全警示标志，定期进行巡查、检测、维修和维护，确保燃气设施的安全运行。

第三十六条 任何单位和个人不得侵占、毁损、擅自拆除或者移动燃气设施，不得毁损、覆盖、涂改、擅自拆除或者移动燃气设施安全警示标志。

任何单位和个人发现有可能危及燃气设施和安全警示标志的行为，有权予以劝阻、制止；经劝阻、制止无效的，应当立即告知燃气经营者或者向燃气管理部门、安全生产监督管理部门和公安机关报告。

第三十七条 新建、扩建、改建建设工程，不得影响燃气设施安全。

建设单位在开工前，应当查明建设工程施工范围内地下燃气管线的相关情况；燃气管理部门以及其他有关部门和单位应当及时提供相关资料。

建设工程施工范围内有地下燃气管线等重要燃气设施的，建设单位应当会同施工单位与管道燃气经营者共同制定燃气设施保护方案。建设单位、施工单位应当采取相应的安全保护措施，确保燃气设施运行安全；管道燃气经营者应当派专业人员进行现场指导。法律、法规另有规定的，依照有关法律、法规的规定执行。

第三十八条　燃气经营者改动市政燃气设施，应当制定改动方案，报县级以上地方人民政府燃气管理部门批准。

改动方案应当符合燃气发展规划，明确安全施工要求，有安全防护和保障正常用气的措施。

第六章　燃气安全事故预防与处理

第三十九条　燃气管理部门应当会同有关部门制定燃气安全事故应急预案，建立燃气事故统计分析制度，定期通报事故处理结果。

燃气经营者应当制定本单位燃气安全事故应急预案，配备应急人员和必要的应急装备、器材，并定期组织演练。

第四十条　任何单位和个人发现燃气安全事故或者燃气安全事故隐患等情况，应当立即告知燃气经营者，或者向燃气管理部门、公安机关消防机构等有关部门和单位报告。

第四十一条　燃气经营者应当建立健全燃气安全评估和风险管理体系，发现燃气安全事故隐患的，应当及时采取措施消除隐患。

燃气管理部门以及其他有关部门和单位应当根据各自职责，对燃气经营、燃气使用的安全状况等进行监督检查，发现燃气安全事故隐患的，应当通知燃气经营者、燃气用户及时采取措施消除隐患；不及时消除隐患可能严重威胁公共安全的，燃气管理部门以及其他有关部门和单位应当依法采取措施，及时组织消除隐患，有关单位和个人应当予以配合。

第四十二条　燃气安全事故发生后，燃气经营者应当立即启动本单位燃气安全事故应急预案，组织抢险、抢修。

燃气安全事故发生后，燃气管理部门、安全生产监督管理部门和公安机关消防机构等有关部门和单位，应当根据各自职责，立即采取措施防止事故扩大，根据有关情况启动燃气安全事故应急预案。

第四十三条　燃气安全事故经调查确定为责任事故的，应当查明原因、明确责任，并依法予以追究。

对燃气生产安全事故，依照有关生产安全事故报告和调查处理的法律、行政法规的规定报告和调查处理。

第七章 法律责任

第四十四条 违反本条例规定，县级以上地方人民政府及其燃气管理部门和其他有关部门，不依法作出行政许可决定或者办理批准文件的，发现违法行为或者接到对违法行为的举报不予查处的，或者有其他未依照本条例规定履行职责的行为的，对直接负责的主管人员和其他直接责任人员，依法给予处分；直接负责的主管人员和其他直接责任人员的行为构成犯罪的，依法追究刑事责任。

第四十五条 违反本条例规定，未取得燃气经营许可证从事燃气经营活动的，由燃气管理部门责令停止违法行为，处5万元以上50万元以下罚款；有违法所得的，没收违法所得；构成犯罪的，依法追究刑事责任。

违反本条例规定，燃气经营者不按照燃气经营许可证的规定从事燃气经营活动的，由燃气管理部门责令限期改正，处3万元以上20万元以下罚款；有违法所得的，没收违法所得；情节严重的，吊销燃气经营许可证；构成犯罪的，依法追究刑事责任。

第四十六条 违反本条例规定，燃气经营者有下列行为之一的，由燃气管理部门责令限期改正，处1万元以上10万元以下罚款；有违法所得的，没收违法所得；情节严重的，吊销燃气经营许可证；造成损失的，依法承担赔偿责任；构成犯罪的，依法追究刑事责任：

（一）拒绝向市政燃气管网覆盖范围内符合用气条件的单位或者个人供气的；

（二）倒卖、抵押、出租、出借、转让、涂改燃气经营许可证的；

（三）未履行必要告知义务擅自停止供气、调整供气量，或者未经审批擅自停业或者歇业的；

（四）向未取得燃气经营许可证的单位或者个人提供用于经营的燃气的；

（五）在不具备安全条件的场所储存燃气的；

（六）要求燃气用户购买其指定的产品或者接受其提供的服务；

（七）燃气经营者未向燃气用户持续、稳定、安全供应符合国家质量标准的燃气，或者未对燃气用户的燃气设施定期进行安全检查。

第四十七条　违反本条例规定，擅自为非自有气瓶充装燃气或者销售未经许可的充装单位充装的瓶装燃气的，依照国家有关气瓶安全监察的规定进行处罚。

违反本条例规定，销售充装单位擅自为非自有气瓶充装的瓶装燃气的，由燃气管理部门责令改正，可以处 1 万元以下罚款。

违反本条例规定，冒用其他企业名称或者标识从事燃气经营、服务活动，依照有关反不正当竞争的法律规定进行处罚。

第四十八条　违反本条例规定，燃气经营者未按照国家有关工程建设标准和安全生产管理的规定，设置燃气设施防腐、绝缘、防雷、降压、隔离等保护装置和安全警示标志的，或者未定期进行巡查、检测、维修和维护的，或者未采取措施及时消除燃气安全事故隐患的，由燃气管理部门责令限期改正，处 1 万元以上 10 万元以下罚款。

第四十九条　违反本条例规定，燃气用户及相关单位和个人有下列行为之一的，由燃气管理部门责令限期改正；逾期不改正的，对单位可以处 10 万元以下罚款，对个人可以处 1000 元以下罚款；造成损失的，依法承担赔偿责任；构成犯罪的，依法追究刑事责任：

（一）擅自操作公用燃气阀门的；

（二）将燃气管道作为负重支架或者接地引线的；

（三）安装、使用不符合气源要求的燃气燃烧器具的；

（四）擅自安装、改装、拆除户内燃气设施和燃气计量装置的；

（五）在不具备安全条件的场所使用、储存燃气的；

（六）改变燃气用途或者转供燃气的；

（七）未设立售后服务站点或者未配备经考核合格的燃气燃烧器具安装、维修人员的；

（八）燃气燃烧器具的安装、维修不符合国家有关标准的。

盗用燃气的，依照有关治安管理处罚的法律规定进行处罚。

第五十条　违反本条例规定，在燃气设施保护范围内从事下列活动之一的，由燃气管理部门责令停止违法行为，限期恢复原状或者采取其他补救措施，对单位处 5 万元以上 10 万元以下罚款，对个人处 5000 元以上 5 万元以下罚款；造成损失的，依法承担赔偿责任；构成犯罪的，依法追究刑事责任：

（一）进行爆破、取土等作业或者动用明火的；

（二）倾倒、排放腐蚀性物质的；

（三）放置易燃易爆物品或者种植深根植物的；

（四）未与燃气经营者共同制定燃气设施保护方案，采取相应的安全保护措施，从事敷设管道、打桩、顶进、挖掘、钻探等可能影响燃气设施安全活动的。

违反本条例规定，在燃气设施保护范围内建设占压地下燃气管线的建筑物、构筑物或者其他设施的，依照有关城乡规划的法律、行政法规的规定进行处罚。

第五十一条 违反本条例规定，侵占、毁损、擅自拆除、移动燃气设施或者擅自改动市政燃气设施的，由燃气管理部门责令限期改正，恢复原状或者采取其他补救措施，对单位处5万元以上10万元以下罚款，对个人处5000元以上5万元以下罚款；造成损失的，依法承担赔偿责任；构成犯罪的，依法追究刑事责任。

违反本条例规定，毁损、覆盖、涂改、擅自拆除或者移动燃气设施安全警示标志的，由燃气管理部门责令限期改正，恢复原状，可以处5000元以下罚款。

第五十二条 违反本条例规定，建设工程施工范围内有地下燃气管线等重要燃气设施，建设单位未会同施工单位与管道燃气经营者共同制定燃气设施保护方案，或者建设单位、施工单位未采取相应的安全保护措施的，由燃气管理部门责令改正，处1万元以上10万元以下罚款；造成损失的，依法承担赔偿责任；构成犯罪的，依法追究刑事责任。

第八章 附 则

第五十三条 本条例下列用语的含义：

（一）燃气设施，是指人工煤气生产厂、燃气储配站、门站、气化站、混气站、加气站、灌装站、供应站、调压站、市政燃气管网等的总称，包括市政燃气设施、建筑区划内业主专有部分以外的燃气设施以及户内燃气设施等。

（二）燃气燃烧器具，是指以燃气为燃料的燃烧器具，包括居民家庭和商业用户所使用的燃气灶、热水器、沸水器、采暖器、空调器等器具。

第五十四条 农村的燃气管理参照本条例的规定执行。

第五十五条 本条例自2011年3月1日起施行。

部门规章

城市公厕管理办法

（1990年12月31日建设部令第9号发布，2011年1月26日
住房和城乡建设部令第9号修订）

第一章　总　　则

第一条　为促进社会主义精神文明建设，加强城市公厕管理，提高城市公厕卫生水平，方便群众使用，制定本办法。

第二条　本办法适用于城市（指国家按行政建制设立的直辖市、市、镇）的公厕管理。

第三条　本办法所称公厕，是指供城市居民和流动人口共同使用的厕所，包括公共建筑（如车站、码头、商店、饭店、影剧院、体育场馆、展览馆、办公楼等）附设的公厕。

第四条　任何人使用城市公厕，都应当自觉维护公厕的清洁、卫生，爱护公厕的设备、设施。

第五条　国务院建设行政主管部门负责全国城市公厕的监督管理。

省、自治区人民政府建设行政主管部门负责本行政区域城市公厕的监督管理。

城市人民政府环境卫生行政主管部门负责本行政区域城市公厕的监督管理。

第二章　城市公厕的规划

第六条　城市公厕应当按照“全面规划、合理布局、改建并重、卫生适用、方便群众、水厕为主、有利排运”的原则，进行规划建设。

第七条　城市公厕规划是城市环境卫生规划的组成部分，应当由城市人民政府环境卫生行政主管部门会同城市规划行政主管部门，依照《城市公共厕所规划和设计标准》及公共建筑设计规范进行编制。

第八条　下列城市公共场所应当设置公厕，并应当设立明显的标志或指

路牌：

（一）广场和主要交通干道两侧；

（二）车站、码头、展览馆等公共建筑物附近。

第九条 城市公厕应当修建在明显易找、便于粪便排放或机器抽运的地段。新修建的公厕外观应当与周围环境相协调。

第十条 任何单位和个人不得擅自占用城市公厕规划用地或者改变其性质。

建设单位经批准使用的土地含有城市公厕规划用地的，建设单位应当按照城市公厕规划和城市人民政府环境卫生行政主管部门的要求修建公厕，并向社会开放使用。

第三章 城市公厕的建设和维修管理

第十一条 城市公厕的建设和维修管理，按照下列分工，分别由城市环境卫生单位和有关单位负责：

（一）城市主次干道两侧的公厕由城市人民政府环境卫生行政主管部门指定的管理单位负责；

（二）城市各类集贸市场的公厕由集贸市场经营管理单位负责；

（三）新建、改建居民楼群和住宅小区的公厕由其管理单位负责；

（四）风景名胜、旅游点的公厕由其主管部门或经营管理单位负责；

（五）公共建筑附设的公厕由产权单位负责。

本条前款第二、三、四项中的单位，可以与城市环境卫生单位商签协议，委托其代建和维修管理。

第十二条 新建的公厕应当以水冲式厕所为主。对于原有不符合卫生标准的旱厕，应当逐步进行改造。

第十三条 影剧院、商店、饭店、车站等公共建筑没有附设公厕或者原有公厕及其卫生设施不足的，应当按照城市人民政府环境卫生行政主管部门的要求进行新建、扩建或者改造。

第十四条 公共建筑附设的公厕及其卫生设施的设计和安装，应当符合国家和地方的有关标准。

第十五条 对于损坏严重或者年久失修的公厕，依照本章第十一条的规定，分别由有关单位负责改造或者重建，但在拆除重建时应当先建临时公厕。

第十六条 独立设置的城市公厕竣工时，建设单位应当通知城市人民政府环境卫生行政主管部门或者其指定的部门参加验收。凡验收不合格的，不准交付使用。

第十七条　城市公厕产权单位应当依照《城市建设档案管理规定》，管理好公厕档案。非单一产权的公厕，由城市人民政府环境卫生行政主管部门指定有关单位代为管理。

第四章　城市公厕的保洁和使用管理

第十八条　城市公厕的保洁工作，依照本办法第十一条的规定，分别由有关单位负责或者与城市环境卫生单位商签协议，委托代管。

第十九条　城市公厕的保洁，应当逐步做到规范化、标准化，保持公厕的清洁、卫生和设备、设施完好。

城市公厕的保洁标准，由城市人民政府环境卫生行政主管部门制定。

第二十条　城市人民政府环境卫生行政主管部门应当对公厕的卫生及设备、设施等进行检查，对于不符合规定的，应当予以纠正。

第二十一条　在旅游景点、车站、繁华商业区等公共场所独立设置的较高档次公厕，可以适当收费。具体收费办法由省、自治区人民政府建设行政主管部门和直辖市人民政府环境卫生行政主管部门提出方案，经同级人民政府物价、财政部门批准。所收费用专项用于公厕的维修和管理。

第五章　奖励与处罚

第二十二条　城市人民政府环境卫生行政主管部门，对于在城市公厕的规划、建设和管理中取得显著成绩的单位和个人，应当给予表彰和奖励。

第二十三条　凡违反本办法第十条、第十一条、第十三条、第十四条、第十五条、第十六条规定的单位和个人，城市人民政府环境卫生行政主管部门可以根据情节，给予警告、责令限期改正或者罚款。

第二十四条　对于违反本办法，有下列行为之一的，城市人民政府环境卫生行政主管部门可以责令其恢复原状、赔偿损失，并处以罚款：

（一）在公厕内乱丢垃圾、污物，随地吐痰，乱涂乱画的；

（二）破坏公厕设施、设备的；

（三）未经批准擅自占用或者改变公厕使用性质的。

第二十五条　对于违反本办法第二十一条的规定，擅自收费或者滥收费的，由当地物价部门的物价检查机构依照《中华人民共和国价格管理条例》的有关规定进行处罚。

第二十六条 对于违反本办法，同时又违反《中华人民共和国治安管理处罚法》的，由公安机关给予治安管理处罚；构成犯罪的，由司法机关依法追究刑事责任。

第二十七条 当事人对行政处罚决定不服，可以依照《中华人民共和国行政诉讼法》的有关规定，申请行政复议或者向人民法院起诉。逾期不申请复议或者不向人民法院起诉，又不履行处罚决定的，由作出处罚决定的机关申请人民法院强制执行。

第六章 附 则

第二十八条 未设镇建制的工矿区公厕管理，可以参照本办法执行。

第二十九条 各省、自治区人民政府建设行政主管部门和直辖市人民政府环境卫生行政主管部门可以根据本办法制订实施细则，报同级人民政府批准发布。

第三十条 本办法由建设部负责解释。

第三十一条 本办法自1991年1月1日起施行。

城市国有土地使用权出让转让规划管理办法

（1992年12月4日建设部令第22号发布，2011年1月26日
住房和城乡建设部令第9号修订）

第一条 为了加强城市国有土地使用权出让、转让的规划管理，保证城市规划实施，科学、合理利用城市土地，根据《中华人民共和国城乡规划法》、《中华人民共和国土地管理法》、《中华人民共和国城镇国有土地使用权出让和转让暂行条例》和《外商投资开发经营成片土地暂行管理办法》等制定本办法。

第二条 在城市规划区内城市国有土地使用权出让、转让必须符合城市规划，有利于城市经济社会的发展，并遵守本办法。

第三条 国务院城市规划行政主管部门负责全国城市国有土地使用权出让、转让规划管理的指导工作。

省、自治区、直辖市人民政府城市规划行政主管部门负责本省、自治区、直辖市行政区域内城市国有土地使用权出让、转让规划管理的指导工作。

直辖市、市和县人民政府城市规划行政主管部门负责城市规划区内城市国有土地使用权出让、转让的规划管理工作。

第四条 城市国有土地使用权出让的投放量应当与城市土地资源、经济社会发展和市场需求相适应。土地使用权出让、转让应当与建设项目相结合。城市规划行政主管部门和有关部门要根据城市规划实施的步骤和要求，编制城市国有土地使用权出让规划和计划，包括地块数量、用地面积、地块位置、出让步骤等，保证城市国有土地使用权的出让有规划、有步骤、有计划地进行。

第五条 出让城市国有土地使用权，出让前应当制定控制性详细规划。

出让的地块，必须具有城市规划行政主管部门提出的规划设计条件及附图。

第六条 规划设计条件应当包括：地块面积，土地使用性质，容积率，建筑密度，建筑高度，停车泊位，主要出入口，绿地比例，须配置的公共设施、工程设施，建筑界线，开发期限以及其他要求。

附图应当包括：地块区位和现状，地块坐标、标高，道路红线坐标、标高，出入口位置，建筑界线以及地块周围地区环境与基础设施条件。

第七条 城市国有土地使用权出让、转让合同必须附具规划设计条件及附图。

规划设计条件及附图，出让方和受让方不得擅自变更。在出让、转让过程中确需变更的，必须经城市规划行政主管部门批准。

第八条 城市用地分等定级应当根据城市各地段的现状和规划要求等因素确定。土地出让金的测算应当把出让地块的规划设计条件作为重要依据之一。在城市政府的统一组织下，城市规划行政主管部门应当和有关部门进行城市用地分等定级和土地出让金的测算。

第九条 已取得土地出让合同的，受让方应当持出让合同依法向城市规划行政主管部门申请建设用地规划许可证。在取得建设用地规划许可证后，方可办理土地使用权属证明。

第十条 通过出让获得的土地使用权再转让时，受让方应当遵守原出让合同附具的规划设计条件，并由受让方向城市规划行政主管部门办理登记手续。

受让方如需改变原规划设计条件，应当先经城市规划行政主管部门批准。

第十一条 受让方在符合规划设计条件外为公众提供公共使用空间或设施的，经城市规划行政主管部门批准后，可给予适当提高容积率的补偿。

受让方经城市规划行政主管部门批准变更规划设计条件而获得的收益，应当按规定比例上交城市政府。

第十二条 城市规划行政主管部门有权对城市国有土地使用权出让、转让过程是否符合城市规划进行监督检查。

第十三条 凡持未附具城市规划行政主管部门提供规划设计条件及附图的出让、转让合同，或擅自变更的，城市规划行政主管部门不予办理建设用地规划许可证。

凡未取得或擅自变更建设用地规划许可证而办理土地使用权属证明的，土地权属证明无效。

第十四条 各级人民政府城市规划行政主管部门，应当对本行政区域内的城市国有土地使用权出让、转让规划管理情况逐项登记，定期汇总。

第十五条 城市规划行政主管部门应当深化城市土地利用规划，加强规划管理工作。城市规划行政主管部门必须提高办事效率，对申领规划设计条件及附图、建设用地规划许可证的，应当在规定的期限内完成。

第十六条 各省、自治区、直辖市城市规划行政主管部门可以根据本办法制定实施细则，报当地人民政府批准后执行。

第十七条 本办法由建设部负责解释。

第十八条 本办法自1993年1月1日起施行。

建制镇规划建设管理办法

（1995年6月29日建设部令第44号发布，2011年1月26日
住房和城乡建设部令第9号修订）

第一章 总 则

第一条 为了加强建制镇规划建设管理，根据《城乡规划法》、《城市房地产管理法》等法律、行政法规的规定，制定本办法。

第二条 制定实施建制镇规划，在建制镇规划区内进行建设和房地产、市政公用设施、镇容环境卫生等管理，必须遵守本办法。

第三条 本办法所称建制镇，是指国家按行政建制设立的镇，不含县城关镇。

本办法所称建制镇规划区，是指镇政府驻地的建成区和因建设及发展需要

实行规划控制的区域。建制镇规划区的具体范围，在建制镇总体规划中划定。

第四条　建制镇规划建设要适应农村经济和社会发展的需要，为促进乡镇企业适当集中建设，农村富余劳动力向非农产业转移，加快农村城市化进程服务。

第五条　建制镇建设应当坚持合理布局、节约用地的原则，全面规划、正确引导、依靠群众、自力更生、因地制宜、逐步建设，实现经济效益、社会效益和环境效益的统一。

第六条　地处洪涝、地震、台风、滑坡等自然灾害容易发生地区的建制镇，应当按照国家和地方的有关规划，在建制镇总体规划中制定防灾措施。

第七条　国务院建设行政主管部门主管全国建制镇规划建设管理工作。

县级以上地方人民政府建设行政主管部门主管本行政区域内建制镇规划建设管理工作。

建制镇人民政府的建设行政主管部门负责建制镇的规划建设管理工作。

第八条　建制镇建设行政主管部门主要职责是：

（一）贯彻和执行国家及地方有关法律、行政法规、规章；

（二）负责编制建制镇的规划，并负责组织和监督规划的实施；

（三）负责县级建设行政主管部门授权的建设工程项目的设计管理与施工管理；

（四）负责县级建设行政主管部门授权的房地产管理；

（五）负责建制镇镇容和环境卫生、园林、绿化管理，市政公用设施的维护与管理；

（六）负责建筑市场、建筑队伍和个体工匠的管理；

（七）负责技术服务和技术咨询；

（八）负责建设统计、档案管理及法律、法规规定的其他职责。

第二章　规划管理

第九条　在县级以上地方人民政府城市规划行政主管部门指导下，建制镇规划由建制镇人民政府负责组织编制。

建制镇在设市城市规划区内的，其规划应服从设市城市的总体规划。

编制建制镇规划应当依照《村镇规划标准》进行。

第十条　建制镇的总体规划报县级人民政府审批，详细规划报建制镇人民政府审批。建制镇人民政府在向县级人民政府报请审批建制镇总体规划前，须经建制镇人民代表大会审查同意。

第十一条 任何组织和个人不得擅自改变已经批准的建制镇规划。确需修改时，由建制镇人民政府根据当地经济和社会发展需要进行调整，并报原审批机关审批。

第十二条 建制镇规划区内的土地利用和各项建设必须符合建制镇规划，服从规划管理。

任何单位和个人必须服从建制镇人民政府根据建制镇规划作出的调整用地决定。

第十三条 建制镇规划区内的建设工程项目在报请计划部门批准时，必须附有县级以上建设行政主管部门的选址意见书。

第十四条 在建制镇规划区内进行建设需要申请用地的，必须持建设项目的批准文件，向建制镇建设行政主管部门申请定点，由建制镇建设行政主管部门根据规划核定其用地位置和界限，并提出规划设计条件的意见，报县级人民政府建设行政主管部门审批。县级人民政府建设行政主管部门审核批准的，发给建设用地规划许可证。建设单位和个人在取得建设用地规划许可证后，方可依法申请办理用地批准手续。

第十五条 建设规划用地批准后，任何单位和个人不得随意改变土地使用性质和范围。如需改变土地使用性质和范围，必须重新履行规划审批手续。

第十六条 在建制镇规划区内新建、扩建和改建建筑物、构筑物、道路、管线和其他工程设施，必须持有关批准文件向建制镇建设行政主管部门提出建设工程规划许可证的申请，由建制镇建设行政主管部门对工程项目施工图进行审查，并提出是否发给建设工程规划许可证的意见，报县级人民政府建设行政主管部门审批。县级人民政府建设行政主管部门审核批准的，发给建设工程规划许可证。建设单位和个人在取得建设工程规划许可证件和其他有关批准文件后，方可申请办理开工手续。

第十七条 在建制镇规划区内建临时建筑，必须经建制镇建设行政主管部门批准。临时建筑必须在批准的使用期限内拆除。如国家或集体需要用地，必须在规定期限内拆除。

禁止在批准临时使用的土地上建设永久性建筑物、构筑物和其他设施。

第十八条 建制镇建设行政主管部门有权对建制镇规划区内的建设工程是否符合规划要求进行检查。被检查者应当如实提供情况和资料，检查者有责任为被检查者保守技术秘密和业务秘密。

第三章　设计管理与施工管理

第十九条　在建制镇规划区内，凡建筑跨度、跨径或者高度超出规定范围的生产建筑、公共建筑、市政公用设施，以及二层以上的住宅（以下简称建设工程），必须由取得相应设计资格证书的单位进行设计，或者选用通用设计、标准设计。

跨度、跨径和高度的限定，由省、自治区、直辖市人民政府建设行政主管部门规定。

第二十条　建制镇规划区内的建设工程的设计，应当符合建制镇规划的要求，与建设工程所在地的周围环境相协调，保持地方特色和民族风格，体现时代特点。

第二十一条　建设工程设计应当贯彻适用、安全、经济、美观的原则，并应当符合国家和地方有关节约土地、能源、材料及抗御灾害的规定。

第二十二条　经过审查批准的设计文件，不得擅自更改。确需更改时，必须征得审批机关的同意。

第二十三条　建制镇规划区内的建设工程开工实行施工许可证制度。建设单位和个人应当根据《建设工程施工现场管理规定》的规定，取得施工许可证，并由建设行政主管部门派专人到现场定位放线或验线后，方可开工。

第二十四条　凡在建制镇规划区内承建工程项目的施工企业，必须持有《施工企业资质等级证书》或者《资质审查证书》，并到当地镇建设管理机构登记后，方可按照规定的经营范围承建工程。严禁无证或者越级承建工程。

在建制镇规划区内从事建筑施工的个体工匠应当到建制镇建设行政主管部门办理登记手续。

第二十五条　施工企业和个体工匠必须保证施工质量，按照有关的技术规定进行施工，使用符合工程质量要求的建筑构件和建筑材料。

第二十六条　县级人民政府建设行政主管部门应当对施工质量进行监督检查，并督促有关部门或建设单位对建设项目进行竣工验收。凡验收不合格的，不得交付使用。

第四章　房地产管理

第二十七条　在建制镇规划区国有土地范围内从事房地产开发、交易，按照《城市房地产管理法》执行。

第二十八条 房屋所有人应当向房屋所在地建制镇建设行政主管部门申请登记，由县级人民政府建设行政主管部门或者其委托的机构核实并颁发房屋所有权证书或房地产权证书。

房产转让或者变更时，应当向房屋所在地建制镇建设行政主管部门申请变更登记，由县级人民政府建设行政主管部门或者委托的机构核实并换发房屋所有权证书。

第二十九条 房屋所有人申请登记，应当提交房屋土地使用权证和下列证件：

（一）新建、扩建和改建的房屋，提交房屋所在地建设行政主管部门颁发的建设用地规划许可证、建设工程规划许可证；

（二）购买的房屋，提交原房屋所有权证或者房地产权属证书（以下简称房屋所有权证）、买卖合同和契证；

（三）受赠的房屋，提交原房屋所有权证、赠与书和契证；

（四）交换的房屋，提交双方的房屋所有权证、双方签订的交换协议书和契证；

（五）继承的房屋，提交原房屋所有权证、遗产继承证件和契证；

（六）分家析产分割的房屋，提交原房屋所有权证，分家析产单和契证。

第三十条 房产转让时，房屋的所有权和该房屋占用范围内的土地使用权同时转让。

第三十一条 房屋租赁，出租人和承租人应当签订书面租赁合同，约定租赁期限、租赁用途、租赁价格、修缮责任、双方的权利和义务等条款，并向建制镇建设行政主管部门登记备案。

第三十二条 建制镇规划区内的房屋因建制镇建设需要拆迁时，建设单位应当给予房屋所有人合理补偿，并对房屋使用人予以妥善安置。

被征用拆迁房屋的所有人或者使用人应当服从建制镇建设的需要，按期搬迁，不得借故拖延。

第五章 市政公用设施、环境卫生管理

第三十三条 从建制镇收取的城市维护建设税，必须用于建制镇市政公用设施的维护和建设，任何单位不得截留、挪用。

第三十四条 建制镇的市政公用设施应当逐步实行有偿使用制度。建制镇

人民政府可以根据本地区经济发展情况，制定市政公用设施有偿使用办法。

第三十五条　建制镇人民政府可以根据谁投资谁受益的原则，组织有关单位和个人投资兴建市政公用设施。

国家依法保护投资人的合法权益。

第三十六条　任何单位和个人都应当遵守国家和地方有关建制镇市政公用设施的管理规定，合理使用市政公用设施。

严禁损毁建制镇规划区内的市政公用设施和集贸市场。

第三十七条　任何单位和个人都应当遵守国家有关风景名胜、文物保护的法规，不得损坏、擅自占用建制镇内园林绿地、绿化设施和树木花草，破坏文物古迹和风景名胜。

第三十八条　建制镇建设行政主管部门应当加强建制镇镇容和环境卫生管理，保持建制镇容貌整齐，环境清洁卫生。

第六章　罚　　则

第三十九条　在建制镇规划区内，未取得建设用地规划许可证而取得建设用地批准文件，占用土地的，批准文件无效，占用的土地由县级以上人民政府责令退回。

第四十条　在建制镇规划区内，未取得建设工程规划许可证件或者违反建设工程规划许可证的规定进行建设，严重影响建制镇规划的，由县级人民政府建设行政主管部门责令停止建设，限期拆除或者没收违法建筑物、构筑物及其他设施；虽影响建制镇规划，但尚可采取改正措施的，由县级人民政府建设行政主管部门责令限期改正，可以并处罚款。

第四十一条　有下列行为之一的，由县级人民政府建设行政主管部门责令停止设计或者施工、限期改正，可以并处罚款；情节严重的，提请原发证机关吊销设计或者施工的资格证书；

（一）未取得相应的设计资质证书，承担建筑跨度、跨径和高度超出规定范围的工程以及二层以上住宅的设计任务的；

（二）未取得施工《资质等级证书》或者《资质审查证书》，或者未按规定的经营范围承担施工任务的；

（三）未取得施工许可证而擅自开工的；

（四）未按设计图纸施工或者擅自修改设计图纸的；

（五）不按有关技术规定施工或者使用不符合工程质量要求的建筑材料和建

筑构配件的。

第四十二条 损坏房屋、市政公用设施的，由建制镇人民政府建设行政主管部门责令停止侵害、恢复原状、赔偿损失，可以并处罚款。

第四十三条 擅自在建制镇规划区内修建临时建筑物、构筑物和其他设施的，或者在批准临时使用的土地上建设永久性建筑物、构筑物和其他设施的，由建制镇人民政府建设行政主管部门责令限期拆除，可以并处罚款。

第四十四条 破坏建制镇镇容和环境卫生的，由建制镇人民政府建设行政主管部门依据《城市市容和环境卫生管理条例》的规定进行处罚。

第四十五条 占用、损坏建制镇园林绿地、绿化设施和树木花草的，由建制镇人民政府建设行政主管部门依据《城市绿化条例》的规定进行处罚。

第四十六条 损坏建制镇规划区内的文物古迹、古树名木和风景名胜的，依照有关法律、法规的规定处罚。

第四十七条 违反本办法，构成违反治安管理的行为，依照《治安管理处罚法》的规定处罚；构成犯罪的，依法追究刑事责任。

第四十八条 建制镇建设行政主管部门应当执行有关城建监察的规定，确定执法人员，对建制镇规划、市政公用设施、园林绿化和环境卫生、风景名胜的实施情况进行执法检查。

第七章 附　　则

第四十九条 省、自治区、直辖市人民政府建设行政主管部门可以根据本办法制定实施细则。

第五十条 本办法由国务院建设行政主管部门负责解释。

第五十一条 本办法自1995年7月1日起施行。

生活饮用水卫生监督管理办法

（1996年7月9日建设部、卫生部令第53号发布）

第一章 总　　则

第一条 为保证生活饮用水（以下简称饮用水）卫生安全，保障人体健康，根据《中华人民共和国传染病防治法》及《城市供水条例》的有关规定，制定本办法。

第二条　本办法适用于集中式供水、二次供水单位（以下简称供水单位）和涉及饮用水卫生安全的产品的卫生监督。

凡在中华人民共和国领域内的任何单位和个人均应遵守本办法。

第三条　卫生部主管全国饮用水卫生监督工作。县级以上地方人民政府卫生行政部门主管本行政区域内饮用水卫生监督工作。

建设部门主管全国城市饮用水卫生管理工作。县级以上地方人民政府建设行政主管部门主管本行政区域内城镇饮用水卫生管理工作。

第四条　国家以对供水单位和涉及饮用水卫生安全的产品实行卫生许可制度。

第五条　国家鼓励有益于饮用水卫生安全的新产品、新技术、新工艺的研制开发和推广应用。

第二章　卫生管理

第六条　供水单位供应的饮用水必须符合国家生活饮用水卫生标准。

第七条　集中式供水单位必须取得县级以上地方人民政府卫生行政部门签发的卫生许可证。城市自来水供水企业和自建设施对外供水的企业还必须取得建设行政主管部门颁发的《城市供水企业资质证书》，方可供水。

第八条　供水单位新建、改建、扩建的饮用水供水工程项目，应当符合卫生要求，选址和设计审查、竣工验收必须有建设、卫生行政主管部门参加。

新建、改建的城市公共饮用水供水工程项目由建设行政主管部门负责组织选址、设计审查和竣工验收，卫生行政部门参加。

第九条　供水单位应建立饮用水卫生管理规章制度，配备专职或兼职人员，负责饮用水卫生管理工作。

第十条　集中式供水单位必须有水质净化消毒设施及必要的水质检验仪器、设备和人员，对水质进行日常性检验，并向当地人民政府卫生行政部门和建设行政主管部门报送检测资料。

城市自来水供水企业和自建设施对外供水的企业，其生产管理制度的建立和执行、人员上岗的资格和水质日常检测工作由城市建设行政主管部门负责管理。

第十一条　直接从事供、管水的人员必须取得体检合格证后方可上岗工作，并每年进行一次健康检查。

凡患有痢疾、伤寒、病毒性肝炎、活动性肺结核、化脓性或渗出性皮肤病及其他有碍饮用水卫生的疾病的和病原携带者，不得直接从事供、管水工作。

直接从事供、管水的人员，未经卫生知识培训不得上岗工作。

第十二条 生产涉及饮用水卫生安全的产品的单位和个人必须按规定向政府卫生行政部门申请办理产品卫生许可批准文件，取得批准文件后，方可生产和销售。

任何单位和个人不得生产、销售、使用无批准文件的前款产品。

第十三条 饮用水水源地必须设置水源保护区。保护区内严禁修建任何可能危害水源水质卫生的设施及一切有碍水源水质卫生的行为。

第十四条 二次供水设施选址、设计、施工及所用材料，应保证不使饮用水水质受到污染，并有利于清洗和消毒。各类蓄水设施要加强卫生防护，定期清洗和消毒。具体管理办法由省、自治区、直辖市根据本地区情况另行规定。

从事二次供水设施清洗消毒的单位必须取得当地人民政府卫生行政部门的卫生许可后，方可从事清洗消毒工作。清洗消毒人员，必须经卫生知识培训和健康检查，取得体检合格证后方可上岗。

第十五条 当饮用水被污染，可以危及人体健康时，有关单位或责任人应立即采取措施，消除污染，并向当地人民政府卫生行政部门和建设行政主管部门报告。

第三章 卫生监督

第十六条 县级以上人民政府卫生行政部门负责本行政区域内饮用水卫生监测工作。

供水单位的供水范围在本行政区域的，由该行政区人民政府卫生行政部门负责其饮用水卫生监督监测工作；

供水单位的供水范围超出其所在行政区域的，由供水单位所在行政区域的上一级人民政府卫生行政部门负责其饮用水卫生监督监测工作；

供水单位的供水范围超出其所在省、自治区、直辖市的，由该供水单位的所在省、自治区、直辖市人民政府卫生行政部门负责其饮用水卫生监督监测工作。

铁道、交通、民航行政主管部门设立的卫生监督机构，行使卫生部会同国务院有关部门规定的饮用水卫生监督职责。

第十七条　新建、改建、扩建集中式供水项目时，当地人民政府卫生行政部门应做好预防性卫生监督工作，并负责本行政区域内饮用水的水源水质监测和评价。

第十八条　医疗单位发现因饮用水污染出现的介水传染病或化学中毒病例时，应及时向当地人民政府卫生行政部门和卫生防疫机构报告。

第十九条　县级以上地方人民政府卫生行政部门负责本行政区域内饮用水污染事故对人体健康影响的调查。当发现饮用水污染危及人体健康，须停止使用时，对二次供水单位应责令其立即停止供水；对集中式供水单位应当会同城市建设行政主管部门报同级人民政府批准后停止供水。

第二十条　供水单位卫生许可证由县级以上人民政府卫生行政部门按照本办法第十六条规定的管理范围发放，有效期四年，每年复核一次。有效期满前六个月重新提出申请换发新证。

《城市供水企业资质证书》的申办按《城市供水企业资质管理规定》执行。

第二十一条　涉及饮用水卫生安全的产品，必须进行卫生安全性评价。与饮用水接触的防护涂料、水质处理器以及新材料和化学物质，由省级人民政府卫生行政部门初审后，报卫生部复审；复审合格的产品，由卫生部颁发批准文件。其他涉及饮用水卫生安全的产品，由省、自治区、直辖市人民政府卫生行政部门批准，报卫生部备案。

凡涉及饮用水卫生安全的进口产品，须经卫生部审批后，方可进口和销售。具体管理办法由卫生部另行制定。

第二十二条　凡取得卫生许可证的单位或个人，以及取得卫生许可批准文件的饮用水卫生安全的产品，经日常监督检查，发现已不符合卫生许可证颁发条件或不符合卫生许可批准文件颁发要求的，原批准机关有权收回有关证件或批准文件。

第二十三条　县级以上人民政府卫生行政部门设饮用水卫生监督员，负责饮用水卫生监督工作。县级人民政府卫生行政部门可聘任饮用水卫生检查员，负责乡、镇饮用水卫生检查工作。

饮用水卫生监督员由县级以上人民政府卫生行政部门发给证书，饮用水卫生检查员由县级人民政府卫生行政部门发给证书。

铁道、交通、民航的饮用水卫生监督员，由其上级行政主管部门发给证书。

第二十四条　饮用水卫生监督员应秉公执法，忠于职守，不得利用职权谋取私利。

第四章　罚　　则

第二十五条　集中式供水单位安排未取得体检合格证的人员从事直接供、管水工作或安排患有有碍饮用水卫生疾病的或病原携带者从事直接供、管水工作的，县级以上地方人民政府卫生行政部门应当责令限期改进，并可对供水单位处以20元以上1000元以下的罚款。

第二十六条　违反本办法规定，有下列情形之一的，县级以上地方人民政府卫生行政部门应当责令限期改进，并可处以20元以上5000元以下的罚款：

（一）在饮用水水源保护区修建危害水源水质卫生的设施或进行有碍水源水质卫生的作业的；

（二）新建、改建、扩建的饮用水供水项目未经卫生行政部门参加选址、设计审查和竣工验收而擅自供水的；

（三）供水单位未取得卫生许可证而擅自供水的；

（四）供水单位供应的饮用水不符合国家规定的生活饮用水卫生标准的；

（五）未取得卫生行政部门的卫生许可擅自从事二次供水设施清洗消毒工作的。

第二十七条　违反本办法规定，生产或者销售无卫生许可批准文件的涉及饮用水卫生安全的产品的，县级以上地方人民政府卫生行政部门应当责令改进，并可处以违法所得3倍以下的罚款，但最高不超过30 000元，或处以500元以下的罚款。

第二十八条　城市自来水供水企业和自建设施对外供水的企业，有下列行为之一的，由建设行政主管部门责令限期改进，并可处以违法所得3倍以下的罚款，但最高不超过30 000元，没有违法所得的可处以10 000元以下罚款：

（一）新建、改建、扩建的饮用水供水工程项目未经建设行政主管部门设计审查和竣工验收而擅自建设并投入使用的；

（二）未按规定进行日常性水质检验工作的；

（三）未取得《城市供水企业资质证书》擅自供水的。

第五章　附　　则

第二十九条　本办法下列用语的含义是：

集中式供水：由水源集中取水，经统一净化处理和消毒后，由输水管网送至用户的供水方式（包括公共供水和单位自建设施供水）。

二次供水：将来自集中式供水的管道水另行加压、贮存，再送至水站或用户的供水设施；包括客运船舶、火车客车等交通运输工具的供水（有独自制水设施者除外）。

涉及饮用水卫生安全的产品：凡在饮用水生产和供水过程中与饮用水接触的联接止水材料、塑料及有机合成管材、管件、防护涂料、水处理剂、除垢剂、水质处理器及其他新材料和化学物质。

直接从事供、管水的人员：从事净水、取样、化验、二次供水卫生管理及水池、水箱清洗人员。

第三十条　本办法由卫生部、建设部负责解释。

第三十一条　本办法自 1997 年 1 月 1 日起施行

城建监察规定

（1992 年 6 月 3 日建设部令第 20 号发布，
1996 年 9 月 22 日建设部令第 55 号、
2011 年 1 月 26 日住房和城乡建设部令第 9 号修订）

第一条　为加强城市的规划、建设、管理，保证国家和地方城市规划、建设、管理的法律、法规、规章的正确实施，依据有关法律、法规，制定本规定。

第二条　本规定适用于国家按行政建制设立的直辖市、市、镇。

第三条　本规定所称的城建监察是指对城市规划、市政工程、公用事业、市容环境卫生、园林绿化等的监督、检查和管理，以及法律、法规授权或者行政主管部门委托实施行政处罚的行为。

第四条　国务院建设行政主管部门负责全国城建监察工作。

县级以上地方人民政府建设行政主管部门负责本行政区域内的城建监察工作。

第五条　城市应当设置城建监察队伍，在当地行政主管部门的领导下，行使城建监察职能，其组织形式、编制等可以由城市人民政府根据建设系统监察队伍统一管理、综合执法的原则，按照当地城市建设系统管理体制和依法行政的要求确定。

法律、法规规定的行政主管部门在其法定权限内可以委托城建监察队伍实施有关城建行政处罚。法律、法规规定授权的，从其规定。

第六条 县级以上人民政府建设行政主管部门在城建监察工作中的职责：

（一）负责对城市规划、市政工程、公用事业、园林绿化、市容环境卫生等行业的城建监察的业务指导；

（二）依据国家和地方有关法律、法规和规章，制定城建监察规定和办法等；

（三）按照城建监察的需要，制订不同时期的工作目标和政策；

（四）负责组织制定城建监察人员的考核标准，提出培训计划和内容，对城建监察人员进行培训，提高城建监察人员的执法水平；

（五）负责对受委托的城建监察队伍实施行政处罚的行为进行监督，并对该行为的后果承担法律责任；

（六）负责与有关部门的工作协调。

第七条 城建监察队伍的基本职责：

（一）实施城市规划方面的监察。依据《中华人民共和国城乡规划法》及有关法规和规章，对城市规划区内的建设用地和建设行为进行监察；

（二）实施城市市政工程设施方面的监察。依据《城市道路管理条例》及有关法律、法规和规章，对占用、挖掘城市道路、损坏城市道路、桥涵、排水设施、防洪堤坝等方面违法、违章行为进行监察；

（三）实施城市公用事业方面的监察。依据《城市供水条例》及有关法律、法规和规章，对危害、损坏城市供水、供气、供热、公共交通设施的违法、违章行为和对城市客运交通营运、供气安全、城市规划区地下水资源的开发、利用、保护以及城市节约用水等方面的违法、违章行为进行监察；

（四）实施城市市容环境卫生方面的监察。依据《城市市容和环境卫生管理条例》及有关法律、法规和规章，对损坏环境卫生设施、影响城市市容环境卫生等方面的违法、违章行为进行监察；

（五）实施城市园林绿化方面的监察。依据《城市绿化条例》及有关法律、法规和规章，对损坏城市绿地、花草、树木、园林绿化设施及乱砍树木等方面的违法、违章行为进行监察；

（六）在受委托的范围内，以委托行政机关的名义实施行政处罚。

第八条 任何单位和个人不得妨碍城建监察人员依法行使职权。

第九条 城建监察人员必须具备下列条件：

（一）必须是国家正式职工；

（二）具有中等以上文化程度，经过法律基础知识和业务知识培训并考核合格；

（三）作风正派、遵纪守法、廉洁奉公。

第十条　城建监察人员在实施城建监察时，应当严格执行法律、法规和规章，贯彻以事实为依据，以法律为准绳和教育与处罚相结合的原则，秉公执法，服从组织纪律，保守国家秘密。在上岗时应当持城建监察证、佩戴标志、自觉接受监督，不得滥用职权，徇私舞弊。

第十一条　城建监察证和标志由建设部统一印制，各省、自治区、直辖市建设行政主管部门统一编号、组织并监督实施。

县级以上地方人民政府建设行政主管部门要建立城建监察工作规章制度，对城建监察人员进行教育培训和业绩考核，实行奖惩制度。

第十二条　县级以上地方人民政府建设行政主管部门应当保证城建监察队伍的经费和配备必要的装备。

第十三条　各省、自治区、直辖市人民政府建设行政主管部门可以根据本规定，结合本地实际制定具体实施办法，报同级人民政府批准实施。

第十四条　本规定由建设部负责解释。

第十五条　本规定自1992年11月1日起施行。

燃气燃烧器具安装维修管理规定

（2000年1月21日建设部令第73号发布）

第一章　总　　则

第一条　为了加强燃气燃烧器具的安装、维修管理，维护燃气用户、燃气供应企业、燃气燃烧器具安装、维修企业的合法权益，提高安装、维修质量和服务水平，根据《中华人民共和国建筑法》及国家有关规定，制定本规定。

第二条　从事燃气燃烧器具安装、维修业务和实施对燃气燃烧器具安装维修的监督管理，应当遵守本规定。

第三条　本规定所称燃气燃烧器具是指家用的燃气热水器具、燃气开水器具、燃气灶具、燃气烘烤器具、燃气取暖器具、燃气制冷器具等。

第四条　燃气燃烧器具的安装、维修应当坚持保障使用安全、维护消费者合法权益的原则。

第五条 国务院建设行政主管部门负责全国燃气燃烧器具安装、维修的监督管理工作。

县级以上地方人民政府建设行政主管部门或者委托的燃气行业管理单位（以下简称燃气管理部门）负责本行政区域内燃气燃烧器具安装、维修的监督管理工作。

第六条 国家鼓励推广燃气燃烧器具及其安装维修的新技术、新设备、新工艺，淘汰落后的技术、设备、工艺。

第二章 从业资格

第七条 从事燃气燃烧器具安装、维修的企业应当具备下列条件：

（一）有与经营规模相适应的固定场所、通讯工具；

（二）有4名以上有工程、经济、会计等专业技术职称的人员，其中有工程系列职称的人员不少于2人；

（三）有与经营规模相适应的安装、维修作业人员；

（四）有必备的安装、维修的设备、工具和检测仪器；

（五）有完善的安全管理制度。

省、自治区、直辖市人民政府建设行政主管部门应当根据本地区的实际情况，制定燃气燃烧器具安装、维修企业的资质标准，其条件不得低于前款的规定。

第八条 从事燃气燃烧器具安装、维修的企业，应当经企业所在地设区的城市人民政府燃气管理部门审查批准（不设区的城市和县，由省、自治区人民政府建设行政主管部门确定审查批准机构），取得《燃气燃烧器具安装维修企业资质证书》（以下简称《资质证书》），并持《资质证书》到工商行政管理部门办理注册登记后，方可从事安装、维修业务。

燃气管理部门应当将取得《资质证书》的企业向省级人民政府建设行政主管部门备案，并接受其监督检查。

取得《资质证书》的安装、维修企业由燃气管理部门编制《燃气燃烧器具安装维修企业目录》，并通过媒体等形式向社会公布。

第九条 燃气管理部门应当对燃气燃烧器具安装、维修企业进行资质年检。

第十条 燃气燃烧器具安装、维修企业中直接从事安装、维修的作业人员，取得燃气管理部门颁发的《职业技能岗位证书》（以下简称《岗位证书》），方可从事燃气燃烧器具的安装、维修业务。

第十一条　从事燃气燃烧器具安装、维修的人员，有下列情况之一的，燃气管理部门应当收回其《岗位证书》：

（一）停止安装、维修业务1年以上的；

（二）违反标准、规范进行安装、维修的；

（三）欺诈用户，乱收费的。

第十二条　燃气燃烧器具安装、维修人员应当在一个单位执业，不得以个人名义承揽燃气燃烧器具安装、维修业务。

第十三条　《资质证书》和《岗位证书》的格式由国务院建设行政主管部门制定。

第十四条　任何单位和个人不得伪造、涂改、出租、借用、转让、出卖《资质证书》或者《岗位证书》。

第三章　安装维修

第十五条　燃气燃烧器具的安装、改装、迁移或者拆除，应当由持有《资质证书》的燃气燃烧器具安装企业进行。

第十六条　燃气燃烧器具安装企业受理用户安装申请时，不得限定用户购买本企业生产的或者其指定的燃气燃烧器具和相关产品。

第十七条　安装燃气燃烧器具应当按照国家有关的标准和规范进行，并使用符合国家有关标准的燃气燃烧器具安装材料和配件。

第十八条　对用户提供的不符合标准的燃气燃烧器具或者提出不符合安全的安装要求时，燃气燃烧器具安装企业应当拒绝安装。

第十九条　燃气燃烧器具安装企业应当在家用燃气计量表后安装燃气燃烧器具，未经燃气供应企业同意，不得移动燃气计量表及表前设施。

第二十条　燃气燃烧器具安装完毕后，燃气燃烧器具安装企业应当进行检验。检验合格的，检验人员应当给用户出具合格证书。

合格证书应当包括燃气燃烧器具安装企业的名称、地址、电话、出具时间等内容，并盖有企业公章，检验人员应当在合格证书上签名。

第二十一条　未通气的管道燃气用户安装燃气燃烧器具后，还应当向燃气供应企业申请通气验收。通气验收合格后，方可通气使用。

通气验收不合格，确属安装质量问题的，原燃气燃烧器具安装企业应当免费重新安装。

第二十二条　燃气燃烧器具的安装应当设定保修期，保修期不得低于1年。

第二十三条 从事燃气燃烧器具维修的企业，应当是燃气燃烧器具生产企业设立的，或者是经燃气燃烧器具生产企业委托设立的燃气燃烧器具维修企业。

委托设立的燃气燃烧器具维修企业应当与燃气燃烧器具生产企业签订维修委托协议。

第二十四条 燃气燃烧器具维修企业接到用户报修后，应当在24小时内或者在与用户约定的时间内派人维修。

第二十五条 燃气燃烧器具的安装、维修企业对本企业所安装、维修的燃气燃烧器具负有指导用户安全使用的责任。

第二十六条 从事燃气燃烧器具安装、维修的企业，应当建立健全管理制度和规范化服务标准。

第二十七条 燃气燃烧器具的安装、维修企业，应当按照规定的标准向用户收取费用。

第二十八条 燃气燃烧器具安装、维修企业应当建立用户档案，定期向燃气管理部门报送相关报表。

第二十九条 任何单位和个人发现燃气事故后，应当立即切断气源，采取通风、防火等措施，并向有关部门报告。有关部门应当按照《城市燃气安全管理规定》和《城市燃气管理办法》等规定对事故进行调查。确属燃气燃烧器具安装、维修原因的，应当按照有关规定对燃气燃烧器具安装、维修企业进行处理。

第四章　法律责任

第三十条 燃气燃烧器具安装、维修企业违反本规定，有下列行为之一的，由燃气管理部门吊销《资质证书》，并可处以1万元以上3万元以下罚款：

（一）伪造、涂改、出租、借用、转让或者出卖《资质证书》；

（二）年检不合格的企业，继续从事安装、维修业务；

（三）由于燃气燃烧器具安装、维修原因发生燃气事故；

（四）未经燃气供应企业同意，移动燃气计量表及表前设施。

燃气管理部门吊销燃气燃烧器具安装、维修企业《资质证书》后，应当提请工商行政管理部门吊销其营业执照。

第三十一条 燃气燃烧器具安装、维修企业违反本规定，有下列行为之一的，由燃气管理部门给予警告，并处以1万元以上3万元以下罚款：

（一）限定用户购买本企业生产的或者其指定的燃气燃烧器具和相关产品；

（二）聘用无《岗位证书》的人员从事安装、维修业务。

第三十二条 燃气燃烧器具安装、维修企业没有在规定的时间内或者与用户约定的时间安装、维修的，由燃气管理部门给予警告，并可处以3000元以下的罚款。

第三十三条 无《资质证书》的企业从事燃气燃烧器具安装、维修业务的，由燃气管理部门处以1万元以上3万元以下的罚款。

第三十四条 燃气燃烧器具安装、维修企业的安装、维修人员违反本规定，有下列行为之一的，由燃气管理部门给予警告、并处以5000元以下的罚款：

（一）无《岗位证书》，擅自从事燃气燃烧器具的安装、维修业务；

（二）以个人名义承揽燃气燃烧器具的安装、维修业务。

第三十五条 由于燃气燃烧器具安装、维修的原因造成燃气事故的，燃气燃烧器具安装、维修企业应当承担相应的赔偿责任。

第三十六条 燃气管理部门工作人员严重失职、索贿受贿或者侵害企业合法权益的，给予行政处分；构成犯罪的，依法追究刑事责任。

第五章　附　　则

第三十七条 本规定由国务院建设行政主管部门负责解释。

第三十八条 本规定自2000年3月1日起施行。

城市规划编制单位资质管理规定

（2001年1月23日建设部令第84号发布）

第一章　总　　则

第一条 为加强城市规划编制单位的管理，规范城市规划编制工作，保证城市规划编制质量，制定本规定。

第二条 从事城市规划编制的单位，应当取得《城市规划编制资质证书》（以下简称《资质证书》）。

城市规划编制单位应当在《资质证书》规定的业务范围内承担城市规划编制业务。

第三条 委托编制规划，应当选择具有相应资质的城市规划编制单位。

第四条 国务院城市规划行政主管部门负责全国城市规划编制单位的资质管理工作。

县级以上地方人民政府城市规划行政主管部门负责本行政区域内城市规划编制单位的资质管理工作。

第二章 资质等级与标准

第五条 城市规划编制单位资质分为甲、乙、丙三级。

第六条 甲级城市规划编制单位标准：

（一）具备承担各种城市规划编制任务的能力；

（二）具有高级技术职称的人员占全部专业技术人员的比例不低于20%，其中高级城市规划师不少于4人，具有其他专业高级技术职称的不少于4人（建筑、道路交通、给排水专业各不少于1人）；具有中级技术职称的城市规划专业人员不少于8人，其他专业（建筑、道路交通、园林绿化、给排水、电力、通讯、燃气、环保等）的人员不少于15人；

（三）达到国务院城市规划行政主管部门规定的技术装备及应用水平考核标准；

（四）有健全的技术、质量、经营、财务管理制度并得到有效执行；

（五）注册资金不少于80万元；

（六）有固定的工作场所，人均建筑面积不少于10平方米。

第七条 甲级城市规划编制单位承担城市规划编制任务的范围不受限制。

第八条 乙级城市规划编制单位资质标准：

（一）具备相应的承担城市规划编制任务的能力；

（二）具有高级技术职称的人员占全部专业技术人员的比例不低于15%，其中高级城市规划师不少于2人，高级建筑师不少于1人、高级工程师不少于1人；具有中级技术职称的城市规划专业人员不少于5人，其他专业（建筑、道路交通、园林绿化、给排水、电力、通讯、燃气、环保等）人员不少于10人；

（三）达到省、自治区、直辖市城市规划行政主管部门规定的技术装备及应用水平考核标准；

（四）有健全的技术、质量、经营、财务、管理制度并得到有效执行；

（五）注册资金不少于50万元；

（六）有固定工作场所，人均建筑面积不少于10平方米。

第九条　乙级城市规划编制单位可以在全国承担下列任务：

（一）20万人口以下城市总体规划和各种专项规划的编制（含修订或者调整）；

（二）详细规划的编制；

（三）研究拟定大型工程项目规划选址意见书；

第十条　丙级城市规划编制单位资质标准：

（一）具备相应的承担城市规划编制任务的能力；

（二）专业技术人员不少于20人，其中城市规划师不少于2人，建筑、道路交通、园林绿化、给排水等专业具有中级技术职称的人员不少于5人；

（三）有健全的技术、质量、财务、行政管理制度并得到有效执行；

（四）达到省、自治区、直辖市人民政府城市规划行政主管部门规定的技术装备及应用水平考核标准；

（五）注册资金不少于20万元；

（六）有固定的工作场所，人均建筑面积不少于10平方米。

第十一条　丙级城市规划编制单位可以在本省、自治区、直辖市承担下列任务：

（一）建制镇总体规划编制和修订；

（二）20万人口以下城市的详细规划的编制；

（三）20万人口以下城市的各种专项规划的编制；

（四）中、小型建设工程项目规划选址的可行性研究。

第三章　资质申请与审批

第十二条　工程勘察设计单位、科研机构、高等院校及其他非以城市规划为主业的单位，符合本规定资质标准的，均可申请城市规划编制资质。其中高等院校、科研单位的城市规划编制机构中专职从事城市规划编制的人员不得低于技术人员总数的60%。

第十三条　申请城市规划编制资质的单位，应当提出申请，填写《资质证书》申请表。

申请甲级资质的，由省、自治区、直辖市人民政府城市规划行政主管部门初审，国务院城市规划行政主管部门审批，核发《资质证书》。

申请乙级、丙级资质的，由所在地市、县人民政府城市规划行政主管部门初审，省、自治区、直辖市人民政府城市规划行政主管部门审批，核发《资质证书》，并报国务院城市规划行政主管部门备案。

第十四条 新设立的城市规划编制单位，在具备相应的技术人员、技术装备和注册资金时，可以申请暂定资质等级，暂定等级有效期 2 年。有效期满后，发证部门根据其业务情况，确定其资质等级。

第十五条 乙、丙级城市规划编制单位，取得《资质证书》至少满 3 年并符合城市规划编制资质分级标准的有关要求时，方可申请高一级的城市规划编制资质。

第十六条 城市规划编制单位撤销或者更名，应当在批准之日起 30 日内到发证部门办理《资质证书》注销或者变更手续。

城市规划编制单位合并或者分立，应当在批准之日起 30 日内重新申请办理《资质证书》。

第十七条 城市规划编制单位遗失《资质证书》，应当在报刊上声明作废，向发证部门提出补发申请。

第十八条 《资质证书》有效期为 6 年，期满 3 个月前，城市规划编制单位应当向发证部门提出换证申请。

第十九条 《资质证书》分为正本和副本，正本和副本具有同等法律效力。《资质证书》由国务院城市规划行政主管部门统一印制。

第四章 监督管理

第二十条 甲、乙级城市规划编制单位跨省、自治区、直辖市承担规划编制任务时，取得城市总体规划任务的，向任务所在地的省、自治区、直辖市人民政府城市规划行政主管部门备案；取得其他城市规划编制任务的，向任务所在地的市、县人民政府城市规划行政主管部门备案。

第二十一条 甲、乙级城市规划编制单位跨省、自治区、直辖市设立的分支机构中，凡属独立法人性质的机构，应当按照本规定申请《资质证书》。非独立法人的机构，不得以分支机构名义承揽业务。

第二十二条 两个以上城市规划编制单位合作编制城市规划时，有关规划编制单位应当按照第二十条的规定共同向任务所在地相应的主管部门备案。

第二十三条 禁止转包城市规划编制任务。

禁止无《资质证书》的单位和个人以任何名义承接城市规划编制任务。

第二十四条 发证部门或者其委托的机构对城市规划编制单位实行资质年检制度。

城市规划编制未按照规定进行年检或者资质年检不合格的，发证部门可以责令其限期办理或者限期整改，逾期不办理或者逾期整改不合格的，发证部门可以公告收回其《资质证书》。

第二十五条　城市规划编制单位编制城市规划及所提交的规划编制成果，应当符合国家有关城市规划的法律、法规和规章，符合与城市规划编制有关的标准、规范。

第二十六条　城市规划编制单位提交的城市规划编制成果，应当在文件扉页注明单位资质等级和证书编号。

第二十七条　县级以上城市人民政府城市规划行政主管部门，对城市规划编制单位提交的不符合质量要求的规划编制最终成果，应当责令有关规划编制单位按照要求进行修改或者重新编制。

第五章　法律责任

第二十八条　无《资质证书》的单位承担城市规划编制业务的，由县级以上地方人民政府城市规划行政主管部门责令其停止编制，对其规划编制成果不予审批，并处1万元以上3万元以下的罚款。

第二十九条　城市规划编制单位超越《资质证书》范围承接规划编制任务，县级以上地方人民政府城市规划行政主管部门给予警告，情节严重的，由发证部门公告《资质证书》作废，收回《资质证书》。

第三十条　甲、乙级城市规划编制单位跨省、自治区、直辖市承担规划编制任务违反第二十条规定的，任务所在地的省、自治区、直辖市人民政府城市规划行政主管部门给予警告，责令其补办备案手续，并处1万元以上3万元以下的罚款。

第三十一条　有下列行为之一的，县级以上的地方人民政府城市规划行政主管部门对其规划编制成果不予审批，责令限期整改、处以1万元以上3万元以下罚款；由发证部门公告《资质证书》作废，收回《资质证书》：

（一）弄虚作假骗取《资质证书》的；

（二）涂改、伪造、转让、出卖、出租、出借《资质证书》的；

（三）转包城市规划编制任务的。

第三十二条　县级以上地方人民政府城市规划行政主管部门，对于所提交的规划编制成果不符合要求的城市规划编制单位，给予警告；情节严重的，由发证部门公告《资质证书》作废，收回《资质证书》。

第三十三条 城市规划行政主管部门的工作人员在城市规划编制单位资质管理工作中玩忽职守、滥用职权、徇私舞弊的，给予行政处分；构成犯罪的，依法追究刑事责任。

第六章 附 则

第三十四条 具有甲、乙、丙级资质的城市规划编制单位均可编制集镇和村庄规划。

第三十五条 本规定由建设部负责解释。

第三十六条 本规定自2001年3月1日起施行，建设部1992年颁发的《城市规划设计单位资格管理办法》及1993年颁发的《城市规划设计单位资格管理补充规定》同时废止。

游乐园管理规定

（2001年2月23日建设部、国家质量技术监督局令第85号发布）

第一章 总 则

第一条 为了加强游乐园管理，保障游乐园安全运营，制定本规定。

第二条 游乐园的规划、建设、运营和管理适用本规定。

第三条 本规定所称游乐园包括：

（一）在独立地段专以游艺机、游乐设施开展游乐活动的经营性场所；

（二）在公园内设有游艺机、游乐设施的场所。

本规定所称的游艺机和游乐设施是指采用沿轨道运动、回转运动、吊挂回转、场地上（水上）运动、室内定置式运动等方式，承载游人游乐的机械设施组合。

第四条 国务院建设行政主管部门负责全国游乐园的规划、建设和管理工作；国务院质量技术监督行政部门负责全国游艺机和游乐设施的质量监督和安全监察工作。

县级以上地方人民政府园林、质量技术监督行政部门，负责本行政区域内相应的工作。

第二章　规划与建设

第五条　游乐园的规划、建设应当符合城市规划，统筹安排。

第六条　游乐园筹建单位对游乐园的建设地点、资金、游艺机和游乐设施、管理技术条件、人员配备等方面，进行综合分析论证，经所在地城市人民政府园林行政主管部门审查同意后，方可办理规划、建设等审批手续。

第七条　游乐园的规划、设计、施工应当执行国家有关标准和规范。

第八条　以室外游艺机、游乐设施为主的游乐园，绿地（水面）面积应当达到全国总面积的60%以上。

游乐园经营单位应当加强园内绿地的美化和管理，搞好绿地和园林植物的维护。

第九条　在游乐园内设置商业服务网点，应当经城市人民政府园林行政主管部门批准。任何单位和个人不得擅自在游乐园内设置商业服务网点。

第十条　改变游乐园规划设计的，应当报原审批机关批准。

第三章　登　　记

第十一条　城市人民政府园林行政主管部门负责本行政区域内游乐园的登记工作；地、市级以上质量技术监督行政部门负责本行政区域内游艺机和游乐设施的登记工作。

第十二条　游艺机、游乐设施投入使用前应当向地、市级以上质量技术监督行政部门登记，登记时应当提供以下材料：

（一）产品生产许可证复印件；

（二）监督检验机构出具的验收检验报告和《安全检验合格》标志；

（三）操作、维修、保养人员证书；

（四）游艺机、游乐设施使用和运营安全管理制度。

第十三条　游乐园筹建单位应当在质量技术监督行政部门对其游艺机、游乐设施登记后，到城市人民政府园林行政主管部门进行游乐园登记。

本规定发布前已建游乐园应当在本规定发布 1 年内到所在地城市人民政府园林行政主管部门登记。

第十四条　游乐园登记的内容应当包括游乐园基本情况和游乐园内游乐项

目基本情况。

第十五条 到城市人民政府园林行政主管部门申请游乐园登记或者申请游乐项目增补登记，应当提供以下材料：

（一）质量技术监督行政部门核准的《特种设备注册登记表》；

（二）游艺机和游乐设施操作人员配备情况；

（三）游乐园管理制度。

第十六条 增加游艺机、游乐设施，游乐园经营单位应当经地、市级以上质量技术监督行政部门登记后，到城市人民政府园林行政主管部门增补登记，方可运营。

第四章 安全管理

第十七条 游乐园经营单位应当加强管理，健全安全责任制度等各项规章制度，配备相应的操作、维修、管理人员，保证安全运营。

第十八条 游乐园经营单位应当设置游乐引导标志，保持游览路线和出入口的畅通，及时做好游览疏导工作。

第十九条 游乐园经营单位应当建立游艺机和游乐设施的技术档案和运行状况档案。

第二十条 游艺机和游乐设施应当符合《游艺机和游乐设施安全标准》和质量技术监督行政部门有关特种设备质量监督与安全监察规定。

第二十一条 游乐园经营单位应当建立紧急救护制度。

发生人身伤亡事故，游乐园经营单位应当立即停止设施运行，积极抢救，保护现场，并立即按照有关规定报告所在地城市人民政府园林、质量技术监督、公安等有关部门。

第二十二条 游乐园经营单位对各种游艺机、游乐设施要分别制定操作规程，运行管理人员守则。操作、管理、维修人员应当经过培训，操作维修人员应当按照国家质量技术监督局的有关规定，进行考核，持证上岗。

第二十三条 游乐园经营单位应当在每项游艺机和游乐设施的入口处向游人作出安全保护说明和警示，每次运行前应当对乘坐游人的安全防护加以检查确认，设施运行时应当注意游客动态，及时制止游客的不安全行为。

第二十四条 游乐园经营单位应当对游艺机和游乐设施，按照特种设备质量监督和安全监察的有关规定，进行安全运行检查。

第二十五条 游乐园经营单位应当按照特种设备质量监督和安全监察的有

关规定，申报游艺机和游乐设施检验计划。

游艺机和游乐设施的定期检验由国家质量技术监督局认可的检验机构进行。

第二十六条　严禁使用检修或者检验不合格及超过使用期限的游艺机和游乐设施。

第五章　法律责任

第二十七条　城市人民政府园林行政主管部门对未按照规定进行游乐园登记或者增补登记的游乐园经营单位，应当给予警告，责令其在30日内补办登记手续，逾期不办的，处以5千元以下的罚款。

第二十八条　违反本规定有下列行为之一的，由城市人民政府园林行政主管部门给予警告、责令改正，并可处以5千元以上3万元以下的罚款：

（一）擅自侵占游乐园绿地的；

（二）未对游客进行安全保护说明或者警示的；

（三）未建立安全管理制度和紧急救护措施的。

第二十九条　游艺机和游乐设施安装、使用、检验、维修保养和改造违反有关质量监督与安全监察规定的，由质量技术监督行政部门按照有关规定处罚。

第三十条　由于游乐园经营单位的责任造成安全事故的，游乐园经营单位应当承担赔偿责任；构成犯罪的，依法追究刑事责任。

第三十一条　园林行政主管部门、质量技术监督行政部门以及游艺机、游乐设施检验机构或者游乐园的工作人员玩忽职守、滥用职权、徇私舞弊、弄虚作假的，由其所在单位或者上级主管部门给予行政处分；构成犯罪的，依法追究刑事责任。

第六章　附　　则

第三十二条　国务院建设行政主管部门和国务院质量技术监督行政部门按照各自职责对本规定负责解释。

第三十三条　本规定自2001年4月1日起施行。

城市建设档案管理规定

（1997 年 12 月 23 日建设部令第 61 号发布，
2001 年 7 月 4 日建设部令第 90 号、
2011 年 1 月 26 日住房和城乡建设部令第 9 号修订）

第一条 为了加强城市建设档案（以下简称城建档案）管理，充分发挥城建档案在城市规划、建设、管理中的作用，根据《中华人民共和国档案法》、《中华人民共和国城乡规划法》、《建设工程质量管理条例》、《科学技术档案工作条例》，制定本规定。

第二条 本规定适用于城市内（包括城市各类开发区）的城建档案的管理。

本规定所称城建档案，是指在城市规划、建设及其管理活动中直接形成的对国家和社会具有保存价值的文字、图纸、图表、声像等各种载体的文件材料。

第三条 国务院建设行政主管部门负责全国城建档案管理工作，业务上受国家档案部门的监督、指导。

县级以上地方人民政府建设行政主管部门负责本行政区域内的城建档案管理工作，业务上受同级档案部门的监督、指导。

城市的建设行政主管部门应当设置城建档案工作管理机构或者配备城建档案管理人员，负责全市城建档案工作。城市的建设行政主管部门也可以委托城建档案馆负责城建档案工作的日常管理工作。

第四条 城建档案馆的建设资金按照国家或者地方的有关规定，采取多种渠道解决。城建档案馆的设计应当符合档案馆建筑设计规范要求。城建档案的管理应当逐步采用新技术，实现管理现代化。

第五条 城建档案馆重点管理下列档案资料：

（一）各类城市建设工程档案：

1. 工业、民用建筑工程；

2. 市政基础设施工程；

3. 公用基础设施工程；

4. 交通基础设施工程；

5. 园林建设、风景名胜建设工程；

6. 市容环境卫生设施建设工程；

7. 城市防洪、抗震、人防工程；

8. 军事工程档案资料中，除军事禁区和军事管理区以外的穿越市区的地下管线走向和有关隐蔽工程的位置图。

（二）建设系统各专业管理部门（包括城市规划、勘测、设计、施工、监理、园林、风景名胜、环卫、市政、公用、房地产管理、人防等部门）形成的业务管理和业务技术档案。

（三）有关城市规划、建设及其管理的方针、政策、法规、计划方面的文件、科学研究成果和城市历史、自然、经济等方面的基础资料。

第六条　建设单位应当在工程竣工验收后三个月内，向城建档案馆报送一套符合规定的建设工程档案。凡建设工程档案不齐全的，应当限期补充。

停建、缓建工程的档案，暂由建设单位保管。

撤销单位的建设工程档案，应当向上级主管机关或者城建档案馆移交。

第七条　对改建、扩建和重要部位维修的工程，建设单位应当组织设计、施工单位据实修改、补充和完善原建设工程档案。凡结构和平面布置等改变的，应当重新编制建设工程档案，并在工程竣工后三个月内向城建档案馆报送。

第八条　列入城建档案馆档案接收范围的工程，建设单位在组织竣工验收前，应当提请城建档案管理机构对工程档案进行预验收。预验收合格后，由城建档案管理机构出具工程档案认可文件。

第九条　建设单位在取得工程档案认可文件后，方可组织工程竣工验收。建设行政主管部门在办理竣工验收备案时，应当查验工程档案认可文件。

第十条　建设系统各专业管理部门形成的业务管理和业务技术档案，凡具有永久保存价值的，在本单位保管使用1～5年后，按本规定全部向城建档案馆移交。有长期保存价值的档案，由城建档案馆根据城市建设的需要选择接收。

城市地下管线普查和补测补绘形成的地下管线档案应当在普查、测绘结束后三个月内接收进馆。地下管线专业管理单位每年应当向城建档案馆报送更改、报废、漏测部分的管线现状图和资料。

房地产权属档案的管理，由国务院建设行政主管部门另行规定。

第十一条　城建档案馆对接收的档案应当及时登记、整理，编制检索工具。做好档案的保管、保护工作，对破损或者变质的档案应当及时抢救。特别重要的城建档案应当采取有效措施，确保其安全无损。

城建档案馆应当积极开发档案信息资源，并按照国家的有关规定，向社会提供服务。

第十二条　建设行政主管部门对在城建档案工作中做出显著成绩的单位和

个人，应当给予表彰和奖励。

第十三条 违反本规定有下列行为之一的，由建设行政主管部门对直接负责的主管人员或者其他直接责任人员依法给予行政处分；构成犯罪的，由司法机关依法追究刑事责任：

（一）无故延期或者不按照规定归档、报送的；

（二）涂改、伪造档案的；

（三）档案工作人员玩忽职守，造成档案损失的。

第十四条 建设工程竣工验收后，建设单位未按照本规定移交建设工程档案的，依照《建设工程质量管理条例》的规定处罚。

第十五条 省、自治区、直辖市人民政府建设行政主管部门可以根据本规定制定实施细则。

第十六条 本规定由国务院建设行政主管部门负责解释。

第十七条 本规定自1998年1月1日起施行。以前发布的有关规定与本规定不符的，按本规定执行。

发送范围：全国人大法工委（3），国务院法制办（25），《国务院公报》编辑室，各省、自治区、直辖市人民政府、建委（建设厅）、计划单列市建委、国务院各部委本部领导，部机关各司（厅、局），部直属各单位。

城市房屋便器水箱应用监督管理办法

（1992年4月17日建设部令第17号发布，
2001年9月4日建设部令第103号修订）

第一条 为加强对城市房屋便器水箱质量和应用的监督管理，节约用水，根据《城市节约用水管理规定》，制定本办法。

第二条 各有关部门应当按照职责分工，加强对房屋便器水箱和配件产品生产、销售以及设计、施工、安装、使用等全过程的监督管理。

各级人民政府城市建设行政主管部门依照本办法，对城市规划区内的房屋便器水箱和配件的应用实施统一的监督管理。

第三条 新建房屋建筑必须安装符合国家标准的便器水箱和配件。凡新建房屋继续安装经国家有关行政主管部门已通知淘汰的便器水箱和配件（以下简称淘汰便器水箱和配件）的，不得竣工验收交付使用，供水部门不予供水，由城市建设行政主管部门责令限期更换。

第四条　原有房屋安装使用淘汰便器水箱和配件的，房屋产权单位应当制定更新改造计划，报城市建设行政主管部门批准，分期分批进行改造。

第五条　公有房屋淘汰便器水箱和配件所需要的更新改造资金，由房屋产权单位和使用权单位共同负担，并与房屋维修改造相结合，逐步推广使用节水型水箱配件和克漏阀等节水型产品。

第六条　建设单位未按照本办法规定仍安装淘汰便器水箱和配件的，应当追究责任者的责任，经主管部门认定属于设计或者施工单位责任的，由责任方赔偿房屋产权单位全部更换费用和相关的经济损失。

第七条　城市建设行政主管部门对漏水严重的房屋便器水箱和配件，应当责令房屋产权单位限期维修或者更新。

第八条　房屋产权单位安装使用符合国家标准的便器水箱和配件出现质量问题，在质量保证期限内生产企业应当对产品质量负责。由于产品质量原因引起漏水的，生产企业应当包修或者更换，并赔偿由此造成的经济损失。

第九条　违反本办法有下列行为之一的，由城市建设行政主管部门责令限期改正、按测算漏水量月累计征收3~5倍的加价水费，并可按每套便器水箱配件处以30~100元的罚款，最高不超过30000元：

（一）将安装有淘汰便器水箱和配件的新建房屋验收交付使用的；

（二）未按更新改造计划更换淘汰便器水箱和配件的；

（三）在限定的期限内未更换淘汰便器水箱和配件的；

（四）对漏水严重的房屋便器水箱和配件未按期进行维修或者更新的。

第十条　按本办法征收的加价水费按国家规定管理，专项用于推广应用符合国家标准的便器水箱和更新改造淘汰便器水箱，不得挪用。

第十一条　城市建设行政主管部门的工作人员在房屋便器水箱应用监督工作中玩忽职守，滥用职权，徇私舞弊的，由其所在单位或者上级主管部门给予行政处分。构成犯罪的，由司法机关依法追究刑事责任。

第十二条　城市建设行政主管部门可以委托供水和节水管理部门对本办法具体组织实施。

第十三条　各省、自治区、直辖市城市建设行政主管部门可以根据本办法制定实施细则，报建设部备案。

第十四条　本办法由建设部负责解释。

第十五条　本办法自1992年6月1日起施行。

城市地下空间开发利用管理规定

（1997 年 10 月 27 日建设部令第 58 号发布，
2001 年 11 月 20 日建设部令第 108 号、
2011 年 1 月 26 日住房和城乡建设部令第 9 号修订）

第一章　总　　则

第一条　为了加强对城市地下空间开发利用的管理，合理开发城市地下空间资源，适应城市现代化和城市可持续发展建设的需要，依据《中华人民共和国城乡规划法》及有关法律、法规，制定本规定。

第二条　编制城市地下空间规划，对城市规划区范围内的地下空间进行开发利用，必须遵守本规定。

本规定所称的城市地下空间，是指城市规划区内地表以下的空间。

第三条　城市地下空间的开发利用应贯彻统一规划、综合开发、合理利用、依法管理的原则，坚持社会效益、经济效益和环境效益相结合，考虑防灾和人民防空等需要。

第四条　国务院建设行政主管部门负责全国城市地下空间的开发利用管理工作。

省、自治区人民政府建设行政主管部门负责本行政区域内城市地下空间的开发利用管理工作。

直辖市、市、县人民政府建设行政主管部门和城市规划行政主管部门按照职责分工，负责本行政区域内城市地下空间的开发利用管理工作。

第二章　城市地下空间的规划

第五条　城市地下空间规划是城市规划的重要组成部分。各级人民政府在组织编制城市总体规划时，应根据城市发展的需要，编制城市地下空间开发利用规划。

各级人民政府在编制城市详细规划时，应当依据城市地下空间开发利用规划对城市地下空间开发利用作出具体规定。

第六条　城市地下空间开发利用规划的主要内容包括：地下空间现状及发

展预测，地下空间开发战略，开发层次、内容、期限，规模与布局，以及地下空间开发实施步骤等。

第七条　城市地下空间的规划编制应注意保护和改善城市的生态环境，科学预测城市发展的需要，坚持因地制宜，远近兼顾，全面规划，分步实施，使城市地下空间的开发利用同国家和地方的经济技术发展水平相适应。城市地下空间规划应实行竖向分层立体综合开发，横向相关空间互相连通，地面建筑与地下工程协调配合。

第八条　编制城市地下空间规划必备的城市勘察、测量、水文、地质等资料应当符合国家有关规定。承担编制任务的单位，应当符合国家规定的资质要求。

第九条　城市地下空间规划作为城市规划的组成部分，依据《中华人民共和国城乡规划法》的规定进行审批和调整。

城市地下空间建设规划由城市人民政府城市规划行政主管部门负责审查后，报城市人民政府批准。

城市地下空间规划需要变更的，须经原批准机关审批。

第三章　城市地下空间的工程建设

第十条　城市地下空间的工程建设必须符合城市地下空间规划，服从规划管理。

第十一条　附着地面建筑进行地下工程建设，应随地面建筑一并向城市规划行政主管部门申请办理选址意见书、建设用地规划许可证、建设工程规划许可证。

第十二条　独立开发的地下交通、商业、仓储、能源、通讯、管线、人防工程等设施，应持有关批准文件、技术资料，依据《中华人民共和国城乡规划法》的有关规定，向城市规划行政主管部门申请办理选址意见书、建设用地规划许可证、建设工程规划许可证。

第十三条　建设单位或者个人在取得建设工程规划许可证和其他有关批准文件后，方可向建设行政主管部门申请办理建设工程施工许可证。

第十四条　地下工程建设应符合国家有关规定、标准和规范。

第十五条　地下工程的勘察设计，应由具备相应资质的勘察设计单位承担。

第十六条　地下工程设计应满足地下空间对环境、安全和设施运行、维护等方面的使用要求，使用功能与出入口设计应与地面建设相协调。

第十七条 地下工程的设计文件应当按照国家有关规定进行设计审查。

第十八条 地下工程的施工应由具备相应资质的施工单位承担，确保工程质量。

第十九条 地下工程必须按照设计图纸进行施工。施工单位认为有必要改变设计方案的，应由原设计单位进行修改，建设单位应重新办理审批手续。

第二十条 地下工程的施工，应尽量避免因施工干扰城市正常的交通和生活秩序，不得破坏现有建筑物，对临时损坏的地表地貌应及时恢复。

第二十一条 地下工程施工应当推行工程监理制度。

第二十二条 地下工程的专用设备、器材的定型、生产应当执行国家统一标准。

第二十三条 地下工程竣工后，建设单位应当组织设计、施工、工程监理等有关单位进行竣工验收，经验收合格的方可交付使用。

建设单位应当自竣工验收合格之日起 15 日内，将建设工程竣工验收报告和规划、公安消防、环保等部门出具的认可文件或者准许使用文件报建设行政主管部门或者其他有关部门备案，并及时向建设行政主管部门或者其他有关部门移交建设项目档案。

第四章　城市地下空间的工程管理

第二十四条 城市地下工程由开发利用的建设单位或者使用单位进行管理，并接受建设行政主管部门的监督检查。

第二十五条 地下工程应本着“谁投资、谁所有、谁受益、谁维护”的原则，允许建设单位对其投资开发建设的地下工程自营或者依法进行转让、租赁。

第二十六条 建设单位或者使用单位应加强地下空间开发利用工程的使用管理，做好工程的维护管理和设施维修、更新，并建立健全维护管理制度和工程维修档案，确保工程、设备处于良好状态。

第二十七条 建设单位或者使用单位应当建立健全地下工程的使用安全责任制度，采取可行的措施，防范发生火灾、水灾、爆炸及危害人身健康的各种污染。

第二十八条 建设单位或者使用单位在使用或者装饰装修中不得擅自改变地下工程的结构设计，需改变原结构设计的，应当由具备相应资质的设计单位设计，并按照规定重新办理审批手续。

第二十九条 平战结合的地下工程，平时由建设或者使用单位进行管理，并应保证战时能迅速提供有关部门和单位使用。

第五章　罚　　则

第三十条　进行城市地下空间的开发建设，违反城市地下空间的规划及法定实施管理程序规定的，由县级以上人民政府城市规划行政主管部门依法处罚。

第三十一条　有下列行为之一的，县级以上人民政府建设行政主管部门根据有关法律、法规处罚。

（一）未领取建设工程施工许可证擅自开工，进行地下工程建设的；

（二）设计文件未按照规定进行设计审查，擅自施工的；

（三）不按照工程设计图纸进行施工的；

（四）在使用或者装饰装修中擅自改变地下工程结构设计的；

（五）地下工程的专用设备、器材的定型、生产未执行国家统一标准的。

第三十二条　在城市地下空间的开发利用管理工作中，建设行政主管部门和城市规划行政主管部门工作人员玩忽职守、滥用职权、徇私舞弊，依法给予行政处分；构成犯罪的，依法追究刑事责任。

第六章　附　　则

第三十三条　省、自治区人民政府建设行政主管部门、直辖市人民政府建设行政主管部门和城市规划行政主管部门可根据本规定制定实施办法。

第三十四条　本规定由国务院建设行政主管部门负责解释。

第三十五条　本规定自1997年12月1日起施行。

城市绿线管理办法

（2002年9月13日建设部令第112号发布，
2011年1月26日住房和城乡建设部令第9号修订）

第一条　为建立并严格实行城市绿线管理制度，加强城市生态环境建设，创造良好的人居环境，促进城市可持续发展，根据《中华人民共和国城乡规划法》、《城市绿化条例》等法律法规，制定本办法。

第二条 本办法所称城市绿线，是指城市各类绿地范围的控制线。

本办法所称城市，是指国家按行政建制设立的直辖市、市、镇。

第三条 城市绿线的划定和监督管理，适用本办法。

第四条 国务院建设行政主管部门负责全国城市绿线管理工作。

省、自治区人民政府建设行政主管部门负责本行政区域内的城市绿线管理工作。

城市人民政府规划、园林绿化行政主管部门，按照职责分工负责城市绿线的监督和管理工作。

第五条 城市规划、园林绿化等行政主管部门应当密切合作，组织编制城市绿地系统规划。

城市绿地系统规划是城市总体规划的组成部分，应当确定城市绿化目标和布局，规定城市各类绿地的控制原则，按照规定标准确定绿化用地面积，分层次合理布局公共绿地，确定防护绿地、大型公共绿地等的绿线。

第六条 控制性详细规划应当提出不同类型用地的界线、规定绿化率控制指标和绿化用地界线的具体坐标。

第七条 修建性详细规划应当根据控制性详细规划，明确绿地布局，提出绿化配置的原则或者方案，划定绿地界线。

第八条 城市绿线的审批、调整，按照《中华人民共和国城乡规划法》、《城市绿化条例》的规定进行。

第九条 批准的城市绿线要向社会公布，接受公众监督。

任何单位和个人都有保护城市绿地、服从城市绿线管理的义务，有监督城市绿线管理、对违反城市绿线管理行为进行检举的权利。

第十条 城市绿线范围内的公共绿地、防护绿地、生产绿地、居住区绿地、单位附属绿地、道路绿地、风景林地等，必须按照《城市用地分类与规划建设用地标准》、《公园设计规范》等标准，进行绿地建设。

第十一条 城市绿线内的用地，不得改作他用，不得违反法律法规、强制性标准以及批准的规划进行开发建设。

有关部门不得违反规定，批准在城市绿线范围内进行建设。

因建设或者其他特殊情况，需要临时占用城市绿线内用地的，必须依法办理相关审批手续。

在城市绿线范围内，不符合规划要求的建筑物、构筑物及其他设施应当限期迁出。

第十二条 任何单位和个人不得在城市绿地范围内进行拦河截溪、取土采石、设置垃圾堆场、排放污水以及其他对生态环境构成破坏的活动。

近期不进行绿化建设的规划绿地范围内的建设活动，应当进行生态环境影响分析，并按照《中华人民共和国城乡规划法》的规定，予以严格控制。

第十三条 居住区绿化、单位绿化及各类建设项目的配套绿化都要达到《城市绿化规划建设指标的规定》的标准。

各类建设工程要与其配套的绿化工程同步设计，同步施工，同步验收。达不到规定标准的，不得投入使用。

第十四条 城市人民政府规划、园林绿化行政主管部门按照职责分工，对城市绿线的控制和实施情况进行检查，并向同级人民政府和上级行政主管部门报告。

第十五条 省、自治区人民政府建设行政主管部门应当定期对本行政区域内城市绿线的管理情况进行监督检查，对违法行为，及时纠正。

第十六条 违反本办法规定，擅自改变城市绿线内土地用途、占用或者破坏城市绿地的，由城市规划、园林绿化行政主管部门，按照《中华人民共和国城乡规划法》、《城市绿化条例》的有关规定处罚。

第十七条 违反本办法规定，在城市绿地范围内进行拦河截溪、取土采石、设置垃圾堆场、排放污水以及其他对城市生态环境造成破坏活动的，由城市园林绿化行政主管部门责令改正，并处1万元以上3万元以下的罚款。

第十八条 违反本办法规定，在已经划定的城市绿线范围内违反规定审批建设项目的，对有关责任人员由有关机关给予行政处分；构成犯罪的，依法追究刑事责任。

第十九条 城镇体系规划所确定的，城市规划区外防护绿地、绿化隔离带等的绿线划定、监督和管理，参照本办法执行。

第二十条 本办法自2002年11月1日起施行。

外商投资城市规划服务企业管理规定

（2003年2月13日建设部、对外贸易
经济合作部令第116号发布，
2011年1月26日住房和城乡建设部令第9号修订）

第一条 为进一步扩大对外开放，规范外国公司、企业和其他经济组织或者个人投资城市规划服务企业，加强对外商投资城市规划服务企业从事城市规划服务活动的管理，根据《中华人民共和国外资企业法》、《中华人民共和国中外合资经营企业法》、《中华人民共和国中外合作经营企业法》、《中华人民共和国城乡规划法》，制定本规定。

第二条 在中华人民共和国境内设立外商投资城市规划服务企业，申请《外商投资企业城市规划服务资格证书》，实施对外商投资城市规划服务企业监督管理，适用本规定。

第三条 本规定所称外商投资城市规划服务企业，是指在中华人民共和国依法设立，从事城市规划服务的中外合资、中外合作经营企业以及外资企业。

本规定所称城市规划服务，是指从事除城市总体规划以外的城市规划的编制、咨询活动。

第四条 外国公司、企业和其他经济组织或者个人在中国从事城市规划服务，必须依法设立中外合资、中外合作或者外资企业，取得《外商投资企业城市规划服务资格证书》。

未取得《外商投资企业城市规划服务资格证书》的，不得从事城市规划服务。

第五条 国务院对外贸易经济行政主管部门负责外商投资城市规划服务企业设立的管理工作；国务院建设行政主管部门负责外商投资城市规划服务企业资格的管理工作。

省、自治区、直辖市人民政府对外贸易经济行政主管部门负责本行政区域内外商投资城市规划服务企业设立的初审工作；县级以上地方人民政府城市规划行政主管部门负责对本行政区域内的外商投资城市规划服务企业从事城市规划服务活动的监督管理。

第六条 设立外商投资城市规划服务企业，除具备中国有关外商投资企业法律法规规定的条件外，还必须具备以下条件：

（一）外方是在其所在国家或者地区从事城市规划服务的企业或者专业技术人员；

（二）具有城市规划、建筑、道路交通、园林绿化以及相关工程等方面的专业技术人员20人以上，其中外籍专业技术人员占全部专业技术人员的比例不低于25%，城市规划、建筑、道路交通、园林绿化专业的外籍专业技术人员分别不少于1人；

（三）有符合国家规定的技术装备和固定的工作场所。

第七条 申请设立外商投资城市规划服务企业的，应当依法向国家工商行政管理总局或者国家工商行政管理总局授权的地方工商行政管理局，申请拟设立外商投资企业名称的核准。

第八条 申请人在取得拟设立外商投资企业名称核准后，向拟设立企业所在地省、自治区、直辖市人民政府对外贸易经济行政主管部门，提出设立外商投资城市规划服务企业申请，并提交下列材料：

（一）投资方法定代表人签署的外商投资企业设立申请书；

（二）投资方编制或者认可的可行性研究报告、项目建议书及企业设立方案（包括专业人员配备、技术装备计划和工作场所面积等）；

（三）投资方法定代表人签署的外商投资企业合同和章程（其中外资企业只需提供章程）；

（四）企业名称预先核准通知书；

（五）投资方法人登记注册证明、投资方银行资信证明；

（六）投资方拟派出的董事长、董事会成员、经理、工程技术负责人等任职文件及证明文件；

（七）经注册会计师或者会计师事务所审计的投资方最近三年的资产负债表和损益表；

（八）外方投资者所在国家或者地区从事城市规划服务的企业注册登记证明、银行资信证明；

（九）外方投资者所在国家或者地区政府主管部门或者行业协会、学会、公证机构出具的从事城市规划服务经历及业绩的证明。

第九条 省、自治区、直辖市人民政府对外贸易经济行政主管部门，在受理申请之日起30日内完成初审；初审同意后，报国务院对外贸易经济行政主管部门。

第十条 国务院对外贸易经济行政主管部门，在接到经初审的申请材料之日起10日内，将申请材料送国务院建设行政主管部门征求意见。国务院建设行政主管部门收到申请材料之日起30日内提出意见。国务院对外贸易经济行政主管部门在收到国务院建设行政主管部门书面意见之日起30日内作出批准或者不批准的决定。予以批准的，发给外商投资企业批准证书；不予批准的，书面说明理由。

第十一条 申请人在取得外商投资企业批准证书后，依法办理企业工商注册登记，领取营业执照。

第十二条 申请人在取得企业法人营业执照后，向国务院建设行政主管部门申请《外商投资企业城市规划服务资格证书》。

第十三条 申请《外商投资企业城市规划服务资格证书》应当提供下列

材料：

（一）《外商投资企业城市规划服务资格证书》申请表；

（二）外商投资企业批准证书；

（三）企业法人营业执照；

（四）经劳动人事部门备案的专业技术人员聘用合同和专业技术资格证明材料；

（五）企业技术装备材料。

第十四条 外商投资城市规划服务企业应当在取得《外商投资企业城市规划服务资格证书》后 30 日内，向其注册所在市、县城市规划行政主管部门备案。

第十五条 外商投资城市规划服务企业承揽注册所在地以外城市规划服务任务的，应当向任务所在市、县城市规划行政主管部门备案。

第十六条 申请人提交的材料应当使用中文，证明文件是外文的，必须提供中文译本。

第十七条 外商投资城市规划服务企业从事城市规划服务，必须遵守中国有关城市规划的法律法规、技术标准和规范。

第十八条 外商投资城市规划服务企业聘用的外国技术人员每人每年在中国境内累计居留时间不得少于 6 个月。

第十九条 国务院建设行政主管部门对取得《外商投资企业城市规划服务资格证书》的外商投资城市规划服务企业，每年进行一次年检。对不符合资格条件的，收回其《外商投资企业城市规划服务资格证书》。

第二十条 已取得《城市规划编制单位资质证书》的中方单位，改组、改制成立中外合资、中外合作城市规划服务企业的，应当交回《城市规划编制单位资质证书》。

第二十一条 外商投资城市规划服务企业停业、撤销、终止时，应当交回《外商投资企业城市规划服务资格证书》。

第二十二条 严禁将城市规划服务任务委托给未取得《外商投资企业城市规划服务资格证书》的外商投资企业。

严禁将有关城市总体规划的服务任务委托给外商投资企业。

第二十三条 未取得《外商投资企业城市规划服务资格证书》承揽城市规划服务任务的，由县级以上地方人民政府城市规划行政主管部门责令停止违法活动，处 1 万元以上 3 万元以下的罚款。对其成果，有关部门不得批准。

第二十四条 外商投资城市规划服务企业违反本规定从事城市总体规划编

制服务的，由县级以上地方人民政府城市规划行政主管部门责令改正；情节严重的，由发证机关收回《外商投资企业城市规划服务资格证书》。

外商投资城市规划服务企业弄虚作假，骗取《外商投资企业城市规划服务资格证书》的，由发证机关收回资格证书。

发证机关收回资格证书后，应当将有关情况通报注册登记机关。被收回资格证书的企业，应当向注册登记机关申请注销登记；不办理注销登记的，由注册登记机关依法处理。

第二十五条　违反本规定，将城市规划服务任务委托给未取得《外商投资企业城市规划服务资格证书》外商投资企业的，或者将总体规划服务任务委托给外商投资城市规划服务企业的，由上级机关予以纠正，依法追究有关责任人的行政责任；构成犯罪的，依法追究刑事责任。

第二十六条　本规定由国务院建设行政主管部门、国务院对外贸易经济行政主管部门按照各自的职责负责解释。

第二十七条　香港特别行政区、澳门特别行政区和台湾地区的投资者在大陆投资兴办城市规划服务企业的，参照本规定执行。

第二十八条　本规定自2003年5月1日起施行。

城市抗震防灾规划管理规定

（2003年9月19日建设部令第117号发布，
2011年1月26日住房和城乡建设部令第9号修订）

第一条　为了提高城市的综合抗震防灾能力，减轻地震灾害，根据《中华人民共和国城乡规划法》、《中华人民共和国防震减灾法》等有关法律、法规，制定本规定。

第二条　在抗震设防区的城市，编制与实施城市抗震防灾规划，必须遵守本规定。

本规定所称抗震设防区，是指地震基本烈度六度及六度以上地区（地震动峰值加速度≥0.05g的地区）。

第三条　城市抗震防灾规划是城市总体规划中的专业规划。在抗震设防区的城市，编制城市总体规划时必须包括城市抗震防灾规划。城市抗震防灾规划的规划范围应当与城市总体规划相一致，并与城市总体规划同步实施。

城市总体规划与防震减灾规划应当相互协调。

第四条 城市抗震防灾规划的编制要贯彻“预防为主，防、抗、避、救相结合”的方针，结合实际、因地制宜、突出重点。

第五条 国务院建设行政主管部门负责全国的城市抗震防灾规划综合管理工作。

省、自治区人民政府建设行政主管部门负责本行政区域内的城市抗震防灾规划的管理工作。

直辖市、市、县人民政府城乡规划行政主管部门会同有关部门组织编制本行政区域内的城市抗震防灾规划，并监督实施。

第六条 编制城市抗震防灾规划应当对城市抗震防灾有关的城市建设、地震地质、工程地质、水文地质、地形地貌、土层分布及地震活动性等情况进行深入调查研究，取得准确的基础资料。

有关单位应当依法为编制城市抗震防灾规划提供必需的资料。

第七条 编制和实施城市抗震防灾规划应当符合有关的标准和技术规范，应当采用先进技术方法和手段。

第八条 城市抗震防灾规划编制应当达到下列基本目标：

（一）当遭受多遇地震时，城市一般功能正常；

（二）当遭受相当于抗震设防烈度的地震时，城市一般功能及生命线系统基本正常，重要工矿企业能正常或者很快恢复生产；

（三）当遭受罕遇地震时，城市功能不瘫痪，要害系统和生命线工程不遭受严重破坏，不发生严重的次生灾害。

第九条 城市抗震防灾规划应当包括下列内容：

（一）地震的危害程度估计，城市抗震防灾现状、易损性分析和防灾能力评价，不同强度地震下的震害预测等。

（二）城市抗震防灾规划目标、抗震设防标准。

（三）建设用地评价与要求：

1. 城市抗震环境综合评价，包括发震断裂、地震场地破坏效应的评价等；

2. 抗震设防区划，包括场地适宜性分区和危险地段、不利地段的确定，提出用地布局要求；

3. 各类用地上工程设施建设的抗震性能要求。

（四）抗震防灾措施：

1. 市、区级避震通道及避震疏散场地（如绿地、广场等）和避难中心的设置与人员疏散的措施；

2. 城市基础设施的规划建设要求：城市交通、通讯、给排水、燃气、电力、热力等生命线系统，及消防、供油网络、医疗等重要设施的规划布局要求；

3. 防止地震次生灾害要求：对地震可能引起的水灾、火灾、爆炸、放射性辐射、有毒物质扩散或者蔓延等次生灾害的防灾对策；

4. 重要建（构）筑物、超高建（构）筑物、人员密集的教育、文化、体育等设施的布局、间距和外部通道要求；

5. 其他措施。

第十条　城市抗震防灾规划中的抗震设防标准、建设用地评价与要求、抗震防灾措施应当列为城市总体规划的强制性内容，作为编制城市详细规划的依据。

第十一条　城市抗震防灾规划应当按照城市规模、重要性和抗震防灾的要求，分为甲、乙、丙三种模式：

（一）位于地震基本烈度七度及七度以上地区（地震动峰值加速度≥0.10g的地区）的大城市应当按照甲类模式编制；

（二）中等城市和位于地震基本烈度六度地区（地震动峰值加速度等于0.05g的地区）的大城市按照乙类模式编制；

（三）其他在抗震设防区的城市按照丙类模式编制。

甲、乙、丙类模式抗震防灾规划的编制深度应当按照有关的技术规定执行。规划成果应当包括规划文本、说明、有关图纸和软件。

第十二条　抗震防灾规划应当由省、自治区建设行政主管部门或者直辖市城乡规划行政主管部门组织专家评审，进行技术审查。专家评审委员会的组成应当包括规划、勘察、抗震等方面的专家和省级地震主管部门的专家。甲、乙类模式抗震防灾规划评审时应当有三名以上建设部全国城市抗震防灾规划审查委员会成员参加。全国城市抗震防灾规划审查委员会委员由国务院建设行政主管部门聘任。

第十三条　经过技术审查的抗震防灾规划应当作为城市总体规划的组成部分，按照法定程序审批。

第十四条　批准后的抗震防灾规划应当公布。

第十五条　城市抗震防灾规划应当根据城市发展和科学技术水平等各种因素的变化，与城市总体规划同步修订。对城市抗震防灾规划进行局部修订，涉及修改总体规划强制性内容的，应当按照原规划的审批要求评审和报批。

第十六条　抗震设防区城市的各项建设必须符合城市抗震防灾规划的要求。

第十七条　在城市抗震防灾规划所确定的危险地段不得进行新的开发建设，

已建的应当限期拆除或者停止使用。

第十八条 重大建设工程和各类生命线工程的选址与建设应当避开不利地段，并采取有效的抗震措施。

第十九条 地震时可能发生严重次生灾害的工程不得建在城市人口稠密地区，已建的应当逐步迁出；正在使用的，迁出前应当采取必要的抗震防灾措施。

第二十条 任何单位和个人不得在抗震防灾规划确定的避震疏散场地和避震通道上搭建临时性建（构）筑物或者堆放物资。

重要建（构）筑物、超高建（构）筑物、人员密集的教育、文化、体育等设施的外部通道及间距应当满足抗震防灾的原则要求。

第二十一条 直辖市、市、县人民政府城乡规划行政主管部门应当建立举报投诉制度，接受社会和舆论的监督。

第二十二条 省、自治区人民政府建设行政主管部门应当定期对本行政区域内的城市抗震防灾规划的实施情况进行监督检查。

第二十三条 任何单位和个人从事建设活动违反城市抗震防灾规划的，按照《中华人民共和国城乡规划法》等有关法律、法规和规章的有关规定处罚。

第二十四条 本规定自2003年11月1日起施行。本规定颁布前，城市抗震防灾规划管理规定与本规定不一致的，以本规定为准。

城市桥梁检测和养护维修管理办法

（2003年10月10日建设部令第118号发布）

第一章 总 则

第一条 为了加强城市桥梁的检测和养护维修管理，确保城市桥梁的完好、安全和通畅，充分发挥城市桥梁的功能，根据《中华人民共和国安全生产法》、《城市道路管理条例》等法律法规，制定本办法。

第二条 本办法所称城市桥梁，是指城市范围内连接或者跨越城市道路的，供车辆、行人通行的桥梁以及高架道路（包括轻轨高架部分）。

第三条 国务院建设行政主管部门负责全国城市桥梁检测和养护维修的管理工作。

省、自治区人民政府建设行政主管部门负责本行政区域内的城市桥梁检测和养护维修活动的管理工作。

县级以上城市人民政府市政工程设施行政主管部门负责本行政区域内城市桥梁检测和养护维修活动的管理工作。

第四条　城市桥梁产权人或者委托管理人，负责对其所有的或者受托管理的城市桥梁进行检测和养护维修。

第五条　县级以上城市人民政府市政工程设施行政主管部门应当建立本行政区域内城市桥梁信息管理系统和技术档案。

第二章　养护维修

第六条　城市桥梁竣工后，按照国家有关规定进行验收。未经验收或者验收不合格，以及未设置、施划有效交通标志的桥梁，不得交付使用。

第七条　城市桥梁质量保修依照《建设工程质量管理条例》的有关规定执行。

第八条　政府投资（含贷款）建设的城市桥梁，其养护维修由城市人民政府委托的管理人负责。

由政府投资建设但已经出让经营权的城市桥梁，或者由企业投资建设的城市桥梁，在经营期限内，养护维修由获得经营权的企业负责养护维修。经营期满后，按照设计荷载标准以及相关技术规范，经检测评估确认合格后，方可交还城市人民政府管理。

社会力量投资修建的公益性城市桥梁，其养护维修由城市人民政府委托的管理人负责。

第九条　单位自建的用于专业用途的桥梁，由自建单位负责养护维修。

第十条　县级以上城市人民政府市政工程设施行政主管部门应当编制城市桥梁养护维修的中长期规划和年度计划，报城市人民政府批准后实施。

城市桥梁产权人或者委托管理人应当编制城市桥梁养护维修的中长期规划和年度计划，报城市人民政府市政工程设施行政主管部门批准后实施。

第十一条　城市桥梁的养护维修费用由城市桥梁产权人或者委托管理人依据养护维修年度计划，并参照城市道路养护工程估算定额指标等规定确定。

第十二条　城市桥梁产权人或者委托管理人应当按照养护维修年度计划和技术规范对城市桥梁进行养护。城市人民政府市政工程设施行政主管部门应当按照计划定期对城市桥梁养护情况进行检查。

第十三条　城市桥梁产权人或者委托管理人应当按照有关规定，在城市桥梁上设置承载能力、限高等标志，并保持其完好、清晰。

第十四条 城市人民政府市政工程设施行政主管部门应当根据城市桥梁的具体技术特点、结构安全条件等情况，确定城市桥梁的施工控制范围。

在城市桥梁施工控制范围内从事河道疏浚、挖掘、打桩、地下管道顶进、爆破等作业的单位和个人，在取得施工许可证前应当先经城市人民政府市政工程设施行政主管部门同意，并与城市桥梁的产权人签订保护协议，采取保护措施后，方可施工。

第十五条 城市人民政府市政工程设施行政主管部门应当经常检查城市桥梁施工控制范围内的施工作业情况，避免城市桥梁发生损伤。

第十六条 超限机动车辆、履带车、铁轮车等需经过城市桥梁的，在报公安交通管理部门审批前，应当先经城市人民政府市政工程设施行政主管部门同意，并采取相应技术措施后，方可通行。

第十七条 在城市桥梁上架设各种市政管线、电力线、电信线等，应当先经原设计单位提出技术安全意见，报城市人民政府市政工程设施行政主管部门批准后，方可实施。

第十八条 在城市桥梁上设置大型广告、悬挂物等辅助物的，应当出具相应的风载、荷载实验报告以及原设计单位的技术安全意见，报城市人民政府市政工程设施行政主管部门批准后，方可实施。

第十九条 城市桥梁产权人或者委托管理人应当制定所负责管理的城市桥梁的安全抢险预备方案，明确固定的抢险队伍，并签订安全责任书，确定安全责任人。

第三章 检测评估

第二十条 县级以上城市人民政府市政工程设施行政主管部门应当建立、健全城市桥梁检测评估制度，组织实施对城市桥梁的检测评估。

城市桥梁的检测评估分为经常性检查、定期检测、特殊检测。

经常性检查是指对城市桥梁及其附属设施的技术状况进行日常巡检。

定期检测是指对城市桥梁及其附属设施的可靠性等进行定期检查评估。

特殊检测是指当城市桥梁遭遇地震、洪水、台风等自然灾害或者车船撞击等人为事故后所进行的可靠性检测评估。

第二十一条 城市桥梁产权人或者委托管理人应当委托具有相应资格的城市桥梁检测评估机构进行城市桥梁的检测评估。

第二十二条 城市桥梁检测评估机构应当根据有关技术规范，提供真实、准确的检测数据和评估结论，评定桥梁的技术等级。

第二十三条 经过检测评估，确定城市桥梁的承载能力下降，但尚未构成危桥的，城市桥梁产权人和委托管理人应当及时设置警示标志，并立即采取加固等安全措施。

经检测评估判定为危桥的，城市桥梁产权人和委托管理人应当立即采取措施，设置显著的警示标志，并在24小时内，向城市人民政府市政工程设施行政主管部门报告；城市人民政府市政工程设施行政主管部门应当提出处理意见，并限期排除危险；在危险排除之前，不得使用或者转让。

城市桥梁产权人或者委托管理人对检测评估结论有异议的，可以依法申请重新检测评估。但重新检测评估结论未果之前，不得停止执行前款规定。

第二十四条 县级以上城市人民政府市政工程设施行政主管部门应当将城市桥梁每次的检测评估结果及评定的技术等级及时归档。

第四章 法律责任

第二十五条 城市桥梁产权人或者委托管理人有下列行为之一的，由城市人民政府市政工程设施行政主管部门责令限期改正，并可处1000元以上5000元以下的罚款：

（一）未按照规定编制城市桥梁养护维修的中长期规划和年度计划，或者未经批准即实施的；

（二）未按照规定设置相应的标志，并保持其完好、清晰的；

（三）未按照规定委托具有相应资格的机构对城市桥梁进行检测评估的；

（四）未按照规定制定城市桥梁的安全抢险预备方案的；

（五）未按照规定对城市桥梁进行养护维修的。

第二十六条 单位或者个人擅自在城市桥梁上架设各类管线、设置广告等辅助物的，由城市人民政府市政工程设施行政主管部门责令限期改正，并可处2万元以下的罚款；造成损失的，依法承担赔偿责任。

第二十七条 单位和个人擅自在城市桥梁施工控制范围内从事本办法第十四条第二款规定的活动的，由城市人民政府市政工程设施行政主管部门责令限期改正，并可处1万元以上3万元以下的罚款。

第二十八条 违反本办法第十六条、第二十三条规定，由城市人民政府市政工程设施行政主管部门责令限期改正，并可处1万元以上2万元以下的罚款；

造成损失的，依法承担赔偿责任。

第二十九条 城市人民政府市政工程设施行政主管部门工作人员玩忽职守、滥用职权、徇私舞弊的，应当依法给予行政处分。

第五章 附 则

第三十条 建制镇的桥梁的检测和养护维修管理参照本办法执行。具体办法由省、自治区人民政府建设行政主管部门和直辖市人民政府市政工程设施行政主管部门制定。

第三十一条 列入文物保护单位的城市桥梁的检测和养护维修，还应当符合《文物保护法》的有关规定。

第三十二条 本规定自2004年1月1日起施行。

城市紫线管理办法

（2003年12月17日建设部令第119号发布，
2011年1月26日住房和城乡建设部令第9号修订）

第一条 为了加强对城市历史文化街区和历史建筑的保护，根据《中华人民共和国城市规划法》、《中华人民共和国文物保护法》和国务院有关规定，制定本办法。

第二条 本办法所称城市紫线，是指国家历史文化名城内的历史文化街区和省、自治区、直辖市人民政府公布的历史文化街区的保护范围界线，以及历史文化街区外经县级以上人民政府公布保护的历史建筑的保护范围界线。本办法所称紫线管理是划定城市紫线和对城市紫线范围内的建设活动实施监督、管理。

第三条 在编制城市规划时应当划定保护历史文化街区和历史建筑的紫线。国家历史文化名城的城市紫线由城市人民政府在组织编制历史文化名城保护规划时划定。其他城市的城市紫线由城市人民政府在组织编制城市总体规划时划定。

第四条 国务院建设行政主管部门负责全国城市紫线管理工作。

省、自治区人民政府建设行政主管部门负责本行政区域内的城市紫线管理工作。

市、县人民政府城乡规划行政主管部门负责本行政区域内的城市紫线管理工作。

第五条　任何单位和个人都有权了解历史文化街区和历史建筑的紫线范围及其保护规划，对规划的制定和实施管理提出意见，对破坏保护规划的行为进行检举。

第六条　划定保护历史文化街区和历史建筑的紫线应当遵循下列原则：

（一）历史文化街区的保护范围应当包括历史建筑物、构筑物和其风貌环境所组成的核心地段，以及为确保该地段的风貌、特色完整性而必须进行建设控制的地区。

（二）历史建筑的保护范围应当包括历史建筑本身和必要的风貌协调区。

（三）控制范围清晰，附有明确的地理坐标及相应的界址地形图。

城市紫线范围内文物保护单位保护范围的划定，依据国家有关文物保护的法律、法规。

第七条　编制历史文化名城和历史文化街区保护规划，应当包括征求公众意见的程序。审查历史文化名城和历史文化街区保护规划，应当组织专家进行充分论证，并作为法定审批程序的组成部分。

市、县人民政府批准保护规划前，必须报经上一级人民政府主管部门审查同意。

第八条　历史文化名城和历史文化街区保护规划一经批准，原则上不得调整。因改善和加强保护工作的需要，确需调整的，由所在城市人民政府提出专题报告，经省、自治区、直辖市人民政府城乡规划行政主管部门审查同意后，方可组织编制调整方案。

调整后的保护规划在审批前，应当将规划方案公示，并组织专家论证。审批后应当报历史文化名城批准机关备案，其中国家历史文化名城报国务院建设行政主管部门备案。

第九条　市、县人民政府应当在批准历史文化街区保护规划后的一个月内，将保护规划报省、自治区人民政府建设行政主管部门备案。其中国家历史文化名城内的历史文化街区保护规划还应当报国务院建设行政主管部门备案。

第十条　历史文化名城、历史文化街区和历史建筑保护规划一经批准，有关市、县人民政府城乡规划行政主管部门必须向社会公布，接受公众监督。

第十一条　历史文化街区和历史建筑已经破坏，不再具有保护价值的，有关市、县人民政府应当向所在省、自治区、直辖市人民政府提出专题报告，经批准后方可撤销相关的城市紫线。

撤销国家历史文化名城中的城市紫线，应当经国务院建设行政主管部门批准。

第十二条 历史文化街区内的各项建设必须坚持保护真实的历史文化遗存，维护街区传统格局和风貌，改善基础设施、提高环境质量的原则。历史建筑的维修和整治必须保持原有外形和风貌，保护范围内的各项建设不得影响历史建筑风貌的展示。

市、县人民政府应当依据保护规划，对历史文化街区进行整治和更新，以改善人居环境为前提，加强基础设施、公共设施的改造和建设。

第十三条 在城市紫线范围内禁止进行下列活动：

（一）违反保护规划的大面积拆除、开发；

（二）对历史文化街区传统格局和风貌构成影响的大面积改建；

（三）损坏或者拆毁保护规划确定保护的建筑物、构筑物和其他设施；

（四）修建破坏历史文化街区传统风貌的建筑物、构筑物和其他设施；

（五）占用或者破坏保护规划确定保留的园林绿地、河湖水系、道路和古树名木等；

（六）其他对历史文化街区和历史建筑的保护构成破坏性影响的活动。

第十四条 在城市紫线范围内确定各类建设项目，必须先由市、县人民政府城乡规划行政主管部门依据保护规划进行审查，组织专家论证并进行公示后核发选址意见书。

第十五条 在城市紫线范围内进行新建或者改建各类建筑物、构筑物和其他设施，对规划确定保护的建筑物、构筑物和其他设施进行修缮和维修以及改变建筑物、构筑物的使用性质，应当依照相关法律、法规的规定，办理相关手续后方可进行。

第十六条 城市紫线范围内各类建设的规划审批，实行备案制度。

省、自治区、直辖市人民政府公布的历史文化街区，报省、自治区人民政府建设行政主管部门或者直辖市人民政府城乡规划行政主管部门备案。其中国家历史文化名城内的历史文化街区报国务院建设行政主管部门备案。

第十七条 在城市紫线范围内进行建设活动，涉及文物保护单位的，应当符合国家有关文物保护的法律、法规的规定。

第十八条 省、自治区建设行政主管部门和直辖市城乡规划行政主管部门，应当定期对保护规划执行情况进行检查监督，并向国务院建设行政主管部门提出报告。

对于监督中发现的擅自调整和改变城市紫线，擅自调整和违反保护规划的行政行为，或者由于人为原因，导致历史文化街区和历史建筑遭受局部破坏的，监督机关可以提出纠正决定，督促执行。

第十九条　国务院建设行政主管部门，省、自治区人民政府建设行政主管部门和直辖市人民政府城乡规划行政主管部门根据需要可以向有关城市派出规划监督员，对城市紫线的执行情况进行监督。

规划监督员行使下述职能：

（一）参与保护规划的专家论证，就保护规划方案的科学合理性向派出机关报告；

（二）参与城市紫线范围内建设项目立项的专家论证，了解公示情况，可以对建设项目的可行性提出意见，并向派出机关报告；

（三）对城市紫线范围内各项建设审批的可行性提出意见，并向派出机关报告；

（四）接受公众的投诉，进行调查，向有关行政主管部门提出处理建议，并向派出机关报告。

第二十条　违反本办法规定，未经市、县人民政府城乡规划行政主管部门批准，在城市紫线范围内进行建设活动的，由市、县人民政府城乡规划行政主管部门按照《中华人民共和国城乡规划法》等法律、法规的规定处罚。

第二十一条　违反本办法规定，擅自在城市紫线范围内审批建设项目和批准建设的，对有关责任人员给予行政处分；构成犯罪的，依法追究刑事责任。

第二十二条　本办法自2004年2月1日起施行。

《外商投资城市规划服务企业管理规定》的补充规定

（2003年12月19日建设部、商务部令第123号发布）

为了促进内地与香港、澳门经贸关系的发展，鼓励香港服务提供者和澳门服务提供者在内地设立城市规划服务企业，根据国务院批准的《内地与香港关于建立更紧密经贸关系的安排》和《内地与澳门关于建立更紧密经贸关系的安排》，现就《外商投资城市规划服务企业管理规定》（建设部、对外贸易经济合作部令第116号）做如下补充规定：

一、自2004年1月1日起，允许香港服务提供者和澳门服务提供者在内地以独资形式设立城市规划服务企业。

二、香港服务提供者和澳门服务提供者在内地设立城市规划服务企业的其他规定，依照《外商投资城市规划服务企业管理规定》执行。

三、本规定中的香港服务提供者和澳门服务提供者应分别符合《内地与香港关于建立更紧密经贸关系的安排》和《内地与澳门关于建立更紧密经贸关系的安排》中关于“服务提供者”定义及相关规定的要求。

四、本补充规定由建设部和商务部按照各自职责负责解释。

五、本补充规定自2004年1月1日起实施。

市政公用事业特许经营管理办法

（2004年3月19日建设部令第126号发布）

第一条 为了加快推进市政公用事业市场化，规范市政公用事业特许经营活动，加强市场监管，保障社会公共利益和公共安全，促进市政公用事业健康发展，根据国家有关法律、法规，制定本办法。

第二条 本办法所称市政公用事业特许经营，是指政府按照有关法律、法规规定，通过市场竞争机制选择市政公用事业投资者或者经营者，明确其在一定期限和范围内经营某项市政公用事业产品或者提供某项服务的制度。

城市供水、供气、供热、公共交通、污水处理、垃圾处理等行业，依法实施特许经营的，适用本办法。

第三条 实施特许经营的项目由省、自治区、直辖市通过法定形式和程序确定。

第四条 国务院建设主管部门负责全国市政公用事业特许经营活动的指导和监督工作。

省、自治区人民政府建设主管部门负责本行政区域内的市政公用事业特许经营活动的指导和监督工作。

直辖市、市、县人民政府市政公用事业主管部门依据人民政府的授权（以下简称主管部门），负责本行政区域内的市政公用事业特许经营的具体实施。

第五条 实施市政公用事业特许经营，应当遵循公开、公平、公正和公共利益优先的原则。

第六条 实施市政公用事业特许经营，应当坚持合理布局，有效配置资源的原则，鼓励跨行政区域的市政公用基础设施共享。

跨行政区域的市政公用基础设施特许经营，应当本着有关各方平等协商的原则，共同加强监管。

第七条　参与特许经营权竞标者应当具备以下条件：

（一）依法注册的企业法人；

（二）有相应的注册资本金和设施、设备；

（三）有良好的银行资信、财务状况及相应的偿债能力；

（四）有相应的从业经历和良好的业绩；

（五）有相应数量的技术、财务、经营等关键岗位人员；

（六）有切实可行的经营方案；

（七）地方性法规、规章规定的其他条件。

第八条　主管部门应当依照下列程序选择投资者或者经营者：

（一）提出市政公用事业特许经营项目，报直辖市、市、县人民政府批准后，向社会公开发布招标条件，受理投标；

（二）根据招标条件，对特许经营权的投标人进行资格审查和方案预审，推荐出符合条件的投标候选人；

（三）组织评审委员会依法进行评审，并经过质询和公开答辩，择优选择特许经营权授予对象；

（四）向社会公示中标结果，公示时间不少于20天；

（五）公示期满，对中标者没有异议的，经直辖市、市、县人民政府批准，与中标者（以下简称“获得特许经营权的企业”）签订特许经营协议。

第九条　特许经营协议应当包括以下内容：

（一）特许经营内容、区域、范围及有效期限；

（二）产品和服务标准；

（三）价格和收费的确定方法、标准以及调整程序；

（四）设施的权属与处置；

（五）设施维护和更新改造；

（六）安全管理；

（七）履约担保；

（八）特许经营权的终止和变更；

（九）违约责任；

（十）争议解决方式；

（十一）双方认为应该约定的其他事项。

第十条　主管部门应当履行下列责任：

（一）协助相关部门核算和监控企业成本，提出价格调整意见；

（二）监督获得特许经营权的企业履行法定义务和协议书规定的义务；

（三）对获得特许经营权的企业的经营计划实施情况、产品和服务的质量以及安全生产情况进行监督；

（四）受理公众对获得特许经营权的企业的投诉；

（五）向政府提交年度特许经营监督检查报告；

（六）在危及或者可能危及公共利益、公共安全等紧急情况下，临时接管特许经营项目；

（七）协议约定的其他责任。

第十一条 获得特许经营权的企业应当履行下列责任：

（一）科学合理地制定企业年度生产、供应计划；

（二）按照国家安全生产法规和行业安全生产标准规范，组织企业安全生产；

（三）履行经营协议，为社会提供足量的、符合标准的产品和服务；

（四）接受主管部门对产品和服务质量的监督检查；

（五）按规定的时间将中长期发展规划、年度经营计划、年度报告、董事会决议等报主管部门备案；

（六）加强对生产设施、设备的运行维护和更新改造，确保设施完好；

（七）协议约定的其他责任。

第十二条 特许经营期限应当根据行业特点、规模、经营方式等因素确定，最长不得超过30年。

第十三条 获得特许经营权的企业承担政府公益性指令任务造成经济损失的，政府应当给予相应的补偿。

第十四条 在协议有效期限内，若协议的内容确需变更的，协议双方应当在共同协商的基础上签订补充协议。

第十五条 获得特许经营权的企业确需变更名称、地址、法定代表人的，应当提前书面告知主管部门，并经其同意。

第十六条 特许经营期限届满，主管部门应当按照本办法规定的程序组织招标，选择特许经营者。

第十七条 获得特许经营权的企业在协议有效期内单方提出解除协议的，应当提前提出申请，主管部门应当自收到获得特许经营权的企业申请的3个月内作出答复。在主管部门同意解除协议前，获得特许经营权的企业必须保证正常的经营与服务。

第十八条　获得特许经营权的企业在特许经营期间有下列行为之一的，主管部门应当依法终止特许经营协议，取消其特许经营权，并可以实施临时接管：

（一）擅自转让、出租特许经营权的；

（二）擅自将所经营的财产进行处置或者抵押的；

（三）因管理不善，发生重大质量、生产安全事故的；

（四）擅自停业、歇业，严重影响到社会公共利益和安全的；

（五）法律、法规禁止的其他行为。

第十九条　特许经营权发生变更或者终止时，主管部门必须采取有效措施保证市政公用产品供应和服务的连续性与稳定性。

第二十条　主管部门应当在特许经营协议签订后30日内，将协议报上一级市政公用事业主管部门备案。

第二十一条　在项目运营的过程中，主管部门应当组织专家对获得特许经营权的企业经营情况进行中期评估。

评估周期一般不得低于两年，特殊情况下可以实施年度评估。

第二十二条　直辖市、市、县人民政府有关部门按照有关法律、法规规定的原则和程序，审定和监管市政公用事业产品和服务价格。

第二十三条　未经直辖市、市、县人民政府批准，获得特许经营权的企业不得擅自停业、歇业。

获得特许经营权的企业擅自停业、歇业的，主管部门应当责令其限期改正，或者依法采取有效措施督促其履行义务。

第二十四条　主管部门实施监督检查，不得妨碍获得特许经营权的企业正常的生产经营活动。

第二十五条　主管部门应当建立特许经营项目的临时接管应急预案。

对获得特许经营权的企业取消特许经营权并实施临时接管的，必须按照有关法律、法规的规定进行，并召开听证会。

第二十六条　社会公众对市政公用事业特许经营享有知情权、建议权。

直辖市、市、县人民政府应当建立社会公众参与机制，保障公众能够对实施特许经营情况进行监督。

第二十七条　国务院建设主管部门应当加强对直辖市市政公用事业主管部门实施特许经营活动的监督检查，省、自治区人民政府建设主管部门应当加强对市、县人民政府市政公用事业主管部门实施特许经营活动的监督检查，及时纠正实施特许经营中的违法行为。

第二十八条　对以欺骗、贿赂等不正当手段获得特许经营权的企业，主管部门应当取消其特许经营权，并向国务院建设主管部门报告，由国务院建设主管部门通过媒体等形式向社会公开披露。被取消特许经营权的企业在3年内不得参与市政公用事业特许经营竞标。

第二十九条 主管部门或者获得特许经营权的企业违反协议的，由过错方承担违约责任，给对方造成损失的，应当承担赔偿责任。

第三十条 主管部门及其工作人员有下列情形之一的，由对其授权的直辖市、市、县人民政府或者监察机关责令改正，对负主要责任的主管人员和其他直接责任人员依法给予行政处分；构成犯罪的，依法追究刑事责任：

（一）不依法履行监督职责或者监督不力，造成严重后果的；

（二）对不符合法定条件的竞标者授予特许经营权的；

（三）滥用职权、徇私舞弊的。

第三十一条 本办法自2004年5月1日起施行。

城市动物园管理规定

（1994年8月16日建设部令第37号发布，
2001年9月7日建设部令第105号、
2004年7月23日建设部令第133号、
2011年1月26日住房和城乡建设部令第9号修订）

第一章 总 则

第一条 为加强城市动物园管理，充分发挥动物园的作用，满足人民物质和文化生活提高的需要，制定本规定。

第二条 本规定适用于综合性动物园（水族馆）、专类性动物园、野生动物园、城市公园的动物展区、珍稀濒危动物饲养繁殖研究场所。

从事城市动物园（以下简称动物园）的规划、建设、管理和动物保护必须遵守本规定。

第三条 国务院建设行政主管部门负责全国动物园管理工作。

省、自治区人民政府建设行政主管部门负责本行政区域内的动物园管理工作。

城市人民政府园林行政主管部门负责本城市的动物园管理工作。

动物园管理机构负责动物园的日常管理及动物保护工作。

第四条　国家鼓励动物园积极开展珍稀濒危野生动物的科学研究和移地保护工作。

第二章　动物园的规划和建设

第五条　动物园的规划和建设必须符合城市总体规划及城市园林和绿化规划，并进行统筹安排，协调发展。

第六条　需要新建动物园的，应当对建设地点、资金、动物资源和技术条件、管理人员配备等，进行综合分析论证，提出可行性报告和计划任务书，并向城市人民政府规划行政主管部门提出申请。

城市人民政府规划行政主管部门审批前，应当征得城市人民政府园林行政主管部门同意。

城市人民政府园林行政主管部门应当对新建动物园组织论证，广泛征求社会各界意见，论证结果应当公示。

第七条　动物园的规划设计应当坚持环境优美、适于动物栖息、生长和展出、保证安全、方便游人的原则，遵照城市园林绿化规划设计的有关标准规范。

第八条　动物园的设计单位应当具有国家规定的设计资质，并在资质证书许可的范围内承接业务。

第九条　动物园规划设计应当包括下列内容：

（一）全园总体布局规划；

（二）饲养动物种类、数量，展览分区方案，分期引进计划；

（三）展览方式、路线规划，动物笼舍和展馆设计，游览区及设施规划设计；

（四）动物医疗、隔离和动物园管理设施；

（五）绿化规划设计，绿地和水面面积不应低于国家规定的标准；

（六）基础设施规划设计；

（七）商业、服务设施规划设计；

（八）人员配制规划，建设资金概算及建设进度计划等；

（九）建成后维护管理资金估算。

第十条　城市人民政府规划行政主管部门在动物园规划、审批时，应当将动物园设计方案征求城市人民政府园林行政主管部门的意见。

（一）符合动物生活习性要求；

（二）方便游览观赏；

（三）保证动物、游人和饲养人员的安全；

（四）饲养人员管理操作方便；

（五）规定的设施齐全。

第十一条 城市人民政府规划行政主管部门在动物园规划审批时，应当将动物园规划设计方案征求城市人民政府园林行政主管部门的意见。

动物园规划设计方案，应当由城市人民政府园林行政主管部门组织论证，广泛征求社会各界意见，论证结果应当公示。

动物园应当按照批准的规划设计方案进行建设。规划设计方案确需改变的，应当报经原审批部门批准。

第十二条 动物园的建设必须严格按照批准的规划设计进行。动物园的施工应当由具有相应资质等级的单位承担，严格执行国家有关标准、规范，竣工后按规定验收合格方可投入使用。

第十三条 任何单位和个人都不得擅自侵占动物园及其规划用地，已被占用的应当限期归还。

第十四条 动物园扩大规模、增加动物种类，必须在动物资源、动物笼舍、饲料、医疗等物质条件和技术、管理人员都具备的情况下稳步进行。

第三章 动物园的管理

第十五条 动物园管理机构应当加强动物园的科学化管理，建立健全必要的职能部门，配备相应的人员，建立和完善各项规章制度。科技人员应达到规定的比例。

第十六条 动物园管理机构应当严格执行建设部颁发的《动物园动物管理技术规程》标准。

第十七条 动物园管理机构应当备有卫生防疫、医疗救护、麻醉保定设施，定时进行防疫和消毒。有条件的动物园要设有动物疾病检疫隔离场。

第十八条 动物园管理机构应当对饲养动物加强档案管理，建立、健全饲养动物谱系。

动物园都应当设立谱系登记员，负责整理全园饲养动物的谱系资料。

第十九条 动物园管理机构每年应当从事业经费中提取一定比例的资金作为科研经费，用于饲养野生动物的科学研究。

第二十条 动物园管理机构应当制定野生动物科学普及教育计划，要设专人负责科普工作，利用各种方式向群众，特别是向青少年，进行宣传教育。

第二十一条　动物园管理机构应当完善各项安全设施，加强安全管理，确保游人、管理人员和动物的安全。

动物园管理机构应当加强对游人的管理，严禁游人在动物展区内惊扰动物和大声喧哗，闭园后禁止在动物展区进行干扰动物的各种活动。

第二十二条　动物园管理机构应当加强园容和环境卫生的管理，完善环卫设施，妥善处理垃圾、排泄物和废弃物，防止污染环境。

第二十三条　动物园管理机构应当加强绿地的美化和管理，搞好绿地和园林植物的维护。

第二十四条　动物园内的服务设施的设置应当符合动物园规划设计方案。

任何单位和个人不得擅自在动物园内摆摊设点。

第四章　动物的保护

第二十五条　动物园管理机构应当制定野生动物种群发展计划。动物园间应当密切配合和协作，共同做好濒危物种的保护繁育研究工作。有条件的动物园应当建立繁育研究基地。

第二十六条　国家重点保护的野生动物因自然或人为灾害受到威胁时，动物园管理机构有责任进行保护和拯救。

第二十七条　动物园与国外进行“濒危野生动植物种进出口国际贸易公约”附录Ⅰ、Ⅱ野生动物的交换、展览、赠送等，涉及进出口边境口岸的，经国务院建设行政主管部门审核同意后，报国务院野生动物行政主管部门批准，并取得国家濒危物种进出口管理机构核发的允许进出口证明书。大熊猫的进出口需报国务院批准。

第五章　奖励和处罚

第二十八条　对在动物园建设、管理和野生动物特别是珍稀濒危野生动物的保护和科学普及教育中作出显著成绩的单位和个人，应当给予表彰或奖励。

第二十九条　有下列行为之一的，按照有关规定处罚：

（一）未取得设计、施工资质证书或者超越资质证书许可的范围承担动物园设计或施工的；

（二）违反批准的规划设计方案进行动物园建设的；

（三）未经批准擅自改变动物园规划设计方案的；

（四）擅自侵占动物园及其规划用地的。

第三十条 擅自在动物园内摆摊设点的，由城市人民政府园林行政主管部门责令限期改正，可以并处1000元以下的罚款；造成损失的，应当承担赔偿责任。

第三十一条 违反本规定同时违反《中华人民共和国治安管理处罚法》的，由公安机关予以处罚；构成犯罪的，由司法机关依法追究刑事责任。

第三十二条 城市园林行政主管部门或动物园管理机构的工作人员玩忽职守、滥用职权、徇私舞弊的，由其所在单位或上级主管部门给予行政处分；构成犯罪的，由司法机关依法追究刑事责任。

第六章 附 则

第三十三条 省、自治区、直辖市人民政府建设行政主管部门可以依照本规定制定实施细则。

第三十四条 本规定由建设部负责解释。

第三十五条 本规定自1994年9月1日起施行。

城市地下管线工程档案管理办法

（2005年1月7日建设部令第136号发布，
2011年1月26日住房和城乡建设部令第9号修订）

第一条 为了加强城市地下管线工程档案的管理，根据《中华人民共和国城乡规划法》、《中华人民共和国档案法》、《建设工程质量管理条例》等有关法律、行政法规，制定本办法。

第二条 本办法适用于城市规划区内地下管线工程档案的管理。

本办法所称城市地下管线工程，是指城市新建、扩建、改建的各类地下管线（含城市供水、排水、燃气、热力、电力、电信、工业等的地下管线）及相关的人防、地铁等工程。

第三条 国务院建设主管部门对全国城市地下管线工程档案管理工作实施指导、监督。

省、自治区人民政府建设主管部门负责本行政区域内城市地下管线工程档案的管理工作，并接受国务院建设主管部门的指导、监督。

县级以上城市人民政府建设主管部门或者规划主管部门负责本行政区域内城市地下管线工程档案的管理工作，并接受上一级建设主管部门的指导、监督。

城市地下管线工程档案的收集、保管、利用等具体工作，由城建档案馆或者城建档案室（以下简称城建档案管理机构）负责。

各级城建档案管理机构同时接受同级档案行政管理部门的业务指导、监督。

第四条　建设单位在申请领取建设工程规划许可证前，应当到城建档案管理机构查询施工地段的地下管线工程档案，取得该施工地段地下管线现状资料。

第五条　建设单位在申请领取建设工程规划许可证时，应当向规划主管部门报送地下管线现状资料。

第六条　在建设单位办理地下管线工程施工许可手续时，城建档案管理机构应当将工程竣工后需移交的工程档案内容和要求告知建设单位。

第七条　施工单位在地下管线工程施工前应当取得施工地段地下管线现状资料；施工中发现未建档的管线，应当及时通过建设单位向当地县级以上人民政府建设主管部门或者规划主管部门报告。

建设主管部门、规划主管部门接到报告后，应当查明未建档的管线性质、权属，责令地下管线产权单位测定其坐标、标高及走向，地下管线产权单位应当及时将测量的材料向城建档案管理机构报送。

第八条　地下管线工程覆土前，建设单位应当委托具有相应资质的工程测量单位，按照《城市地下管线探测技术规程》（CJJ61）进行竣工测量，形成准确的竣工测量数据文件和管线工程测量图。

第九条　地下管线工程竣工验收前，建设单位应当提请城建档案管理机构对地下管线工程档案进行专项预验收。

第十条　建设单位在地下管线工程竣工验收备案前，应当向城建档案管理机构移交下列档案资料：

（一）地下管线工程项目准备阶段文件、监理文件、施工文件、竣工验收文件和竣工图；

（二）地下管线竣工测量成果；

（三）其他应当归档的文件资料（电子文件、工程照片、录像等）。

城市供水、排水、燃气、热力、电力、电讯等地下管线专业管理单位（以下简称地下管线专业管理单位）应当及时向城建档案管理机构移交地下专业管线图。

第十一条 建设单位向城建档案管理机构移交的档案资料应当符合《建设工程文件归档整理规范》（GB/T50328）的要求。

第十二条 地下管线专业管理单位应当将更改、报废、漏测部分的地下管线工程档案，及时修改补充到本单位的地下管线专业图上，并将修改补充的地下管线专业图及有关资料向城建档案管理机构移交。

第十三条 工程测量单位应当及时向城建档案管理机构移交有关地下管线工程的1：500城市地形图和控制成果。

对于工程测量单位移交的城市地形图和控制成果，城建档案管理机构不得出售、转让。

第十四条 城建档案管理机构应当绘制城市地下管线综合图，建立城市地下管线信息系统，并及时接收普查和补测、补绘所形成的地下管线成果。

城建档案管理机构应当依据地下管线专业图等有关的地下管线工程档案资料和工程测量单位移交的城市地形图和控制成果，及时修改城市地下管线综合图，并输入城市地下管线信息系统。

第十五条 城建档案管理机构应当建立、健全科学的管理制度，依法做好地下管线工程档案的接收、整理、鉴定、统计、保管、利用和保密工作。

第十六条 城建档案管理机构应当建立地下管线工程档案资料的使用制度，积极开发地下管线工程档案资源，为城市规划、建设和管理提供服务。

第十七条 建设单位违反本办法规定，未移交地下管线工程档案的，由建设主管部门责令改正，处1万元以上10万元以下的罚款；对单位直接负责的主管人员和其他直接责任人员，处单位罚款数额5%以上10%以下的罚款；因建设单位未移交地下管线工程档案，造成施工单位在施工中损坏地下管线的，建设单位依法承担相应的责任。

第十八条 地下管线专业管理单位违反本办法规定，未移交地下管线工程档案的，由建设主管部门责令改正，处1万元以下的罚款；因地下管线专业管理单位未移交地下管线工程档案，造成施工单位在施工中损坏地下管线的，地下管线专业管理单位依法承担相应的责任。

第十九条 建设单位和施工单位未按照规定查询和取得施工地段的地下管线资料而擅自组织施工，损坏地下管线给他人造成损失的，依法承担赔偿责任。

第二十条 工程测量单位未按照规定提供准确的地下管线测量成果，致使施工时损坏地下管线给他人造成损失的，依法承担赔偿责任。

第二十一条 城建档案管理机构因保管不善，致使档案丢失，或者因汇总管线信息资料错误致使在施工中造成损失的，依法承担赔偿责任；对有关责任人员，依法给予行政处分。

第二十二条　本办法自2005年5月1日起施行。

城市建筑垃圾管理规定

（2005年3月23日建设部令第139号发布）

第一条　为了加强对城市建筑垃圾的管理，保障城市市容和环境卫生，根据《中华人民共和国固体废物污染环境防治法》、《城市市容和环境卫生管理条例》和《国务院对确需保留的行政审批项目设定行政许可的决定》，制定本规定。

第二条　本规定适用于城市规划区内建筑垃圾的倾倒、运输、中转、回填、消纳、利用等处置活动。

本规定所称建筑垃圾，是指建设单位、施工单位新建、改建、扩建和拆除各类建筑物、构筑物、管网等以及居民装饰装修房屋过程中所产生的弃土、弃料及其他废弃物。

第三条　国务院建设主管部门负责全国城市建筑垃圾的管理工作。

省、自治区建设主管部门负责本行政区域内城市建筑垃圾的管理工作。

城市人民政府市容环境卫生主管部门负责本行政区域内建筑垃圾的管理工作。

第四条　建筑垃圾处置实行减量化、资源化、无害化和谁产生、谁承担处置责任的原则。

国家鼓励建筑垃圾综合利用，鼓励建设单位、施工单位优先采用建筑垃圾综合利用产品。

第五条　建筑垃圾消纳、综合利用等设施的设置，应当纳入城市市容环境卫生专业规划。

第六条　城市人民政府市容环境卫生主管部门应当根据城市内的工程施工情况，制定建筑垃圾处置计划，合理安排各类建设工程需要回填的建筑垃圾。

第七条　处置建筑垃圾的单位，应当向城市人民政府市容环境卫生主管部门提出申请，获得城市建筑垃圾处置核准后，方可处置。

城市人民政府市容环境卫生主管部门应当在接到申请后的20日内作出是否核准的决定。予以核准的，颁发核准文件；不予核准的，应当告知申请人，并说明理由。

城市建筑垃圾处置核准的具体条件按照《建设部关于纳入国务院决定的十五项行政许可的条件的规定》执行。

第八条 禁止涂改、倒卖、出租、出借或者以其他形式非法转让城市建筑垃圾处置核准文件。

第九条 任何单位和个人不得将建筑垃圾混入生活垃圾，不得将危险废物混入建筑垃圾，不得擅自设立弃置场受纳建筑垃圾。

第十条 建筑垃圾储运消纳场不得受纳工业垃圾、生活垃圾和有毒有害垃圾。

第十一条 居民应当将装饰装修房屋过程中产生的建筑垃圾与生活垃圾分别收集，并堆放到指定地点。建筑垃圾中转站的设置应当方便居民。

装饰装修施工单位应当按照城市人民政府市容环境卫生主管部门的有关规定处置建筑垃圾。

第十二条 施工单位应当及时清运工程施工过程中产生的建筑垃圾，并按照城市人民政府市容环境卫生主管部门的规定处置，防止污染环境。

第十三条 施工单位不得将建筑垃圾交给个人或者未经核准从事建筑垃圾运输的单位运输。

第十四条 处置建筑垃圾的单位在运输建筑垃圾时，应当随车携带建筑垃圾处置核准文件，按照城市人民政府有关部门规定的运输路线、时间运行，不得丢弃、遗撒建筑垃圾，不得超出核准范围承运建筑垃圾。

第十五条 任何单位和个人不得随意倾倒、抛撒或者堆放建筑垃圾。

第十六条 建筑垃圾处置实行收费制度，收费标准依据国家有关规定执行。

第十七条 任何单位和个人不得在街道两侧和公共场地堆放物料。因建设等特殊需要，确需临时占用街道两侧和公共场地堆放物料的，应当征得城市人民政府市容环境卫生主管部门同意后，按照有关规定办理审批手续。

第十八条 城市人民政府市容环境卫生主管部门核发城市建筑垃圾处置核准文件，有下列情形之一的，由其上级行政机关或者监察机关责令纠正，对直接负责的主管人员和其他直接责任人员依法给予行政处分；构成犯罪的，依法追究刑事责任：

（一）对不符合法定条件的申请人核发城市建筑垃圾处置核准文件或者超越法定职权核发城市建筑垃圾处置核准文件的；

（二）对符合条件的申请人不予核发城市建筑垃圾处置核准文件或者不在法定期限内核发城市建筑垃圾处置核准文件的。

第十九条 城市人民政府市容环境卫生主管部门的工作人员玩忽职守、滥用职权、徇私舞弊的，依法给予行政处分；构成犯罪的，依法追究刑事责任。

第二十条 任何单位和个人有下列情形之一的，由城市人民政府市容环境卫生主管部门责令限期改正，给予警告，处以罚款：

（一）将建筑垃圾混入生活垃圾的；

（二）将危险废物混入建筑垃圾的；

（三）擅自设立弃置场受纳建筑垃圾的。

单位有前款第一项、第二项行为之一的，处3000元以下罚款；有前款第三项行为的，处5000元以上1万元以下罚款。个人有前款第一项、第二项行为之一的，处200元以下罚款；有前款第三项行为的，处3000元以下罚款。

第二十一条 建筑垃圾储运消纳场受纳工业垃圾、生活垃圾和有毒有害垃圾的，由城市人民政府市容环境卫生主管部门责令限期改正，给予警告，处5000元以上1万元以下罚款。

第二十二条 施工单位未及时清运工程施工过程中产生的建筑垃圾，造成环境污染的，由城市人民政府市容环境卫生主管部门责令限期改正，给予警告，处5000元以上5万元以下罚款。

施工单位将建筑垃圾交给个人或者未经核准从事建筑垃圾运输的单位处置的，由城市人民政府市容环境卫生主管部门责令限期改正，给予警告，处1万元以上10万元以下罚款。

第二十三条 处置建筑垃圾的单位在运输建筑垃圾过程中沿途丢弃、遗撒建筑垃圾的，由城市人民政府市容环境卫生主管部门责令限期改正，给予警告，处5000元以上5万元以下罚款。

第二十四条 涂改、倒卖、出租、出借或者以其他形式非法转让城市建筑垃圾处置核准文件的，由城市人民政府市容环境卫生主管部门责令限期改正，给予警告，处5000元以上2万元以下罚款。

第二十五条 违反本规定，有下列情形之一的，由城市人民政府市容环境卫生主管部门责令限期改正，给予警告，对施工单位处1万元以上10万元以下罚款，对建设单位、运输建筑垃圾的单位处5000元以上3万元以下罚款：

（一）未经核准擅自处置建筑垃圾的；

（二）处置超出核准范围的建筑垃圾的。

第二十六条 任何单位和个人随意倾倒、抛撒或者堆放建筑垃圾的，由城市人民政府市容环境卫生主管部门责令限期改正，给予警告，并对单位处5000元以上5万元以下罚款，对个人处200元以下罚款。

第二十七条 本规定自2005年6月1日起施行。

城市黄线管理办法

（2005年12月20日建设部令第144号发布，
2011年1月26日住房和城乡建设部令第9号修订）

第一条 为了加强城市基础设施用地管理，保障城市基础设施的正常、高效运转，保证城市经济、社会健康发展，根据《中华人民共和国城乡规划法》，制定本办法。

第二条 城市黄线的划定和规划管理，适用本办法。

本办法所称城市黄线，是指对城市发展全局有影响的、城市规划中确定的、必须控制的城市基础设施用地的控制界线。

本办法所称城市基础设施包括：

（一）城市公共汽车首末站、出租汽车停车场、大型公共停车场；城市轨道交通线、站、场、车辆段、保养维修基地；城市水运码头；机场；城市交通综合换乘枢纽；城市交通广场等城市公共交通设施。

（二）取水工程设施（取水点、取水构筑物及一级泵站）和水处理工程设施等城市供水设施。

（三）排水设施；污水处理设施；垃圾转运站、垃圾码头、垃圾堆肥厂、垃圾焚烧厂、卫生填埋场（厂）；环境卫生车辆停车场和修造厂；环境质量监测站等城市环境卫生设施。

（四）城市气源和燃气储配站等城市供燃气设施。

（五）城市热源、区域性热力站、热力线走廊等城市供热设施。

（六）城市发电厂、区域变电所（站）、市区变电所（站）、高压线走廊等城市供电设施。

（七）邮政局、邮政通信枢纽、邮政支局；电信局、电信支局；卫星接收站、微波站；广播电台、电视台等城市通信设施。

（八）消防指挥调度中心、消防站等城市消防设施。

（九）防洪堤墙、排洪沟与截洪沟、防洪闸等城市防洪设施。

（十）避震疏散场地、气象预警中心等城市抗震防灾设施。

（十一）其他对城市发展全局有影响的城市基础设施。

第三条 国务院建设主管部门负责全国城市黄线管理工作。

县级以上地方人民政府建设主管部门（城乡规划主管部门）负责本行政区域内城市黄线的规划管理工作。

第四条　任何单位和个人都有保护城市基础设施用地、服从城市黄线管理的义务，有监督城市黄线管理、对违反城市黄线管理的行为进行检举的权利。

第五条　城市黄线应当在制定城市总体规划和详细规划时划定。

直辖市、市、县人民政府建设主管部门（城乡规划主管部门）应当根据不同规划阶段的规划深度要求，负责组织划定城市黄线的具体工作。

第六条　城市黄线的划定，应当遵循以下原则：

（一）与同阶段城市规划内容及深度保持一致；

（二）控制范围界定清晰；

（三）符合国家有关技术标准、规范。

第七条　编制城市总体规划，应当根据规划内容和深度要求，合理布置城市基础设施，确定城市基础设施的用地位置和范围，划定其用地控制界线。

第八条　编制控制性详细规划，应当依据城市总体规划，落实城市总体规划确定的城市基础设施的用地位置和面积，划定城市基础设施用地界线，规定城市黄线范围内的控制指标和要求，并明确城市黄线的地理坐标。

修建性详细规划应当依据控制性详细规划，按不同项目具体落实城市基础设施用地界线，提出城市基础设施用地配置原则或者方案，并标明城市黄线的地理坐标和相应的界址地形图。

第九条　城市黄线应当作为城市规划的强制性内容，与城市规划一并报批。城市黄线上报审批前，应当进行技术经济论证，并征求有关部门意见。

第十条　城市黄线经批准后，应当与城市规划一并由直辖市、市、县人民政府予以公布；但法律、法规规定不得公开的除外。

第十一条　城市黄线一经批准，不得擅自调整。

因城市发展和城市功能、布局变化等，需要调整城市黄线的，应当组织专家论证，依法调整城市规划，并相应调整城市黄线。调整后的城市黄线，应当随调整后的城市规划一并报批。

调整后的城市黄线应当在报批前进行公示，但法律、法规规定不得公开的除外。

第十二条　在城市黄线内进行建设活动，应当贯彻安全、高效、经济的方针，处理好近远期关系，根据城市发展的实际需要，分期有序实施。

第十三条　在城市黄线范围内禁止进行下列活动：

（一）违反城市规划要求，进行建筑物、构筑物及其他设施的建设；

（二）违反国家有关技术标准和规范进行建设；

（三）未经批准，改装、迁移或拆毁原有城市基础设施；

（四）其他损坏城市基础设施或影响城市基础设施安全和正常运转的行为。

第十四条 在城市黄线内进行建设，应当符合经批准的城市规划。

在城市黄线内新建、改建、扩建各类建筑物、构筑物、道路、管线和其他工程设施，应当依法向建设主管部门（城乡规划主管部门）申请办理城市规划许可，并依据有关法律、法规办理相关手续。

迁移、拆除城市黄线内城市基础设施的，应当依据有关法律、法规办理相关手续。

第十五条 因建设或其他特殊情况需要临时占用城市黄线内土地的，应当依法办理相关审批手续。

第十六条 县级以上地方人民政府建设主管部门（城乡规划主管部门）应当定期对城市黄线管理情况进行监督检查。

第十七条 违反本办法规定，有下列行为之一的，依据《中华人民共和国城乡规划法》等法律、法规予以处罚：

（一）未经直辖市、市、县人民政府建设主管部门（城乡规划主管部门）批准在城市黄线范围内进行建设活动的；

（二）擅自改变城市黄线内土地用途的；

（三）未按规划许可的要求进行建设的。

第十八条 县级以上地方人民政府建设主管部门（城乡规划主管部门）违反本办法规定，批准在城市黄线范围内进行建设的，对有关责任人员依法给予处分；构成犯罪的，依法追究刑事责任。

第十九条 本办法自2006年3月1日起施行。

城市蓝线管理办法

（2005年12月20日建设部令第145号发布，
2011年1月26日住房和城乡建设部令第9号修订）

第一条 为了加强对城市水系的保护与管理，保障城市供水、防洪防涝和通航安全，改善城市人居生态环境，提升城市功能，促进城市健康、协调和可持续发展，根据《中华人民共和国城乡规划法》、《中华人民共和国水法》，制定本办法。

第二条　本办法所称城市蓝线，是指城市规划确定的江、河、湖、库、渠和湿地等城市地表水体保护和控制的地域界线。

城市蓝线的划定和管理，应当遵守本办法。

第三条　国务院建设主管部门负责全国城市蓝线管理工作。

县级以上地方人民政府建设主管部门（城乡规划主管部门）负责本行政区域内的城市蓝线管理工作。

第四条　任何单位和个人都有服从城市蓝线管理的义务，有监督城市蓝线管理、对违反城市蓝线管理行为进行检举的权利。

第五条　编制各类城市规划，应当划定城市蓝线。

城市蓝线由直辖市、市、县人民政府在组织编制各类城市规划时划定。

城市蓝线应当与城市规划一并报批。

第六条　划定城市蓝线，应当遵循以下原则：

（一）统筹考虑城市水系的整体性、协调性、安全性和功能性，改善城市生态和人居环境，保障城市水系安全；

（二）与同阶段城市规划的深度保持一致；

（三）控制范围界定清晰；

（四）符合法律、法规的规定和国家有关技术标准、规范的要求。

第七条　在城市总体规划阶段，应当确定城市规划区范围内需要保护和控制的主要地表水体，划定城市蓝线，并明确城市蓝线保护和控制的要求。

第八条　在控制性详细规划阶段，应当依据城市总体规划划定的城市蓝线，规定城市蓝线范围内的保护要求和控制指标，并附有明确的城市蓝线坐标和相应的界址地形图。

第九条　城市蓝线一经批准，不得擅自调整。

因城市发展和城市布局结构变化等原因，确实需要调整城市蓝线的，应当依法调整城市规划，并相应调整城市蓝线。调整后的城市蓝线，应当随调整后的城市规划一并报批。

调整后的城市蓝线应当在报批前进行公示，但法律、法规规定不得公开的除外。

第十条　在城市蓝线内禁止进行下列活动：

（一）违反城市蓝线保护和控制要求的建设活动；

（二）擅自填埋、占用城市蓝线内水域；

（三）影响水系安全的爆破、采石、取土；

（四）擅自建设各类排污设施；

（五）其他对城市水系保护构成破坏的活动。

第十一条 在城市蓝线内进行各项建设，必须符合经批准的城市规划。

在城市蓝线内新建、改建、扩建各类建筑物、构筑物、道路、管线和其他工程设施，应当依法向建设主管部门（城乡规划主管部门）申请办理城市规划许可，并依照有关法律、法规办理相关手续。

第十二条 需要临时占用城市蓝线内的用地或水域的，应当报经直辖市、市、县人民政府建设主管部门（城乡规划主管部门）同意，并依法办理相关审批手续；临时占用后，应当限期恢复。

第十三条 县级以上地方人民政府建设主管部门（城乡规划主管部门）应当定期对城市蓝线管理情况进行监督检查。

第十四条 违反本办法规定，在城市蓝线范围内进行各类建设活动的，按照《中华人民共和国城乡规划法》等有关法律、法规的规定处罚。

第十五条 县级以上地方人民政府建设主管部门（城乡规划主管部门）违反本办法规定，批准在城市蓝线范围内进行建设的，对有关责任人员依法给予处分；构成犯罪的，依法追究刑事责任。

第十六条 本办法自2006年3月1日起施行。

城市规划编制办法

（2005年12月31日建设部令第146号发布，
2011年1月26日住房和城乡建设部令第9号修订）

第一章 总 则

第一条 为了规范城市规划编制工作，提高城市规划的科学性和严肃性，根据国家有关法律法规的规定，制定本办法。

第二条 按国家行政建制设立的市，组织编制城市规划，应当遵守本办法。

第三条 城市规划是政府调控城市空间资源、指导城乡发展与建设、维护社会公平、保障公共安全和公众利益的重要公共政策之一。

第四条 编制城市规划，应当以科学发展观为指导，以构建社会主义和谐社会为基本目标，坚持五个统筹，坚持中国特色的城镇化道路，坚持节约和集约利用资源，保护生态环境，保护人文资源，尊重历史文化，坚持因地制宜确定城市发展目标与战略，促进城市全面协调可持续发展。

第五条　编制城市规划，应当考虑人民群众需要，改善人居环境，方便群众生活，充分关注中低收入人群，扶助弱势群体，维护社会稳定和公共安全。

第六条　编制城市规划，应当坚持政府组织、专家领衔、部门合作、公众参与、科学决策的原则。

第七条　城市规划分为总体规划和详细规划两个阶段。大、中城市根据需要，可以依法在总体规划的基础上组织编制分区规划。

城市详细规划分为控制性详细规划和修建性详细规划。

第八条　国务院建设主管部门组织编制的全国城镇体系规划和省、自治区人民政府组织编制的省域城镇体系规划，应当作为城市总体规划编制的依据。

第九条　编制城市规划，应当遵守国家有关标准和技术规范，采用符合国家有关规定的基础资料。

第十条　承担城市规划编制的单位，应当取得城市规划编制资质证书，并在资质等级许可的范围内从事城市规划编制工作。

第二章　城市规划编制组织

第十一条　城市人民政府负责组织编制城市总体规划和城市分区规划。具体工作由城市人民政府建设主管部门（城乡规划主管部门）承担。

城市人民政府应当依据城市总体规划，结合国民经济和社会发展规划以及土地利用总体规划，组织制定近期建设规划。

控制性详细规划由城市人民政府建设主管部门（城乡规划主管部门）依据已经批准的城市总体规划或者城市分区规划组织编制。

修建性详细规划可以由有关单位依据控制性详细规划及建设主管部门（城乡规划主管部门）提出的规划条件，委托城市规划编制单位编制。

第十二条　城市人民政府提出编制城市总体规划前，应当对现行城市总体规划以及各专项规划的实施情况进行总结，对基础设施的支撑能力和建设条件作出评价；针对存在问题和出现的新情况，从土地、水、能源和环境等城市长期的发展保障出发，依据全国城镇体系规划和省域城镇体系规划，着眼区域统筹和城乡统筹，对城市的定位、发展目标、城市功能和空间布局等战略问题进行前瞻性研究，作为城市总体规划编制的工作基础。

第十三条　城市总体规划应当按照以下程序组织编制：

（一）按照本办法第十二条规定组织前期研究，在此基础上，按规定提出进行编制工作的报告，经同意后方可组织编制。其中，组织编制直辖市、省会城市、国务院指定市的城市总体规划的，应当向国务院建设主管部门提出报告；组织编制其他市的城市总体规划的，应当向省、自治区建设主管部门提出报告。

（二）组织编制城市总体规划纲要，按规定提请审查。其中，组织编制直辖市、省会城市、国务院指定市的城市总体规划的，应当报请国务院建设主管部门组织审查；组织编制其他市的城市总体规划的，应当报请省、自治区建设主管部门组织审查。

（三）依据国务院建设主管部门或者省、自治区建设主管部门提出的审查意见，组织编制城市总体规划成果，按法定程序报请审查和批准。

第十四条 在城市总体规划的编制中，对于涉及资源与环境保护、区域统筹与城乡统筹、城市发展目标与空间布局、城市历史文化遗产保护等重大专题，应当在城市人民政府组织下，由相关领域的专家领衔进行研究。

第十五条 在城市总体规划的编制中，应当在城市人民政府组织下，充分吸取政府有关部门和军事机关的意见。

对于政府有关部门和军事机关提出意见的采纳结果，应当作为城市总体规划报送审批材料的专题组成部分。

组织编制城市详细规划，应当充分听取政府有关部门的意见，保证有关专业规划的空间落实。

第十六条 在城市总体规划报送审批前，城市人民政府应当依法采取有效措施，充分征求社会公众的意见。

在城市详细规划的编制中，应当采取公示、征询等方式，充分听取规划涉及的单位、公众的意见。对有关意见采纳结果应当公布。

第十七条 城市总体规划调整，应当按规定向规划审批机关提出调整报告，经认定后依照法律规定组织调整。

城市详细规划调整，应当取得规划批准机关的同意。规划调整方案，应当向社会公开，听取有关单位和公众的意见，并将有关意见的采纳结果公示。

第三章 城市规划编制要求

第十八条 编制城市规划，要妥善处理城乡关系，引导城镇化健康发展，体现布局合理、资源节约、环境友好的原则，保护自然与文化资源、体现城市特色，考虑城市安全和国防建设需要。

第十九条　编制城市规划，对涉及城市发展长期保障的资源利用和环境保护、区域协调发展、风景名胜资源管理、自然与文化遗产保护、公共安全和公众利益等方面的内容，应当确定为必须严格执行的强制性内容。

第二十条　城市总体规划包括市域城镇体系规划和中心城区规划。

编制城市总体规划，应当先组织编制总体规划纲要，研究确定总体规划中的重大问题，作为编制规划成果的依据。

第二十一条　编制城市总体规划，应当以全国城镇体系规划、省域城镇体系规划以及其他上层次法定规划为依据，从区域经济社会发展的角度研究城市定位和发展战略，按照人口与产业、就业岗位的协调发展要求，控制人口规模、提高人口素质，按照有效配置公共资源、改善人居环境的要求，充分发挥中心城市的区域辐射和带动作用，合理确定城乡空间布局，促进区域经济社会全面、协调和可持续发展。

第二十二条　编制城市近期建设规划，应当依据已经依法批准的城市总体规划，明确近期内实施城市总体规划的重点和发展时序，确定城市近期发展方向、规模、空间布局、重要基础设施和公共服务设施选址安排，提出自然遗产与历史文化遗产的保护、城市生态环境建设与治理的措施。

第二十三条　编制城市分区规划，应当依据已经依法批准的城市总体规划，对城市土地利用、人口分布和公共服务设施、基础设施的配置做出进一步的安排，对控制性详细规划的编制提出指导性要求。

第二十四条　编制城市控制性详细规划，应当依据已经依法批准的城市总体规划或分区规划，考虑相关专项规划的要求，对具体地块的土地利用和建设提出控制指标，作为建设主管部门（城乡规划主管部门）作出建设项目规划许可的依据。

编制城市修建性详细规划，应当依据已经依法批准的控制性详细规划，对所在地块的建设提出具体的安排和设计。

第二十五条　历史文化名城的城市总体规划，应当包括专门的历史文化名城保护规划。

历史文化街区应当编制专门的保护性详细规划。

第二十六条　城市规划成果的表达应当清晰、规范，成果文件、图件与附件中说明、专题研究、分析图纸等的表达应有区分。

城市规划成果文件应当以书面和电子文件两种方式表达。

第二十七条　城市规划编制单位应当严格依据法律、法规的规定编制城市规划，提交的规划成果应当符合本办法和国家有关标准。

第四章　城市规划编制内容

第一节　城市总体规划

第二十八条　城市总体规划的期限一般为20年，同时可以对城市远景发展的空间布局提出设想。

确定城市总体规划具体期限，应当符合国家有关政策的要求。

第二十九条　总体规划纲要应当包括下列内容：

（一）市域城镇体系规划纲要，内容包括：提出市域城乡统筹发展战略；确定生态环境、土地和水资源、能源、自然和历史文化遗产保护等方面的综合目标和保护要求，提出空间管制原则；预测市域总人口及城镇化水平，确定各城镇人口规模、职能分工、空间布局方案和建设标准；原则确定市域交通发展策略。

（二）提出城市规划区范围。

（三）分析城市职能、提出城市性质和发展目标。

（四）提出禁建区、限建区、适建区范围。

（五）预测城市人口规模。

（六）研究中心城区空间增长边界，提出建设用地规模和建设用地范围。

（七）提出交通发展战略及主要对外交通设施布局原则。

（八）提出重大基础设施和公共服务设施的发展目标。

（九）提出建立综合防灾体系的原则和建设方针。

第三十条　市域城镇体系规划应当包括下列内容：

（一）提出市域城乡统筹的发展战略。其中位于人口、经济、建设高度聚集的城镇密集地区的中心城市，应当根据需要，提出与相邻行政区域在空间发展布局、重大基础设施和公共服务设施建设、生态环境保护、城乡统筹发展等方面进行协调的建议。

（二）确定生态环境、土地和水资源、能源、自然和历史文化遗产等方面的保护与利用的综合目标和要求，提出空间管制原则和措施。

（三）预测市域总人口及城镇化水平，确定各城镇人口规模、职能分工、空间布局和建设标准。

（四）提出重点城镇的发展定位、用地规模和建设用地控制范围。

（五）确定市域交通发展策略；原则确定市域交通、通讯、能源、供水、排水、防洪、垃圾处理等重大基础设施，重要社会服务设施，危险品生产储存设施的布局。

（六）根据城市建设、发展和资源管理的需要划定城市规划区。城市规划区的范围应当位于城市的行政管辖范围内。

（七）提出实施规划的措施和有关建议。

第三十一条　中心城区规划应当包括下列内容：

（一）分析确定城市性质、职能和发展目标。

（二）预测城市人口规模。

（三）划定禁建区、限建区、适建区和已建区，并制定空间管制措施。

（四）确定村镇发展与控制的原则和措施；确定需要发展、限制发展和不再保留的村庄，提出村镇建设控制标准。

（五）安排建设用地、农业用地、生态用地和其他用地。

（六）研究中心城区空间增长边界，确定建设用地规模，划定建设用地范围。

（七）确定建设用地的空间布局，提出土地使用强度管制区划和相应的控制指标（建筑密度、建筑高度、容积率、人口容量等）。

（八）确定市级和区级中心的位置和规模，提出主要的公共服务设施的布局。

（九）确定交通发展战略和城市公共交通的总体布局，落实公交优先政策，确定主要对外交通设施和主要道路交通设施布局。

（十）确定绿地系统的发展目标及总体布局，划定各种功能绿地的保护范围（绿线），划定河湖水面的保护范围（蓝线），确定岸线使用原则。

（十一）确定历史文化保护及地方传统特色保护的内容和要求，划定历史文化街区、历史建筑保护范围（紫线），确定各级文物保护单位的范围；研究确定特色风貌保护重点区域及保护措施。

（十二）研究住房需求，确定住房政策、建设标准和居住用地布局；重点确定经济适用房、普通商品住房等满足中低收入人群住房需求的居住用地布局及标准。

（十三）确定电信、供水、排水、供电、燃气、供热、环卫发展目标及重大设施总体布局。

（十四）确定生态环境保护与建设目标，提出污染控制与治理措施。

（十五）确定综合防灾与公共安全保障体系，提出防洪、消防、人防、抗震、地质灾害防护等规划原则和建设方针。

（十六）划定旧区范围，确定旧区有机更新的原则和方法，提出改善旧区生产、生活环境的标准和要求。

（十七）提出地下空间开发利用的原则和建设方针。

（十八）确定空间发展时序，提出规划实施步骤、措施和政策建议。

第三十二条 城市总体规划的强制性内容包括：

（一）城市规划区范围。

（二）市域内应当控制开发的地域，包括：基本农田保护区，风景名胜区，湿地、水源保护区等生态敏感区，地下矿产资源分布地区。

（三）城市建设用地，包括：规划期限内城市建设用地的发展规模，土地使用强度管制区划和相应的控制指标（建设用地面积、容积率、人口容量等）；城市各类绿地的具体布局；城市地下空间开发布局。

（四）城市基础设施和公共服务设施，包括：城市干道系统网络、城市轨道交通网络、交通枢纽布局；城市水源地及其保护区范围和其他重大市政基础设施；文化、教育、卫生、体育等方面主要公共服务设施的布局。

（五）城市历史文化遗产保护，包括：历史文化保护的具体控制指标和规定；历史文化街区、历史建筑、重要地下文物埋藏区的具体位置和界线。

（六）生态环境保护与建设目标，污染控制与治理措施。

（七）城市防灾工程。包括：城市防洪标准、防洪堤走向；城市抗震与消防疏散通道；城市人防设施布局；地质灾害防护规定。

第三十三条 总体规划纲要成果包括纲要文本、说明、相应的图纸和研究报告。

城市总体规划的成果应当包括规划文本、图纸及附件（说明、研究报告和基础资料等）。在规划文本中应当明确表述规划的强制性内容。

第三十四条 城市总体规划应当明确综合交通、环境保护、商业网点、医疗卫生、绿地系统、河湖水系、历史文化名城保护、地下空间、基础设施、综合防灾等专项规划的原则。

编制各类专项规划，应当依据城市总体规划。

第二节 城市近期建设规划

第三十五条 近期建设规划的期限原则上应当与城市国民经济和社会发展规划的年限一致，并不得违背城市总体规划的强制性内容。

近期建设规划到期时，应当依据城市总体规划组织编制新的近期建设规划。

第三十六条 近期建设规划的内容应当包括：

（一）确定近期人口和建设用地规模，确定近期建设用地范围和布局。

（二）确定近期交通发展策略，确定主要对外交通设施和主要道路交通设施布局。

（三）确定各项基础设施、公共服务和公益设施的建设规模和选址。

（四）确定近期居住用地安排和布局。

（五）确定历史文化名城、历史文化街区、风景名胜区等的保护措施，城市河湖水系、绿化、环境等保护、整治和建设措施。

（六）确定控制和引导城市近期发展的原则和措施。

第三十七条 近期建设规划的成果应当包括规划文本、图纸，以及包括相应说明的附件。在规划文本中应当明确表达规划的强制性内容。

第三节 城市分区规划

第三十八条 编制分区规划，应当综合考虑城市总体规划确定的城市布局、片区特征、河流道路等自然和人工界限，结合城市行政区划，划定分区的范围界限。

第三十九条 分区规划应当包括下列内容：

（一）确定分区的空间布局、功能分区、土地使用性质和居住人口分布。

（二）确定绿地系统、河湖水面、供电高压线走廊、对外交通设施用地界线和风景名胜区、文物古迹、历史文化街区的保护范围，提出空间形态的保护要求。

（三）确定市、区、居住区级公共服务设施的分布、用地范围和控制原则。

（四）确定主要市政公用设施的位置、控制范围和工程干管的线路位置、管径，进行管线综合。

（五）确定城市干道的红线位置、断面、控制点坐标和标高，确定支路的走向、宽度，确定主要交叉口、广场、公交站场、交通枢纽等交通设施的位置和规模，确定轨道交通线路走向及控制范围，确定主要停车场规模与布局。

第四十条 分区规划的成果应当包括规划文本、图件，以及包括相应说明的附件。

第四节 详细规划

第四十一条 控制性详细规划应当包括下列内容：

（一）确定规划范围内不同性质用地的界线，确定各类用地内适建，不适建或者有条件地允许建设的建筑类型。

（二）确定各地块建筑高度、建筑密度、容积率、绿地率等控制指标；确定公共设施配套要求、交通出入口方位、停车泊位、建筑后退红线距离等要求。

（三）提出各地块的建筑体量、体型、色彩等城市设计指导原则。

（四）根据交通需求分析，确定地块出入口位置、停车泊位、公共交通场站用地范围和站点位置、步行交通以及其他交通设施。规定各级道路的红线、断面、交叉口形式及渠化措施、控制点坐标和标高。

（五）根据规划建设容量，确定市政工程管线位置、管径和工程设施的用地界线，进行管线综合。确定地下空间开发利用具体要求。

（六）制定相应的土地使用与建筑管理规定。

第四十二条 控制性详细规划确定的各地块的主要用途、建筑密度、建筑高度、容积率、绿地率、基础设施和公共服务设施配套规定应当作为强制性内容。

第四十三条 修建性详细规划应当包括下列内容：

（一）建设条件分析及综合技术经济论证。

（二）建筑、道路和绿地等的空间布局和景观规划设计，布置总平面图。

（三）对住宅、医院、学校和托幼等建筑进行日照分析。

（四）根据交通影响分析，提出交通组织方案和设计。

（五）市政工程管线规划设计和管线综合。

（六）竖向规划设计。

（七）估算工程量、拆迁量和总造价，分析投资效益。

第四十四条 控制性详细规划成果应当包括规划文本、图件和附件。图件由图纸和图则两部分组成，规划说明、基础资料和研究报告收入附件。

修建性详细规划成果应当包括规划说明书、图纸。

第五章 附 则

第四十五条 县人民政府所在地镇的城市规划编制，参照本办法执行。

第四十六条 对城市规划文本、图纸、说明、基础资料等的具体内容、深度要求和规格等，由国务院建设主管部门另行规定。

第四十七条 本办法自2006年4月1日起施行。1991年9月3日建设部颁布的《城市规划编制办法》同时废止。

城市排水许可管理办法

（2006年12月25日建设部令第152号发布）

第一条　为了加强城市排水管理，保障城市排水设施安全正常运行，防治城市水环境污染，根据《中华人民共和国行政许可法》、《国务院对确需保留的行政审批项目设定行政许可的决定》（国务院令第412号），制定本办法。

第二条　在中华人民共和国境内申请城市排水许可，对排水户向城市排水管网及其附属设施排放污水的活动实施监督管理，适用本办法。

第三条　排水户向城市排水管网及其附属设施排放污水，应当按照本办法的规定，申请领取城市排水许可证书。

未取得城市排水许可证书，排水户不得向城市排水管网及其附属设施排放污水。

第四条　本办法所称排水户，是指因从事制造、建筑、电力和燃气生产、科研、卫生、住宿餐饮、娱乐经营、居民服务和其他服务等活动向城市排水管网及其附属设施排放污水的单位和个体经营者。

第五条　国务院建设主管部门负责全国城市排水许可的监督管理。

省、自治区人民政府建设主管部门负责本行政区域内城市排水许可的监督管理。

直辖市、市、县人民政府负责城市排水管理的部门（以下简称排水管理部门）负责本行政区域内城市排水许可证书的颁发和管理。

第六条　在城市排水管网及其附属设施覆盖范围内，排水户应当按照城市排水规划等有关要求，将污水排入城市排水管网及其附属设施。

第七条　排水户需要向城市排水管网及其附属设施排放污水的，应当持有关材料向所在地排水管理部门申请办理城市排水许可证书。排水管理部门应当自受理申请之日起20日内作出决定。

本办法实施前已向城市排水管网及其附属设施排放污水的排水户，应当按照前款规定申请办理城市排水许可证书。对符合许可条件的，予以核发城市排水许可证书；对不符合许可条件的，由排水管理部门责令限期改正，符合条件后，予以核发城市排水许可证书。

第八条　符合以下条件的，予以核发城市排水许可证书：

（一）污水排放口的设置符合城市排水规划的要求；

（二）排放的污水符合《污水排入城市下水道水质标准》（CJ 3082）等有关标准和规定，其中，经由城市排水管网及其附属设施后不进入污水处理厂、直接排入水体的污水，还应当符合《污水综合排放标准》（GB 8978）或者有关行业标准；

（三）已按规定建设相应的污水处理设施；

（四）已在排放口设置专用检测井；

（五）排放污水易对城市排水管网及其附属设施正常运行造成危害的重点排污工业企业，已在排放口安装能够对水量、pH、CODcr（或 TOC）进行检测的在线检测装置；其他重点排污工业企业和重点排水户，具备对水量、pH、CODcr、SS 和氨氮等进行检测的能力和相应的水量、水质检测制度；

（六）对各类施工作业临时排水中有沉淀物，足以造成排水管网及其附属设施堵塞或者损坏的，排水户已修建预沉设施，且排放污水符合本条第二项规定的标准。

重点排污工业企业和重点排水户，由排水管理部门会同有关部门确定并向社会公布。

第九条 申请办理城市排水许可证书，应当如实提交下列材料：

（一）城市排水许可申请表；

（二）有关专用检测井、污水排放口位置和口径的图纸及说明材料；

（三）按规定建设污水处理设施的有关材料；

（四）排水许可申请受理之日前一个月内由具有计量认证资格的排水监测机构出具的排水水质、水量检测报告；

（五）排放污水易对城市排水管网及其附属设施正常运行造成危害的重点排污工业企业，应当提供已在排放口安装能够对水量、pH、CODcr（或 TOC）进行检测的在线检测装置的有关材料；其他重点排污工业企业和重点排水户，应当提供具备检测水量、pH、CODcr、SS 和氨氮能力及检测制度的材料。

第十条 城市排水许可证书的有效期为 5 年。因建设施工需要向城市排水管网及其附属设施临时排放污水的，城市排水许可证书的有效期，由排水管理部门根据排水状况具体确定，但最长不得超过施工期限。

第十一条 城市排水许可证书有效期满需要继续排放污水的，排水户应当在有效期届满 30 日前，向排水管理部门提出申请。排水管理部门应当根据申请，在有效期届满前作出是否准予延续的决定。准予延续的，有效期延续 5 年。

排水户在城市排水许可证书有效期内，严格按照许可内容排放污水的，有效期届满时，经原批准机关同意，可不再审查，城市排水许可证有效期延期5年。

第十二条　排水户应当按照许可的排水种类、总量、时限、排放口位置和数量、排放的污染物种类和浓度等排放污水。

重点排污工业企业和重点排水户应当将按照水量、水质检测制度检测的数据定期报排水管理部门。

需要变更排水许可内容的，排水户应当按照本办法规定，向所在地排水管理部门重新申请办理城市排水许可证书。

第十三条　在汛期或者发生其他特殊情况时，排水户应当服从排水管理部门的统一调度，按照要求排放污水。

第十四条　排水户不得有下列行为：

（一）未取得城市排水许可证书，向城市排水管网及其附属设施排放污水；

（二）超过城市排水许可证书有效期限向城市排水管网及其附属设施排放污水；

（三）违反城市排水许可证书规定的内容，向城市排水管网及其附属设施排放污水；

（四）向城市排水管网及其附属设施排放剧毒物质、易燃易爆物质和有害气体等；

（五）堵塞排水管网或者向城市排水管网及其附属设施内倾倒垃圾、渣土、施工泥浆等易堵塞物；

（六）擅自占压、拆卸、移动和穿凿城市排水管网及其附属设施；

（七）擅自向城市排水管网及其附属设施加压排放污水；

（八）其他损害城市排水管网及其附属设施正常运行的行为。

第十五条　排水管理部门应当依照有关法律、法规和本办法的规定，对排水户排放污水的情况实施监督检查。

第十六条　排水管理部门履行监督检查职责时，有权采取下列措施：

（一）进入现场开展检查；

（二）要求被检查排水户出示城市排水许可证书；

（三）查阅、复制有关文件和材料；

（四）要求被检查的单位就有关问题做出说明；

（五）纠正违反有关法律、法规和本办法规定的行为。

第十七条　排水管理部门应当委托具有计量认证资格的排水监测机构定期对排水户排放污水的水质进行检测，并向社会公开检测结果。

第十八条 排水管理部门依法对排水户实施监督检查，有关单位和个人不得拒绝或者阻挠。

被检查单位应当接受监督检查，并提供工作方便。

排水管理部门及其工作人员对知悉的被检查单位的商业秘密负有保密义务。

第十九条 对经由城市排水管网及其附属设施后不进入污水处理厂、直接排入水体的污水，排水管理部门应当定期进行水质检测。发现污水水质不符合《污水综合排放标准》（GB 8978）或者有关行业标准的，排水管理部门应当立即查明原因。

经排查发现排水户排放污水的水质不符合排水许可要求的，排水管理部门应当责令其限期改正；逾期仍不符合排水许可要求的，撤回城市排水许可证书，禁止其向城市排水管网及其附属设施排放污水，并将有关情况及处理结果告知同级环保部门。

第二十条 排水管理部门应当将监督检查的情况及有关问题的处理结果向社会公开。

第二十一条 有下列情形之一的，作出排水许可决定的排水管理部门或者其上级行政机关依据职权或者根据利害关系人的请求，可以撤销城市排水许可证书：

（一）排水管理部门工作人员滥用职权、玩忽职守作出准予城市排水许可决定的；

（二）超越法定职权作出准予城市排水许可决定的；

（三）违反法定程序作出准予城市排水许可决定的；

（四）对不符合许可条件的申请人作出准予许可决定的；

（五）依法可以撤销城市排水许可的其他情形。

排水户以欺骗、贿赂等不正当手段取得城市排水许可的，应当予以撤销。

第二十二条 排水管理部门在办理城市排水许可过程中不得收费。

排水管理部门实施排水许可所需经费，应当列入排水管理部门的预算，由本级财政予以保障，按照批准预算予以核拨。

第二十三条 违反本办法第六条规定，排水户未将污水排入城市排水管网及其附属设施的，由排水管理部门予以警告，责令限期改正，并可处以5000元以上1万元以下的罚款。

第二十四条 排水户违反本办法第十四条规定的，由排水管理部门予以警告，责令限期改正，并可处以1万元以上3万元以下罚款。

第二十五条 排水户造成城市排水管网及其附属设施损坏的，应当依法承担赔偿责任。

第二十六条　城市排水许可证书的格式由国务院建设主管部门统一规定，省、自治区人民政府建设主管部门和直辖市人民政府排水管理部门组织印制。

城市排水许可申请表由国务院建设主管部门制定推荐格式，直辖市、市、县人民政府排水管理部门参照印制。

第二十七条　排水管理部门有下列情形之一的，由其上级行政主管部门或者监察机关责令改正，对直接负责的主管人员和其他直接责任人员依法给予处分；构成犯罪的，依法追究刑事责任：

（一）对不符合本规定条件的申请人准予排水许可的；

（二）对符合本规定条件的申请人不予核发排水许可证书或者不在法定期限内作出准予许可决定的；

（三）对符合法定条件的申请不予受理的；

（四）利用职务上的便利，收受他人财物或者其他好处的；

（五）不依法履行监督管理职责或者监督不力，造成严重后果的。

第二十八条　本办法自2007年3月1日起施行。1994年5月20日建设部颁布的《城市排水许可管理办法》（建城〔1994〕330号）同时废止。

本办法施行前建设部发布规章的规定与本办法的规定不一致的，以本办法为准。

城市供水水质管理规定

（2007年3月1日建设部令第156号发布）

第一条　为加强城市供水水质管理，保障城市供水水质安全，根据《中华人民共和国产品质量法》和《城市供水条例》等有关法律、行政法规，制定本规定。

第二条　从事城市供水活动，对城市供水水质实施监督管理，适用本规定。

第三条　本规定所称城市供水水质，是指城市公共供水及自建设施供水（包括二次供水、深度净化处理水）的水质。

本规定所称二次供水，是指单位或者个人使用储存、加压等设施，将城市公共供水或者自建设施供水经储存、加压后再供用户的形式。

本规定所称深度净化处理水，是指利用活性碳、膜等技术对城市自来水或者其他原水作进一步处理后，通过管道形式直接供给城市居民饮用的水。

本规定所称城市供水单位，是指从事城市公共供水及自建设施供水（包括深度净化处理供水）的企业和单位。

第四条 国务院建设主管部门负责全国城市供水水质监督管理工作。

省、自治区人民政府建设主管部门负责本行政区域内的城市供水水质监督管理工作。

直辖市、市、县人民政府确定的城市供水主管部门负责本行政区域内的城市供水水质监督管理工作。

涉及生活饮用水的卫生监督管理，由县级以上人民政府建设、卫生主管部门按照《生活饮用水卫生监督管理办法》（建设部、卫生部令第53号）的规定分工负责。

第五条 对在城市供水水质管理工作中做出突出贡献的单位和个人，按照国家有关规定给予表彰或者奖励。

第六条 城市供水水质监测体系由国家和地方两级城市供水水质监测网络组成。

国家城市供水水质监测网，由建设部城市供水水质监测中心和直辖市、省会城市及计划单列市等经过国家质量技术监督部门资质认定的城市供水水质监测站（以下简称国家站）组成，业务上接受国务院建设主管部门指导。建设部城市供水水质监测中心为国家城市供水水质监测网中心站，承担国务院建设主管部门委托的有关工作。

地方城市供水水质监测网（以下简称地方网），由设在直辖市、省会城市、计划单列市等的国家站和其他城市经过省级以上质量技术监督部门资质认定的城市供水水质监测站（以下简称地方站）组成，业务上接受所在地省、自治区建设主管部门或者直辖市人民政府城市供水主管部门指导。

省、自治区建设主管部门和直辖市人民政府城市供水主管部门应当根据本行政区域的特点、水质检测机构的能力和水质监测任务的需要，确定地方网中心站。

第七条 城市供水单位对其供应的水的质量负责，其中，经二次供水到达用户的，二次供水的水质由二次供水管理单位负责。

城市供水水质应当符合国家有关标准的规定。

第八条 城市供水原水水质应当符合生活饮用水水源水质标准。

城市供水单位应当做好原水水质检测工作。发现原水水质不符合生活饮用水水源水质标准时，应当及时采取相应措施，并报告所在地直辖市、市、县人民政府城市供水、水利、环境保护和卫生主管部门。

第九条　城市供水单位所用的净水剂及与制水有关的材料等，应当符合国家有关标准。

净水剂及与制水有关的材料等实施生产许可证管理的，城市供水单位应当选用获证企业的产品。

城市供水单位所用的净水剂及与制水有关的材料等，在使用前应当按照国家有关质量标准进行检验；未经检验或者检验不合格的，不得投入使用。

第十条　城市供水设备、管网应当符合保障水质安全的要求。

用于城市供水的新设备、新管网或者经改造的原有设备、管网，应当严格进行清洗消毒，经质量技术监督部门资质认定的水质检测机构检验合格后，方可投入使用。

第十一条　城市供水单位应当履行以下义务：

（一）编制供水安全计划并报所在地直辖市、市、县人民政府城市供水主管部门备案；

（二）按照有关规定，对其管理的供水设施定期巡查和维修保养；

（三）建立健全水质检测机构和检测制度，提高水质检测能力；

（四）按照国家规定的检测项目、检测频率和有关标准、方法，定期检测原水、出厂水、管网水的水质；

（五）做好各项检测分析资料和水质报表存档工作；

（六）按月向所在地直辖市、市、县人民政府城市供水主管部门如实报告供水水质检测数据；

（七）按照所在地直辖市、市、县人民政府城市供水主管部门的要求公布有关水质信息；

（八）接受公众关于城市供水水质信息的查询。

第十二条　城市供水单位上报的水质检测数据，应当是经质量技术监督部门资质认定的水质检测机构检测的数据。水质检测机构应当依照国家有关规定，客观、公正地出具检验结果。水质检测数据按以下程序报送：

（一）城市供水单位将水质检测数据报所在地市、县人民政府城市供水主管部门审核后，报送地方网中心站汇总；

（二）地方网中心站将汇总、分析后的报表和报告送省、自治区建设主管部门或者直辖市人民政府城市供水主管部门审核后，报送建设部城市供水水质监测中心；

（三）建设部城市供水水质监测中心汇总、分析地方网中心站上报的报表和报告，形成水质报告，报送国务院建设主管部门。

第十三条 城市供水单位从事生产和水质检测的人员，应当经专业培训合格，持证上岗；但是，仅向本单位提供用水的自建设施供水单位除外。

第十四条 二次供水管理单位，应当建立水质管理制度，配备专（兼）职人员，加强水质管理，定期进行常规检测并对各类储水设施清洗消毒（每半年不得少于一次）。不具备相应水质检测能力的，应当委托经质量技术监督部门资质认定的水质检测机构进行现场检测。

第十五条 国务院建设主管部门，省、自治区建设主管部门以及直辖市、市、县人民政府城市供水主管部门［以下简称建设（城市供水）主管部门］应当建立健全城市供水水质检查和督察制度，对本规定的执行情况进行监督检查。

第十六条 建设（城市供水）主管部门实施监督检查时，可以采取以下措施：

（一）进入现场实施检查；

（二）对供水水质进行抽样检测；

（三）查阅、复制相关报表、数据、原始记录等文件和资料；

（四）要求被检查的单位就有关问题做出说明；

（五）纠正违反有关法律、法规和本办法规定的行为。

第十七条 实施监督检查，不得妨碍被检查单位正常的生产经营活动。

建设（城市供水）主管部门及其工作人员对知悉的被检查单位的商业秘密负有保密义务。

第十八条 建设（城市供水）主管部门依法实施监督检查，有关单位和个人不得拒绝或者阻挠。被检查单位应当接受监督检查和督察，并提供工作方便。

第十九条 建设（城市供水）主管部门实施现场检查时应当做好检查记录，并在取得抽检水样检测报告十五日内，向被检查单位出具检查意见书。

发现供水水质不合格或存在安全隐患的，建设（城市供水）主管部门应当责令被检查单位限期改正。

第二十条 建设（城市供水）主管部门实施监督检查，应当委托城市供水水质监测网监测站或者其他经质量技术监督部门资质认定的水质检测机构进行水质检测。

第二十一条 被检查单位对监督检查结果有异议的，可以自收到监督检查意见书之日起十五日内向实施监督检查的机关申请复查。

第二十二条 县级以上地方人民政府建设（城市供水）主管部门应当将监督检查情况及有关问题的处理结果，报上一级建设（城市供水）主管部门，并向社会公布城市供水水质监督检查年度报告。

第二十三条 任何单位和个人发现违反本规定行为的，有权向建设（城市供水）主管部门举报。

第二十四条 建设（城市供水）主管部门应当会同有关部门制定城市供水水质突发事件应急预案，经同级人民政府批准后组织实施。

城市供水单位应当依据所在地城市供水水质突发事件应急预案，制定相应的突发事件应急预案，报所在地直辖市、市、县人民政府城市供水主管部门备案，并定期组织演练。

第二十五条 城市供水水质突发事件应急预案应当包括以下内容：

（一）突发事件的应急管理工作机制；

（二）突发事件的监测与预警；

（三）突发事件信息的收集、分析、报告、通报制度；

（四）突发事件应急处理技术和监测机构及其任务；

（五）突发事件的分级和应急处理工作方案；

（六）突发事件预防与处理措施；

（七）应急供水设施、设备及其他物资和技术的储备与调度；

（八）突发事件应急处理专业队伍的建设和培训。

第二十六条 任何单位和个人发现城市供水水质安全事故或者安全隐患后，应当立即向有关城市供水单位、二次供水管理单位或者所在地直辖市、市、县人民政府城市供水主管部门报告。

城市供水单位、二次供水管理单位接到安全事故或者安全隐患报告的，应当立即向所在地直辖市、市、县人民政府城市供水主管部门和其他有关部门报告。

直辖市、市、县人民政府城市供水主管部门接到安全事故或者安全隐患报告的，应当按照有关规定，向同级人民政府报告，并通知有关城市供水单位、二次供水管理单位。

第二十七条 发现城市供水水质安全隐患或者安全事故后，直辖市、市、县人民政府城市供水主管部门应当会同有关部门立即启动城市供水水质突发事件应急预案，采取措施防止事故发生或者扩大，并保障有关单位和个人的用水；有关城市供水单位、二次供水管理单位应当立即组织人员查明情况，组织抢险抢修。

城市供水单位发现供水水质不能达到标准，确需停止供水的，应当报经所在地直辖市、市、县人民政府城市供水主管部门批准，并提前24小时通知用水单位和个人；因发生灾害或者紧急事故，不能提前通知的，应当在采取应急措施的同时，通知用水单位和个人，并向所在地直辖市、市、县人民政府城市供水主管部门报告。

第二十八条 发生城市供水水质安全事故后，直辖市、市、县人民政府城市供水主管部门应当会同有关部门立即派员前往现场，进行调查和取证。调查取证应当全面、客观、公正。

调查期间，有关单位和个人应当予以配合，如实提供有关情况和证据，不得谎报或者隐匿、毁灭证据，阻挠、妨碍事故原因的调查和取证。

第二十九条 违反本规定，有下列行为之一的，由直辖市、市、县人民政府城市供水主管部门给予警告，并处以3万元的罚款：

（一）供水水质达不到国家有关标准规定的；

（二）城市供水单位、二次供水管理单位未按规定进行水质检测或者委托检测的；

（三）对于实施生产许可证管理的净水剂及与制水有关的材料等，选用未获证企业产品的；

（四）城市供水单位使用未经检验或者检验不合格的净水剂及有关制水材料的；

（五）城市供水单位使用未经检验或者检验不合格的城市供水设备、管网的；

（六）二次供水管理单位，未按规定对各类储水设施进行清洗消毒的；

（七）城市供水单位、二次供水管理单位隐瞒、缓报、谎报水质突发事件或者水质信息的；

（八）违反本规定，有危害城市供水水质安全的其他行为的。

第三十条 违反本规定，有下列行为之一的，由直辖市、市、县人民政府城市供水主管部门给予警告，并处以5000元以上2万元以下的罚款：

（一）城市供水单位未制定城市供水水质突发事件应急预案的；

（二）城市供水单位未按规定上报水质报表的。

第三十一条 建设（城市供水）主管部门不履行本规定职责、玩忽职守、滥用职权、循私舞弊的，对负有责任的主管人员和其他直接责任人员依法给予处分；构成犯罪的，依法追究刑事责任。

第三十二条 因城市供水单位原因导致供水水质不符合国家有关标准，给用户造成损失的，应当依法承担赔偿责任。

第三十三条 本规定自2007年5月1日起施行。《城市供水水质管理规定》

（建设部令第 67 号）、《建设部关于修改〈城市供水水质管理规定〉的决定》（建设部令第 132 号令）同时废止。

城市生活垃圾管理办法

（2007 年 4 月 28 日建设部令第 157 号发布）

第一章　总　　则

第一条　为了加强城市生活垃圾管理，改善城市市容和环境卫生，根据《中华人民共和国固体废物污染环境防治法》、《城市市容和环境卫生管理条例》等法律、行政法规，制定本办法。

第二条　本办法适用于中华人民共和国境内城市生活垃圾的清扫、收集、运输、处置及相关管理活动。

第三条　城市生活垃圾的治理，实行减量化、资源化、无害化和谁产生、谁依法负责的原则。

国家采取有利于城市生活垃圾综合利用的经济、技术政策和措施，提高城市生活垃圾治理的科学技术水平，鼓励对城市生活垃圾实行充分回收和合理利用。

第四条　产生城市生活垃圾的单位和个人，应当按照城市人民政府确定的生活垃圾处理费收费标准和有关规定缴纳城市生活垃圾处理费。

城市生活垃圾处理费应当专项用于城市生活垃圾收集、运输和处置，严禁挪作他用。

第五条　国务院建设主管部门负责全国城市生活垃圾管理工作。

省、自治区人民政府建设主管部门负责本行政区域内城市生活垃圾管理工作。

直辖市、市、县人民政府建设（环境卫生）主管部门负责本行政区域内城市生活垃圾的管理工作。

第六条　任何单位和个人都应当遵守城市生活垃圾管理的有关规定，并有权对违反本办法的单位和个人进行检举和控告。

第二章　治理规划与设施建设

第七条　直辖市、市、县人民政府建设（环境卫生）主管部门应当会同城市规划等有关部门，依据城市总体规划和本地区国民经济和社会发展计划等，制定城市生活垃圾治理规划，统筹安排城市生活垃圾收集、处置设施的布局、用地和规模。

制定城市生活垃圾治理规划，应当广泛征求公众意见。

第八条　城市生活垃圾收集、处置设施用地应当纳入城市黄线保护范围，任何单位和个人不得擅自占用或者改变其用途。

第九条　城市生活垃圾收集、处置设施建设，应当符合城市生活垃圾治理规划和国家有关技术标准。

第十条　从事新区开发、旧区改建和住宅小区开发建设的单位，以及机场、码头、车站、公园、商店等公共设施、场所的经营管理单位，应当按照城市生活垃圾治理规划和环境卫生设施的设置标准，配套建设城市生活垃圾收集设施。

第十一条　城市生活垃圾收集、处置设施工程建设的勘察、设计、施工和监理，应当严格执行国家有关法律、法规和技术标准。

第十二条　城市生活垃圾收集、处置设施工程竣工后，建设单位应当依法组织竣工验收，并在竣工验收后三个月内，依法向当地人民政府建设主管部门和环境卫生主管部门报送建设工程项目档案。未经验收或者验收不合格的，不得交付使用。

第十三条　任何单位和个人不得擅自关闭、闲置或者拆除城市生活垃圾处置设施、场所；确有必要关闭、闲置或者拆除的，必须经所在地县级以上地方人民政府建设（环境卫生）主管部门和环境保护主管部门核准，并采取措施，防止污染环境。

第十四条　申请关闭、闲置或者拆除城市生活垃圾处置设施、场所的，应当提交以下材料：

（一）书面申请；

（二）权属关系证明材料；

（三）丧失使用功能或其使用功能被其他设施替代的证明；

（四）防止环境污染的方案；

（五）拟关闭、闲置或者拆除设施的现状图及拆除方案；

（六）拟新建设施设计图；

（七）因实施城市规划需要闲置、关闭或者拆除的，还应当提供规划、建设主管部门的批准文件。

第三章　清扫、收集、运输

第十五条　城市生活垃圾应当逐步实行分类投放、收集和运输。具体办法，由直辖市、市、县人民政府建设（环境卫生）主管部门根据国家标准和本地区实际制定。

第十六条　单位和个人应当按照规定的地点、时间等要求，将生活垃圾投放到指定的垃圾容器或者收集场所。废旧家具等大件垃圾应当按规定时间投放在指定的收集场所。

城市生活垃圾实行分类收集的地区，单位和个人应当按照规定的分类要求，将生活垃圾装入相应的垃圾袋内，投入指定的垃圾容器或者收集场所。

宾馆、饭店、餐馆以及机关、院校等单位应当按照规定单独收集、存放本单位产生的餐厨垃圾，并交符合本办法要求的城市生活垃圾收集、运输企业运至规定的城市生活垃圾处理场所。

禁止随意倾倒、抛洒或者堆放城市生活垃圾。

第十七条　从事城市生活垃圾经营性清扫、收集、运输的企业，应当取得城市生活垃圾经营性清扫、收集、运输服务许可证。

未取得城市生活垃圾经营性清扫、收集、运输服务许可证的企业，不得从事城市生活垃圾经营性清扫、收集、运输活动。

第十八条　直辖市、市、县建设（环境卫生）主管部门应当通过招投标等公平竞争方式作出城市生活垃圾经营性清扫、收集、运输许可的决定，向中标人颁发城市生活垃圾经营性清扫、收集、运输服务许可证。

直辖市、市、县建设（环境卫生）主管部门应当与中标人签订城市生活垃圾清扫、收集、运输经营协议。

城市生活垃圾清扫、收集、运输经营协议应当明确约定经营期限、服务标准等内容，作为城市生活垃圾清扫、收集、运输服务许可证的附件。

第十九条　从事城市生活垃圾经营性清扫、收集、运输服务的企业，应当具备以下条件：

（一）具备企业法人资格，从事垃圾清扫、收集的企业注册资本不少于人民币 100 万元，从事垃圾运输的企业注册资本不少于人民币 300 万元；

（二）机械清扫能力达到总清扫能力的 20% 以上，机械清扫车辆包括洒水车和清扫保洁车辆。机械清扫车辆应当具有自动洒水、防尘、防遗撒、安全警示功能，安装车辆行驶及清扫过程记录仪；

（三）垃圾收集应当采用全密闭运输工具，并应当具有分类收集功能；

（四）垃圾运输应当采用全密闭自动卸载车辆或船只，具有防臭味扩散、防遗撒、防渗沥液滴漏功能，安装行驶及装卸记录仪；

（五）具有健全的技术、质量、安全和监测管理制度并得到有效执行；

（六）具有合法的道路运输经营许可证、车辆行驶证；

（七）具有固定的办公及机械、设备、车辆、船只停放场所。

第二十条　从事城市生活垃圾经营性清扫、收集、运输的企业应当履行以下义务：

（一）按照环境卫生作业标准和作业规范，在规定的时间内及时清扫、收运城市生活垃圾；

（二）将收集的城市生活垃圾运到直辖市、市、县人民政府建设（环境卫生）主管部门认可的处理场所；

（三）清扫、收运城市生活垃圾后，对生活垃圾收集设施及时保洁、复位，清理作业场地，保持生活垃圾收集设施和周边环境的干净整洁；

（四）用于收集、运输城市生活垃圾的车辆、船舶应当做到密闭、完好和整洁。

第二十一条　从事城市生活垃圾经营性清扫、收集、运输的企业，禁止实施下列行为：

（一）任意倾倒、抛洒或者堆放城市生活垃圾；

（二）擅自停业、歇业；

（三）在运输过程中沿途丢弃、遗撒生活垃圾。

第二十二条　工业固体废弃物、危险废物应当按照国家有关规定单独收集、运输，严禁混入城市生活垃圾。

第四章　处　　置

第二十三条　城市生活垃圾应当在城市生活垃圾转运站、处理厂（场）处置。

任何单位和个人不得任意处置城市生活垃圾。

第二十四条　城市生活垃圾处置所采用的技术、设备、材料，应当符合国家有关城市生活垃圾处理技术标准的要求，防止对环境造成污染。

第二十五条　从事城市生活垃圾经营性处置的企业，应当向所在地直辖市、市、县人民政府建设（环境卫生）主管部门取得城市生活垃圾经营性处置服务许可证。

未取得城市生活垃圾经营性处置服务许可证，不得从事城市生活垃圾经营性处置活动。

第二十六条　直辖市、市、县建设（环境卫生）主管部门应当通过招投标等公平竞争方式作出城市生活垃圾经营性处置许可的决定，向中标人颁发城市生活垃圾经营性处置服务许可证。

直辖市、市、县建设（环境卫生）主管部门应当与中标人签订城市生活垃圾处置经营协议，明确约定经营期限、服务标准等内容，并作为城市生活垃圾经营性处置服务许可证的附件。

第二十七条　从事城市生活垃圾经营性处置服务的企业，应当具备以下条件：

（一）具备企业法人资格，规模小于100吨/日的卫生填埋场和堆肥厂的注册资本不少于人民币500万元，规模大于100吨/日的卫生填埋场和堆肥厂的注册资本不少于人民币5000万元，焚烧厂的注册资本不少于人民币1亿元；

（二）卫生填埋场、堆肥厂和焚烧厂的选址符合城乡规划，并取得规划许可文件；

（三）采用的技术、工艺符合国家有关标准；

（四）有至少5名具有初级以上专业技术职称的人员，其中包括环境工程、机械、环境监测等专业的技术人员。技术负责人具有5年以上垃圾处理工作经历，并具有中级以上专业技术职称；

（五）具有完善的工艺运行、设备管理、环境监测与保护、财务管理、生产安全、计量统计等方面的管理制度并得到有效执行；

（六）生活垃圾处理设施配备沼气检测仪器，配备环境监测设施如渗沥液监测井、尾气取样孔，安装在线监测系统等监测设备并与建设（环境卫生）主管部门联网；

（七）具有完善的生活垃圾渗沥液、沼气的利用和处理技术方案，卫生填埋场对不同垃圾进行分区填埋方案、生活垃圾处理的渗沥液、沼气、焚烧烟气、残渣等处理残余物达标处理排放方案；

（八）有控制污染和突发事件的预案。

第二十八条　从事城市生活垃圾经营性处置的企业应当履行以下义务：

（一）严格按照国家有关规定和技术标准，处置城市生活垃圾；

（二）按照规定处理处置过程中产生的污水、废气、废渣、粉尘等，防止二次污染；

（三）按照所在地建设（环境卫生）主管部门规定的时间和要求接收生活垃圾；

（四）按照要求配备城市生活垃圾处置设备、设施，保证设施、设备运行良好；

（五）保证城市生活垃圾处置站、场（厂）环境整洁；

（六）按照要求配备合格的管理人员及操作人员；

（七）对每日收运、进出场站、处置的生活垃圾进行计量，按照要求将统计数据和报表报送所在地建设（环境卫生）主管部门；

（八）按照要求定期进行水、气、土壤等环境影响监测，对生活垃圾处理设施的性能和环保指标进行检测、评价，向所在地建设（环境卫生）主管部门报告检测、评价结果。

第五章　监督管理

第二十九条　国务院建设主管部门和省、自治区人民政府建设主管部门应当建立健全监督管理制度，对本办法的执行情况进行监督检查。

直辖市、市、县人民政府建设（环境卫生）主管部门应当对本行政区域内城市生活垃圾经营性清扫、收集、运输、处置企业执行本办法的情况进行监督检查；根据需要，可以向城市生活垃圾经营性处置企业派驻监督员。

第三十条　直辖市、市、县人民政府建设（环境卫生）主管部门实施监督检查时，有权采取下列措施：

（一）查阅复制有关文件和资料；

（二）要求被检查的单位和个人就有关问题做出说明；

（三）进入现场开展检查；

（四）责令有关单位和个人改正违法行为。

有关单位和个人应当支持配合监督检查并提供工作方便，不得妨碍与阻挠监督检查人员依法执行职务。

第三十一条　直辖市、市、县人民政府建设（环境卫生）主管部门应当委托具有计量认证资格的机构，定期对城市生活垃圾处理场站的垃圾处置数量、质量和环境影响进行监测。

第三十二条　城市生活垃圾经营性清扫、收集、运输、处置服务许可有效期届满需要继续从事城市生活垃圾经营性清扫、收集、运输、处置活动的，应当在有效期届满30日前向原发证机关申请办理延续手续。准予延续的，直辖市、市、县建设（环境卫生）主管部门应当与城市生活垃圾经营性清扫、收集、运输、处置企业重新订立经营协议。

第三十三条　有下列情形之一的，可以依法撤销许可证书：

（一）建设（环境卫生）主管部门工作人员滥用职权、玩忽职守作出准予城市生活垃圾清扫、收集、运输或者处置许可决定的；

（二）超越法定职权作出准予城市生活垃圾清扫、收集、运输或者处置许可决定的；

（三）违反法定程序作出准予城市生活垃圾清扫、收集、运输或者处置许可决定的；

（四）对不符合许可条件的申请人作出准予许可的；

（五）依法可以撤销许可的其他情形。

申请人以欺骗、贿赂等不正当手段取得许可的，应当予以撤销。

第三十四条　有下列情形之一的，从事城市生活垃圾经营性清扫、收集、运输或者处置的企业应当向原许可机关提出注销许可证的申请，交回许可证书；原许可机关应当办理注销手续，公告其许可证书作废：

（一）许可事项有效期届满，未依法申请延期的；

（二）企业依法终止的；

（三）许可证依法被撤回、撤销或者吊销的；

（四）法律、法规规定的其他应当注销的情形。

第三十五条　从事城市生活垃圾经营性清扫、收集、运输、处置的企业需停业、歇业的，应当提前半年向所在地直辖市、市、县人民政府建设（环境卫生）主管部门报告，经同意后方可停业或者歇业。

直辖市、市、县人民政府建设（环境卫生）主管部门应当在城市生活垃圾经营性清扫、收集、运输、处置企业停业或者歇业前，落实保障及时清扫、收集、运输、处置城市生活垃圾的措施。

第三十六条　直辖市、市、县人民政府建设（环境卫生）主管部门应当会同有关部门制定城市生活垃圾清扫、收集、运输和处置应急预案，建立城市生活垃圾应急处理系统，确保紧急或者特殊情况下城市生活垃圾的正常清扫、收集、运输和处置。

从事城市生活垃圾经营性清扫、收集、运输和处置的企业，应当制定突发事件生活垃圾污染防范的应急方案，并报所在地直辖市、市、县人民政府建设

（环境卫生）主管部门备案。

第三十七条 从事城市生活垃圾经营性清扫、收集、运输或者处置的企业应当按照国家劳动保护的要求和规定，改善职工的工作条件，采取有效措施，逐步提高职工的工资和福利待遇，做好职工的卫生保健和技术培训工作。

第六章 法律责任

第三十八条 单位和个人未按规定缴纳城市生活垃圾处理费的，由直辖市、市、县人民政府建设（环境卫生）主管部门责令限期改正，逾期不改正的，对单位可处以应交城市生活垃圾处理费三倍以下且不超过3万元的罚款，对个人可处以应交城市生活垃圾处理费三倍以下且不超过1000元的罚款。

第三十九条 违反本办法第十条规定，未按照城市生活垃圾治理规划和环境卫生设施标准配套建设城市生活垃圾收集设施的，由直辖市、市、县人民政府建设（环境卫生）主管部门责令限期改正，并可处以1万元以下的罚款。

第四十条 违反本办法第十二条规定，城市生活垃圾处置设施未经验收或者验收不合格投入使用的，由直辖市、市、县人民政府建设主管部门责令改正，处工程合同价款2%以上4%以下的罚款；造成损失的，应当承担赔偿责任。

第四十一条 违反本办法第十三条规定，未经批准擅自关闭、闲置或者拆除城市生活垃圾处置设施、场所的，由直辖市、市、县人民政府建设（环境卫生）主管部门责令停止违法行为，限期改正，处以1万元以上10万元以下的罚款。

第四十二条 违反本办法第十六条规定，随意倾倒、抛洒、堆放城市生活垃圾的，由直辖市、市、县人民政府建设（环境卫生）主管部门责令停止违法行为，限期改正，对单位处以5000元以上5万元以下的罚款。个人有以上行为的，处以200元以下的罚款。

第四十三条 违反本办法第十七条、第二十五条规定，未经批准从事城市生活垃圾经营性清扫、收集、运输或者处置活动的，由直辖市、市、县人民政府建设（环境卫生）主管部门责令停止违法行为，并处以3万元的罚款。

第四十四条 违反本办法规定，从事城市生活垃圾经营性清扫、收集、运输的企业在运输过程中沿途丢弃、遗撒生活垃圾的，由直辖市、市、县人民政府建设（环境卫生）卫生主管部门责令停止违法行为，限期改正，处以5000元以上5万元以下的罚款。

第四十五条 从事生活垃圾经营性清扫、收集、运输的企业不履行本办法

第二十条规定义务的，由直辖市、市、县人民政府建设（环境卫生）主管部门责令限期改正，并可处以5000元以上3万元以下的罚款：城市生活垃圾经营性处置企业不履行本办法第二十八条规定义务的，由直辖市、市、县人民政府建设（环境卫生）主管部门责令限期改正，并可处以3万元以上10万元以下的罚款。造成损失的，依法承担赔偿责任。

第四十六条　违反本办法规定，从事城市生活垃圾经营性清扫、收集、运输的企业，未经批准擅自停业、歇业的，由直辖市、市、县人民政府建设（环境卫生）主管部门责令限期改正，并可处以1万元以上3万元以下罚款；从事城市生活垃圾经营性处置的企业，未经批准擅自停业、歇业的，由直辖市、市、县人民政府建设（环境卫生）主管部门责令限期改正，并可处以5万元以上10万元以下罚款。造成损失的，依法承担赔偿责任。

第四十七条　违反本办法规定的职权和程序，核发城市生活垃圾清扫、收集、运输、处理许可证的，由上级主管机关责令改正，并对其主管人员及其他直接责任人员给予行政处分；构成犯罪的，应当追究刑事责任。

国家机关工作人员在城市生活垃圾监督管理工作中，玩忽职守、滥用职权、徇私舞弊的，依法给予行政处分；构成犯罪的，依法追究刑事责任。

第七章　附　　则

第四十八条　城市建筑垃圾的管理适用《城市建筑垃圾管理规定》（建设部令第139号）。

第四十九条　本办法的规定适用于从事城市生活垃圾非经营性清扫、收集、运输、处置的单位；但是，有关行政许可的规定以及第四十五条、第四十六条的规定除外。

第五十条　城市生活垃圾清扫、收集、运输服务许可证和城市生活垃圾处置服务许可证由国务院建设主管部门统一规定格式，省、自治区人民政府建设主管部门和直辖市人民政府建设（环境卫生）主管部门组织印制。

第五十一条　本办法自2007年7月1日起施行。1993年8月10日建设部颁布的《城市生活垃圾管理办法》（建设部令第27号）同时废止。

省域城镇体系规划编制审批办法

（2010年4月25日住房和城乡建设部令第3号发布）

第一章 总 则

第一条 为了规范省域城镇体系规划编制和审批工作，提高规划的科学性，根据《中华人民共和国城乡规划法》，制定本办法。

第二条 省域城镇体系规划的编制和审批，适用本办法。

第三条 省域城镇体系规划是省、自治区人民政府实施城乡规划管理，合理配置省域空间资源，优化城乡空间布局，统筹基础设施和公共设施建设的基本依据，是落实全国城镇体系规划，引导本省、自治区城镇化和城镇发展，指导下层次规划编制的公共政策。

第四条 编制省域城镇体系规划，应当以科学发展观为指导，坚持城乡统筹规划，促进区域协调发展；坚持因地制宜，分类指导；坚持走有中国特色的城镇化道路，节约集约利用资源、能源，保护自然人文资源和生态环境。

第五条 编制省域城镇体系规划，应当遵守国家有关法律、行政法规，并与有关规划相协调。

第六条 省域城镇体系规划的编制和管理经费应当纳入省级财政预算。

第七条 经依法批准的省域城镇体系规划应当及时向社会公布，但法律、行政法规规定不得公开的内容除外。

第二章 省域城镇体系规划的制定和修改

第八条 省、自治区人民政府负责组织编制省域城镇体系规划。省、自治区人民政府城乡规划主管部门负责省域城镇体系规划组织编制的具体工作。

第九条 省、自治区人民政府城乡规划主管部门应当委托具有城乡规划甲级资质证书的单位承担省域城镇体系规划的具体编制工作。

第十条 省域城镇体系规划编制工作一般分为编制省域城镇体系规划纲要（以下简称规划纲要）和编制省域城镇体系规划成果（以下简称规划成果）两个阶段。

第十一条　编制规划纲要的目的是综合评价省、自治区城镇化发展条件及对城乡空间布局的基本要求，分析研究省域相关规划和重大项目布局对城乡空间的影响，明确规划编制的原则和重点，研究提出城镇化目标和拟采取的对策和措施，为编制规划成果提供基础。

编制规划纲要时，应当对影响本省、自治区城镇化和城镇发展的重大问题进行专题研究。

第十二条　省、自治区人民政府城乡规划主管部门应当对规划纲要和规划成果进行充分论证，并征求同级人民政府有关部门和下一级人民政府的意见。

第十三条　国务院城乡规划主管部门应当加强对省域城镇体系规划编制工作的指导。

在规划纲要编制和规划成果编制阶段，国务院城乡规划主管部门应当分别组织对规划纲要和规划成果进行审查，并出具审查意见。

第十四条　省、自治区人民政府城乡规划主管部门向国务院城乡规划主管部门提交审查规划纲要和规划成果时，应当附专题研究报告、规划协调论证的说明和对各方面意见的采纳情况。

第十五条　省域城镇体系规划由省、自治区人民政府报国务院审批。

第十六条　省域城镇体系规划报送审批前，省、自治区人民政府应当将规划成果予以公告，并征求专家和公众的意见。公告时间不得少于三十日。

第十七条　省、自治区人民政府在省域城镇体系规划报国务院审批前，应当将规划成果提请省、自治区人民代表大会常务委员会审议。

第十八条　上报国务院的规划成果应当附具省域城镇体系规划说明书、规划编制工作的说明、征求意见和意见采纳的情况、人大常务委员会组成人员的审议意见和根据审议意见修改规划的情况等。

第十九条　省域城镇体系规划成果应当包括规划文本、图纸，以书面和电子文件两种形式表达。

规划成果的表达应当清晰、规范，符合城乡规划有关的技术标准和技术规范。

第二十条　修改省域城镇体系规划，应当符合《中华人民共和国城乡规划法》的相关规定。

修改省域城镇体系规划向国务院报告前，省、自治区人民政府城乡规划主管部门应当结合对省域城镇体系规划实施情况的评估，提出规划修改的必要性、修改规划的基本思路和重点，经省、自治区人民政府同意后，向国务院城乡规划主管部门报告。

第二十一条 修改省域城镇体系规划，应当符合本办法规定的省域城镇体系规划的编制审批程序。

第二十二条 根据实施省域城镇体系规划的需要，省、自治区人民政府城乡规划主管部门可以依据经批准的省域城镇体系规划，会同有关部门组织编制省域范围内的区域性专项规划和跨下一级行政单元的规划，落实省域城镇体系规划的要求。

第二十三条 省域范围内的区域性专项规划和跨下一级行政单元的规划，报省、自治区人民政府审批。

第三章 省域城镇体系规划的内容和成果要求

第二十四条 规划纲要应当包括下列内容：

（一）分析评价现行省域城镇体系规划实施情况，明确规划编制原则、重点和应当解决的主要问题。

（二）按照全国城镇体系规划的要求，提出本省、自治区在国家城镇化与区域协调发展中的地位和作用。

（三）综合评价土地资源、水资源、能源、生态环境承载能力等城镇发展支撑条件和制约因素，提出城镇化进程中重要资源、能源合理利用与保护、生态环境保护和防灾减灾的要求。

（四）综合分析经济社会发展目标和产业发展趋势、城乡人口流动和人口分布趋势、省域内城镇化和城镇发展的区域差异等影响本省、自治区城镇发展的主要因素，提出城镇化的目标、任务及要求。

（五）按照城乡区域全面协调可持续发展的要求，综合考虑经济社会发展与人口资源环境条件，提出优化城乡空间格局的规划要求，包括省域城乡空间布局，城乡居民点体系和优化农村居民点布局的要求；提出省域综合交通和重大市政基础设施、公共设施布局的建议；提出需要从省域层面重点协调、引导的地区，以及需要与相邻省（自治区、直辖市）共同协调解决的重大基础设施布局等相关问题。

（六）按照保护资源、生态环境和优化省域城乡空间布局的综合要求，研究提出适宜建设区、限制建设区、禁止建设区的划定原则和划定依据，明确限制建设区、禁止建设区的基本类型。

第二十五条 规划成果应当包括下列内容：

（一）明确全省、自治区城乡统筹发展的总体要求。包括城镇化目标和战略，城镇化发展质量目标及相关指标，城镇化途径和相应的城镇协调发展政策和策略；城乡统筹发展目标、城乡结构变化趋势和规划策略；根据省、自治区内的区域差异提出分类指导的城镇化政策。

（二）明确资源利用与资源生态环境保护的目标、要求和措施。包括土地资源、水资源、能源等的合理利用与保护，历史文化遗产的保护，地域传统文化特色的体现，生态环境保护。

（三）明确省域城乡空间和规模控制要求。包括中心城市等级体系和空间布局；需要从省域层面重点协调、引导地区的定位及协调、引导措施；优化农村居民点布局的目标、原则和规划要求。

（四）明确与城乡空间布局相协调的区域综合交通体系。包括省域综合交通发展目标、策略及综合交通设施与城乡空间布局协调的原则，省域综合交通网络和重要交通设施布局，综合交通枢纽城市及其规划要求。

（五）明确城乡基础设施支撑体系。包括统筹城乡的区域重大基础设施和公共设施布局原则和规划要求，中心镇基础设施和基本公共设施的配置要求；农村居民点建设和环境综合整治的总体要求；综合防灾与重大公共安全保障体系的规划要求等。

（六）明确空间开发管制要求。包括限制建设区、禁止建设区的区位和范围，提出管制要求和实现空间管制的措施，为省域内各市（县）在城市总体规划中划定“四线”等规划控制线提供依据。

（七）明确对下层次城乡规划编制的要求。结合本省、自治区的实际情况，综合提出对各地区在城镇协调发展、城乡空间布局、资源生态环境保护、交通和基础设施布局、空间开发管制等方面的规划要求。

（八）明确规划实施的政策措施。包括城乡统筹和城镇协调发展的政策；需要进一步深化落实的规划内容；规划实施的制度保障，规划实施的方法。

省、自治区人民政府城乡规划主管部门根据本省、自治区实际，可以在省域城镇体系规划中提出与相邻省、自治区、直辖市的协调事项，近期行动计划等规划内容。必要时可以将本省、自治区分成若干区，深化和细化规划要求。

第二十六条　限制建设区、禁止建设区的管制要求，重要资源和生态环境保护目标，省域内区域性重大基础设施布局等，应当作为省域城镇体系规划的强制性内容。

第二十七条　省域城镇体系规划的规划期限一般为二十年，还可以对资源生态环境保护和城乡空间布局等重大问题作出更长远的预测性安排。

第四章　附　　则

第二十八条　省域范围内的区域性专项规划和跨下一级行政单元规划内容和编制审批的具体要求，由各地参照本办法确定。

第二十九条　本办法自2010年7月1日起施行。1994年8月15日建设部发布的《城镇体系规划编制审批办法》（建设部令第36号）同时废止。

城市照明管理规定

（2010年5月4日住房和城乡建设部令第4号发布）

第一章　总　　则

第一条　为了加强城市照明管理，促进能源节约，改善城市照明环境，制定本规定。

第二条　城市照明的规划、建设、维护和监督管理，适用本规定。

第三条　城市照明工作应当遵循以人为本、经济适用、节能环保、美化环境的原则，严格控制公用设施和大型建筑物装饰性景观照明能耗。

第四条　国务院住房和城乡建设主管部门指导全国的城市照明工作。

省、自治区人民政府住房和城乡建设主管部门对本行政区域内城市照明实施监督管理。

城市人民政府确定的城市照明主管部门负责本行政区域内城市照明管理的具体工作。

第五条　城市照明主管部门应当对在城市照明节能工作中做出显著成绩的单位和个人给予表彰或者奖励。

第二章　规划和建设

第六条　城市照明主管部门应当会同有关部门，依据城市总体规划，组织编制城市照明专项规划，报本级人民政府批准后组织实施。

第七条　城市照明主管部门应当委托具备相应资质的单位承担城市照明专项规划的编制工作。

编制城市照明专项规划，应当根据城市经济社会发展水平，结合城市自然地理环境、人文条件，按照城市总体规划确定的城市功能分区，对不同区域的照明效果提出要求。

第八条　从事城市照明工程勘察、设计、施工、监理的单位应当具备相应的资质；相关专业技术人员应当依法取得相应的执业资格。

第九条　城市照明主管部门应当依据城市照明专项规划，组织制定城市照明设施建设年度计划，报同级人民政府批准后实施。

第十条　新建、改建城市照明设施，应当根据城市照明专项规划确定各类区域照明的亮度、能耗标准，并符合国家有关标准规范。

第十一条　政府投资的城市照明设施的建设经费，应当纳入城市建设资金计划。

国家鼓励社会资金用于城市照明设施的建设和维护。

第十二条　新建、改建城市道路项目的功能照明装灯率应当达到100%。

与城市道路、住宅区及重要建（构）筑物配套的城市照明设施，应当按照城市照明规划建设，与主体工程同步设计、施工、验收和使用。

第十三条　对符合城市照明设施安装条件的建（构）筑物和支撑物，可以在不影响其功能和周边环境的前提下，安装照明设施。

第三章　节约能源

第十四条　国家支持城市照明科学技术研究，推广使用节能、环保的照明新技术、新产品，开展绿色照明活动，提高城市照明的科学技术水平。

第十五条　国家鼓励在城市照明设施建设和改造中安装和使用太阳能等可再生能源利用系统。

第十六条　城市照明主管部门应当依据城市照明规划，制定城市照明节能计划和节能技术措施，优先发展和建设功能照明，严格控制景观照明的范围、亮度和能耗密度，并依据国家有关规定，限时全部淘汰低效照明产品。

第十七条　城市照明主管部门应当定期开展节能教育和岗位节能培训，提高城市照明维护单位的节能水平。

第十八条　城市照明主管部门应当建立城市照明能耗考核制度，定期对城市景观照明能耗等情况进行检查。

第十九条 城市照明维护单位应当建立和完善分区、分时、分级的照明节能控制措施，严禁使用高耗能灯具，积极采用高效的光源和照明灯具、节能型的镇流器和控制电器以及先进的灯控方式，优先选择通过认证的高效节能产品。

任何单位不得在城市景观照明中有过度照明等超能耗标准的行为。

第二十条 城市照明可以采取合同能源管理的方式，选择专业性能源管理公司管理城市照明设施。

第四章 管理和维护

第二十一条 城市照明主管部门应当建立健全各项规章制度，加强对城市照明设施的监管，保证城市照明设施的完好和正常运行。

第二十二条 城市照明设施的管理和维护，应当符合有关标准规范。

第二十三条 城市照明主管部门可以采取招标投标的方式确定城市照明设施维护单位，具体负责政府投资的城市照明设施的维护工作。

第二十四条 非政府投资建设的城市照明设施由建设单位负责维护；符合下列条件的，办理资产移交手续后，可以移交城市照明主管部门管理：

（一）符合城市照明专项规划及有关标准；

（二）提供必要的维护、运行条件；

（三）提供完整的竣工验收资料；

（四）城市人民政府规定的其他条件和范围。

第二十五条 政府预算安排的城市照明设施运行维护费用应当专款专用，保证城市照明设施的正常运行。

第二十六条 城市照明设施维护单位应当定期对照明灯具进行清扫，改善照明效果，并可以采取精确等量分时照明等节能措施。

第二十七条 因自然生长而不符合安全距离标准的树木，由城市照明主管部门通知有关单位及时修剪；因不可抗力致使树木严重危及城市照明设施安全运行的，城市照明维护单位可以采取紧急措施进行修剪，并及时报告城市园林绿化主管部门。

第二十八条 任何单位和个人都应当保护城市照明设施，不得实施下列行为：

（一）在城市照明设施上刻划、涂污；

（二）在城市照明设施安全距离内，擅自植树、挖坑取土或者设置其他物体，或者倾倒含酸、碱、盐等腐蚀物或者具有腐蚀性的废渣、废液；

（三）擅自在城市照明设施上张贴、悬挂、设置宣传品、广告；

（四）擅自在城市照明设施上架设线缆、安置其他设施或者接用电源；

（五）擅自迁移、拆除、利用城市照明设施；

（六）其他可能影响城市照明设施正常运行的行为。

第二十九条　损坏城市照明设施的单位和个人，应当立即保护事故现场，防止事故扩大，并通知城市照明主管部门。

第五章　法律责任

第三十条　不具备相应资质的单位和不具备相应执业资格证书的专业技术人员从事城市照明工程勘察、设计、施工、监理的，依照有关法律、法规和规章予以处罚。

第三十一条　违反本规定，在城市景观照明中有过度照明等超能耗标准行为的，由城市照明主管部门责令限期改正；逾期未改正的，处以1000元以上3万元以下的罚款。

第三十二条　违反本规定，有第二十八条规定行为之一的，由城市照明主管部门责令限期改正，对个人处以200元以上1000元以下的罚款；对单位处以1000元以上3万元以下的罚款；造成损失的，依法赔偿损失。

第三十三条　城市照明主管部门工作人员玩忽职守、滥用职权、徇私舞弊的，依法给予行政处分；构成犯罪的，依法追究刑事责任。

第六章　附　　则

第三十四条　本规定下列用语的含义是：

（一）城市照明是指在城市规划区内城市道路、隧道、广场、公园、公共绿地、名胜古迹以及其他建（构）筑物的功能照明或者景观照明。

（二）功能照明是指通过人工光以保障人们出行和户外活动安全为目的的照明。

（三）景观照明是指在户外通过人工光以装饰和造景为目的的照明。

（四）城市照明设施是指用于城市照明的照明器具以及配电、监控、节能等系统的设备和附属设施等。

第三十五条　镇、乡和未设镇建制工矿区的照明管理，可以参照本规定执行。

各地可以根据本办法制定实施细则。

第三十六条 本规定自2010年7月1日起施行,《城市道路照明设施管理规定》(建设部令第21号)、《建设部关于修改〈城市道路照明设施管理规定〉的决定》(建设部令第104号)同时废止。

城市、镇控制性详细规划编制审批办法

(2010年12月1日住房和城乡建设部令第7号发布)

第一章 总 则

第一条 为了规范城市、镇控制性详细规划编制和审批工作,根据《中华人民共和国城乡规划法》,制定本办法。

第二条 控制性详细规划的编制和审批,适用本办法。

第三条 控制性详细规划是城乡规划主管部门作出规划行政许可、实施规划管理的依据。

国有土地使用权的划拨、出让应当符合控制性详细规划。

第四条 控制性详细规划的编制和管理经费应当按照《城乡规划法》第六条的规定执行。

第五条 任何单位和个人都应当遵守经依法批准并公布的控制性详细规划,服从规划管理,并有权就涉及其利害关系的建设活动是否符合控制性详细规划的要求向城乡规划主管部门查询。

任何单位和个人都有权向城乡规划主管部门或者其他有关部门举报或者控告违反控制性详细规划的行为。

第二章 城市、镇控制性详细规划的编制

第六条 城市、县人民政府城乡规划主管部门组织编制城市、县人民政府所在地镇的控制性详细规划;其他镇的控制性详细规划由镇人民政府组织编制。

第七条 城市、县人民政府城乡规划主管部门、镇人民政府(以下统称控制性详细规划组织编制机关)应当委托具备相应资质等级的规划编制单位承担

控制性详细规划的具体编制工作。

第八条　编制控制性详细规划，应当综合考虑当地资源条件、环境状况、历史文化遗产、公共安全以及土地权属等因素，满足城市地下空间利用的需要，妥善处理近期与长远、局部与整体、发展与保护的关系。

第九条　编制控制性详细规划，应当依据经批准的城市、镇总体规划，遵守国家有关标准和技术规范，采用符合国家有关规定的基础资料。

第十条　控制性详细规划应当包括下列基本内容：

（一）土地使用性质及其兼容性等用地功能控制要求；

（二）容积率、建筑高度、建筑密度、绿地率等用地指标；

（三）基础设施、公共服务设施、公共安全设施的用地规模、范围及具体控制要求，地下管线控制要求；

（四）基础设施用地的控制界线（黄线）、各类绿地范围的控制线（绿线）、历史文化街区和历史建筑的保护范围界线（紫线）、地表水体保护和控制的地域界线（蓝线）等“四线”及控制要求。

第十一条　编制大城市和特大城市的控制性详细规划，可以根据本地实际情况，结合城市空间布局、规划管理要求，以及社区边界、城乡建设要求等，将建设地区划分为若干规划控制单元，组织编制单元规划。

镇控制性详细规划可以根据实际情况，适当调整或者减少控制要求和指标。规模较小的建制镇的控制性详细规划，可以与镇总体规划编制相结合，提出规划控制要求和指标。

第十二条　控制性详细规划草案编制完成后，控制性详细规划组织编制机关应当依法将控制性详细规划草案予以公告，并采取论证会、听证会或者其他方式征求专家和公众的意见。

公告的时间不得少于30日。公告的时间、地点及公众提交意见的期限、方式，应当在政府信息网站以及当地主要新闻媒体上公告。

第十三条　控制性详细规划组织编制机关应当制订控制性详细规划编制工作计划，分期、分批地编制控制性详细规划。

中心区、旧城改造地区、近期建设地区，以及拟进行土地储备或者土地出让的地区，应当优先编制控制性详细规划。

第十四条　控制性详细规划编制成果由文本、图表、说明书以及各种必要的技术研究资料构成。文本和图表的内容应当一致，并作为规划管理的法定依据。

第三章　城市、镇控制性详细规划的审批

第十五条　城市的控制性详细规划经本级人民政府批准后，报本级人民代表大会常务委员会和上一级人民政府备案。

县人民政府所在地镇的控制性详细规划，经县人民政府批准后，报本级人民代表大会常务委员会和上一级人民政府备案。其他镇的控制性详细规划由镇人民政府报上一级人民政府审批。

城市的控制性详细规划成果应当采用纸质及电子文档形式备案。

第十六条　控制性详细规划组织编制机关应当组织召开由有关部门和专家参加的审查会。审查通过后，组织编制机关应当将控制性详细规划草案、审查意见、公众意见及处理结果报审批机关。

第十七条　控制性详细规划应当自批准之日起 20 个工作日内，通过政府信息网站以及当地主要新闻媒体等便于公众知晓的方式公布。

第十八条　控制性详细规划组织编制机关应当建立控制性详细规划档案管理制度，逐步建立控制性详细规划数字化信息管理平台。

第十九条　控制性详细规划组织编制机关应当建立规划动态维护制度，有计划、有组织地对控制性详细规划进行评估和维护。

第二十条　经批准后的控制性详细规划具有法定效力，任何单位和个人不得随意修改；确需修改的，应当按照下列程序进行：

（一）控制性详细规划组织编制机关应当组织对控制性详细规划修改的必要性进行专题论证；

（二）控制性详细规划组织编制机关应当采用多种方式征求规划地段内利害关系人的意见，必要时应当组织听证；

（三）控制性详细规划组织编制机关提出修改控制性详细规划的建议，并向原审批机关提出专题报告，经原审批机关同意后，方可组织编制修改方案；

（四）修改后应当按法定程序审查报批。报批材料中应当附具规划地段内利害关系人意见及处理结果。

控制性详细规划修改涉及城市总体规划、镇总体规划强制性内容的，应当先修改总体规划。

第四章　附　　则

第二十一条　各地可以根据本办法制定实施细则和编制技术规定。

第二十二条　本办法自 2011 年 1 月 1 日起施行。

住房和城乡建设部关于废止《城市燃气安全管理规定》、《城市燃气管理办法》和修改《建设部关于纳入国务院决定的十五项行政许可的条件的规定》的决定

（2011 年 9 月 7 日住房和城乡建设部令第 10 号）

经 2011 年 8 月 11 日第 77 次住房和城乡建设部常务会议审议，决定废止和修改下列部门规章，现予发布，自发布之日起生效。

一、经商国家安全生产监督管理总局、公安部同意，废止《城市燃气安全管理规定》（1991 年 3 门 30 日建设部、劳动部、公安部令第 10 号发布）。

二、废止《城市燃气管理办法》（1997 年 12 月 23 日建设部令第 62 号发布）。

三、对《建设部关于纳入国务院决定的十五项行政许可的条件的规定》（2004 年 10 月 15 日建设部令第 135 号发布）作如下修改：

删除“二、上程造价咨询企业资质认定条件”、“五、从事城市生活垃圾经营性清扫、收集、运输、处理服务审批条件”、“六、城市排水许可证核发条件”、“七、燃气设施改动审批条件”、“十三、房地产估价机构资质核准条件”和“十四、城市新建燃气企业审批条件”的相关内容。